明治大学付属明治

JN076881

〈収録内容〉

便利な DL コンテンツは右の QR コードから

解答用紙　過去年度　リスニング

⇒

※データのダウンロードは 2025 年 3 月末日まで。

※データへのアクセスには、右記のパスワードの入力が必要となります。 ⇒ 060194

〈合格最低点〉

	男子	女子		男子	女子
2024年度	152点		2020年度	148点	
2023年度	158点		2019年度	185点	200点
2022年度	160点		2018年度	168点	180点
2021年度	170点	161点	2017年度	185点	192点

本書の特長

実戦力がつく入試過去問題集

- ▶ 問題 …………… 実際の入試問題を見やすく再編集。
- ▶ 解答用紙 …… 実戦対応仕様で収録。
- ▶ 解答解説 …… 詳しくわかりやすい解説には、難易度の目安がわかる「基本・重要・やや難」の分類マークつき（下記参照）。各科末尾には合格へと導く「ワンポイントアドバイス」を配置。採点に便利な配点つき。

入試に役立つ分類マーク

基本 確実な得点源！
受験生の 90％以上が正解できるような基礎的、かつ平易な問題。
何度もくり返して学習し、ケアレスミスも防げるようにしておこう。

重要 受験生なら何としても正解したい！
入試では典型的な問題で、長年にわたり、多くの学校でよく出題される問題。
各単元の内容理解を深めるのにも役立てよう。

やや難 これが解ければ合格に近づく！
受験生にとっては、かなり手ごたえのある問題。
合格者の正解率が低い場合もあるので、あきらめずにじっくりと取り組んでみよう。

合格への対策、実力錬成のための内容が充実

- ▶ 各科目の出題傾向の分析、合否を分けた問題の確認で、入試対策を強化！
- ▶ その他、学校紹介、過去問の効果的な使い方など、学習意欲を高める要素が満載！

解答用紙ダウンロード	解答用紙はプリントアウトしてご利用いただけます。弊社ＨＰの商品詳細ページよりダウンロードしてください。トビラのＱＲコードからアクセス可。
リスニング音声ダウンロード	英語のリスニング問題については、弊社オリジナル作成により音声を再現。弊社ＨＰの商品詳細ページで全収録年度分を配信対応しております。トビラのＱＲコードからアクセス可。
UD FONT	見やすく読みまちがえにくいユニバーサルデザインフォントを採用しています。

明治大学付属明治高等学校

普通科
生徒数　796名
〒182-0033
東京都調布市富士見町4-23-25
☎042-444-9100
京王線調布駅・飛田給駅・中央線三鷹駅・南武線矢野口駅よりスクールバス

明治大学への高い進学率
学業に課外活動に
バランスのとれた学園生活

URL	https://www.meiji.ac.jp/ko_chu/

プロフィール　「質実剛健」「独立自治」の校訓を維持

1912年４月、明治大学構内で開校。戦後は、推薦制度による大学までの一貫教育の方針を確立し、明治大学が設置する唯一の直系付属校として今日に至っている。2008年４月、調布市に移転すると同時に男女共学となった。

あいさつや身だしなみなど、基本的なマナーや生活習慣を大切にしており、校風の「質実剛健」は、共学になった現在でも変わっていない。外見ではなく自らの内面を磨き、飾り気のない、地に足のついた学校生活を送ることを目標にしている。

環境　学習、スポーツ、ゆとりの空間が充実

校舎の中心に図書館を配置し、「総合的な学習」の中枢と位置づけている。約７万冊（更に約７千冊の洋書）の蔵書とインターネットに接続されたノートPCが50台あり、授業や放課後のレポート作成などに使われている。また、各２室のPC教室、CALL教室、４室の理科実験室など多くの特別教室を設け、多様な授業形態に対応している。

スポーツ施設は、全面人工芝のグラウンド、第１・第２体育館、５面のテニスコート、柔道場・剣道場、トレーニングルームなどたいへん充実している。そのほか、1450名収容のホール、350席の食堂・カフェテリアなど、ゆとりある空間が学校生活を豊かにしている。

勉強・スポーツに最適の環境

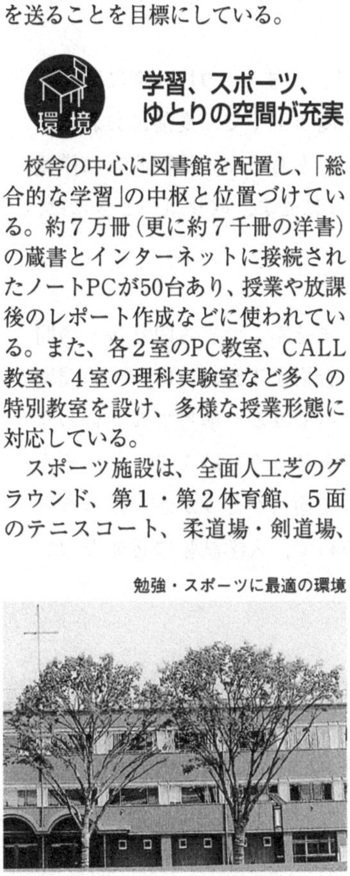

カリキュラム　基礎力を育成し問題解決能力を養う

十分な基礎学力を養成するため、２年まではほとんどの科目が必修。３年になると、大学の志望に合わせて文系・理系に分かれ、その中でさらに選択科目を設置している。

また、実践的教育として、明治大学の教員が学部ごとに分かれて授業を担当する「高大連携講座」を週２時間履修する。また、2023年度より13講座より選択する「探究選択」を設置。この他、高校在学中に大学の授業を受講し、取得した単位が大学の単位として認められる「プレカレッジプログラム」など、明治大学と連携した多くの教育を行っている。

英検やTOEICなどの資格取得にも熱心で、高校卒業までに２級を取得する。

学校生活　活発な学校行事とクラブ活動

学校行事やクラブ活動を通じ、「独立自治」「質実剛健」の精神を育てる。文化祭、体育祭、修学旅行などの行事を通じ、協力することの大切さや企画・運営することの難しさを学ぶ。

クラブ活動、生徒会活動は活発で、ほとんどの生徒が所属している。38のクラブ・班があり、中でも近年は、スキー部、マンドリン部、バレーボール部などが全国大会・関東大会に出場している。

実績ある吹奏楽

進路　内部推薦入学で約90%が明大に

高校３年間の成績（英検・TOEICを含む）と人物評価及び適性によって明治大学への推薦資格が得られ、毎年90％程の生徒が推薦入学する。2023年春は、卒業生278名中244名が明治大学に進学した。国公立大学・大学校へは、明治大学の推薦資格を保持したまま受験することができ、他の大学に進学した33名のうち、５名が国公立大学に進学している。

2024年度入試要項

試験日　1/22（推薦）　2/12（一般）

試験科目　適性〈国・数・英〉＋面接（推薦）
　　　　　国・数・英（一般）

2024年度	募集定員	受験者数	合格者数	競争率
推薦	約20/約20	28/48	20/23	1.4/2.1
一般	約30/約30	322/255	178/101	1.8/2.5

※人数はすべて男子/女子

過去問の効果的な使い方

① **はじめに**　入学試験対策に的を絞った学習をする場合に効果的に活用したいのが「過去問」です。なぜならば，志望校別の出題傾向や出題構成，出題数などを知ることによって学習計画が立てやすくなるからです。入学試験に合格するという目的を達成するためには，各教科ともに「何を」「いつまでに」やるかを決めて計画的に学習することが必要です。目標を定めて効率よく学習を進めるために過去問を大いに活用してください。また，塾に通われていたり，家庭教師のもとで学習されていたりする場合は，それぞれのカリキュラムによって，どの段階で，どのように過去問を活用するのかが異なるので，その先生方の指示にしたがって「過去問」を活用してください。

② **目的**　過去問学習の目的は，言うまでもなく，志望校に合格することです。どのような分野の問題が出題されているか，どのレベルか，出題の数は多めか，といった概要をまず把握し，それを基に学習計画を立ててください。また，近年の出題傾向を把握することによって，入学試験に対する自分なりの感触をつかむこともできます。

過去問に取り組むことで，実際の試験をイメージすることもできます。制限時間内にどの程度までできるか，今の段階でどのくらいの得点を得られるかということも確かめられます。それによって必要な学習量も見えてきますし，過去問に取り組む体験は試験当日の緊張を和らげることにも役立つでしょう。

③ **開始時期**　過去問への取り組みは，全分野の学習に目安のつく時期，つまり，9月以降に始めるのが一般的です。しかし，全体的な傾向をつかみたい場合や，学習進度が早くて，夏前におおよその学習を終えている場合には，7月，8月頃から始めてもかまいません。もちろん，受験間際に模擬テストのつもりでやってみるのもよいでしょう。ただ，どの時期に行うにせよ，取り組むときには，集中的に徹底して取り組むようにしましょう。

④ **活用法**　各年度の入試問題を全問マスターしようと思う必要はありません。できる限り多くの問題にあたって自信をつけることは必要ですが，重要なのは，志望校に合格するためには，どの問題が解けなければいけないのかを知ることです。問題を制限時間内にやってみる。解答で答え合わせをしてみる。間違えたりできなかったりしたところについては，解説をじっくり読んでみる。そうすることによって，本校の入試問題に取り組むことが今の自分にとって適当かどうかが，はっきりします。出題傾向を研究し，合否のポイントとなる重要な部分を見極めて，入学試験に必要な力を効率よく身につけてください。

数学

各都道府県の公立高校の入学試験問題は，中学数学のすべての分野から幅広く出題されます。内容的にも，基本的・典型的なものから思考力・応用力を必要とするものまでバランスよく構成されています。私立・国立高校では，中学数学のすべての分野から出題されることには変わりはありませんが，出題形式，難易度などに差があり，また，年度によっての出題分野の偏りもあります。公立高校を含め，ほとんどの学校で，前半は広い範囲からの基本的な小問群，後半はあるテーマに沿っての数問の小問を集めた大問という形での出題となっています。

まずは，単年度の問題を制限時間内にやってみてください。その後で，解答の答え合わせ，解説での研究に時間をかけて取り組んでください。前半の小問群，後半の大問の一部を合わせて50%以上の正解が得られそうなら多年度のものにも順次挑戦してみるとよいでしょう。

英語

英語の志望校対策としては，まず志望校の出題形式をしっかり把握しておくことが重要です。英語の問題は，大きく分けて，リスニング，発音・アクセント，文法，読解，英作文の5種類に分けられます。リスニング問題の有無(出題されるならば，どのような形式で出題されるか)，発音・アクセント問題の形式，文法問題の形式(語句補充，語句整序，正誤問題など)，英作文の有無(出題されるならば，和文英訳か，条件作文か，自由作文か）など，細かく具体的につかみましょう。読解問題では，物語文，エッセイ，論理的な文章，会話文などのジャンルのほかに，文章の長さも知っておきましょう。また，読解問題でも，文法を問う問題が多いか，内容を問う問題が多く出題されるか，といった傾向をおさえておくことも重要です。志望校で出題される問題の形式に慣れておけば，本番ですんなり問題に対応することができますし，読解問題で出題される文章の内容や量をつかんでおけば，読解問題対策の勉強として，どのような読解問題を多くこなせばよいかの指針になります。

最後に，英語の入試問題では，なんと言っても読解問題でどれだけ得点できるかが最大のポイントとなります。初めて見る長い文章をすらすらと読み解くのはたいへんなことですが，そのような力を身につけるには，リスニングも含めて，総合的に英語に慣れていくことが必要です。「急がば回れ」ということわざの通り，志望校対策を進める一方で，英語という言語の基本的な学習を地道に続けることも忘れないでください。

国語

国語は，出題文の種類，解答形式をまず確認しましょう。論理的な文章と文学的な文章のどちらが中心となっているか，あるいは，どちらも同じ比重で出題されているか，韻文(和歌・短歌・俳句・詩・漢詩)は出題されているか，独立問題として古文の出題はあるか，といった，文章の種類を確認し，学習の方向性を決めましょう。また，解答形式は，記号選択のみか，記述解答はどの程度あるか，記述は書き抜き程度か，要約や説明はあるか，といった点を確認し，記述力重視の傾向にある場合は，文章力に磨きをかけることを意識するとよいでしょう。さらに，知識問題はどの程度出題されているか，語句(ことわざ・慣用句など)，文法，文学史など，特に出題頻度の高い分野はないか，といったことを確認しましょう。出題頻度の高い分野については，集中的に学習することが必要です。読解問題の出題傾向については，脱語補充問題が多い，書き抜きで解答する言い換えの問題が多い，自分の言葉で説明する問題が多い，選択肢がよく練られている，といった傾向を把握したうえで，これらを意識して取り組むと解答力を高めることができます。「漢字」「語句・文法」「文学史」「現代文の読解問題」「古文」「韻文」と，出題ジャンルを分類して取り組むとよいでしょう。毎年出題されているジャンルがあるとわかった場合は，必ず正解できる力をつけられるよう意識して取り組み，得点力を高めましょう。

数学

出題傾向の分析と合格への対策

●出題傾向と内容

本年度の出題数は，大問が5問，小問数にして15題と，ほぼ例年通りであった。

出題内容は，[1]が独立した5題の小問群で，式の値，平方根，二乗に比例する関数，統計，面積，[2]は因数分解，連立方程式，[3]は図形と関数・グラフの融合問題，[4]は期待値と確率，[5]は空間図形の計量問題であった。[2]以降は途中の式や説明も解答用紙に記述させる形式である。

どの問題も，確実な基礎力が身についているか，また，それを応用する力があるかが確かめられるように工夫されており，出題範囲はほぼ全分野に及んでいる。

✔学習のポイント

途中経過を書く学習法は，数学のおもしろさを知る上でも重要である。計算式や説明をノートにまとめる習慣をつけておこう。

●2025年度の予想と対策

来年度も，問題の量・質，出題形式など，これまでと大きく変わることはないと思われる。中学数学のほぼ全分野から，分野を越えた融合問題などの，工夫された良問が15題前後出題されるだろう。

本校の問題は，充分な基礎力を備えた上での応用力や思考力を要求している。まずは教科書の徹底的な理解に努めよう。

問題解決の糸口を素早く見つけ，かつ正確・迅速に処理していけるようになるには数多くの問題にあたっておくことが大切である。教科書の理解ができたら標準レベルの問題集や過去問などを使って演習しよう。

▼年度別出題内容分類表……

		出題内容	2020年	2021年	2022年	2023年	2024年
数と式		数の性質	○			○	
		数・式の計算					○
		因数分解	○	○	○	○	○
		平方根		○	○	○	○
方程式・不等式		一次方程式	○			○	○
		二次方程式	○	○	○	○	
		不等式					
		方程式・不等式の応用	○			○	
関数		一次関数	○	○	○	○	○
		二乗に比例する関数	○	○	○	○	○
		比例関数				○	
		関数とグラフ	○	○	○	○	○
		グラフの作成					
図形	平面図形	角度					
		合同・相似	○	○	○	○	
		三平方の定理			○	○	
		円の性質	○		○	○	
	空間図形	合同・相似		○	○	○	○
		三平方の定理			○	○	
		切断		○	○	○	○
	計量	長さ	○	○	○	○	
		面積	○	○	○	○	○
		体積		○	○		○
		証明					
		作図					
		動点					
統計		場合の数		○			
		確率					○
		統計・標本調査				○	○
融合問題		図形と関数・グラフ	○	○	○	○	○
		図形と確率			○		
		関数・グラフと確率					
		その他					
その他							

明治大学付属明治高等学校

英語

出題傾向の分析と合格への対策

●出題傾向と内容

本年度は長文形式の語形変化問題，正誤問題，長文形式の語句整序問題，会話文問題，長文形式の語句補充問題，長文の文補充問題，長文読解総合問題2題，リスニング問題4題の計12題が出題された。

正誤問題を除くすべての問題が長文形式で出題されており，読むべき文章量が大変多く，いかに速く読み，内容を正確に捉えるかがカギとなる。

語句整序問題は，整序部分が250語程度の文章に組み込まれた長文形式。文脈に沿って整序部分の内容を推測しなければならない。語句補充問題や語形変化問題のレベルは標準的だが長文形式のため，読解力と速読力が不可欠である。

✔学習のポイント

出題量が大変多いので，速読速解の力をつけよう。単語・熟語などの語彙力のアップを図ろう。

●2025年度の予想と対策

問題数に変更の可能性があるが，全体量や，幅広い出題形式，英語力だけでなく思考力を必要とする出題傾向は今後も続くだろう。標準～やや発展的な出題内容に対応する力が必要だ。

学習方法としては，長文をたくさん読み，限られた時間内で内容理解ができるようにすることが肝心である。設問数が多いので，素早く英文を理解できるかどうかがカギとなる。文法問題も，様々な形式のものを数多く解き，典型的な問題には反射的に解答できるぐらいにしておきたい。リスニング対策としては，CDなどのリスニング用教材を利用して，日頃から英語を聞く習慣をつけておくとよい。

▼年度別出題内容分類表 ……

出題内容		2020年	2021年	2022年	2023年	2024年
話し方・聞き方	単語の発音					
	アクセント					
	くぎり・強勢・抑揚					
	聞き取り・書き取り	○	○	○	○	○
語い	単語・熟語・慣用句	○	○	○	○	○
	同意語・反意語					
	同音異義語					
読解	英文和訳(記述・選択)					
	内容吟味	○	○	○	○	○
	要旨把握					
	語句解釈		○		○	
	語句補充・選択	○	○	○	○	○
	段落・文整序		○			
	指示語				○	
	会話文	○	○	○	○	○
文法・作文	和文英訳					
	語句補充・選択	○	○	○	○	○
	語句整序	○	○	○	○	○
	正誤問題	○	○	○	○	○
	言い換え・書き換え					
	英問英答				○	
	自由・条件英作文					
文法事項	間接疑問文	○				
	進行形			○	○	
	助動詞		○	○	○	○
	付加疑問文					
	感嘆文					
	不定詞	○	○	○	○	○
	分詞・動名詞	○	○	○	○	○
	比較	○		○	○	
	受動態	○		○	○	○
	現在完了				○	
	前置詞		○		○	○
	接続詞	○		○	○	○
	関係代名詞	○		○	○	○

明治大学付属明治高等学校

国語　出題傾向の分析と合格への対策

●出題傾向と内容

本年度も，論説文の読解問題1題と，漢字の書き取りの独立問題が1題の計2題の大問構成であった。大問数に変化はみられるが，全体的な量はほぼ同じとなっている。

論説文の問題文は，毎年合計一万字前後の長文が採用されている。内容を説明させたり，指示語，接続語，脱文・脱語補充の問題を通した文脈把握の設問を中心に，ことわざ・慣用句，四字熟語や文学史などの国語の知識も大問に含まれる形で出題されている。

漢字の書き取り問題には難易度の高いものや紛らわしいものが出題されている。解答形式は記号選択式と記述式が併用されている。

学習のポイント

指示語の指し示す内容を確認しながら読み進め，文脈を正確にとらえられるようにしよう。

●2025年度の予想と対策

論理的文章の読解が中心となることは，今後も続くと予想されるが，特定のジャンルにこだわらず，読解力そのものを高める努力をしたほうがよい。ただし，一題の文章はきわめて長文であるため，五千字から一万字程度の文章を多く読むようにしよう。筆者の考えや主張を的確につかみ，文脈を把握できるようにしておくことが大切だ。

国語の知識に関しても，漢字の読み書き，文法，ことわざ，慣用句，語句の意味，対義語，四字熟語など幅広い内容の出題が予想される。ふだんから練習を積み，知識を増やし短文作成などを通して実力を養っておこう。

▼年度別出題内容分類表 ……

出題内容			2020年	2021年	2022年	2023年	2024年
内容の分類	読解	主題・表題					
		大意・要旨	○	○	○	○	○
		情景・心情					
		内容吟味	○			○	
		文脈把握	○	○	○	○	○
		段落・文章構成					
		指示語の問題	○	○	○	○	○
		接続語の問題	○	○	○	○	○
		脱文・脱語補充	○	○	○	○	○
	漢字・語句	漢字の読み書き	○	○	○	○	○
		筆順・画数・部首					
		語句の意味					○
		同義語・対義語					
		熟語		○	○		○
		ことわざ・慣用句	○	○	○	○	○
	表現	短文作成					
		作文(自由・課題)					
		その他					
	文法	文と文節					
		品詞・用法					
		仮名遣い					
		敬語・その他					
	古文の口語訳						
	表現技法						
	文学史			○	○		
問題文の種類	散文	論説文・説明文	○	○	○	○	○
		記録文・報告文					
		小説・物語・伝記					
		随筆・紀行・日記					
	韻文	詩					
		和歌(短歌)					
		俳句・川柳					
	古文						
	漢文・漢詩						

明治大学付属明治高等学校

2024年度 合否の鍵はこの問題だ!!

数学 3

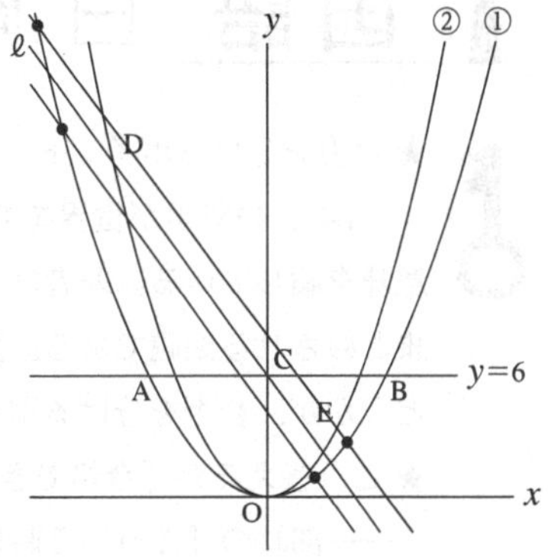

(1)　①に$y=6$を代入して，$6=\frac{1}{6}x^2$，$x^2=36$，$x=\pm6$　よって，A$(-6,\ 6)$，B$(6,\ 6)$　したがって，△AOB$=\frac{1}{2}\times6\times\{6-(-6)\}=36$

(2)　Eのx座標を$t(t>0)$とすると，D$(-3t,\ 9at^2)$，E$(t,\ at^2)$　△DOE＝36より，$\frac{1}{2}\times6\times\{t-(-3t)\}=36$，$t=3$　よって，D$(-9,\ 81a)$，E$(3,\ 9a)$　直線ℓの式は，$y=\frac{9a-81a}{3-(-9)}x+6=-6ax+6$　この式に点Eの座標を代入して，$9a=-6a\times3+6$，$27a=6$，$a=\frac{2}{9}$

(3)　直線ℓの傾きは$-6\times\frac{2}{9}=-\frac{4}{3}$，$6\times\frac{1}{3}=2$，$6-2=4$，$6+2=8$から，傾きが$-\frac{4}{3}$で切片が4，8である直線と①の交点をPとすると，△DPE$=\frac{1}{3}$△DOEとなる。$y=-\frac{4}{3}x+4$…③，$y=-\frac{4}{3}x+8$…④　①と③からyを消去すると，$\frac{1}{6}x^2=-\frac{4}{3}x+4$，$x^2+8x-24=0$，$x=\frac{-8\pm\sqrt{8^2-4\times1\times(-24)}}{2\times1}=\frac{-8\pm\sqrt{160}}{2}=-4\pm2\sqrt{10}$　①と④からyを消去すると，$\frac{1}{6}x^2=-\frac{4}{3}x+8$，$x^2+8x-48=0$，$(x+12)(x-4)=0$，$x=-12,\ 4$　よって，求める点Pのx座標は，$x=-4\pm2\sqrt{10}$，-12，4

◎図形と関数・グラフの融合問題は例年出題されているので，あらゆるパターンの問題に対応できるように力をつけておこう。

英語 3 ①，③

語句整序問題。構造を下で確認しよう。

①

Many companies these days are aware of
「近頃の多くの会社は～に気がついている」

the importance of being friendly to the environment.
「環境にやさしいことの重要性」

→「近頃の多くの会社は，環境にやさしいことの重要性に気が付いている」

〈名詞＋ of ～ing〉は「～ということの(名詞)」という意味で，of ～ing が名詞の内容を説明する。

例　the advantage of using trains「電車を利用することの利点」
　　the importance of getting up early「早起きすることの重要性」

③

New trees are planted	to replace the ones	that are cut down.
受動態「～されている」	目的を表す不定詞	受動態「～されている」
	ones は trees を表す	that は主格の関係代名詞で，先行詞は ones

「新しい木が植えられている」「木の代わりをするために」「切り倒された」

→「新しい木が，切り倒された木の代わりをするために植えられている」

国語 ㈠ 問十二

★ 合否を分けるポイント

『日本語の科学が世界を変える』という題名にあるように，本文では「日本語で科学をする」ことの意味を論じている。筆者は『日本語の科学』はおもしろみを発揮すると考えており，その背景と根拠をまとめさせる問題である。配点も高く，最も長文の記述でもあるので，この設問をまとめ上げられるかどうかが，合否を分けるポイントになる。

★ こう答えると「合格できない」！

――部⑫の「こういう時代」や「おもしろみを発揮する」などの言葉をそのまま使ってまとめてしまうと，具体的な内容とはならず「合格」できない。「こういう時代」とはどのような時代なのか，「おもしろみを発揮する」とはどういうことなのかを加えてまとめよう。

★ これで「合格」！

まず，――部⑫の「こういう時代」とはどのような時代なのだろうか。直前の段落の「世界が平坦化して，先鋭化した個性が消えた時，混ざり合うものなど，たかが知れている。現に，私が見る限り，世界の科学は急速につまらなくなっている」に注目しよう。筆者は，現在の世界は「平坦化して，先鋭化した個性が消えた」と考えている。また，この「混ざり合うもの」に「先鋭化した個性」が必要な理由も付け加えたい。一つ前の段落で，筆者は「科学者の共通語は……どんどん普通の英語に変わりつつある」ことを危惧しているが，それは「科学の大展開は，異文化の衝突，混合によって起こるケースが多いからだ」と根拠も述べている。この内容をまとめて前半部分とする。

さらに，「『日本語の科学』のおもしろみ」とはどのようなことかを加えて，後半部分とする。――部⑫の直後の文で「ますます重要性を持っている」と強調した後に，「養老孟司博士や大沢文夫博士が指摘されるように，日本語ゆえに表現できるユニークな世界を，科学という方法論で開拓していけるのは日本人だけだ」とある。ここから，「日本語で科学する」ことの重要性が読み取れる。前半部分と後半部分をつなげて不自然な部分がなければ，「合格」だ！

2024年度

★★★★★★★★★★★★★★★★★★★★★★★★★

入　試　問　題

2024年度

明治大学付属明治高等学校入試問題

【数　学】（50分）　＜満点：100点＞

【注意】 1．解答は答えだけでなく，式や説明も解答用紙に書きなさい。（ただし，1は答えだけでよい。）

2．無理数は分母に根号がない形に表し，根号内はできるだけ簡単にして表しなさい。

3．円周率はπを使用しなさい。

4．定規・分度器・コンパスは使用できません。

1 次の $\boxed{}$ にあてはまる数や式を求めよ。

(1) $x=\sqrt{1103}+\sqrt{1101}$，$y=\sqrt{1103}-\sqrt{1101}$のとき，

$\left(\frac{1}{2}x^2y\right)^5\div\left(\frac{1}{4}x^3y^2\right)^3+x^3y^7\times xy\div x^4y^6$の値は $\boxed{}$ である。

(2) $8-2\sqrt{7}$の整数部分をa，小数部分をbとするとき，$(4a+b)^2(4a-b)^2$の値は $\boxed{}$ である。

(3) 関数$y=\frac{1}{4}x^2$について，xの変域が$a-2\leqq x\leqq a+3$であるとき，yの変域が$0\leqq y\leqq 4$となるようなaの値をすべて求めると，$a=$ $\boxed{}$ である。

(4) 100点満点の試験を10人が受けたところ，得点の平均値が69.1点であった。この10人の得点の中央値として考えられる値のうち，最も小さい値は $\boxed{}$ 点である。ただし，点数は0以上100以下の整数とし，同じ点数の人が2人以上いてもよいものとする。

(5) 下の図のように，1辺の長さが2の正方形ABCDと，線分CDを直径とする半円Oがある。$\overset{\frown}{CD}$上に$\angle COP=45^\circ$となるように点Pをとるとき，斜線部分の面積は $\boxed{}$ である。

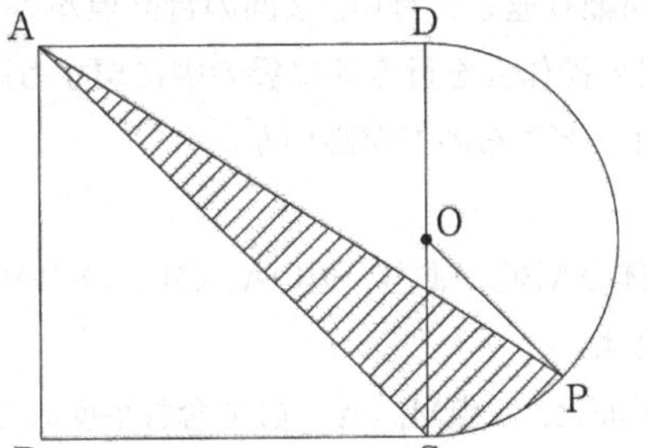

2 次の各問いに答えよ。

(1) x^2-4y^2+4y-1を因数分解せよ。

(2) x，yを正の整数とする。$x^2-4y^2+4y-16=0$を満たすx，yの組をすべて求めよ。

3 右の図のように，2つの放物線$y=\frac{1}{6}x^2$……①，$y=ax^2$……②がある。放物線①と直線$y=6$の2つの交点のうち，x座標が小さい方を点A，もう1つの交点を点Bとする。また，点C（0，6）を通り，傾きが負である直線をℓとし，放物線②と直線ℓの2つの交点のうち，x座標が小さい方を点D，もう1つの交点を点Eとする。△AOB＝△DOEであるとき，次の各問いに答えよ。ただし，原点をOとし，$a>\frac{1}{6}$とする。

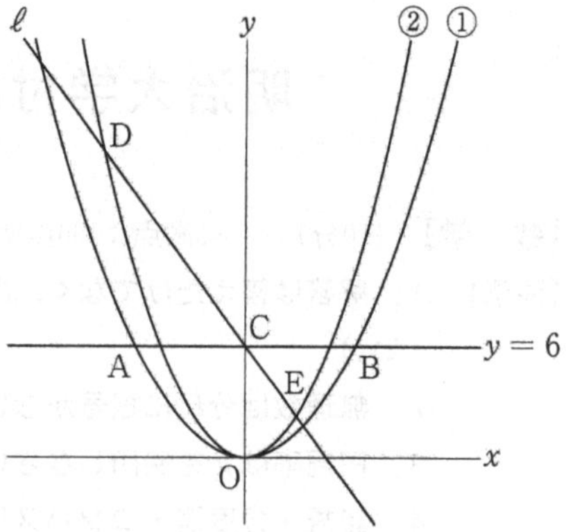

(1) △AOBの面積を求めよ。

(2) CD：CE＝3：1のとき，aの値を求めよ。

(3) (2)のとき，△DPEの面積が，△DOEの面積の$\frac{1}{3}$倍となるように点Pを放物線①上にとる。このとき，点Pのx座標をすべて求めよ。

4 袋の中に，赤球2個，青球5個，白球3個が入っている。操作Aでは袋から球を1個取り出し，取り出した球が赤であれば50点，青または白であれば15点がもらえる。操作Bでは袋から球を2個同時に取り出し，取り出した球1個あたり，赤であれば50点，青であれば30点がもらえる。また，操作Bでは，同じ色の球を取り出せば2個の球の合計点の2倍の点数がもらえるが，白球を1個でも取り出すと合計点が0点となる。このとき，次の各問いに答えよ。

(1) 操作Aの「点数の期待値」を求めよ。ただし，「点数の期待値」とは操作の結果として期待できる点数であり，もらえる点数がa_1，a_2，a_3，……，a_nとなる確率をそれぞれp_1，p_2，p_3，……，p_nとするとき，この操作の「点数の期待値」は$a_1\times p_1+a_2\times p_2+a_3\times p_3+\cdots\cdots+a_n\times p_n$で求められる。

(2) 操作Bにおいて，点数が0点となる確率を求めよ。

(3) 操作Cでは操作Aを2回繰り返して行い，2回の合計点がもらえる。ただし，1回目の操作Aで取り出した球は，2回目の操作Aを行う前に袋の中に戻すものとする。このとき，操作Bと操作Cの「点数の期待値」は，どちらの方が高いか。

5 1辺の長さが6の正四面体OABCがあり，辺OA，OB，OCの中点をそれぞれL，M，Nとする。このとき，次の各問いに答えよ。

(1) 3点L，B，Cを含む平面と，3点M，A，Cを含む平面の2つの平面で正四面体OABCを切るとき，点Oを含む立体の体積を求めよ。

(2) 3点L，B，Cを含む平面と，3点M，A，Cを含む平面と，3点N，A，Bを含む平面の3つの平面で正四面体OABCを切るとき，点Oを含む立体の体積を求めよ。

【英　語】（60分）　＜満点：120点＞　※リスニングテストの音声は弊社HPにアクセスの上，音声データをダウンロードしてご利用ください。

1　次の英文の内容に合うように，(1)～(5)に入る最も適切な動詞を語群よりそれぞれ１つずつ選び，必要があれば適切な形（２語も可）に直して答えなさい。ただし，語群の語は１度ずつしか使えない。

In Finland, there once was an area （　1　） as Viena Karelia. The people there were great storytellers and had many folktales and legends. The most famous is the *Kalevala*. This is a collection of several poems that （　2　） one long story. The *Kalevala* tells tales of magical beings and scary monsters.

For centuries, storytellers, called *rune singers*, have （　3　） and spoken the *Kalevala* from memory. Today, Jussi Huovinen is Finland's last great rune singer. When he dies, the ancient culture of singing the *Kalevala* （　4　） to an end because no one has memorized the entire *Kalevala*.

But there is good news. Although Jussi Houvinen is the last rune singer, many of the *Kalevala*'s ideas will not die with him. British author J.R.R.Tolkien published several stories in which many of the *Kalevala*'s ideas are reflected. Some characters in Tolkien's books also speak a language similar to the ancient Finnish language （　5　） in the *Kalevala*.

[buy / come / form / know / learn / use]

2　次の各英文の下線部①～④のうち，文法的に誤りのある箇所を１つ見つけ，例にならって答えなさい。

例） Mr. White ①are teaching English ②in ③this room ④now.
答え：[① → is teaching]

(1) The boy ①listened to the news suddenly ②stood up and ③asked me the way ④to the station.

(2) This is ①which I ②want you ③to do, so please remember this ④wherever you go.

(3) The science book is divided ①into four parts, and each of these ②have five sections, so it is hard to finish ③reading ④in a day.

(4) I ①have lost my pen and I must buy a new ②one, so I ③am ④looking after a store near my house.

(5) ①The pair of scissors ②I cut the paper ③on was difficult ④to use.

3　次の英文の内容に合うように［　］内の語（句）を適切に並べ替え，3番目と５番目にくるものを，それぞれ番号で答えなさい。

Many companies these days are ①[1. aware of / 2. being / 3. friendly / 4. of / 5. the importance / 6. to] the environment. Since the early 1990s, Scandic,

Scandinavia's largest hotel chain, has aimed to become one of the world's most environmentally friendly companies. One way they have tried to do this is by introducing eco-rooms — ②[1. are / 2. as / 3. as possible / 4. gentle on the environment / 5. rooms / 6. that].

In order to satisfy guests, all hotels need to redecorate rooms and replace furniture regularly. Scandic decided to do this in a way that would not harm the environment. Instead of using plastics and metals, for example, they used materials such as wool, cotton, and wood, which can be replaced naturally. All of the wood used in the eco-rooms, for instance, comes from areas where new trees ③[1. are / 2. are planted / 3. cut down / 4. that / 5. the ones / 6. to replace]. This wood is used for flooring, bed frames, coat hangers, and even picture hooks.

The rooms are environmentally friendly in other ways, too. Scandic has designed a special system for the shampoo and soap in their bathrooms. Instead of giving new bars of soap and bottles of shampoo to each guest, containers are used because they can be filled again. When the containers become old, they can be recycled. In addition, only water-based paint is used in the rooms because this does not give off any harmful gas and so protects the quality of the air. Light is provided by low-energy light bulbs, and the rooms ④[1. a guest / 2. are / 3. checks in / 4. heated / 5. not / 6. until].

Although the cost of making eco-rooms is 10 percent higher than traditional hotel rooms, the company thinks that over time it will save money. This is because they are cheaper to maintain. By clearly showing the advantages of environmentally friendly rooms, ⑤[1. it / 2. not only / 3. seems likely / 4. that / 5. these hotels / 6. will influence] other hotel chains, but also the owners of ordinary homes.

4 次の英文の（ア）～（オ）に入る最も適切な語をそれぞれ１つ選び，番号で答えなさい。

What makes a story entertaining enough to become a hot topic quickly? In Kyle MacDonald's case, it was a simple red paperclip. He exchanged it online, and then kept trading for better things （ ア ） he reached his final goal — his own house.

The 26-year-old from Vancouver had been trading things online for a year before he finally got offered a two-story three-bedroom, 1920s farmhouse in Kipling, Canada, and made the headlines.

When Kyle was growing up in the suburbs of Vancouver, he watched children go door to door trying to trade their toys for something more valuable. He was sure as （ イ ） as he tried hard enough, he would get what he wanted. And sure enough, an opportunity presented itself.

Not many people had heard of the small town of Kipling before the story

(ウ) people's attention. The mayor, Pat Jackson, was trying to promote tourism and decided to make the offer of the house to get publicity and raise awareness of the town as a friendly, welcoming place. His offer (エ) not just the house, but the key to the town and the opportunity to be mayor for one day.

(オ) the trade, Mr. MacDonald has made an appearance on a TV show, given interviews to newspapers, and set up a popular website. The red paperclip was definitely his ticket to be famous.

ア　1 because　2 if　3 until　4 while
イ　1 good　2 fast　3 long　4 well
ウ　1 caught　2 found　3 ignored　4 paid
エ　1 built　2 fulfilled　3 lent　4 included
オ　1 Before　2 For　3 Since　4 Without

5 次の会話文の（ア）～（オ）に入る最も適切なものをそれぞれ1つ選び，番号で答えなさい。ただし，選択肢は1度ずつしか使えない。

Anne: I was just wondering what kind of things you regret doing. Not big things, like, "I wish I wasn't studying psychology. I wish I could study art instead!" (ア)

Paulo: Oh, I have a good one! Someone once told me that it's better to wash your hair with regular soap, rather than shampoo. So, I tried that.

Sonia: That was a bad move.

Paulo: I know! If only you'd been there to stop me. I couldn't get the flakes out of my hair whatever I did. And of course I had an interview to go to that day. It was such a silly mistake.

Sonia: That was unfortunate. Well, I found myself in an uncomfortable situation the other day. I was on a first date and I was trying so hard to be interesting that I was talking and talking, and not watching what I was doing. (イ) Ordering spaghetti with tomato sauce was such a dumb thing to do!

Anne: Sometimes, you have to learn things the hard way. I recently washed my new sweater in hot water, and now it's way too small. It was completely my own fault. (ウ) I was in too much of a hurry, as usual. If only I had a three-year-old brother, it would fit him perfectly!

Paulo: I once *ripped my pants on a dance floor!

Sonia: No way!

Paulo: Yeah, I was on the floor, doing a breakdance move, then *rip*! But I saw the funny side of it. (エ)

Anne: I bet they did!

Paulo: I'm totally hopeless at dancing. (オ) I don't know what I was thinking.

Anne: You might have ripped your pants even more.

注）rip 破る，ビリッ

1 And so did everyone else!

2 I don't even have a sense of rhythm.

3 I went to take a bite and it spilled all down my top.

4 Just little, silly things.

5 There were instructions on the label.

6 次の英文の［A］～［H］に入る最も適切なものをそれぞれ1つ選び，番号で答えなさい。ただし，選択肢は1度ずつしか使えない。

The first people to settle in the Hawaiian Islands were the Polynesians. They came from the Marquesa Islands, many thousands of miles to the southeast. [A] They had lost a war with other Polynesians. On their islands there were too many people and not enough food. So some of them decided they wanted to start a new life somewhere else.

The Polynesians had learned songs and poems about a wonderful place far to the north. We do not know how this knowledge became a part of their culture. [B] Or perhaps they had seen bits of wood arrive with the north winds. We do know that the Polynesians were excellent sailors. They had no instruments to help them. [C] They managed to travel to many distant places in the Pacific Ocean.

The people from the Marquesa Islands filled their boats for a long journey. They used large double canoes, about 80-100 feet long. In these canoes, they put food, water, goats, pigs, chickens, and plants. They carried everything they needed for their way of life, even statues of their gods. Many of the canoes were probably lost at sea. [D]

These early settlers were very murderous and warlike people. They practiced *cannibalism. However, in Hawaii they lost their violent ways and lived peacefully. Over the next few centuries, more Polynesians joined them in Hawaii. The many different tribes lived together quietly for about 500 years. For a period of several hundred years they had no contact with other people.

[E] These people introduced a very different way of life. [F] Anyone who broke the rules could be put to death. They might be killed and sometimes even eaten by other people. However, the newcomers, too, became less violent after a while. They did continue to fight among themselves, but they no longer practiced cannibalism.

No one knows what happened to the first settlers on the island. They may have mixed in with the invaders. [G] For the next 500 years, the people on the islands again had no contact with anyone from the outside world. Each island had its own king and chiefs, and for many centuries no single ruler was successful in controlling all the islands.

Then, in 1800, a king — Kamehameha — managed for the first time to gain power over all of the Hawaiian Islands. But this event now seems of little importance in the history of the islands. Another event was much more important in the long run: in 1778 Captain James Cook's ships landed in Hawaii. [H]

注）cannibalism 人肉食

1 But a few did find their way to the Hawaiian Islands.
2 In about 500 A.D., the Polynesians on the Marquesa Islands were facing many problems.
3 With the arrival of the Europeans, Hawaii was changed forever.
4 Their religion was full of strict rules and angry gods.
5 Perhaps they have died or moved to other islands.
6 Maybe they had guessed it from the birds that flew to the north and never returned.
7 Then, in about 1200 A.D., a new group of people arrived from Tahiti.
8 Instead, they used the sun, the stars, the ocean currents, and the wind to guide them.

7 次の英文を読み，あとの問いに答えなさい。

A woman from Australia was on vacation in California. On her first evening in California, she went to a restaurant for dinner.

"Are you ready to order?" the waiter asked her.

"Yes," she said. "I'll have the grilled salmon."

"Good choice," the waiter said. "The salmon came in fresh today. Your dinner comes with soup or salad."

"Sounds good," the woman said.

"The soup or salad?" the waiter asked.

"Yes," she said.

"You can only have one," the waiter said.

"That's fine," she said, sounding a little (a). "I only want one. It's big, right?"

"Which one?" the waiter asked.

"The salad," she replied.

"No, it's not really big," the waiter said. "If you want a big salad, there's a dinner salad on the menu. You can have grilled salmon on top of that."

"I'd rather have the salmon dinner," the woman said.

The waiter (あ). "OK," he said. "I'll bring you the salmon dinner. With salad."

"The super one, right?" the woman asked.

The waiter began to laugh, and a minute later the Australian woman was laughing, too. Now they both understood what was (b) the confusion: The dinner came with either soup or salad — not a "[A]."

Similar-sounding English words also (c) trouble for a man who wanted to fly from Los Angeles to Oakland, California — but this misunderstanding had more serious results. The man's problems began at the airport in Los Angeles. He thought he heard his flight announced, so he walked to the gate, showed his ticket, and got on the plane. Twenty minutes after takeoff, the man began to worry. Oakland was north of Los Angeles, but the plane seemed to be heading west, and when he looked out his window all he could see was ocean. "Is this plane going to Oakland?" he asked the flight attendant. The flight attendant gasped. "No," she said. "We're going to Auckland — Auckland, New Zealand."

Because so many English words sound similar, misunderstandings among English-speaking people are not uncommon. Every day, people speaking English ask one another questions like these: "Did you say seventy or seventeen?" "Did you say that you can come or you can't?" Similar-sounding words can be especially (d) for people whose native language is not English.

When a Korean woman who lives in the United States arrived at work one morning, her boss asked her, "Did you get a plate?" "No...," she answered, wondering what in the world he meant. She worked in an office. Why did the boss ask her about a plate? All day she wondered about her boss's strange question, but she was too (い) to ask him about it. At five o'clock, when she was getting ready to go home, her boss said, "Please be on time tomorrow. You were 15 minutes late this morning." "Sorry," she said. "My car wouldn't start, and...." Suddenly she stopped talking and began to smile. Now she understood. Her boss hadn't asked her, "Did you get a plate?" He had asked her, "Did you get [B]?"

"Soup or salad" and "[A]," Auckland and Oakland. "A plate" and "[B]." When similar-sounding words (e) a misunderstanding, probably the best thing to do is just laugh and learn from the mistake. Of course, sometimes it's hard to laugh. The man who traveled to Auckland instead of Oakland didn't feel like laughing. But even that misunderstanding (う) out all right in the end. The airline paid for the man's hotel room and meals in New Zealand and for his flight back to California. "Oh well," the man later said, "I always wanted to see New Zealand."

⑴ 本文中の（a）～（e）にはcause, confuseのどちらかの語が入る。1つ選び，必要があれば適切な形（1語）に直して答えなさい。

(2) 本文中の（あ）～（う）に入る最も適切な語を以下から選び，番号で答えなさい。ただし，選択肢は１度ずつしか使えない。

1 embarrassed　2 sighed　3 turned　4 waited

(3) 本文中の A ， B に入る最も適切な語（句）を書きなさい。

8 次の英文を読み，あとの問いに答えなさい。

Imagine that you want to become a doctor. You have studied hard for many years, and you have finally gotten into a good medical school. In your first year of medical school, one of your most important courses is anatomy. Anatomy is the study of everything in the human body. For example, you have to learn the name, location, and function of all 206 bones and more than 650 muscles. Would you prefer to learn this by using a book or by using virtual reality?

Virtual reality, or VR, is the latest technology to help medical students learn about the human body. Usually, students study anatomy by using books. However, books do not show how everything fits together in three dimensions. With VR, students can remove layers of muscles and see how they are connected to bones. They can see how everything fits together. Of course, students still use anatomy textbooks. But, students learn best when they have a variety of ways to learn. VR is giving students a new way to learn anatomy.

VR is also giving medical students a new way to practice an important skill: the medical examination. A doctor examines a patient and gives a *diagnosis. Students learn how to do a medical examination by reading a textbook, watching a doctor, and finally by doing it themselves. But it is a big jump from studying to examining a real patient. With VR, students can practice medical examinations before working with a real patient.

Here is how VR is used for learning medical examinations. The instructor chooses the specific medical condition for the virtual patient. Then the medical student puts on the VR glasses and starts the examination. The student clicks on each part of the body that she needs to check. The VR shows information about the patient. For example, if the student clicks on the eyes, it may say that the eyes are yellow. The student can also have the virtual patient move various body parts. The student makes a diagnosis, finding the problem.

When the student finishes, she will get a report on what she did correctly and what she missed in the examination. With VR for medical examinations, students are able to practice many times with virtual patients before examining real patients.

One of the most exciting uses of VR in medical education is to practice a much more difficult situation: the hospital emergency room. Doctors are under a lot of pressure. They have to make life and death decisions quickly. Typically, medical students learn how to perform under pressure only by having experience in an emergency room. But students will not see a great variety of medical situations unless they are there for a long, long time.

Fortunately, with VR, students can practice emergency room situations and learn. For example, in one situation, the VR patient may suddenly get a fast heartbeat. The heart monitor changes, and that tells the doctor to do something now or else the patient will be in trouble, explains Dr. Joshua Sherman, an emergency room doctor in Los Angeles. He says that when you take action, you see a change in the VR patient. This "gives you positive feedback that you did the good thing, or the bad thing, if the situation gets worse. VR is amazing for that." During the VR experience, students can see the results of their actions.

The education of medical students is extremely important because they will be our doctors someday. VR technology can help students improve their performance and make them better doctors in the future. Of course, □ can replace taking care of real people in real situations. But, VR can help students practice their skills in new and exciting ways.

注) diagnosis 診断

(1) 下線部 examination の本文中における意味を日本語で答えなさい。

(2) 本文中の □ に入る最も適切な英単語１語を答えなさい。

(3) 第１，２段落の内容について合うものを１つ選び，番号で答えなさい。

1 VR is the best way to learn about human body for medical students.

2 VR allows students to visualize how muscles and bones are connected in three dimensions.

3 VR practice will replace traditional anatomy textbooks for medical students.

(4) 第３，４，５段落の内容について合うものを１つ選び，番号で答えなさい。

1 With VR, students can practice medical examinations many times, and receive feedback.

2 Medical students use VR to practice medical examinations because it doesn't cost much.

3 Medical students learn about human emotions and psychology using VR technology.

(5) 第６，７，８段落の内容について合うものを１つ選び，番号で答えなさい。

1 VR technology allows medical students to experience pressure in emergency room situations and learn from them.

2 VR technology can be used more effectively by medical students who are already experienced doctors.

3 Dr. Joshua Sherman explains that VR offers effective feedback for students' actions in emergencies.

リスニング問題

9 放送を聞き，説明されている語を答えなさい。放送はそれぞれ1回です。

(1)

(2)

(3)

(4)

10 放送を聞き，（ 1 ）～（ 5 ）に入る語を答えなさい。放送は1回です。

On September 30, 1999, there was an accident at a nuclear power plant in Tokaimura, Japan. On that day, three plant (1) accidentally poured too much uranium into a tank, which led to a leak of radiation. At least 90 people were exposed to (2) radiation. One worker died. Other countries have had similar accidents. There was a close call at a nuclear plant at Three Mile Island in the United States. On March 28, 1979, there was a reactor meltdown at this plant. A reactor meltdown happens when the fuel inside a reactor melts. Unless immediate safety measures are taken, a meltdown can (3) to radiation leaking into the atmosphere. Probably the most famous nuclear accident occurred at a plant in Chernobyl, in the former Soviet Union. The accident happened on April 26, 1986, when things went terribly (4) during an experiment. This caused a meltdown so serious that the top of a reactor exploded into the sky. Radiation leaked into the atmosphere for more than a week. Wind carried some of the radioactive pollution over large parts of Europe. Many (5) and birth defects throughout Europe have resulted from this horrible event.

11 放送を聞き，(1)～(4)の会話文の最後にくる男性のセリフとして最も適切なものを1つ選び，番号で答えなさい。放送はそれぞれ1回です。

(1) 1 Now, mathematics is my favorite subject!
  2 I wonder how much Ms. Kim earns a year!
  3 You should become a math teacher, too!

(2) 1 Can I talk to the manager?
  2 Did you find the sunglasses at the beach?
  3 Will you tell me where you bought them?

(3) 1 I'm going with a friend of mine.
  2 Yes, I need road maps for sure.
  3 Being environmentally friendly is very important.

(4) 1 She didn't run in the race. I did.
  2 She did quite well, and was in the top 50.
  3 She was a volunteer at the race.

12 放送を聞き，その内容を表す文となるように適した選択肢を番号で答えなさい。放送は 1 回です。

(1) The statue was given to America (　　).
　1 by an engineer in order to put a torch in the air
　2 by Britain to help them in its war for freedom
　3 by France to show that it has a good relation with America

(2) The person who designed and built the frame of the statue (　　).
　1 used crocodile skins on the metal frame to make the statue look nice
　2 is also famous for building a tower in France that was named after him
　3 felt that it was a very difficult job due to the size of the frame

(3) It was hard to send the statue to America, so (　　).
　1 they decided to build it on an island in New York Harbor
　2 they built the base first to see if it would be possible to put the statue on it
　3 they gave up sending it as one package

(4) Most people (　　).
　1 are shorter than the fingers of the statue
　2 who visit the statue feel welcomed when they visit her
　3 climb to the end of the crown to see outside

学」はおもしろみを発揮すると思っている」と筆者が考える理由を九十字以内で答えなさい。

問十三　次のア～カのうち、本文の内容に関する説明として適切なものには「○」を、不適切なものには「×」を答えなさい。ただし、全て同じ記号の解答は無効とします。

ア　日本人は日本語で科学を展開したため、独自の科学用語を生み出し、科学技術を大きく発展させてきたことは証明できる事実である。

イ　科学者はそれぞれの母国語で科学を展開しているが、ヨーロッパ言語系、ラテン語系、漢字文化圏系に繋《つな》がる共通性を重視することを忘れてはならない。

ウ　「生き物らしさ」という日本語表現は、「生物のような」という意味を表すが、英語では表現することができない概念であり、それを追い求めるのが真の生物物理学である。

エ　日本の創造的な科学者にとって、英語は必要であっても十分な武器ではないことを認識し、日本語による思考を重視し、英語が持ちえない新しい世界観を用いて科学を展開していくことが望ましい。

オ　多くのノーベル賞受賞者を輩出する現代の日本の科学文化は、江戸末期の西欧文明の輸入と新たな日本語による知識体系の創造によって成り立っている。

カ　免疫学における「抗体産生」は、日本語でしか表現できない専門用語であるため、同時通訳をする際には「プロデュース」を用いることが推奨される。

二　次の1～10の文中の（カタカナ）を漢字で書きなさい。

1　（レイホウ）に登る。
2　初志（カンテツ）する。
3　花火の（ヨイン）に浸る。
4　（カクリョウ）を任命する。
5　組織の（スウジク）を担《にな》う。
6　（チンコン）の祈りをささげる。
7　（バイシン）制度について学ぶ。
8　（ゴバン）の目のような街並み。
9　誰もが（ウラヤ）む生活。
10　（ネバ）り強く努力する。

日本特派員スウィンバンクス氏も、そう言っていた)。この当たり前の事実に立てば、逆に、日本語による素晴らしい発想や考え方や表現は、英語が持ちえない新しい世界観を開いていく可能性が高い。それこそが日本の科学だ。そう私は思う。

(松《まつ》尾《お》義之《よしゆき》『日本語の科学が世界を変える』より・一部改変)

問一 ――部①「日本語による受賞講演」はどのようなことが可能であると示したか、答えなさい。

問二 文中から次の一文が抜けています。どの形式段落の直後に入れるのが適当か、その段落の最後の十字を答えなさい。

この仕事に二五年間かかわり、私は「たかが翻訳、されど翻訳」という感慨を持つに至った。

問三 文中の[1]、[2]、[3]にあてはまる最適な言葉を、次のア～オから選び、記号で答えなさい。ただし、同じ記号は二度使えません。

ア もしくは　イ なぜなら　ウ したがって　エ ところで
オ でも

問四 文中の[A]、[B]、[C]、[D]にあてはまる最適な言葉を、次のア～カから選び、記号で答えなさい。ただし、同じ記号は二度使えません。

ア 論理的　イ 技術的　ウ 集中的　エ 基本的
オ 画期的　カ 批判的

問五 ――部②「この命題」、③「これ」、⑤「そういう修羅場」、⑥「そういうこと」、⑪「これ」の指示内容をそれぞれ答えなさい。

問六 [4]、[5]にあてはまる内容を考え、[4]は十八字以内、[5]は十二字以内で答えなさい。

問七 ――部④「〝生きている化石〟、それゆえに科学界のアイドル的存在になった」とはどういうことか、答えなさい。

問八 ――部⑦「養老孟司博士」、⑩「大沢文夫博士」の科学に対する共通した態度を、二五字以内で答えなさい。

問九 ――部⑧「含蓄に富んでいる」の意味として最適なものを、次のア～エから選び、記号で答えなさい。

ア 意味内容が豊かで味わいがある。
イ 意味内容が革新的で強烈である。
ウ 表現のユーモアがあり斬新である。
エ 意味内容が正確で信頼できる。

問十 ――部⑨「なおざりに」の使い方として最適な例文を、次のア～エから選び、記号で答えなさい。

ア 好意的な感想を聞いて、なおざりに嬉《うれ》しい。
イ これは大切な行事だからなおざりに準備すべきだ。
ウ 明治時代から続いている家業をなおざりにする。
エ なおざりに力を尽くすのは、勝利を目指しているからだ。

問十一 文中の[E]、[F]にあてはまる同音異義語として最適なものを、次のア～シから選び、記号で答えなさい。ただし、解答の順は問いません。

ア 成長　イ 吸収　ウ 使用　エ 消化　オ 清聴
カ 旧習　キ 昇華　ク 飼養　ケ 急襲　コ 生長
サ 唱歌　シ 私用

問十二 ――部⑫「こういう時代になればなるほど、私は「日本語の科

ことを意識した。当時、この言葉は一般にほとんど知られていなかったので、引き立て役として「脳」を持ってきたのだ。それがピタリとはまった。よい言葉は外国語でもどんどん日本語に取り込んで、［E］（［F］）していけばいい。それが日本語文化一五〇〇年の伝統なのだ。

「なぜ日本語で科学をするのか」という問いを立てた理由が、少しはご理解いただけたと思う。次に、日本語の科学が、世界の科学にどんな形でインパクトを与えうるのか考えてみたい。

科学者の共通語は、私の見る限り、ブロークン英語からどんどん普通の英語に変わりつつあるように思う。日本人科学者の英語も、本当に上手になったと思う。インターネットの普及もあるが、世界共通語としての英語の重みはますます大きくなっているようにも見える。しかし、科学にとって、⑪これがよいこととは限らない。なぜなら、これまでの歴史を見るとわかるが、科学の大展開は、異文化の衝突、混合によって起こるケースが多いからだ。

世界が平坦《たん》化して、先鋭化した個性が消えたとき、混ざり合うものなど、たかが知れている。現に、私が見る限り、世界の科学は急速につまらなくなっている。毎週のネイチャー誌を見ればそれがわかる。誰《だれ》もがすぐに論文を読めるようになって、コツコツと独自の世界を真面目に追いかける人間が少なくなったのかもしれない。

⑫こういう時代になればなるほど、私は「日本語の科学」はおもしろみを発揮すると思っている。ますます重要性を持ってきたと思っている。養老孟司博士や大沢文夫博士が指摘されるように、日本語ゆえに表現できるユニークな世界を、科学という方法論で開拓していけるのは日本人だけだ。事実として、現実としてである。もちろん、フランス人はフランス語でしか表現できない世界を追い求めていけばよい。

再認識すべきは、少なくとも日本の創造的な科学者にとって、英語は必要ではあっても十分な武器ではない、ということだ。最大の武器、それは日本語による思考なのだ。このきわめて当たり前の事実を、当たり前と思わないでかけがえのないチャンスと見ること、そこに、日本の科学の未来があると私は思う。

一言断っておくと、科学が創造的であるというのは、大前提である。元東北大学総長の西澤潤一《にしざわじゅんいち》博士はかつて、「画家が他人の作品を真似《まね》たら、それは贋作《がんさく》【にせもの】と言うでしょう。科学者だって同じなんですよ」と話してくださった。つまり、科学というのは、前提となる知識を習得した上で、さらに一歩踏み出して、新しいことを創造する行為なのだ。科学の最も大事な根幹部分において、創造的でない成果は本質的に無意味なのである。

だから私は、科学者を志す人たちに「科学は、受験勉強の延長線上には絶対に存在しないのですよ」と申し上げてきた。昨今の科学者による不正行為事件を見ると、創造的能力を鍛えることなく研究者になった人には、やはり科学をするのは無理だと感じる。贋作・盗用が減って偽作・捏造《ねつぞう》が増えているのは、創造力を欠いた人たちが科学界に迷い込んで、うめき苦しんでいる姿と言えるかもしれない。

ともあれ、母国語が日本語の人で、きちんと日本語で文章表現できない人が、英語できちんと科学を表現できるはずがない。日本語で論理的に考えられない人は、英語でも論理的に考えられない（ネイチャー誌の事項かもしれないが、そうはいかない。そもそも言葉が違うのだから、同じはずはない。基本要素が違っているのに、それらから構成されるサイエンスと科学が、完全に同じものだと言える保証など、どこにもないではないか。

ある講演会で、⑦養老孟司《ようろうたけし》博士が話された。ご承知のように、養老博士の言葉の世界は多様で奥深く、そこから紡《つむ》ぎ出される世界は、ちょっとしたことでも⑧含蓄に富んでいる。優れた日本語表現が、いかに大きな世界を生み出すことができるか、よいお手本だと私は思っている。実はその講演を、英国生まれのユダヤ人で、仕事で日本に長期駐在していた男が、私の隣で聞いていた。そして、終わったあと「おもしろいなあ」とつぶやいたのである。

それで、私は彼に聞き返してみた。では、もし、この養老博士の話を全部英語に翻訳したとしたら、この日本語のような広い豊かな世界を表現できるだろうか？　すると彼はうなってしまった。「翻訳できるかできないか、ということではなく、もし養老先生の話を英語に翻訳してしまったら、とてもつまらない話になると思います。日本語のニュアンスというより、ある種の世界観とか話の進め方も含めて独特で豊かな世界が表現されているのだと思う」というような答えだった。彼の奥さんは日本人で、日本語がとても堪能《たんのう》ゆえの答えであった。

養老博士は、日本語による科学表現の重要性を強く認識している。あるときから。〝英語論文の断筆宣言〟までされて、日本語で科学を語ることに全力で取り組みはじめた。『ヒトの見方』（ちくま文庫）の「あとがき」に次のように書いている。

「……私は使い慣れた日本語で書くことで、「科学」の内容を何とか変えていけないかと思ったのである。……自然科学の基礎は、およそいまでも、⑨なおざりにされているように私は思う。研究費や待遇の問題ではない。何より基礎的な考えの問題である。ことばの問題も、とうぜんその一つである。」

そして、次のように提案する（以下、筆者の責任で大幅に〝翻訳〟すると、こういう内容になる）――科学論文を日本語で書こうとしても、公式の研究費は出ない。このような愚かな慣習はやめるべきである。日本人の読者は日本語の科学を必要としており、その内容が日本語で書かれれば、たとえお金を払ってでもそれを受け入れる。それだから、もういい加減、下手な英語で論文を書く習慣は考え直そうではないか。

日本の生物物理学を作り上げた⑩大沢文夫《おおさわふみお》博士とは、『瓢々《ひょうひょう》楽学』という単行本を作ったが、その時も、「英語では表現しきれない概念があるのですよ」という話が出てきた。その一例が「生き物らしさ」だという。これは「生物のような」という意味ではなく、「生物の生物たる根本の欠くことのできない必須《す》条件でありながら、ある種のしなやかな漠然とした一面も含んだ特徴」とでもいうようなことだ。大沢博士は、「生き物らしさという日本語表現は、英語では決して表現できない。それを追い求めるのが真の生物物理学だ」とおっしゃられていた。

これだけ書くと、国粋主義者と間違われそうだが、私は愛国者ではあっても国粋主義者ではないと思っている。英語だって素晴らしい言語表現であり、あるときは、日本語を超える可能性を持っていることもある。茂木健一郎《もぎけんいちろう》博士の処女作『脳とクオリア』（日経サイエンス社）の編集を担当したとき、かなり早い段階から、書名に「クオリア」を使うするということで、国をあげて始まった事業だった。私たちの編集部がたまたま内幸町《うちさいわい》のプレスセンター【報道関係者の詰め所】にあったこともあり、財団のお手伝いをすることになった。その過程で、受賞者講演会を開くための一切の作業を私たちが委託され、同時通訳をサイマルにお願いすることになったのだった。

同時通訳者というのは非常に優秀である。なにせ、皇族や王族関係の会であれば独特の決まり表現が必要だし、外交交渉であれば、一つ言葉が違えば国益を損ねることにもなりかねない。⑤そういう修《しゅ》羅場で仕事をされてきたのが、例えば長井さんだった。

私たちの依頼仕事は科学技術分野なので、そこまでシビア【厳密】ではないのだが、それでも、サイマルの人は、事前に細かく内容を聞いてきた。科学技術の同時通訳は経験があるということだったが、たぶん、こちらが若くて聞きやすかったからであろう、一つ一つ、まず用語について確認してきた。レベルの低い通訳だと、英語をそのまま使ってごまかしてしまうケースも多いが、少なくとも当時のサイマルは、日本語の正式用語がある場合は、できるだけそれを使おうという姿勢だった。

それだけでなく、話の筋道や内容についても、細かく確認してきた。「これはこういう意味ですか？　こういう意味ではないのですか？」「こういう表現をして間違いないですか？」という形で、聞いてこられたのである。当時の私の知識は決して完璧《ぺき》ではなかったので、マゴマゴしてしまい、当日までに確認する、という宿題になったこともあった。最初は事前打ち合わせだったが、だんだんと信頼してもらえるようになり、当日の打ち合わせで済むようになった。

長井さんたちとのやり取りで再確認できたのは、英語で意味は理解できたとしても、科学技術の知識として日本語表現することは別だ、ということだった。例えば「プロデュース」という言葉はとても便利で、一般用語としても専門用語としても使われる。意味は「つくる、生み出す」であるから、英語の文でこの言葉が出てくれば、素直に意味を汲《く》むことができる。でも、生物学では「産生する」というような言い方があり、そこから出てくる「抗体産生」といった大事な名詞があって、免疫学の話であれば、いくら理解しやすいとはいっても、やはり「産生する」と日本語にしなければならないのだ。

サイマルの長井鞠子さんは、⑥そういうことがきちんとわかる人だった。こちらも鍛えられて、血肉《けつにく》となったのである。

英国人、米国人、フランス人、ドイツ人、スウェーデン人、ロシア人、日本人、中国人、韓国人と、みんなそれぞれの母国語で何らかの形の科学を展開しているのは間違いない。ただ、ヨーロッパ言語系は、ゲルマン系（蘭《らん》学のオランダ語もその仲間）としての共通性があり、またラテン語系にも別の共通性が見られる。そういう意味では、日本をリーダーとする漢字文化圏系の科学は、まったくの別世界である。しかもそれぞれの国の違いも大きい。このユニークさは大切であり、われわれの「売り」でもある。

このことがなかなか理解してもらえないのだが、科学という知識体系について、我々日本人は「科学」と呼び、あちらの人は「サイエンス」とか「ヴィッセンシャフト」と呼ぶのである。こちらが「陽子」「電子」「細胞」と呼ぶものを、あちらでは「プロトン」「エレクトロン」「セル」と呼ぶのだ。［　5　］というのが暗黙の了解哉《や》によるフランス語国語論など）。こういう議論があったことを忘れてはいけない。

私は、一九七五年に日本経済新聞社に入社してすぐに「日経サイエンス編集部」に配属された。「日経サイエンス」という科学雑誌は、アメリカを代表する「サイエンティフィック・アメリカン」の日本版である。この雑誌はニューズウィーク誌などとも並び称され、知性あるアメリカの文化人や経済人に多くの固定ファンを持っている。

科学に関して、日本語と英語の違い、共通点、ものの考え方の差など、実に多くのことを考えさせられたからである。日経新聞社を円満退社してから少し経って、今度は世界最高の科学論文誌とされる英国ネイチャー誌のニュース記事に本格的にかかわることになった。適切な記事を選び出し、日本語に翻訳編集する月刊誌「ネイチャー・ダイジェスト」の実質的な編集長を四年半ほど務めたのである。

二つの仕事の間に一〇年近い時間間隔はあるが、合わせて約三〇年間、私は、科学という分野において、日本語と英語の間に身を置いてきた。「　4　」という問いかけは、実は、私がいつも仕事机の横に掲げてきたテーマなのである。

生意気だが、だから益川博士の気持ちもよくわかる。片言の英語なら、話せと言えば話さないことはないけれど、「科学者の責務として、科学的に正しく、また発想や考え方や論理をきちんと伝えることは、日本語だって大変なのに、とても英語で流暢に語ることはできません」。それがたぶん益川博士の本意であろう。もちろん、ストックホルムに集まった人だけでなく、世界中の科学者は、この益川博士の真意を十分に理解していたと思う。

別の言い方もできる。益川博士の日本語講演は、会場では英語に同時翻訳されたが、おそらく、最初の個人的エピソードや体験談を除き、理論物理学を学んだことのない聴衆には、肝心の内容はほとんどチンプンカンプンだったに違いない。つまり、科学的な知識や思考力のない人には、英語であっても日本語であっても、その本質を理解するのは簡単ではないのだ。

ともかく、海外の多くの物理学者は、益川博士の講演を好奇心たっぷりで待ちこがれていたに違いない。というのは、益川博士の海外渡航は、この時のノーベル賞授賞式が初めてだったからだ。海外に行かなくてもMAŚKAWAの名前は世界に轟《とどろ》いていた。だから、たとえ日本語であっても、益川博士の話しぶりを、じっくりと味わうことができる初めての機会となった。地球上を航空機が飛び交う二一世紀文明社会において、益川博士のような存在は希有《けう》である。④〝生きている化石〟、それゆえに科学界のアイドル的存在になったと言ってよい。

次に、いくら英語ができても科学はわからないという話をしたい。最近、『伝える極意』（集英社新書）を書かれたことを知って懐かしく思い出されたのが、当時、サイマルインターナショナルにおられた同時通訳者の長井《ながい》鞠子《まりこ》さんだ。長井さんにお願いした仕事は、日本国際賞の受賞者講演会の同時通訳だった。一九八五年から数年間、毎年だったと思う。

日本国際賞は松下幸《まつしたこう》之助《のすけ》さんが基金を拠出して国際科学技術財団を作り、そこから、工学分野でノーベル賞級の業績をあげた人を顕彰【表彰】

とだ、と。

彼らは英語のテキストに頼らざるを得ない。なまじ英語ができるから、国を出て行く研究者も後を絶たない。日本語で十分に間に合うこの国はアジアでは珍しい存在なんだ、と知ったのです。」

まさにこのことを、私は本書に書いた。私たち日本人は日本語で科学することができるのだ。[1]、それは自然にそうなったわけではない。

日本人は特に一五〇年前の江戸末期に、[A]に必死になって西欧文明を取り入れた。概念そのものが、それまでの日本文化に存在しないものも多かった。そこで、言葉がなければ新たに言葉を作ったりしながら、学問や文化や法律などあらゆる分野について、近代としての日本語(知識)体系を作り上げてきたのである。そのような新しい日本語を使って、現在の日本人は、創造的な科学を展開しているのだ。そしていまや、多くのノーベル賞受賞者を輩出する実力ある社会を作り上げた。だから、[B]に、英語で科学をする必要がないのである。先人に感謝しても、しすぎることはないだろう。

私たち日本人は、日本語で科学することにより、二一世紀に入ってほぼ毎年一人のノーベル賞受賞者を出す科学文化を創り上げた。技術の世界においても、ここ二〇年、従来存在しなかった[C]な新技術・新製品の大半を、日本から生み出してきた。このように、日本語による科学技術が大きく花開いたのは間違いのない事実である。

それなら、「日本人は日本語で科学を展開したがゆえに、これだけ多くの偉大な成果を得ることができた」と言えるのだろうか? 実際日本語には、くりこみ群(統計力学、場の量子論)、棲《す》み分け論(進化論)、すだれコリメーター(X線天文学)、ミウラ折り(宇宙工学)といった日本独特の科学用語があり、その可能性を暗示している面がある。しかし、②この命題をいくら追いかけても、それを証明することはできない。事実として、日本人は日本語でしか科学をしてこなかった。でも、その日本語で科学や技術を展開したという特別の理由ゆえに、ここまで日本の科学技術が大きく花開いたとは言い切れないのだ。[D]に証明不能だからである。

[2]、本書で「日本語で科学や技術を展開したから」と書く時、それは理由を言っているのではなく、他に選択肢のなかった事実のみを語っている。この点は間違えないでほしい。ただ、本音を言えば「日本語主導で独自の科学をやってきたからこそ、日本の科学や技術はここまで進んだのではないか」と思うところはある。これについては、あくまでも「状況証拠」でしかないが、様々な具体例をあげてみたいと思っている。

この文脈上での話であるが、韓国ではハングル優先で漢字を棄《す》ててしまったために、多くの同音異義語が区別しきれなくなり、重要な知識や概念を失うだけでなく、厳密な議論もできなくなった。せっかく、漢字用語に薬づく科学知識体系を、中国とともに明治期の日本からまるごと導入したのに、実にもったいない話である。③これは私の立てた問題を考える際の、明らかな反例である。

もっとも、日本も韓国を笑えない部分がある。[3]、歴史を振り返ってみると、日本語や漢字を棄てることになったかもしれない危ない暴論や、怪しげな著名人による妄論【でたらめな議論】が、たびたび顔を出しているからである(森有礼《もりありのり》や尾崎行雄《おざきゆきお》による英語国語論、志賀直《しがなお》

【国　語】（五〇分）〈満点：一〇〇点〉

【注意】字数制限のある問題については句読点・記号を字数に含《ふく》めること。

一　次の文章を読んで、あとの問いに答えなさい。ただし、【　】は語句の意味で、解答の字数に含めないものとします。

「アイアムソーリー、アイキャンノットスピークイングリッシュ」

二〇〇八年一二月八日、ストックホルム大学大講堂におけるノーベル賞受賞講演会で、益川敏英《ますかわとしひで》京都大学名誉教授は冒頭。きれいな英語でこう話された。そしてそのあと、日本語で素晴らしい講演を披露されたのだった。①日本語による受賞講演は、作家の川端康成《かわばたやすなり》氏以来ではなかろうか。

南部陽一郎《なんぶよういちろう》博士、小林誠《こばやしまこと》博士とともにノーベル物理学賞を受賞された益川博士は、一躍、時の人となったが、多くの人々を惹《ひ》きつけたのは、その本音で語る態度だった。受賞が決まって「たいしてうれしくない」と言ってみたり、「三六年前の過去の仕事ですし……」と話したりしたが、こうした発言には、それまでの月並みな絶讃《さん》型・全肯定型のノーベル賞報道にない、正直さや人間としての温かさがにじみ出ていたと思う。そうした点で、益川博士は、科学の素晴らしい広報マンを演じてくださった。

一九八〇～九〇年代に日本で開催された国際会議でも、この「アイキャンノットスピークイングリッシュ」をたびたび聞いた記憶がある。ただ、これを聞いて隣の外国人が怒り出したことがあった。英語で断っている、英語で話せるじゃないかというのだ。もちろん冗談なのだが、日本人のこのニュアンスを伝えるには、たぶん、「アイキャンノットスピークイングリッシュ・ウェル（あるいはフルーエントリー）」と言う必要があるのであろう。蛇足ながら、益川博士はきちんと英語をお読みになることができる。なぜなら、あのノーベル賞講演でも、英語で書かれたいくつもの研究論文を引き合いに出されていたからだ。

英語を話すのが苦手なことを益川博士は隠さなかった。それゆえに、一般の日本人にも、いったい科学と英語はどのような関係にあるのか、改めて考える機会を与えてくれたのではないか。当たり前の話だが、英語のスピーチなど流暢《りゅうちょう》にできなくても、日本語による精密な思考や議論を通じて、人類が迫りうる最も深遠な理論や考察はできるのだ。益川博士はそのことを、改めて教えてくれたのである。科学においては、英語なんかより、日本語の数学や物理学が大事だということである。

なぜ日本人は英語で科学をしないのか？　なぜ日本人は日本語で科学するのか？　その答えは明快だ。英語で科学する必要がないからである。私たちは、十分に日本語で科学的思考ができるからである。益川敏英博士も、二〇一四年一一月二六日付朝日新聞「耕論」欄において、英語入試改革に関するコメントの中で次のような意見を表明されている。

「ノーベル物理学賞をもらった後、招かれて旅した中国と韓《かん》国で発見がありました。彼らは「どうやったらノーベル賞が取れるか」を真剣に考えていた。国力にそう違いはないはずの日本が次々に取るのはなぜか、と。その答えが、日本語で最先端のところまで勉強できるからではないか、というのです。自国語で深く考えることができるのはすごいこ

2024年度

解　答　と　解　説

《2024年度の配点は解答欄に掲載してあります。》

＜数学解答＞

1　(1)　4408　　(2)　4032　　(3)　1，−2　　(4)　49　　(5)　$1-\frac{\sqrt{2}}{4}+\frac{\pi}{8}$

2　(1)　$(x+2y-1)(x-2y+1)$　　(2)　$(x,\ y)=(8,\ 4),\ (4,\ 1)$

3　(1)　36　　(2)　$a=\frac{2}{9}$　　(3)　$x=-4\pm2\sqrt{10},\ -12,\ 4$

4　(1)　22点　　(2)　$\frac{8}{15}$　　(3)　B

5　(1)　$6\sqrt{2}$　　(2)　$\frac{9\sqrt{2}}{2}$

○配点○

1　各7点×5　　2　各8点×2　　3　(1)　5点　　(2)，(3)　各6点×2　　4　(1)　6点
(2)，(3)　各5点×2　　5　各8点×2　　計100点

＜数学解説＞

1　(式の値，平方根，2乗に比例する関数の変域，統計，面積)

(1)　$\left(\frac{1}{2}x^2y\right)^5\div\left(\frac{1}{4}x^3y^2\right)^3+x^3y^7\times xy\div x^4y^6=\frac{x^{10}y^5}{2\times2\times2\times2\times2}\times\frac{4\times4\times4}{x^9y^6}+x^4y^8\times\frac{1}{x^4y^6}=\frac{2x}{y}+y^2=\frac{2(\sqrt{1103}+\sqrt{1101})}{\sqrt{1103}-\sqrt{1101}}+(\sqrt{1103}-\sqrt{1101})^2=(\sqrt{1103}+\sqrt{1101})^2+(\sqrt{1103}-\sqrt{1101})^2=2\{(\sqrt{1103})^2+(\sqrt{1101})^2\}=2\times2204=4408$

(2)　$6.25<7<9$から，$\sqrt{6.25}<\sqrt{7}<\sqrt{9}$，$2.5<\sqrt{7}<3$，$5<2\sqrt{7}<6$，$2\sqrt{7}=5.\cdots$　　よって，$8-2\sqrt{7}=2.\cdots$　　したがって，$a=2$，$b=6-2\sqrt{7}$　　$4a+b=14-2\sqrt{7}$，$4a-b=2+2\sqrt{7}$　　$(4a+b)^2(4a-b)^2=\{(14-2\sqrt{7})(2+2\sqrt{7})\}^2=(28+28\sqrt{7}-4\sqrt{7}-28)^2=(24\sqrt{7})^2=4032$

基本　(3)　$y=\frac{1}{4}x^2\cdots$①　　①に$y=4$を代入すると，$4=\frac{1}{4}x^2$，$x^2=16$，$x=\pm4$　　$a+3=4$のとき$a=1$，$a-2=-4$のとき$a=-2$　　よって，$a=1,\ -2$

(4)　10人の点数の合計は，$69.1\times10=691$　　中央値は点数が低い順に並べて5番目と6番目の平均になる。7番目から10番目の点数がすべて100点だとすると，1番目から6番目までの合計は，$691-100\times4=291$　　$291\div6=48$あまり3　　よって，4番目から6番目の点数が49点のとき，中央値は最も小さくなる。したがって，求める値は49点

重要　(5)　斜線部分の面積は，△ACPの面積と，扇形OCPの面積から△OCPの面積をひいたものとの和になる。∠ACO＝45°　　錯角が等しいことから，OP//AC　　よって，$\triangle\mathrm{ACP}=\triangle\mathrm{ACO}=\frac{1}{2}\times1\times2=1$　　$(扇形\mathrm{OCP})=\pi\times1\times\frac{45}{360}=\frac{\pi}{8}$　　$\triangle\mathrm{OCP}=\frac{1}{2}\times1\times\frac{\sqrt{2}}{2}=\frac{\sqrt{2}}{4}$　　したがって，求める面積は，$1-\frac{\sqrt{2}}{4}+\frac{\pi}{8}$

2 （因数分解，連立方程式）

基本 (1)　$x^2-4y^2+4y-1=x^2-(4y^2-4y+1)=x^2-(2y-1)^2=\{x+(2y-1)\}\{x-(2y-1)\}=(x+2y-1)(x-2y+1)$

重要 (2)　$x^2-4y^2+4y-16=0$，$x^2-4y^2+4y-1-15=0$，$x^2-4y^2+4y-1=15$，(1)より，$(x+2y-1)(x-2y+1)=15$　x，yは正の整数，積が15より，$x+2y-1>0$，$x-2y+1>0$　また，$x+2y-1>x-2y+1$より，$x+2y-1=15$，$x+2y=16$…①，$x-2y+1=1$，$x-2y=0$…②，①＋②から，$2x=16$，$x=8$，$8+2y=16$，$2y=8$，$y=4$　$x+2y-1=5$，$x+2y=6$…③　$x-2y+1=3$，$x-2y=2$…④，③＋④から，$2x=8$，$x=4$，$4+2y=6$，$2y=2$，$y=1$　よって，$(x, y)=(8, 4)$，$(4, 1)$

3 （図形と関数・グラフの融合問題）

基本 (1)　①に$y=6$を代入して，$6=\frac{1}{6}x^2$，$x^2=36$，$x=\pm6$　よって，A$(-6, 6)$，B$(6, 6)$　したがって，△AOB$=\frac{1}{2}\times6\times\{6-(-6)\}=36$

(2)　Eのx座標を$t$$(t>0)$とすると，D$(-3t, 9at^2)$，E$(t, at^2)$　△DOE$=36$より，$\frac{1}{2}\times6\times\{t-(-3t)\}=36$，$12t=36$，$t=3$　よって，D$(-9, 81a)$，E$(3, 9a)$

直線ℓの式は，$y=\frac{9a-81a}{3-(-9)}x+6=-6ax+6$　この式に点Eの座標を代入して，$9a=-6a\times3+6$，$27a=6$，$a=\frac{6}{27}=\frac{2}{9}$

重要 (3)　直線ℓの傾きは$-6\times\frac{2}{9}=-\frac{4}{3}$，$6\times\frac{1}{3}=2$，$6-2=4$，$6+2=8$から，傾きが$-\frac{4}{3}$で切片が4，8である直線と①の交点をPとすると，△DPE$=\frac{1}{3}$△DOEとなる。$y=-\frac{4}{3}x+4$…③，$y=-\frac{4}{3}x+8$…④　①と③からyを消去すると，$\frac{1}{6}x^2=-\frac{4}{3}x+4$，$x^2+8x-24=0$，$x=\frac{-8\pm\sqrt{8^2-4\times1\times(-24)}}{2\times1}=\frac{-8\pm\sqrt{160}}{2}=\frac{-8\pm4\sqrt{10}}{2}=-4\pm2\sqrt{10}$　①と④からyを消去すると，$\frac{1}{6}x^2=-\frac{4}{3}x+8$，$x^2+8x-48=0$，$(x+12)(x-4)=0$，$x=-12$，$4$　よって，求める点Pのx座標は，$x=-4\pm2\sqrt{10}$，-12，4

4 （期待値，確率）

基本 (1)　赤球を選ぶ確率は，$\frac{2}{10}=\frac{1}{5}$　青球または白球を選ぶ確率は，$\frac{8}{10}=\frac{4}{5}$　よって，求める期待値は，$50\times\frac{1}{5}+15\times\frac{4}{5}=22$(点)

(2)　赤1，赤2，青1，青2，青3，青4，青5，白1，白2，白3の10個の球から2個を同時に取り出す方法は，$10\times9\div2=45$(通り)　そのうち，白球2個を取る場合は，(白1，白2)，(白2，白3)，(白1，白3)の3通り　白球1個を取る場合は，$7\times3=21$(通り)　よって，求める確率は，$\frac{3+21}{45}=\frac{24}{45}=\frac{8}{15}$

重要 (3)　操作Cの点数の期待値は，$100\times\frac{2}{10}\times\frac{2}{10}+65\times\left(\frac{2}{10}\times\frac{8}{10}+\frac{8}{10}\times\frac{2}{10}\right)+30\times\frac{8}{10}\times\frac{8}{10}=4+\frac{104}{5}+\frac{96}{5}=44$(点)　操作Bで，赤球2個(200点)のとき1通り，赤球1個，青球1個(80点)のとき$2\times5=10$(通り)，青球2個(120点)のとき$5\times4\div2=10$(通り)　よって，操作Bの期待値は，$200\times$

$\frac{1}{45}+80\times\frac{10}{45}+120\times\frac{10}{45}+0\times\frac{24}{45}=\frac{2200}{45}=\frac{440}{9}=48\frac{8}{9}$(点)　したがって，操作Bの方が点数の期待値が高い。

や難 **5** (空間図形の計量問題－切断，体積)

(1)　正四面体O－ABCの高さは，$\sqrt{6^2-\left\{\left(6\times\frac{\sqrt{3}}{2}\right)\times\frac{2}{3}\right\}^2}=\sqrt{24}=2\sqrt{6}$

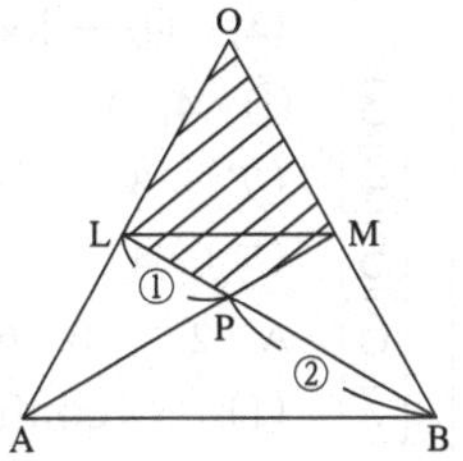

よって，体積は，$\frac{1}{3}\times\frac{1}{2}\times6\times3\sqrt{3}\times2\sqrt{6}=18\sqrt{2}$　右の図のように，AMとBLの交点をPとすると，求める体積は，四角錐C－OLPMとなる。(正四面体O－ABC)：(正四角錐C－OLPM)＝△OAB：(四角形OLPM)…①　△OLB＝$\frac{1}{2}$△OAB，△BML＝$\frac{1}{2}$△OLB，△BMP＝$\frac{2}{3}$△BML　よって，△BMP＝$\frac{2}{3}\times\frac{1}{2}\times\frac{1}{2}$△OAB＝$\frac{1}{6}$△OAB　(四角形OLPM)＝△OLB－△BMP＝$\left(\frac{1}{2}-\frac{1}{6}\right)$△OAB＝$\frac{1}{3}$△OAB　①より，(四角錐C－OLPM)＝$\frac{1}{3}$(四面体O－ABC)＝$\frac{1}{3}\times18\sqrt{2}=6\sqrt{2}$

(2)　MCとNBの交点をQ，NAとLCの交点をRとする。(1)を利用して，四角錐C－OLPMから3点N，A，Bを通る平面で切った図形のうち，点Oを含む立体を求める。切り口の平面とCPの交点をSとおくと，切り口は四角形NRSQとなる。求める体積は，四角錐C－OLPMから，四角錐C－NRSQを除いた立体の体積である。高さが共通なので，(三角錐C－ABN)：(四角錐C－NRSQ)＝△ABN：(四角形NRSQ)…②　右の図から，△BNR＝$\frac{1}{3}$△ABN，△BQR＝$\frac{2}{3}$△BNR，△BSQ＝$\frac{3}{4}$△BQR　よって，△BSQ＝$\frac{3}{4}\times\frac{2}{3}\times\frac{1}{3}$△ABN＝$\frac{1}{6}$△ABN　(四角形NRSQ)＝△BNR－△BSQ＝$\left(\frac{1}{3}-\frac{1}{6}\right)$△ABN＝$\frac{1}{6}$△ABN

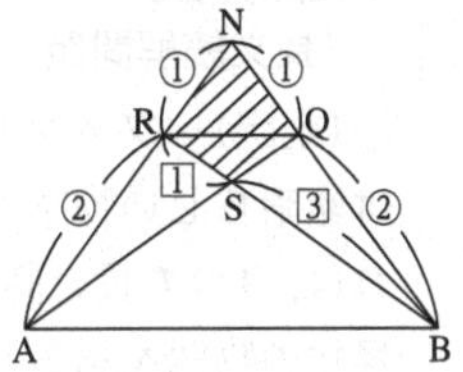

(三角錐C－ABN)＝$\frac{1}{2}\times18\sqrt{2}=9\sqrt{2}$　②より，$9\sqrt{2}$：(四角錐C－NRSQ)＝1：$\frac{1}{6}$

(四角錐C－NRSQ)＝$\frac{3\sqrt{2}}{2}$　したがって，求める面積は，$6\sqrt{2}-\frac{3\sqrt{2}}{2}=\frac{9\sqrt{2}}{2}$

★ワンポイントアドバイス★

1 (5)では，OP//ACを見抜くことがポイントである。平行線を見つけたら等積移動できないか考えよう。

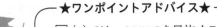

＜英語解答＞

1 (1) known (2) forms (3) learned (4) will come[comes]
(5) used

2 (1) ①→listening (2) ①→what[the thing which] (3) ②→has
(4) ④→looking for (5) ③→with

3 ① 4, 3 ② 1, 4 ③ 5, 1 ④ 4, 1 ⑤ 4, 6

4 (ア) 3 (イ) 3 (ウ) 1 (エ) 4 (オ) 3

5 (ア) 4 (イ) 3 (ウ) 5 (エ) 1 (オ) 2

6 A 2 B 6 C 8 D 1 E 7 F 4 G 5 H 3

7 (1) a confused b causing c caused d confusing e cause
(2) あ 2 い 1 う 3 (3) A super salad B up late

8 (1) 検査[診察] (2) nothing (3) 2 (4) 1 (5) 3

9 (1) elevator[lift] (2) watch (3) station[depot] (4) million

10 (1) employees (2) high (3) lead (4) wrong (5) deaths

11 (1) 1 (2) 3 (3) 1 (4) 2

12 (1) 3 (2) 2 (3) 3 (4) 1

○配点○
1・7(1) 各1点×10 他 各2点×55(3各完答) 計120点

＜英語解説＞

1 （長文読解問題・紹介文：語形変化，分詞，時制）

（全訳） フィンランドにはかつてヴィエナ・カレリアとして(1)知られる地域があった。その人々は素晴らしい物語の語り部で，多くの民話や伝説があった。最も有名なものはカレワラである。これは，1つの長い話(2)を形成するいくつかの詩を集めたものだ。カレワラは魔法の生物や恐ろしい怪物の物語を語る。

何世紀もの間，伝統詩歌詩人と呼ばれる語り部たちはカレワラ(3)を記憶して話してきた。今日，ユッシ・フォヴィネンはフィンランドの最後の偉大な伝統詩歌詩人だ。彼が亡くなると，カレワラを歌う古代文化は終わり(4)を迎える，なぜならカレワラ全体を覚えている人が誰もいないからだ。

しかし良い知らせがある。ユッシ・フォヴィネンは最後の伝統詩歌詩人だが，カレワラの考えの多くは彼と共に死ぬことはない。英国の作家J.R.R.トールキンはカレワラの考えが多く反映されている話をいくつか出版している。トールキンの本に出てくる何人かの登場人物は，カレワラで(5)用いられている古代フィンランド語に似た言語を話す。

(1) A known as B「Bとして知られるA」 (2) 空所直前の that は主格の関係代名詞で，先行詞は a collection であるため，forms と -s が付く。 (3) 現在完了の文なので過去分詞にする。
(4) come to an end「終わる」 文脈より現在時制または未来時制にする。 (5) 形容詞的用法の過去分詞句 used in the Kalevala「カレワラで用いられている」が language を後ろから修飾する。

2 （正誤問題：分詞，関係代名詞，熟語，前置詞）

(1) 「ニュースを聞いていた少年は，突然立ち上がって私に駅までの道を尋ねた」 ①を現在分詞 listening に直す。形容詞的用法の現在分詞句 listening to the news が boy を後ろから修飾する。

(2) 「これが私があなたにしてほしいことです，だからどこへ行こうともこれを覚えていてください」 ①を what または the thing which とし「～すること」の意味にする。

(3) 「その科学の本は4つの部に分けられていて，それぞれ5つの章がある，だから1日で読み終えるのは困難だ」 each は単数扱いなので②を has にする。

(4) 「私はペンをなくし，新しいものを買わなくてはならない，だから家の近くの店を探している」 ④を looking for とする。look for ～「～を探す」

(5) 「私がその紙を切るのに使ったハサミは使いにくかった」 I cut の前に目的格の関係代名詞が省略されている。I cut the paper with the pair of scissors「私はそのハサミを使ってその紙を切った」ということだから③ on を with に変える。

重要 **3** **(長文読解問題・紹介文：語句整序，熟語，動名詞，関係代名詞，受動態，不定詞，接続詞，助動詞)**

(全訳) 近頃，多くの企業が環境①にやさしいことの重要性に気づいている。1990年代初頭から，スカンジナビア半島最大のホテルチェーンであるスキャンディックは世界で最も環境にやさしい企業の1つになることを目標に掲げている。こうするために彼らが行っていることの1つは，エコルーム，つまり②できるだけ環境にやさしい部屋を導入することだ。

宿泊客を満足させるため，全てのホテルは定期的に部屋の装飾を変えたり家具の位置を変えたりする。スキャンディックは環境を害しない方法でこれを行うことにした。例えば，プラスチックや金属を使う代わりに，彼らは自然に置き換え可能な羊毛，綿，木などの材料を使った。例えば，エコルームで使われている全ての木材は，③切り倒された木の代わりに新しい木が植えられた地域から運ばれている。この木材は床，ベッド枠，コート掛け，絵を掛けるフックにも使われている。

その部屋は別の方法でも環境にやさしい。スキャンディックは浴室のシャンプーやせっけんにも特別なシステムを構築した。宿泊客それぞれに新しいせっけんやシャンプーボトルを渡すのではなく，容器が使われている，なぜならそれらは詰めかえができるからだ。容器が古くなると，それらはリサイクルされる。さらに，部屋では水性染料だけが使用されている，なぜならこれは有害なガスを発生せず，空気の質を守るからだ。電気は低電力の電球によって供給され，部屋は④宿泊客がチェックインするまで暖房で暖められない。

エコルームを作る費用は従来のホテルの部屋よりも10%高いが，その会社は時がたつにつれてお金の節約になるだろうと考えている。なぜならそれらは維持するのが安いからだ。環境にやさしい部屋の利点を明確に示すことにより，⑤これらのホテルは他のホテルチェーンだけでなく，普通の家の持ち主にも影響を与えるということがありそうだ。

① (Many companies these days are) aware of the importance of being friendly to (the environment) be aware of ～「～に気づいている，意識している」 the importance of ～ing「～することの重要性」

② rooms that are as gentle on the environment as possible　that は主格の関係代名詞で，that から文末までが rooms を後ろから修飾する。as … as possible「できるだけ…」

③ (new trees) are planted to replace the ones that are cut down　受動態の文。to replace は目的を表す副詞的用法の不定詞で「～の代わりをするために」の意味。that は主格の関係代名詞で that are cut down「切り倒された」が the ones(＝ the trees)を後ろから修飾する。

④ (the rooms) are not heated until a guest checks in.　まず受動態で「部屋は暖められない」とし，until ～「～まで」の節を後ろに置く。

⑤ it seems likely that these hotels will influence not only (other hotel chain, but also ～) it seems likely that ～「～ということはありそうに思われる」 influence「～に影響を与える」

not only A but also B「AだけでなくBも」

4 **（長文読解問題・紹介文：語句補充・選択，接続詞，単語）**

（全訳）　ある話をあっという間に話題になるほど楽しくさせるものは何か。カイル・マクドナルドの場合，それはシンプルな赤い紙用のクリップだった。彼はそれをネットで交換し，自分の最終目標，つまり自分自身の家に到達する(ア)まで良い物に交換し続けた。

そのバンクーバー出身の26歳は物品をネットで1年間交換し，ついにはカナダのキプリングにある1920年代の2階建てで寝室3部屋付きの農家を提供された。そしてニュースの見出しになった。

カイルはバンクーバーの郊外で育っていた時に，子供たちが自分のおもちゃをもっと価値のあるものと交換するために家々を回るのを目撃した。彼は，自分が十分に頑張る(イ)限り，自分のほしい物を手に入れるだろうと信じていた。そして思った通り，ある機会が現れた。

その話が人々の関心(ウ)を引き付けるまで，キプリングという小さな町について聞いたことのある人は多くなかった。市長のパット・ジャクソンは観光を促進しようとしており，世間の注目を集め，その町が親切で暖かい場所だという認識を高めるために，その家を提供しようと決断した。彼の申し出は家だけでなく，「町の鍵」（町が贈る名誉の賞）やいつか市長になる可能性をも(エ)含んでいた。

その交換(オ)以来，マクドナルド氏はテレビに出たり，新聞インタビューを受けたり，人気のウェブサイトを立ち上げたりしている。あの赤い紙クリップは間違いなく，彼にとって有名になるためのチケットだった。

5 **（会話文問題：文補充・選択）**

（全訳）　アン　：あなたたちはどんなことをやって後悔した？「ああ，心理学を勉強しなければなぁ。代わりにアートを勉強できればよかった！」みたいな大きなことじゃなくて，(ア)ちょっとした，バカなこと。

パウロ：ああ，ちょうどいいのがある！　誰かが以前，僕にシャンプーよりも普通のせっけんで髪を洗ったほうがいいって言ったんだ。だから僕はそれをやってみた。

ソニア：それはまずかったわね。

パウロ：そうなんだよ！　君がそこにいて僕を止めていてくれたらなあ。何をしても髪の毛からフケを取り切れなかった。それにその日は面接に行かなくちゃいけなかったんだよ。すごくバカな間違いだった。

ソニア：それは運が悪かったね。えーと私は先日，気まずい状況になったわ。その日は初めてのデートで，私は一生懸命おもしろくしようとしてしゃべりまくって，自分がしていることに注意していなかったの。(イ)私は一口かじって，それが全部洋服にこぼれてしまったわ。トマトソースのスパゲティを注文したのはすごく愚かなことだった！

アン　：時には辛い方法で物事を学ばないといけないのよね。私は最近，新しいセーターをお湯で洗って，小さくなりすぎてしまったの。完全に私のミスよ。(ウ)ラベルに指示が書いてあったの。私はいつものように，めちゃくちゃ急いでいた。もし私に3歳の弟がいたら，それがぴったり合ったはず。

パウロ：僕は一度，ダンスフロアでズボンを破ったよ！

ソニア：ひどいね！

パウロ：まあね，僕はフロアでブレイクダンスの動きをしていたんだ。そしたら，ビリッ！　でもおもしろかったよ。(エ)他のみんなも同じだったんだ！

アン　：そうでしょうね！

パウロ：僕はダンスが全くダメなんだ。(オ)リズム感すらない。僕は何を考えていたんだろう。

アン　：ズボンをもっと破いたかもしれないわね。

問　全訳下線部参照。（エ）　so did everyone else「他のみんなも同じことをした」は everyone else ripped their pants「他のみんなもズボンを破いた」の意味。

重要 **6** **（長文読解問題・歴史：文補充・選択）**

（全訳）　ハワイ諸島に移住し始めた最初の人々はポリネシア人だった。彼らは南東に数千マイルも離れたマルケサス諸島から来た。[A]西暦500年頃，マルケサス諸島のポリネシア人たちは多くの問題に直面していた。彼らは他のポリネシア人たちとの戦争に敗れた。彼らの島には人が多すぎて十分な食べ物がなかった。そこで彼らのなかで，別の場所で新しい人生を始めたいと決心する者がいた。

ポリネシア人たちは遠い北にある素晴らしい場所について歌や詩を知っていた。どのようにしてこの知識が彼らの文化の一部になったのか，私たちにはわからない。[B]もしかしたら彼らは北に飛んでいったきり戻ってこない鳥たちから，そのことを推測したのかもしれない。もしくは彼らは北風で木材が流れてくるのを見たのかもしれない。私たちはポリネシア人たちが素晴らしい海洋民族だということを知っている。彼らは自分たちを助けてくれる道具を持っていなかった。[C]代わりに，彼らは自分たちの案内として太陽，星，海流，風を利用した。彼らは太平洋の様々な遠い場所へ渡航した。

マルケサス諸島から来た人々は長旅に備えてボートに荷物をいっぱいに載せた。彼らは長さ約80～100フィートのダブルカヌーを使った。このカヌーの中に彼らは食料，水，ヤギ，ブタ，ニワトリ，植物を入れた。彼らは自分たちの生活に必要なすべてのものや神像も運んだ。それらのカヌーのうち，多くが恐らく海で遭難しただろう。[D]しかしいくつかはハワイ諸島へたどり着いた。

これら初期の移住者たちは非常に殺人的で好戦的な人々だった。彼らは人肉食を行った。しかしハワイで彼らは暴力的な方法をやめ，平和に生活した。次の数百年間にさらに多くのポリネシア人がハワイに加わった。多くの異なる民族がおよそ500年間穏やかに共に生活した。数百年の間，彼らは他の人々との接触がなかった。

[E]そして，1200年頃，新しい人々の集団がタヒチから到着した。この人々は非常に異なる生活様式を持ち込んだ。[F]彼らの宗教には厳しい規則と怒りの神が多くあった。その規則を破った者は誰でも死刑にされる可能性があった。彼らは他の人々によって殺され，時には食べられたかもしれない。しかし，新参者たちもしばらくすると暴力的でなくなっていった。彼らはお互いに戦うことを続けたが，人肉食は行われなくなった。

最初の移住者たちに何がおきたのか誰も知らない。彼らは侵略者たちと混ざったのかもしれない。[G]もしかしたら彼らは死んでしまったか他の島に移ったのかもしれない。次の500年間，島の人々は再び他の世界の誰とも接触がなかった。それぞれの島に独自の神と酋長がいて，何世紀もの間，全ての島を治めることに成功した統治者はいなかった。

そして，1800年，1人の王，カメハメハが初めて全てのハワイ諸島に対する権力を獲得した。しかしこの出来事は今ではその島々の歴史にとってあまり重要性がないようだ。長い目で見れば，もう1つの出来事のほうがずっと大きな重要性があった。1778年，ジェイムズ・クック船長の船がハワイに到着した。[H]ヨーロッパ人の到着でハワイは永遠に変わってしまった。

7 **（長文読解問題・紹介文：語句補充，語形変化，単語）**

（全訳）　オーストラリア出身の女性がカリフォルニアで休暇を過ごしていた。カリフォルニアでの最初の晩に，彼女は夕食を食べにレストランへ行った。

「ご注文はお決まりですか」とウェイターが彼女に尋ねた。

「はい，グリルサーモンをいただきます」と彼女は言った。

「よい選択ですね」とウェイターが言った。「サーモンは今日，新鮮な状態で入荷しました。ディナーにはスープかサラダが付きます」

「いいですね」とその女性が言った。

「スープかサラダですか」とウェイターが言った。

「はい」と彼女が言った。

「1つだけです」とウェイターが言った。

「それで結構です」と彼女と言い，少し(a)困惑しているようだった。「1つだけでいいです。それは大きいでしょう？」

「どちらがですか」とウェイターが尋ねた。

「サラダです」と彼女が答えた。

「いいえ，あまり大きくありません」とウェイターが言った。「大きいサラダがほしいなら，メニューにディナーサラダがございます。その上にグリルサーモンを載せることもできます」

「私はむしろサーモンのディナーがいいわ」と女性が言った。

ウェイターは(あ)ため息をついた。「わかりました。サーモンディナーをお持ちいたします。サラダ付きで」と言った。

「スーパーなものでしょう？」と女性が尋ねた。

ウェイターは笑い出し，少し後にそのオーストラリア人女性も笑った。今や彼らは2人とも，何が混乱(b)を引き起こしていたのか理解した。夕食にはスープかサラダのどちらかが付いた。「[A]スーパーサラダ」ではなく。

似たような発音の英語が，ロサンゼルスからカリフォルニアのオウクランドに飛行機で行きたかった男性にトラブル(c)を引き起こした。しかしこの誤解はもっと深刻な結果をもたらした。その男性のトラブルはロサンゼルスの空港で始まった。彼は自分のフライトがアナウンスされるのを聞いたと思ったので，ゲートまで行き，チケットを見せ，飛行機に乗った。離陸から20分後，その男性は不安になってきた。オウクランドはロサンゼルスの北だが，飛行機は西に向かっているように思われ，窓から外を見ると見渡す限り海だった。「この飛行機はオウクランドに向かっていますか」と彼は客室添乗員に尋ねた。その客室添乗員はびっくりした。彼女は「いいえ。私たちはオークランドに向かっています。ニュージーランドのオークランドです」と言った。

非常に多くの英単語が似た発音なので，英語話者の間の誤解は珍しくない。毎日，英語を話す人々はお互いにこのような質問をする。「あなたは70と言いましたか，それとも17ですか」「あなたは来れますと言いましたか，それとも来れませんか」 似た発音の単語は母語が英語ではない人々にとって特に(d)紛らわしくなる。

アメリカに住む韓国人女性がある朝職場に着いた時，上司が彼女に「あなたはお皿をもらいましたか」と尋ねた。「いいえ」と彼女は答え，一体どういう意味なのか不思議に思った。彼女はオフィスで働いている。なぜ上司はお皿について尋ねたのだろう？　彼女は一日中，上司の奇妙な質問について不思議に思っていたが，(い)恥ずかしすぎてそのことについて尋ねることができなかった。5時になり，彼女が帰宅の準備をしていると，上司が「明日は時間通りに来てください。あなたは今朝15分遅刻しましたね」と言った。「すみません」と彼女は言った。「私の車が動かなくて…」 突然彼女は話すのをやめて微笑んだ。今や彼女は理解した。上司は彼女に「あなたはお皿をもらいましたか」と尋ねたのではなかった。彼は彼女に「あなたは(B)遅く起きたのですか」と尋ねたのだ。

「スープ・オア・サラダ」と「[A]スーパー・サラダ」。オークランドとオウクランド。「ア・プレイト」と「[B]アップ・レイト」。似た発音の単語が誤解(e)を引き起こしたら，おそらく最も良いのはただ笑って間違いから学ぶことだ。もちろん，笑えないこともある。オウクランドの代わりにオークランドへ旅してしまった男性は，笑う気分ではなかった。しかしその誤解さえ最後にはうまく収まった。航空会社がその男性のニュージーランドでのホテルの部屋と食事，カリフォルニアまでの帰りのフライトの代金を支払ってくれたのだ。その男性は後に言った。「うん，まあ，私はずっとニュージーランドを見てみたかったんだよ」

(1)　(a)　confused は人を主語にして「困惑して」を表す形容詞。　(b)　直前の was に着目し，cause「～を引き起こす」を ~ing にして過去進行形にする。　(c)　cause を過去形にする。

(d)　confusing は物事を主語にして「困惑させるような，紛らわしい」を表す形容詞。

(e)　現在時制の文なので cause とする。

(2)　全訳下線部参照。embarassed「恥ずかしい，きまり悪い」 sigh「ため息をつく」 turn out all right「大丈夫になる，うまく収まる」

重要　(3)　A　ウェイターは soup or salad と言ったが，女性は super salad だと誤解した。　B　女性には get a plate に聞こえたが，上司は get up late と言った。

8　**（長文読解問題・紹介文：語彙，語句補充，内容一致）**

（全訳）　あなたは医師になりたいと想像してみよう。あなたは何年も一生懸命勉強し，ついに素晴らしい医大に入学した。医学部での最初の年，最も重要な課程の1つが解剖学だ。解剖学は人間の体の全てを学ぶ。例えば，206の全ての骨と650以上の筋肉の名前，場所，機能を覚えなくてはならない。あなたはこれを本を使って学ぶほうが好きか，それともバーチャルリアリティを使うほうがよいか。

バーチャルリアリティつまりVRは医学生が人間の体について学ぶのに役立つ最新の技術だ。ふつう学生は本を使って解剖学を学ぶ。しかし本は体内のあらゆるものがどのように合わさっているかを3次元で示すことはできない。バーチャルリアリティを使えば，学生たちは筋肉の層を取り除き，それらがどのように骨に接続しているかを見ることができる。彼らはあらゆるものがどのように合わさっているかを見ることができる。もちろん，学生たちは今でも解剖学の教科書を使う。しかし学生たちは学ぶ方法がたくさんあると最も良く学ぶことができる。バーチャルリアリティは学生たちに解剖学を学ぶ新しい方法を与えている。

バーチャルリアリティは医学生たちに重要な技術を練習する新しい方法も与えている。診察だ。医師は患者を診察し，診断を出す。学生たちは教科書を読み，医師を観察し，最終的には自分でそうすることによって，診察する方法を学ぶ。しかし，勉強から実際の患者を診察することは大きな飛躍だ。バーチャルリアリティを使えば，実際の患者に対応する前に診察の練習をすることができる。

バーチャルリアリティが診察を学ぶのにどのように利用されているかを見てみよう。指導官はバーチャル患者に対し，特定の医学的状態を選択する。そして医学生がVRグラスを着用し，診察を始める。学生は確認する必要のある体の各部をクリックする。VRはその患者について情報を示す。例えば，学生が目をクリックすると，それは目が黄色くなっていると知らせるかもしれない。学生はまた，バーチャル患者の様々な体の部分を動かせる。学生は問題を見つけ，診断を下す。

学生が終了すると，診察において正しくできたこととミスしたことについてのレポートが得られる。診察のためのVRをつかえば，学生は実際の患者を診察する前にバーチャルの患者と何回も練習することができる。

医学教育においてもっとも素晴らしいVRの利用法の1つは，もっとずっと難しい状況を練習することだ。救急救命室である。医師たちは多大なプレッシャーにさらされる。彼らは生死をすばやく決断しなくてはならない。典型的には，医学生は救急救命室での経験を積むことによってプレッシャーのもとで遂行する方法を学ぶ。しかしそこで非常に長い時間を過ごさない限り，学生たちは様々な医学的状況を見ることはない。

素晴らしいことに，バーチャルリアリティを使えば学生たちは救急救命室の状況を練習して学ぶことができる。例えば，ある状況で，VRの患者は突然脈拍が速くなる。心モニターが変化し，医師にすぐに何かするように告げる，さもないと患者は大変なことなる，とロサンゼルスの救急救命室の医師である，ジョシュア・シャーマンは説明する。あなたが何か行動をするとVR患者に変化が見られる，と彼は言う。「これはあなたに良いことをしたという肯定的なフィードバックを与えるし，状況が悪化した場合は悪いことをした，ということです。VRはその点が素晴らしい」 VRの経験の間に学生たちは自分の行動の結果を見ることができる。

医学生の教育は非常に重要である，なぜなら彼らはいつか私たちの医師になるからだ。VR技術は学生たちの出来をより良くし，将来より良い医師になるのに役立つ。もちろん，実際の状況で実際の患者の看病を代行することは何であってもできない。しかしVRは学生たちが自分の技術を新しくてわくわくする方法で練習するのに役立つ。

(1)　ここでは一般的な「試験」の意味ではなく，医師による「検査，診察」の意味である。

やや難 (2)　nothing を入れ，nothing can ～「何であっても～できない」という文にする。実際の患者を診ることは医師だけができることであり，他のものが代行することはできないということ。

(3)　2「VRによって学生たちは筋肉や骨が接続されている様子を3次元で視覚化することができる」(○)

(4)　1「VRを使って，学生たちは診察を何度も練習し，フィードバックを得ることができる」(○)

(5)　3「ジョシュア・シャーマン医師によると，VRは救急時の学生の行動に効果的なフィードバックを提供することができる」(○)

9 (リスニング)

(1)　a small room used to raise and lower people or goods from one level or floor to another in a building

(2)　a small item for showing the time, often worn on the wrist.

(3)　a regular stopping place for vehicles such as trains or buses on a route.

(4)　the word for the natural number following 999,999

(1)　「建物内で人や物をある階から別の階へ持ち上げたり下げたりする，小さな部屋」→ elevator, lift「エレベータ，リフト」

(2)　「時間を示す小さな物で，腕に装着されることが多い」→ watch「腕時計」

(3)　「ルート上で電車やバスのような乗り物が定期的に停車する場所」→ station「駅」

(4)　「999,999の次の自然数を表す単語」→ million「100万」

10 (リスニング)

On September 30, 1999, there was an accident at a nuclear power plant in Tokaimura, Japan. On that day, three plant (1 employees) accidentally poured too much uranium into a tank, which led to a leak of radiation. At least 90 people were exposed to (2 high) radiation. One worker died. Other countries have had similar accidents. There was a close call at a nuclear plant at Three Mile Island in the United States. On March 28, 1979, there was a reactor meltdown at this plant. A reactor meltdown happens when the fuel inside a reactor melts. Unless immediate safety measures are taken, a meltdown can (3 lead) to radiation leaking into the atmosphere. Probably the most famous nuclear accident occurred at a plant in Chernobyl, in the former Soviet Union. The accident happened on April 26, 1986, when things went terribly (4 wrong) during an experiment. This caused a meltdown so serious that the top of a reactor exploded into the sky. Radiation leaked into the atmosphere for more than a week. Wind carried some of the radioactive pollution over large parts of Europe. Many (5 deaths) and birth defects throughout Europe have resulted from this horrible event.

（全訳） 1999年9月30日，日本の東海村の原子力発電所で事故が起きた。その日3人の(1)従業員が誤って大量のウラニウムをタンクに注入し，それが放射能漏れにつながった。少なくとも90人が(2)高い放射能にさらされた。作業員1名が死亡した。他の国にも似たような事故がある。アメリカのスリーマイル島の核施設で危機一髪が起きた。1979年3月28日，この施設で原子炉溶融が起きた。原子炉溶融は原子炉の燃料が溶けた時に起きる。すぐに安全措置が取られないと，原子炉溶融は大気へ放射能が漏れることに(3)つながる。恐らく，最も有名な核の事故はかつてのソ連のチェルノブイリにある施設で起きた。1986年4月26日，実験中に事態が非常に(4)悪化して，事故が起きた。これは非常に深刻な原子炉溶融を引き起こし，原子炉の上部が空に向かって爆発した。放射能が1週間以上大気に漏れた。風が放射能汚染をヨーロッパの広範囲に運んだ。この恐ろしい出来事の結果として，ヨーロッパ中で多くの(5)死亡例と先天性疾患が起きた。

11 （リスニング）

(1) G：What do you want to be when you grow up, Mark?

B：I want to be a teacher. I think I would like to help children learn.

G：Well, you know, teachers work very hard, and they are not paid much money.

B：I don't care about money. Teaching is an important job.

G：What subject do you want to teach?

B：I want to teach mathematics, like Ms. Kim. She makes learning fun. I didn't know that I would like math so much until I joined her class.

(2) F：We are having a summer sale. Everything is 50% off the normal price.

M：Really? Everything?

F：Yes. Everything is on sale, including sunglasses, hats, and bags. All the summer clothes are on sale, too.

M：I do need some new sunglasses. I lost mine when I went to the beach this summer. Oh, these are really nice. What is the price of these? There is no price tag on them.

F：Well, sir, there's no price tag on those sunglasses because they are mine!

M：Really? I would like to get a pair of sunglasses just like these.

(3) M：I'm planning to go on a bicycle trip around Europe!

F：Why do you want to go on a bicycle trip?

M：It is an environmentally friendly way to travel.

F：What do you have to do in order to go on a bicycle trip?

M：Before the trip, I'll need to ride my bicycle a lot. That will make me fit and strong. I also need to get some equipment.

F：What kind of equipment will you need?

M：I need road maps of the countries I am going to visit. I also need strong bags to carry clothes and food. I need to carry all these things on my bicycle.

F：Are you traveling with another person?

(4)　F：Did you watch the Boston Marathon?
M：Yes, I went to Boston to see it.
F：You were in Boston for the marathon?
M：That's right. My friend is a runner, so I went there to watch her run. We traveled to Boston together.
F：You are so lucky! Which part of the marathon did you see?
M：I watched the entire race, from start to finish!
F：I don't know how the runners can finish the whole race! It's so long and difficult!
M：I tried to run a marathon once. It was really difficult.
F：By the way, how did your friend do in the race?

(1)　少女：マーク，大人になったら何になりたい？
少年：僕は教師になりたい。僕は子供たちが学ぶのを手伝いたいと思っているよ。
少女：ねえ，教師は仕事がすごく大変であまりお給料がもらえないのよ。
少年：お金については気にしないよ。教えることは重要な仕事だ。
少女：何の教科を教えたいの？
少年：キム先生みたいに数学を教えたい。彼女は学ぶことを楽しくするよ。僕は先生の授業に参加するまで自分が数学をそんなに好きになるなんてわからなかった。
1　今では数学が僕の大好きな科目だよ！
2　キム先生は年間どのくらい稼ぐのかな！
3　君も数学の教師になるべきだよ！

(2)　女性：サマーセール実施中です。全てが通常価格から50%オフです。
男性：本当？　全部ですか？
女性：はい。全てがセール中です。サングラス，帽子，バッグを含みます。夏服もすべてセール中です。
男性：私は新しいサングラスが必要ですよ。今年の夏，ビーチに行った時になくしてしまったから。ああ，これはとてもいい。この値段はいくらですか。値札が付いていません。
女性：あの，お客様，それは私のものなのでそのサングラスには値札が付いていません。
男性：本当？　私はちょうどこんなサングラスがほしいです。
1　私は店長と話せますか。
2　あなたはビーチでサングラスを見つけましたか。
3　それをどこで買ったか教えてくれませんか。

(3)　男性：僕はヨーロッパ中を自転車旅行するつもりだよ！
女性：どうして自転車旅行に行きたいの？
男性：それは旅行するのに環境にやさしい方法だ。
女性：自転車旅行をするには何をする必要があるの？
男性：旅行の前に僕は自分の自転車にたくさん乗る必要があるだろうね。そうすると元気で丈夫になれる。それにいくつかの装備も必要だね。
女性：どんな種類の装備が必要なの？
男性：訪問する予定の国の道路地図が必要だ。洋服や食料を入れる丈夫なバッグも必要だね。こういうものを全部自転車に乗せて運ばないといけないから。
女性：誰かと一緒に旅行するの？
1　友達1人と一緒に行くよ。

2　うん，僕はきっと道路地図が必要だ。
3　環境にやさしいことはとても大切だよ。

(4)　女性：ボストンマラソンを見た？
男性：うん，ボストンに見に行ったよ。
女性：マラソンのためにボストンにいたの？
男性：その通りだよ。友人がランナーで，彼女が走るのを見るために行ったんだ。僕たちはボストンまで一緒に行ったんだよ。
女性：あなたはとてもラッキーね。マラソンのどの部分を見たの？
男性：僕はレース全体を見たよ。スタートからゴールまで！
女性：どうしてランナーの人たちはレースを最後までフィニッシュできるのかしら。すごく長くて大変よね。
男性：僕は一度マラソンを走ってみたことがある。本当に大変だった。
女性：ところで，あなたのお友達はレースでどうだったの？
1　彼女はレースで走らなかった。僕が走ったんだ。
2　彼女はかなりよくやって，上位50位に入った。
3　彼女はレースでボランティアをした。

やや難　12　(リスニング)

The Statue of Liberty may be one of the biggest presents in history. In 1886, France gave the United States a huge statue. It is a woman holding a torch high in the air. The torch is a symbol of freedom. The gift was given to remember the important friendship between the two countries.

One hundred years earlier, France had helped America in its war for freedom from Britain. A French artist was chosen to design the statue. It was a very difficult job because of its size. He decided to make her skin out of thin copper sheets. Then, he would attach them to a metal frame. He asked an engineer to design and build the huge frame. That engineer's name was Gustave Eiffel. He would later build the famous Eiffel Tower in Paris, France.

The statue was too big to fit on a ship. So, it was reduced to 360 pieces and taken to America in many separate boxes. The builders chose a small island in New York Harbor as the place to put the statue. The statue was a gift. However, the US needed to build a base for her to stand on. People from all over America sent money to help build it. The base was finished in the spring of 1886. They began to put the pieces of the statue together. When the statue was finished, it was the tallest structure in America. She stands over forty-six meters high. Just one of her fingers is 2.4 meters long! The statue faces the ocean to welcome ships as they sail into New York. Each year, thousands of visitors come to the island to see her. They can even climb the 354 steps up into her crown and look out the windows! She is a symbol of freedom for people all over the world. After all, it's in her name. The word "liberty" means freedom.

(全訳)　自由の女神像は歴史上で最も大きなプレゼントの1つかもしれない。1886年，フランスはアメリカに巨大な像をあげた。それはたいまつを空高く掲げた女性だ。たいまつは自由の象徴だ。その贈り物は2つの国の間の大切な友情を記念するために送られた。

その100年前，フランスはアメリカが英国から自由を得る戦争においてアメリカを支援した。1人のフランス人芸術家がその像を制作するのに選ばれた。その大きさゆえ，それは大変困難な仕事だった。彼は彼女の肌を薄い銅の板から作ることにした。そして彼はそれを金属の枠に付けるつもりだった。彼はある技術者に巨大な枠を設計して建設するよう依頼した。その技術者の名前はグスタフ・エッフェルだ。彼は後にフランスのパリにある有名なエッフェル塔を建てることになる。

その像は大きすぎて船の上には載らなかった。そこでそれは360の部分にされ，たくさんの別々の箱に入れられてアメリカへ運ばれた。建設業者はその像を置く場所としてニューヨーク湾の小さな島を選んだ。その像は贈り物だった。しかしアメリカは像が立つ土台を作る必要があった。アメリカ中の人々がその建設を助けるためにお金を送った。土台は1886年の春に完成した。彼らは像の部分を組み立て始めた。その像が完成した時，アメリカで最も背が高い構造物となった。彼女は64メートル以上の高さがある。彼女の指1本は長さ2.4メートルもある！　像は船がニューヨークに入港してくる時にその船を歓迎するため，海に面している。毎年数千人の観光客が彼女に会うために島にやってくる。彼らは354段の階段を上って彼女の冠まで行き，窓から外を見ることもできる！　彼女は世界中の人々にとって自由の象徴だ。結局のところ，それは彼女の名前に現れている。リバティという語は自由という意味だ。

(1)　その像は　1　空にたいまつを置くためにある技術者によって　　アメリカに与えられた。
　　　　　　　2　自由を求める戦争において彼らを助けるために英国によって
　　　　　　　3　アメリカとの良い関係を持っていることを示すためにフランスによって

(2)　その像の枠を設計し建設した人物は，
　　　　　　　1　その像の見た目を良くするために金属の枠の上にワニの革を使った。
　　　　　　　2　自分の名前が付けられたフランスの塔を建設したことでも有名だ。
　　　　　　　3　その枠の大きさのため，それは非常に難しい仕事だと感じた。

(3)　その像をアメリカに送るのは難しかったので，
　　　　　　　1　それをニューヨーク湾の島の上で建設することにした。
　　　　　　　2　土台を先に建設し，その上に像を載せることは可能かどうか確かめた。
　　　　　　　3　1つの荷物として送ることをあきらめた。

(4)　1　ほとんどの人々はその像の指より短い。
　　　2　その像を訪問したほとんどの人は，彼女に会うと歓迎されているように感じる。
　　　3　ほとんどの人は外を見るために王冠の先まで登る。

★ワンポイントアドバイス★

問題量が非常に多いので，まず全体量を把握したうえで問題に取り掛かろう。

＜国語解答＞

一　問一　（例）　英語のスピーチなど流暢にできなくても，日本語による精密な思考や議論を通じて，人類が迫りうる最も深遠な理論や考察はできること。　問二　ファンを持っている。
問三　1　オ　2　ウ　3　イ　問四　A　ウ　B　エ　C　オ　D　ア
問五　②　（例）「日本人は日本語で科学を展開したがゆえに，これだけ多くの偉大な成果を得ることができた」という命題。　③　（例）　韓国ではハングル優先で漢字を棄てたため，多くの同音異義語が区別できず，重　要な知識や概念を失い，厳密な議論もできなくなったこと。　⑤　（例）　独特の決まり表現が必要な皇族や王族関係の会や，言葉の間違いで国益を損ねる可能性のある外交交渉。　⑥　（例）　英語で意味が理解できても，科学技術の知識として日本語表現することは別だということ。　⑪　（例）　世界共通語としての英語の重みがますます大きくなっているように見えること。　問六　4　日本人は，なぜ日本語で科学をするのか　5　両者の意味はほとんど同じ　問七　（例）　益川敏英博士が海外でも著名であるにも関わらず，二一世紀の文明社会において，海外に渡航したことがなかった稀有な存在であり，人々が講演を待ちこがれる対象となったこと。
問八　（例）　英語ではなく日本語による科学表現を重要視する態度。　問九　ア
問十　ウ　問十一　E　エ　F　キ　問十二　（例）　科学の大展開は異文化の衝突，混合により起こる場合が多いため，世界が平坦化し先鋭化した個性が消えた今，英語ではなく日本語で表現できるユニークな世界こそが創造的な科学を展開できるから。
問十三　ア　×　イ　×　ウ　×　エ　○　オ　○　カ　×

二　1　霊峰　2　貫徹　3　余韻　4　閣僚　5　枢軸　6　鎮魂　7　陪審
8　基盤　9　羨む　10　粘り

○配点○
一　問一・問五②③⑤⑥・問七　各4点×6
問二・問五⑪・問六・問八・問十一　各3点×6(問十一完答)
問三・問四・問九・問十・問十三　各2点×15　問十二　8点　二　各2点×10　計100点

＜国語解説＞

一　**（論説文－大意・要旨，内容吟味，文脈把握，指示語の問題，接続語の問題，脱文・脱語補充，語句の意味，熟語，ことわざ・慣用句）**

基本　問一　――部①の「受賞講演」は，ノーベル賞受賞の際の益川敏英博士の講演を意味している。「英語を話す」で始まる段落で「英語のスピーチなど流暢にできなくても，日本語による精密な思考や議論を通じて，人類が迫りうる最も深遠な理論や考察はできるのだ。益川博士はそのことを，改めて教えてくれた」とある。この表現を用いて，「～ということ。」の形で答える。

問二　挿入文の内容から，筆者が二十五年間かかわった仕事について述べた後に入れる。筆者の仕事について述べている「私は，一九七五年に日本経済新聞社に入社して」で始まる段落以降に着目する。「科学に関して」で始まる段落に「四年半ほど務めた」とあり，続く「二つの仕事の間に」で始まる段落に「合わせて約三〇年間，私は……日本語と英語の間に身を置いてきた」とある。ここから，挿入文の「二十五年間」勤めていたのは日本経済新聞社だとわかるので，「私は，一九七五年に」で始まる形式段落の直後に入れるのが適当。

問三　1「私たち日本人は日本語で科学することができる」という前に対して，後で「自然にそうなったわけではない」と相反する内容を述べているので，逆接の意味を表す言葉があてはまる。

2 「証明不能だからである」という前から当然予想される内容が，後に「本書で……と書く時，それは理由を言っているのではなく，他に選択肢のなかった事実のみを語っている」と続いているので，順接の意味を表す言葉が当てはまる。 3 文末が「～からである。」と結ばれているので，理由の意味を表す言葉があてはまる。

問四 A 直前で「江戸末期に」と期間を限定している。 B 同じ段落で「新しい日本語を使って，現在の日本人は，創造的な科学を展開している」と前提を述べ，後に「英語で科学をする必要がない」と導いているので，おおもとのところでは，という意味の言葉があてはまる。 C 直前の「従来存在しなかった」に通じる言葉があてはまる。 D 直後の「証明不能」を修飾している。きちんと筋道を立てて考える様子を意味する言葉があてはまる。

問五 ② 「命題」は，判断の内容を言葉で表したもの。一つ前の文の「『日本人は日本語で科学を展開したがゆえに，これだけ多くの偉大な成果を得ることができた』と言えるのだろうか？」を受けているので，この内容が「命題」に相当する。 ③ 直後の「私の立てた問題」は，直前の段落の「日本語主導で独自の科学をやってきたからこそ，日本の科学や技術はここまで進んだのではないか」を指す。この「反例」というのであるから，――部③の「これ」は同じ段落の「韓国ではハングル優先で漢字を棄ててしまったために，多くの同音異義語が区別しきれなくなり，重要な知識や概念を失うだけでなく，厳密な議論もできなくなった」ことを指示している。

⑤ 「修羅場」は，激しい戦いが行われる場所を意味し，ここでは同時通訳者が仕事をする場所を喩えている。直前の文の「皇族や王族関係の会であれば，独特の決まり表現が必要だし，外交交渉であれば，一つ言葉が違えば国益を損ねることにもなりかねない」という表現を使って，「皇族や王族関係の会」と「外交交渉」を修飾するようにまとめる。 ⑥ 直前の段落で「プロデュース」という例を挙げて説明している。その前の「長井さんたちとのやり取りで再確認できたのは，英語で意味は理解できたとしても，科学技術の知識として日本語表現することは別だ，ということ」が指示内容にあたる。 ⑪ 直後に「よいこととは限らない」とあるので，前に「よいこと」として書かれている内容を探す。直前の文に「世界共通語としての英語の重みはますます大きくなっているようにも見える」とある。

やや難 問六 4 前後の文脈から，「科学という分野において，日本語と英語」に関して，私がずっと「問いかけ」てきたテーマを考える。前の「なぜ日本人は」で始まる段落に「なぜ日本人は日本語で科学をするのか？」という「問いかけ」がある。 5 同じ段落の「科学」と「サイエンス」「ヴィッセンシャフト」,「陽子」「電子」「細胞」と「プロトン」「エレクトロン」「セル」における「暗黙の了解事項」とは，両者の意味はほとんど同じとして考えるということである。直後の文以降の「そうはいかない……同じはずはない」という反論もヒントになる。

問七 ――部④「〝生きている化石〟」について，直前の文で「地球上を航空機が飛び交う二一世紀文明社会において，益川博士のような存在は稀有である」と説明している。この内容に，同じ段落の「益川博士の海外渡航は，この時のノーベル賞授賞式が初めてだったからだ。海外に行かなくても，MASKAWAの名前は世界に轟いていた」という内容を加えて説明する。

問八 二人の博士の「科学に対する態度」を述べている部分を探す。「養老博士は」で始まる段落に「養老博士は，日本語による科学表現の重要性を強く認識している」とある。「日本の生物物理学を」で始まる段落に，「大沢博士は，『生き物らしさという日本語表現は，英語では決して表現できない……』とおっしゃられた」とある。ここから，二人の博士には英語ではなく日本語による科学表現を重要視する態度が共通しているとわかる。

基本 問九 「含蓄」の読みは「がんちく」で，表面にあらわれない深い意味のこと。

基本 問十 「なおざり」は，物事を軽く見て，いいかげんにしておくこと。

問十一　直前の「よい言葉は外国語でもどんどん日本語に取り込んで」に通じるのは，取り入れた知識などを理解して，自分のものにするという意味の「消化」。同音異義語は，物事をより高い状態に高めるという意味の「昇華」。

やや難 問十二　一つ後の文の「日本語ゆえに表現できるユニークな世界を，科学という方法論で開拓していけるのは日本人だけだ」を，「『日本語の科学』はおもしろみを発揮する」と筆者が思う理由の中心に据える。そこに一つ前の段落の「科学の大展開は，異文化の衝突，混合によって起こるケースが多い」という科学の性質と，直前の段落の「世界が平坦化して，先鋭化した個性が消えたとき」を「こういう時代」の具体的な内容として加える。

重要 問十三　ア「証明できる事実である」，イ「共通性を重視することを忘れてはならない」，ウ「『生物のような』という意味を表す」，カ「日本語でしか表現できない」などの部分が不適切。

二 （漢字の読み書き）

1　信仰の対象となっている神聖な山。　2　最後まで貫き通すこと。　3　物事が終わった後に残る感覚。　4　内閣を構成する各大臣。　5　活動の中心となる重要な部分。　6　死者の霊魂を慰め鎮めること。　7　法律の専門家でない人が裁判に参加し評決を下すこと。　8　囲碁に使う方形の盤。　9　音読みは「セン」で，「羨望」などの熟語がある。　10　音読みは「ネン」で，「粘着」などの熟語がある。

★ワンポイントアドバイス★

例年出題されている指示語の問題では，本文からそのまま抜き出すのではなく，指示語の内容に合うように語順を入れ替えたり，言葉を補ったりして簡潔で的確な解答としよう。

MEMO

大切なことはメモしておこうネ！

2023年度

入　試　問　題

2023年度

2023年度

明治大学付属明治高等学校入試問題

【数　学】（50分）　＜満点：100点＞

【注意】 **1．解答は答えだけでなく，式や説明も解答用紙に書きなさい。（ただし，$\boxed{1}$は答えだけでよい。）**

2．無理数は分母に根号がない形に表し，根号内はできるだけ簡単にして表しなさい。

3．円周率はπを使用しなさい。

4．定規・分度器・コンパスは使用できません。

$\boxed{1}$ 次の $\boxed{}$ にあてはまる数や式を求めよ。

(1) $\begin{cases} \sqrt{2}x+\sqrt{7}y=3 \\ \sqrt{7}x-\sqrt{2}y=-6 \end{cases}$ のとき，

$y-x=$ $\boxed{}$ である。

(2) 最大公約数が7で，最小公倍数が294である2つの自然数がある。この2つの自然数の和が119であるとき，2つの自然数のうち大きいほうの数は $\boxed{}$ である。

(3) ある生徒が地点Aを出発し，地点B，Cを経由して地点Dに向かう。AからBまでは時速8kmで走り，BからCまではAからBの速さよりx%速く走り，CからDまではBからCの速さより$2x$%遅く歩く。CからDまでの2kmの道のりを24分間で歩いたとき，$x=$ $\boxed{}$ である。ただし，$x>0$とする。

(4) 傾きが正の直線ℓと半径$\sqrt{3}$の円Cがあり，ともに原点Oを通っている。ℓとCは放物線$y=x^2$上で2点で交わりながら動き，その交点のうちOと異なるほうの点をAとする。線分OAの長さが最大となるときのAの座標は $\boxed{}$ である。

(5) 次のデータは6人の生徒が反復跳びをしたときの回数を調べたものである。

40，47，50，52，$50-x$，$50+x$ （単位　回）

このデータの四分位範囲が8回であるとき，$x=$ $\boxed{}$ である。ただし，xは50以下の自然数とする。

$\boxed{2}$ 次の各問いに答えよ。

(1) $x^2-4y^2-10x+25$を因数分解せよ。

(2) 次の2つの方程式①，②がともに成り立つようなx，yの組をすべて求めよ。

$x^2-4y^2-10x+25=0$ ……①，

$x^2+x-6-2xy+4y=0$ ……②

3 次の図のように，関数 $y=\dfrac{1}{2}x^2$ のグラフ上に３点A，B，Cがあり，それぞれの x 座標は，$-\dfrac{3}{2}$，１，$\dfrac{5}{2}$ である。また，点Dは△ABC＝△ABDを満たす $y=\dfrac{1}{2}x^2$ 上の点で，x 座標は $-\dfrac{3}{2}$ 未満である。このとき，次の各問いに答えよ。ただし，原点をOとする。

⑴　点Dの座標を求めよ。

⑵　△ABCと△ACDの面積の比を最も簡単な整数の比で表せ。

⑶　２直線OC，ODをひき，線分OC，OD上にそれぞれ点P，Qをとる。点Pの x 座標が２で，△OPQ：△OCD＝１：３のとき，点Qの座標を求めよ。

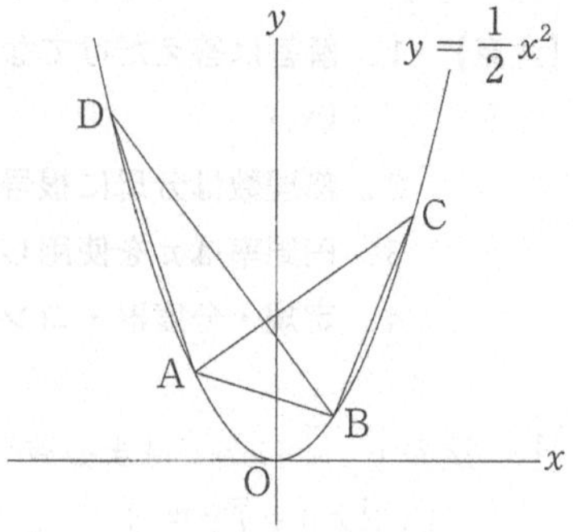

4 右の図のように，∠A＝90°の直角三角形ABCがある。Aから辺BCに垂線をひき，その交点をDとし，△ABD，△ACDの内接円の中心をそれぞれP，Qとする。BC＝a，CA＝b，AB＝c，△ABCの内接円の半径を r とするとき，次の各問いに答えよ。ただし，三角形の内接円とは，その三角形の３辺すべてに接する円のことである。

⑴　r を a，b，c を用いて表せ。

⑵　△ACDの内接円の半径を a，b，r を用いて表せ。

⑶　線分PQの長さを r を用いて表せ。

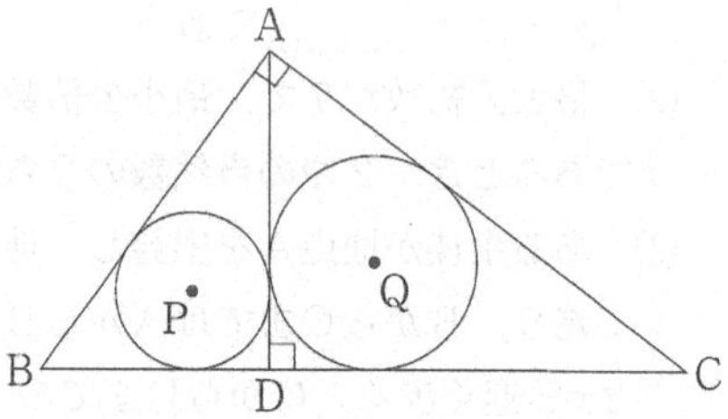

5 右の図のように，１辺の長さが６の正四面体ABCDの辺AB，AC，BD上にそれぞれ３点P，Q，Rがある。AP＝１，AQ＝２，BR＝３であるとき，次の各問いに答えよ。

⑴　線分PQの長さを求めよ。

⑵　線分PRの長さを求めよ。

⑶　３点P，Q，Rを通る平面と辺CDとの交点をSとする。このとき，線分CSの長さを求めよ。

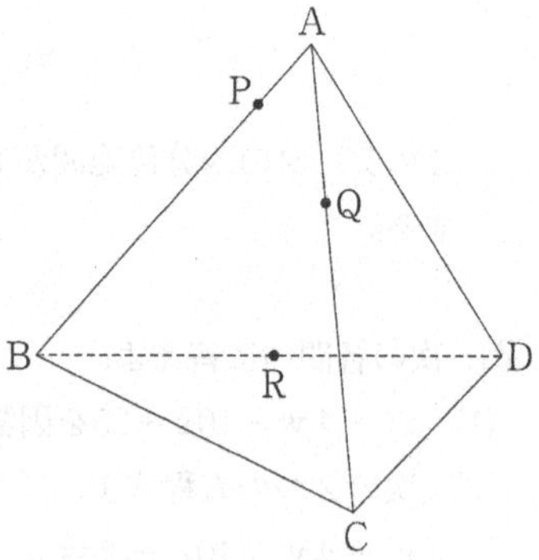

【英　語】(60分)　＜満点：120点＞　※リスニングテストの音声は弊社HPにアクセスの上，音声データをダウンロードしてご利用ください。

1　次の英文の内容に合うように，（１）～（８）に入る最も適切な動詞を語群よりそれぞれ１つ選び，必要があれば適切な形（１語）に直して答えなさい。ただし，語群の語は１度ずつしか使えない。

A man (　1　) at the open door of a helicopter, around 2,000 meters above the ground. On his back is a jet-powered "wing." He starts his four engines and then jumps from the helicopter, diving toward the ground at great speed. The man arches his back to stop the dive, and now he's (　2　)! This is not a scene from an action movie—it's just another day for the Jetman, Yves Rossy.

"I really have the feeling of (　3　) a bird," says Rossy. He has little equipment and no controls to help steer the wing. He changes his direction simply by (　4　) his body. "It's really pure flying. It's not steering, it's flight." He only has two instruments—one to (　5　) him the current height and another to (　5　) him how much fuel he has.

It's a different world from Rossy's previous career as an airline pilot—but safety is still important. If something (　6　) wrong, Rossy has two parachutes for himself and another for his wing. If one engine stops, he can continue on three or even two. "So plan B, always a plan B," explains Rossy.

After just less than ten minutes, the fuel is almost empty. Rossy opens his parachute, and he begins to (　7　) gently to the ground. Another successful flight is complete. In the future, Rossy hopes to (　8　) this kind of flight safer, and as he says, "I hope it will be for everybody."

[be / fall / fly / go / jump / make / move / stand / tell]

2　次の各英文の下線部①～④のうち，文法的に誤りのある箇所を１つ見つけ，例にならって答えなさい。

例）Mr. White ① are teaching English ② in ③ this room ④ now.
　答え：[① → is teaching]

(1) Leaflets for ① the upcoming performance ② are ③ ready to ④ give out to visitors to the theaters.

(2) The world's longest pedestrian bridge opened in a geopark in northern Portugal, and ① the local people hope that ② it will increase tourism, ③ that ④ has been hurt by the COVID-19 pandemic.

(3) ① Now that wearing masks has become the norm, ② some people feel ③ embarrassing and uncomfortable to go out ④ with a bare face without a mask.

(4) Tom called his colleagues this afternoon and said that he was sorry ① not for ② being able to do ③ anything more to ④ help them with the project.

(5) According to a study, coffee can lower the risks of ① dying from any cause by

10 percent — except cancer — among ② them ③ who ④ drink two or three cups of coffee every day.

3 次の英文の内容に合うように，［　］内の語（句）を適切に並べ替え，３番目と５番目にくるものを，それぞれ番号で答えなさい。

【夏休みを利用した博物館でのアルバイト。Paul は展示装飾部門を Anna とともに担当。彼の仕事ぶりも評価されてきた矢先，地域に住む富豪 Mrs Gilbertson が貸与し，同館で展示されていた高価な品が盗難被害に遭う。疑われ始めた Paul は，あるときは職員に呼び止められ・・・】

I followed the curator into the little room and he sat down behind his desk. He pointed to another chair and I sat down as well.

"Anna tells me you are doing some good work on the new displays," said Mr Balfour, "I'm glad."

I smiled ①[1. to look / 2. pleased / 3. tried not / 4. myself / 5. with / 6. and / 7. too]. "I like Anna," I said, "We work well together."

"I gave you ②[1. because / 2. the right person / 3. the job / 4. be / 5. for it / 6. you / 7. seemed to]," he said. "Also, Mrs Morgan knows you and says you're an honest young man."

"I'm honest, yes," I agreed with him. "Perhaps ③[1. times when / 2. in / 3. have / 4. been / 5. there / 6. trouble / 7. I've been], but I'm honest."

He looked thoughtful for a moment, then said, "The police were asking a lot of questions about you. They were worried because the Gilbertson necklace was stolen only two weeks after you came here. They also ④[1. the first thing / 2. to be / 3. from / 4. the museum / 5. it's / 6. know / 7. stolen]. They think it's odd."

⑤[1. anger / 2. face / 3. feel / 4. getting / 5. my / 6. I could / 7. hot with]. "I didn't steal it, Mr Balfour," I said as calmly as I could.

He looked at me carefully. "No, I don't think you did, Paul," he said. "I just thought you should know they suspect you."

4 次の英文の（ア）～（オ）に入る最も適切な語をそれぞれ１つ選び，番号で答えなさい。

Falling Birthrate

Current trends show the size of families is changing, impacting societies worldwide. Women are marrying（　ア　), and couples are waiting longer to have children. And the longer couples wait to have children, the fewer children they have.

Two key factors that impact family size are the education and the employment of women. Studies show that the more education women get, the smaller families they have. Moreover, the longer women stay in school, the better their（　イ　）for employment get. Working women are（　ウ　）likely to marry young and have large families.

In addition to the falling birthrate, there is a rising life expectancy. With people living longer and longer, families are going to have to face the challenges posed by an aging population. The longer people live, the more care they (エ). Traditionally, children have cared for their elderly parents at home. However, the more the birthrate falls, the harder the future may be for the elderly. With fewer children, families may (オ) it more and more difficult to care for their older members.

ア	1 sooner	2 later	3 before	4 after
イ	1 opportunities	2 places	3 scores	4 prices
ウ	1 more	2 a little	3 less	4 a lot
エ	1 recover	2 require	3 represent	4 report
オ	1 get	2 have	3 make	4 find

5 次の会話文の（ア）～（カ）に入る最も適切なものをそれぞれ１つ選び，番号で答えなさい。ただし，選択肢は１度ずつしか使えない。

Aldo: Oh, no! I could kick myself!

Sofia: About what?

Aldo: You know how much I've been wanting to learn Spanish, right? Look at this great system. (ア) Well, until yesterday, that is.

Sofia: Oh, come on. Don't fall for that. You can't learn a language while you sleep.

Aldo: I don't know. They say it's based on brain science. And it's risk-free. You get your money back if you don't learn. So it must be true.

Sofia: Oh, Aldo. (イ) Think about how long it took you to learn English.

Aldo: But you're comparing apples and oranges. Learning Spanish is a whole lot easier than learning English for Italian speakers like me.

Sofia: That's debatable. (ウ) But whatever. Any new language takes plenty of study and practice.

Aldo: I know. But I hate being forced to learn grammar. In this method I don't think you have to.

Sofia: Sorry. There are no two ways about it. Learning a language takes work.... (エ) I'll teach you Spanish myself! Between now and the end of the year, we'll have dinner together a couple of evenings a week. We'll converse in Spanish. You'll learn fast.

Aldo: (オ) I'd be willing to pay you for the lessons.

Sofia: No way. Just make me a nice Italian dinner on those nights, and we'll call it even. It'll be fun!

Aldo: Dinner? (カ) I'd be making that anyway.... Sofia, this is really generous of you.

Sofia: Well, you've done me a bunch of favors at work. I figure I owe you one!

1 Tell you what.
2 No problem!
3 You really mean it?
4 I could have gotten for half price.
5 That's just wishful thinking.
6 Not everyone would agree with that.

6 次の英文を読み，あとの問いに答えなさい。

[ア] If a shirt is torn or a coffee machine breaks, you throw it away. The problem is that countries around the world have growing mountains of trash because people are throwing out more trash than ever before. For example, in the United States, the amount of trash per person more than doubled from 1960s to 2014.

[イ] First of all, it is now easier to replace an item than to spend time and money to repair it. Thanks to modern manufacturing and technology, companies are able to produce items quickly and inexpensively. Products are plentiful and prices are low, so we would rather buy something new than repair it. Even if we did want to repair something, many items—from toasters to TVs—are almost impossible to repair. These products contain many tiny, complicated parts. Some even contain small computer chips. It's easier to throw these items away and buy new ones than to fix them.

[ウ] As busy people, we are always looking for ways to save time and make our lives easier. Why should we use cloth kitchen towels? It is easier to use a paper towel once and toss it out. Companies manufacture thousands of different kinds of disposable items: paper plates, plastic cups, cameras, and razors for shaving, to name a few. Because these products aren't designed to last, companies know that consumers will have to replace them, buying them over and over again. "What's wrong with that?" you ask. The problem is that disposable products are contributing to our trash problem.

[エ] We are addicted to buying new things. As consumers, we want the latest clothes, the best TVs, and cell phones with the newest features. Companies tell us to buy, buy, and buy. Advertisements persuade us that newer is better and that we will be happier with the latest products. The result is that we throw away useful possessions to make room for new ones. In the U.S., when consumers get rid of electronics, 70 percent of them go to a dump. Only about 30 percent of electronics are recycled.

[オ] Dumpsites are mountains of garbage that just keep getting bigger. To decrease the amount of trash and to protect the environment, more governments are requiring people to recycle materials such as paper, plastic, and glass. However, only a small portion of what can be recycled is actually recycled. For example, in the United Kingdom, only 43 percent of household trash is actually recycled. Even though recycling helps, it's not enough to solve our problem of too much trash.

[カ] First, we need to repair our possessions instead of throwing them away. As consumers, we should think about how to fix something to make it last. Furthermore, we need to rethink our attitudes about spending. Do we really need the latest clothing styles when our closets are full of clothes? Repairing our possessions and changing our spending habits may be the best way to reduce the amount of trash and take care of our environment.

(1) 次の英文のうち，本文中の［ア］～［カ］に入る最も適切なものをそれぞれ1つ選び，番号で答えなさい。

1 All around the world, we can see the results of this throwaway lifestyle.
2 Another contributing factor is our love of disposable products.
3 How did we become a throwaway society?
4 In our modern world, when something wears out, we throw it away and buy a replacement.
5 Maybe there is another solution.
6 Our appetite for new products also contributes to the problem.

(2) 次の英文のうち，本文の内容に合うものを1つ選び，番号で答えなさい。

1 There are many reasons for becoming a throwaway society. Some are technological, others are about our own mental attitude.
2 The amount of garbage which can be recycled is increasing in most parts of the world.
3 To recycle products is a more effective way to reduce the amount of trash than to repair things.
4 When our closets are full, we easily lose our interests to buy more.

7 次の英文を読み，あとの問いに答えなさい。

As the Japanese yen gets higher and higher, more Japanese businessmen are buying land and companies in America. They are so cheap compared with those in Japan. [A], a Japanese motor tire company bought a factory of an American tire company. It was losing a lot of money each year. Originally, there were a thousand workers. Now there were only six hundred. Four hundred had lost their jobs. That was four years ago. What happened when a Japanese company bought the old tire factory? You can find out by reading this story. It is written in the *imaginary words of Bob Roberts. He's not a real person but he could be. Well, let's hear (a) Bob Roberts has to say.

Yes, my tire company was in a very bad way. I was very worried that I was going to lose my job. We only produced 700 tires a day and we were losing money. Then we heard that the factory had been bought by a big Japanese company. Actually, we were not very happy when we first heard the news. We thought we'd have to work with very few holidays. I think that's (a) Japanese do. When the Japanese businessmen arrived, they had a meeting with our *labor union men. It went very badly with a lot of angry words. Finally our union boss shouted, "We must work OUR way. Please get out of the room right now!" Not only did the Japanese businessmen leave the room, but they flew all the way back to Tokyo!

We were very angry with our union boss. We wanted to keep our jobs and we knew that Japanese business methods had worked very well in other American companies. [B], the union leader wrote to Tokyo to say he was very sorry he had *lost his temper. He apologized and hoped the Japanese would come back again. This time he promised to be friendly.

When the Japanese businessmen came back, they were very polite. They didn't talk about that bad meeting. Of course there were many changes in the factory but (ア) <u>they</u> were changes for the better. For a start all the four hundred workers who had lost their jobs were given their old jobs back again. This created a very good feeling. Even our union leader, who had been very rude, agreed that the Japanese managers were the best.

Also we didn't have to work as hard as we had thought. At great cost the best and newest *machinery was put into our factory. As a worker I can tell you it's much better to operate new machinery. It's more enjoyable, safer and makes you feel better. [C], you can produce more without working harder. Under the old system we only used to make 700 tires a day. Now we make 3,000! In a way, I suppose we do work harder. We have a lot of overtime. But when we are paid an extra $20 an hour overtime, we are happy. I know my wife is. We have moved into a bigger house and my two children will soon be going to college. In the old days I would never have been able to think of such a thing. My wife also says she even enjoys shopping more. Why? Because the Japanese have imported a lot of cherry trees from Tokyo. They have planted these cherry trees along the shopping mall and in the park. We even have our own cherry blossom drinking parties and picnics! I think that is a very nice Japanese custom indeed.

Another thing that we American workers like, is, (b) our ideas seem important to the Japanese. Our American bosses never used to ask us about our ideas. "You are paid to work, not to think" was their attitude. Now we often have meetings with our Japanese managers. We can make suggestions and have ideas on how to make the business better. The Japanese always happily agree with us... even if they sometimes do nothing about it. Often they (イ)do. For example, they were going to build another tire factory costing $70 million. It would have been built in another town far away. We didn't like this because we wanted our friends and relatives to have good jobs in the new factory too. We wanted it in our town. [D], the Japanese managers didn't like our idea as they had already made their plans. Finally, to our great happiness, the head office in Tokyo agreed to build the new factory right beside the old one. The American company would never have listened to our ideas in the first place. They certainly would never have changed their plans to please us.

Actually, the Japanese don't meet us much after work. I have one friend Hiroshi Saito. He said it was the same with American business *executives in Tokyo who spent most of their time in the American Club. [E], the Japanese tend to just have social meetings together. Hiroshi says they actually want to be friendly. But most of them don't speak English very well. Well, I expect (b) too will change in time. All I can say is that the Japanese are very welcome in the United States as far as I'm concerned.

This *fictional account is based on a true case with very few changes. Maybe YOU might be a Japanese manager posted to America one day. Please study English hard then you can have a much more enjoyable time.

注）imaginary 想像上の　labor union 労働組合　lose one's temper 腹を立てる
machinery 機械　executive 重役　fictional 架空の

(1) 本文中の [A] ～ [E] に入る最も適切な語（句）を選択肢から選び，番号で答えなさい。ただし，選択肢は１度ずつしか使えない。

1 At last　2 Anyway　3 For instance　4 Instead　5 Also　6 At first

(2) 本文中の（a）（b）に入る最も適切な語をそれぞれ答えなさい。

(3) 本文中の下線部(ア)が示す内容は次のうちどれか。最も適切なものを選択肢から選び，番号で答えなさい。

1 all the four hundred workers　2 many changes in the factory
3 Japanese business methods　4 the Japanese businessmen

(4) 本文中の下線部(イ)が示す内容は次のうちどれか。最も適切なものを選択肢から選び，番号で答えなさい。

1 happily agree with us　2 build another tire factory
3 do something about it　4 make suggestions

(5) 本文の内容に関する各問いに対する答えとして最も適切なものを選び，番号で答えなさい。

① How many more tires were produced after the Japanese company put new machinery into the factory?

1 700.　2 3,000.　3 2,300.　4 Not mentioned.

② What was the thing that the American workers liked about the Japanese managers?
1 The Japanese didn't change plans according to their ideas.
2 The Japanese planned to build a new factory costing $70 million.
3 The Japanese talked the head office in Tokyo into building a new factory in another town.
4 The Japanese listened to their ideas and changed their original plan.

③ Why didn't the Japanese meet the American workers much after work?
1 They spent much time in the American Club.
2 They had difficulty with English.
3 They liked to spend much time with their families.
4 They were not much welcome in the American society.

リスニング問題

8 アメリカ人のMeg（女性）とTodd（男性）の会話を聞き，以下の文章（1）～（4）に入る語を答えなさい。（ ）に入る語は1語です。放送は1回です。

The man has lived in several countries in the world. He started traveling after (1). He lived in England for one year, in Thailand for (2) years and in Japan for fifteen years. In order to work in England, he got a work visa. He found a job at a pub and worked there for six (3). When he started living in England, he thought it was interesting that he could not understand the language there. He really enjoyed life in England, but there was one thing that he didn't like. It was the (4).

9 Dave（男性）とMaria（女性）の会話を聞き，その内容を表す文となるように適した選択肢を番号で答えなさい。放送は1回です。

(1) Dave wants to work (　　) in the future.
1 for a computer industry
2 at a restaurant
3 for a company around this area

(2) Maria thinks that her major is (　　).
1 useful for her future career
2 important to get a job using French
3 not good to get a job

(3) Maria doesn't have to pay for college because (　　).
1 her parents gave her enough money
2 she got a scholarship
3 a computer company offered her college fee

(4) Dave thinks that (　　).
1 people at the company are funny
2 the pay at the restaurant isn't good
3 he is basically satisfied with his part-time job

10 ある女性に関するニュースを聞き，その内容を表す文となるように適した選択肢を番号で答えなさい。放送は１回です。

(1) Beverly Johnson is famous (　　).
1 for becoming a designer at the age of 69
2 as the first black woman who broke through the racial barrier
3 for appearing on thousands of covers of magazines

(2) To walk the fashion runways this year, (　　).
1 Beverly lost weight
2 Beverly started a campaign for black women
3 Beverly practiced walking as a model

(3) According to Beverly, the fashion industry has shown (　　).
1 more diversity
2 the disagreement with discrimination
3 the respect of different cultures since the 1970s

(4) This year Beverly found that younger models are (　　).
1 almost as tall as her
2 much taller than her
3 smaller than her

11 ニュースを聞き，その内容を表す文となるように適した選択肢を番号で答えなさい。放送は１回です。

(1) A cheese-rolling race is going to be held (　　).
1 on a steep hill　　2 in a flat open field　　3 indoors

(2) Some people think the race is quite dangerous because (　　).
1 nobody helps the participants slow down
2 participants run with rugby members
3 many participants get hurt

(3) To watch the race, thousands of people (　　).
1 sit in front of the TVs　　2 come to Brockworth
3 travel to London

(4) This year there (　　).
1 is an uphill race for men　　2 are two races for women
3 is a safe race for children

二　次の1～10の文中の（カタカナ）を漢字で書きなさい。

1　（ユウズウ）をきかせる。
2　（ヒヨク）な土地が広がる。
3　（テイネイ）な言葉づかい。
4　物資を（トウサイ）した車。
5　運命に（ホンロウ）される。
6　手紙を（ビンセン）に書く。
7　（ゼンボウ）を明らかにする。
8　一か月の（ホウキュウ）を払う。
9　この（ハシゲタ）は木製だ。
10　子どもの（ツタナ）い文字。

ア　一しきり　イ　十把《じっぱ》一からげ　ウ　一筋縄　エ　一網打尽

問七　文中の［F］にあてはまる内容を考え、二十字以内で答えなさい。

問八　――部③「いささか乱暴な言い方をすれば」とありますが、筆者がこのように述べる理由を答えなさい。

問九　――部④「われわれは昨年、一昨年つくった洋服をどうしても着る気がしない」の原因を筆者はどのように考えているか答えなさい。

問十　――部⑤「板についた」の用例として最適なものを、次のア～エより選び、記号で答えなさい。

ア　数年前は座の新参者だったあの俳優も、もうすっかり演技が板についてきた。

イ　私に接する時の彼の尊大な態度が板について、頭から離れない。

ウ　彼女は他の模範となるような人物で、その板についた気配りは特筆に値する。

エ　入園式から半年が経ち、うちの子もすっかり幼児らしい表情が板についてきた。

問十一　文中の［G］～［K］のうち、他の四か所とは異なる言葉が入るものを選び、記号で答えなさい。また、あてはまる言葉を答えなさい。

問十二　――部⑦「マネキン人形が並んでいるに過ぎない」とはどういうことか答えなさい。

問十三　文中の［L］にあてはまる内容を考え、十一字以内で答えなさい。

問十四　次のア～キのうち、本文の内容に関する説明として適切なものには「○」を、不適切なものには「×」をつけなさい。ただし、全て同じ記号の解答は無効とします。

ア　謡曲の基礎を教える点において、祖父より優れている叔父を筆者は評価しつつ、芸術家を輩出することができない日本の教育の欠点をそこに見ている。

イ　衣服の機能として、肉体的な実用性に加え、他者からどのように見られるかという観点で、材質や色、柄を見極めるセンスこそが今日的には重視されていると筆者は考えている。

ウ　きものは自分の型を自由につくることができる点で心を落ち着かせる効果を持つが、一方で、日常のささいな事に追われる人々にとっては手間のかかる代物で、かえって時間に束縛されてしまう。

エ　衣服を身につけることと同じように、他者の真似をしても自分の文体や独自の言語表現が確立しないということを筆者は強調している。

オ　制服はあらかじめ型ができあがっている服であるが、着くずすことによってパーソナル・イメージの表現方法の代表格となりうる。

カ　文化とは血肉にしみこんではじめて文化たりうるもので、日本の場合は、きものを繰り返し着る習慣を通して〈型をつくる〉ことを身につけてきた人間の存在と不可分な関係にあると筆者は考えている。

キ　〈着こなし〉とは、たとえば仕立ての段階で肉体的に不要と判断されて切りすてられてしまう部分をうまく生かすことであり、そこに着る者の精神があらわれる。

ものを着てきた日本人は、毎朝くりかえしそれをすることによって、無意識とはいえ、きものというもっとも個人に密着したものを通して、自分で自分をあらわす型をつくってきたのである。わたしが日本文化の根底に、きものを〈着る〉ということがあった、と考えたのは、すべての日本人が毎朝それをくりかえしていたのだから、少なくとも身体をしばられずに着ようと考える人ならば、〈働く以上、身体をしばられていたのでは動くに動けない〉誰もが〈型をつくる〉ということを無意識のうちに知っていたに違いないということに思いあたったからである。

日本文化はひとつの型をもっている。それゆえにフランス文化なり、インド文化と違うのであって、フランス文化には、おそらくフランス文化を生み出す原型としての何かがあるのだろう。日本文化の場合、北の文化と、南の文化が違うようでいて必ず、どこかに類似点があるのは、そこに日本人に共通した型のつくり方があったはずであり、それをわたしはひとりひとりの人間が〈前を合わせて腰で紐を結ぶ〉という方法で毎日きものを〈着てきた〉ところにあり、それを別段意識はせずとも無意識のうちに身につけてしまっていたという共通項が、根底のところで日本人を、そして日本文化を支えていたと考えるのである。頭でわかっているだけではなく、本当にその人自身のもの、その民族のものとなるためには、無意識のところにまで根をおろし、血肉となり、身体の動きとなってはじめて内側から表現する独自の文化となっていく。そうした内面からの表現として外にあらわれるとき、文化のつくり手、担い手の人間が存在するのであって、人間をはなれた文化はなく、また頭だけでわかっているものは、血肉にしみこんでいないから、本当の意味でその人間を、そして民族を支える文化にはなりえない。毎朝好むと好まざるとにかかわらず、きものを着ることを通じて〈型をつくる〉ことを身につけてきたことは、借りものでない自分をつくる基礎となり、そうした日本人のうえに日本文化が成立していたものと思う。

（寺井美奈子『ひとつの日本文化論』より・一部改変）

問一　文中の[A]にあてはまる言葉として最適なものを、次のア～エより選び、記号で答えなさい。

ア　他者も真似をすることができる

イ　肉体がなじまずに見劣りする

ウ　着用者の行為が働いていない

エ　パーソナリティが十分に表現されている

問二　文中の[1]～[6]には、「たとえば」、「しかし」、「つまり」のいずれかが入る。同じ接続表現が入る組み合わせを三つ考え、それぞれ空欄の数字で答えなさい。

問三　文中の[B]～[D]にそれぞれあてはまる書体の名前を、漢字二字で答えなさい。その上で、それぞれの書体として最適なものを、次のア～エより選び、記号で答えなさい。

ア　明治　　イ　明治　　ウ　明治　　エ　明治

問四　――部①「最近デパートなどで、プラスティックでできたオニギリの型というのを売っている」とありますが、筆者はこの話題を通して何を言いたいのか答えなさい。

問五　――部②「そのようなこと」、⑥「それ」、⑧「それ」の指示内容をそれぞれ答えなさい。

問六　文中の[E]にあてはまる言葉として最適なものを、次のア～エより選び、記号で答えなさい。

ば型なしになってしまうが、仕立てによってすでに型を完成させている洋服や、肉体のままに型ができるニットは、肉体をはめこむだけでよいのだから、〈着る〉という行為に [H] をかける必要はない。その代わりこれは精神を托《たく》さないのだから、衣服そのもののもつ表現機能が [I] となり、ものを選択するだけで、〈着る〉というレベルでは人間のほうは [J] になってしまう。これでは本当の意味での人間にとっての衣服というわけにはいかない。これはおそろいを着たときに一番よく判《わ》かるが、洋服の場合の制服はおよそひとりひとりの個性はなく、十人なら十人という数が並んでいるだけだが、きものの場合、たとえ祭りのそろいの浴衣でも十人十色、着方によってそれぞれのパーソナリティがあらわれている。しかし言うまでもなく、人に着せてもらったきものは、着用者の [K] がかけられていないから、洋服の場合と同様で、テレビに出てくる若い歌手などは、せっかくきものを着ていても、衣裳《しょう》附《つ》け【衣装係】まかせであるために、きもののもっている表現機能の面白さはまるで殺されてしまい、⑦マネキン人形が並んでいるに過ぎないものになっている。

〈型をつくる〉ということは、あくまで自分の型をつくるのであって、できあがっている〈型にはまる〉のではない。〈型をつくる〉ことと、〈型にはまる〉ことは厳密に区分されなければならないことであって、それをひとことで〈型〉といってしまうところに、プラスティックのオニギリの型ができてしまうのである。型を習う、ということは、あくまで型のつくり方を習うことなのだが、現在の教育ではほとんどそれがやられていない。

学校教育だけでなく、いわゆる稽古ごとやその類でも、全部がそうとは思わないが、一番判かりやすい例をあげれば、わたしが習ったときのお茶の先生は、「畳何目目《もくめ》のところに茶碗《わん》をおく」ことは教えても、「 [L] 」は一言も言わなかった。坐ったときに手の組み方が右が上になるという。しかし、わたしが中学の作法の時間に習ったのは左が上で、そのとき生徒の質問にたいし、先生は「右は武の手であり、相手と対するにあたって、剣をもつ武の手をおさえること、つまり左手で右手をおさえることが礼儀作法である」といったので、中学生であったわたしたち生徒はそれで納得がいった。そしてその習慣がついてしまったため、今度は⑧それを逆にしろ、といわれても、もう身についてしまっていることでもあるから、すぐに左がうえになってしまう。そのため二言目には「それでは反対です」と言われるので、「なぜ右が上になるのでしょうか」と問うたら、「この流派ではそういうことになっています」と言う。二本しかない手の右が上か、左が上か、別にどっちでもたいしたことではないが、作法の先生のことばは武道に基礎を置いたものとして、それなりに納得ができる。それにたいしてお茶の先生のは答えにもならない。

わたしに言わせれば前者が〈型をつくる〉ことを教えるのであり、後者は〈型にはめる〉だけのことである。畳何目目のところに茶碗をおくのではなく、前後左右のバランスから一番よいという位置におくと、何目目のところになるのであり、おそらく、右手を主にして使うために、常に右手を使いやすくするために右を上にするのだろう。

きものを着なれている人は、自分で紐をしめる位置を考え出して、一番楽な着方をしている。〈前を合わせて紐で結ぶ〉というのも、ことばで言えば一言であるが、それを知るまでには時間がかかる。長いあいだきばよいということになる。⑥それにたいして、きものは多少の寸法の違いはあっても、基本的な型はひとつしかない。仕立てあげたきものの型（いまのところ男女の別はあるが）は、着用者の個性は全くない万人向きのものである。しかも直線裁ち、直線縫いで平面的なきものは、着用者が〈着る〉たびに自分で自分の型をつくっていかなければならない。腰を基本として身幅を身体に巻きつけ、腰紐《ひも》をゆるくなく、さりとてきつくなく、自分にとって一番坐《すわ》りのよい場所にしめ、衿の形をつくっていく。帯も同じように腰を基本に結び、自分で型をつくる。

　ところが心が急いたり、心にゆとりがなかったりして、こちらの気力がはいらないときは、いくら着なれているようでも、すぐに着くずれてしまい、思うように着こなせない。普段慣れているはずの腰紐の位置さえ決まらず、着たと思ってもすぐにぐずぐずになってしまうことがある。そうすれば胸がはだけたり、足にまといついたり、歩きにくかったりして着用者はきものによって束縛されてしまうことになる。意地の悪いくらい自由にならないものである。ところが気力がはいると〈着る〉行為を通じて、それまで揺れていた心が安定してきて、着終わったときにはぴったりと身についてくる。

　昔からきものは心で着る、と言われているが、心をこめて〈着る〉というのは、〈着る〉という行為に、着用者の主体がかけられていることを意味する。したがって着用者が自分の型をつくるためには、〈着る〉という行為に主体をかけなければならなくなる。ものであるきものを使って、自分自身をあらわそうとするときに、そのものにかける主体的行為が、その人個人の精神の表現であり、これが客体であるきものを思いのままにこなす〈着こなし〉である。そしてきものの場合、身体の型ははっきり出ないから、身体の欠点を隠すことも可能になってくる。身体の線に自信がなくとも、それを心でカバーできるのである。

　このように着こなすことによって、はじめて自分の型ができあがるきものは、表現機能のなかで一番ウエイトをしめる型があくまで着用者自身のその都度の〈着る〉行為にかかっているのだから、材料である色と柄と材質さえ自分に合っていれば、あきるということが少ない。型はきものをぬげば同時になくなってしまうから、ぬげば、もとの材料に近いものに戻ってしまうのである。あきたらしばらくしまっておけば、そのうち出してみると、意外に新鮮なのである。そして、個人の肉体の型には関係ないので転用は自由自在であり、わたしのきものの半分ほどは母と二人の叔母が若いころ着たもので、もちろん戦前のものである。きものを着たいが、一揃《そろ》いつくるとお金がかかるという苦があまりなかったのも、もっぱら母や二人の叔母たちのものをそのままもらったためで、いまでも長襦袢《じゅばん》【和服用の下着】は化繊ではほこりを吸いやすく、その汚れがきものに移ったりするので、だいたい古いきものを色ぬきして染め直して使っている。

　〈着る〉ということによって、自分の型ができあがるきものは、主体をかける人間がいて、はじめてその人のものとなるのだから、仕事から解放されて、自分自身をとりもどしたときの人間にとっての衣服というにふさわしい。すなわち、自分自身が自由につくった型のなかに身体をおいているから、きものを着ると心が落ちつく、ということになる。ただし着方を知らない人にとっては、自分の型を自由につくるということができないからきものに束縛されてしまって窮屈なだけなことになる。

　このように、きものの場合は、〈着る〉人間が G をかけなけれ

きれなかったそうである。そしてとうとう納骨までにまた新しいのをつくる羽目になってしまった。寸法は合っており、また黒という無色で、柄が全くない場合にさえこのようなことがあるのは、型というものが衣服にとって、どれほどウエイトを占めているかをよく語っていよう。

　これは昨年の型はあくまで昨年の自分に合った型なのであり、それで現在の自分を表現することはできないのである。主題からはそれるようだが、人間が生きるということは、生涯自分の型をつくっていくというように言うことができる。これは何も生きる年数には関係ない。二十年で死んだ人も、七十年で死んだ人も、生きているかぎり自分の型をつくりつづけている。そしてそれはそれぞれ違う型であり、二度と同じ型をつくることはできない。「人間は生涯に一度だけ、自分にしか書けない大作を書くことができる。それは自伝である」というのは誰のことばか忘れたが、自伝だけは自分にしか書けない。生きる、ということは毎日毎日自分の型をつくりつづけていることであり、したがって昨年の型と現在の型はおのずから違ってくる。ただそれが無形であるために、自覚できない場合が多いから、型としては意識されないのであろうが、衣服のような身近なものをとりあげてみると昨年の自分と現在の自分は決して同一ではありえない、ということは誰にでもわかる。

　昨年つくった洋服の型がどうしても気に入らない、というのはこのためなのである。これは洋服を単なるものとして考える場合や、肉体的条件からのみ考えていたのではわからない。肉体的には太りもせず、痩せもせず、昨年と今年は同じ、ということは常にある。だが精神のほうは、進歩しているか後退しているかは別として、一定のところにとどまっているということはない。無形の精神を有形なもので表現する役目を担っているのが、衣服にあらわれる型なのであるから、厳密に言えば、昨年の型はおろか、昨日の型は今日の型ではないのが当然なのである。

　洋服の流行が目まぐるしく変わるのもこのためで、もちろん売ることに必死になっている業者がそれに拍車をかけてはいるが、今日の型を求めて、次から次へと新しいものがほしくなるというのは必然で、これは洋服という〈着る〉前に型が完成されたもののもっている宿命のようなものである。そして当然のことながら、複雑な型であればあるほど、洋服の寿命は短い。そして、型のしっかりできている洋服を〈着こなす〉ということは、型の表現のほうに着用者自身が合わせていくことになる。背広【スーツ】が⑤板についたというのは、背広のもっているイメージに人間のほうが、はまってしまうことである。

　洋服によって自分の型をつくり出そうとするならば、身体の線に合って、きっちりと型ができていないものでなければならない。つまり〈着る〉ことによって身体の線に合わせていくのである。図式的に言うと、仕立ての段階で身体の線に合わせて切りすててしまったものが、実は表現機能の役割を担っている部分なのであって、一見肉体的には不要と思われる部分を、うまく生かすこと、それが〈着こなし〉であり、それがパーソナルなイメージとして、着用者の精神の表現となる。あらかじめ型のできあがっているものは、型のイメージのほうに人間が分類されてしまって、グループ・イメージにはなるが、パーソナル・イメージにはなりがたい。その代表的なものが、個性を否定した制服である。

　着用者の身体の線に合わせて仕立てられる洋服は、仕立て上がったときにすでに完成された型をもっているから、着るたびに自分で型をつくる面倒もない代わりに、楽しみもない。それゆえ気楽に身体をはめこめと同じことであり、実際には両者を兼ねそなえ、統合したものが人間の存在であるように、衣服の場合も、実用機能と表現機能という必要・十分条件をそなえて、はじめて人間のための衣服となるといえる。

衣服には材質、色、柄、そして型の四つの要素がある。そしてそれぞれが表現機能の役割をもっているが、そのなかで一番大きなウエイトをしめるのが衣服そのものの型である。第一に型をあげることに関しては異論があるかもしれない。しかし衣服がものである以上、型（＝形）がなければ衣服そのものが存在しない。有形無形に限らず、型とは、いわば存在そのものである。材質、色、柄はすでに布地（皮でも紙でもよい）の段階でそなえているものであり、われわれはそれを材料として衣服というひとつの型を仕立てあげる。どんなに材料がよくとも、型が合わなかったり、気に入らなければ着られないし、型がくずれてしまえば、使いものにならない。

洋服とは、まず第一条件として、着用者の身体の寸法に合ったものでなければならない。そして、オーダーの場合にも、高級品と言われるものほど、仮縫いをくりかえし、身体にぴったり合った入念な仕立てをする。洋服の仕立てのなかで重要な位置を占めるのは裁断の仕事である。③いささか乱暴な言い方をすれば、デザイナーの仕事とは型紙作りであり、そしてできあがった型紙どおりに布地を裁断し、あとのこまかいところを仮縫いでおぎなう。換言すれば、洋服というのは、身体の線に合わない部分を不必要なものとして、ハサミで切りおとし、身体に合ったひとつの型を完成させるのである。したがって洋服とは、ひとつのできあがった型、しかも身体に合った型なのである。

しかし、こう言い切るのは少しばかり暴言すぎる。あちこちにダーツをとったり【布を身体に合わせて立体化させるために布を縫いつまむこと】、衿《えり》をつけたり、ゆるやかなカーブで「女らしさ」を出したり、またスカートのように足の部分を二本に分けないものが、なんで身体に合った型か、ということになる。たしかにデザイナーたちは、いろいろな表現をもつ線を考え出して、いろいろな型をつくっていく。衿の形、スカートの短長、ポケットの位置、ダーツの位置など、さまざまな工夫をこらしていく。だからデザイナーにとっては、その洋服はかれの作品であり、いわばかれの表現力のあらわれである。しかし、仕立てあがったときに洋服の型も完成してしまう。たまたまカルダン【フランスのデザイナーの一人】のデザインによるドレスを着ていても、それは着用者の表現であるまえに、カルダンの作品なのである。カルダンのつくった型のなかに、着用者が身体をはめこんでも、着用者の精神はどこにもあらわれない。完成した型をもつ洋服は、いくらそれが気に入った型であっても、所詮他人のつくった型を借りて、自分をあらわしているに過ぎない。

それでは自分でデザインした洋服はどうか。これなら少なくとも自分の型である。だが④われわれは昨年、一昨年つくった洋服をどうしても着る気がしない、ということがある。べつに流行を追っているわけでもないのに、何とも気に入らなくなってしまったということがある。父が死んだとき、その数年前の大叔母の葬式につくった黒の洋服を箱から出したら、流行の型ではなく、ごく単純なテーラードスーツ【注文して仕立てた服】なのに、どうしても着る気がしないと、妹が言い出したことがある。さりとて翌日の葬式に新しいのをつくり直すわけにもいかず、我慢してそれを着たら、着ているあいだじゅう、着ごこちが悪くてやり

「親父は芸術家だったが、おれは謡の教師だ。謡そのものは親父にはかなわないが、謡の基礎をきちんと教えることは親父よりすぐれている」と言っている。型をつくる論理をもっている叔父の弟子は、十人のうち九人までが短期間で型づくりの基礎を知ることができる。つまり謡の技術を覚えることができる。しかし祖父の弟子は、五年か十年かかって十人のうち二人か三人、もしかしたら一人ぐらいしか、きちんと基礎を覚えることはなかったであろう。あとは稽古をやめてしまうか、それでもなければ、全く型を真似ただけのいわゆる素人芸である。その代わり、その一人は［　F　］のだから、すっかり身体についており、そのあと祖父の手によって祖父の芸の域まで達することができる。しかし、それはわずかのものだけである。叔父には祖父だけの芸がないから、あとはいくら教えても、祖父の芸に達するほどの弟子をつくることはできないが、叔父は教師として、あくまで基礎を教えることに自己限定しており、芸術家を生み出すことはそのあとの問題として芸術家にまかせている。

〈着る〉ことによって、パーソナリティ、すなわち個々の人間の精神を表現する〈型をつくる〉ということは、踊りや謡の型をつくるより次元の低いことかもしれない。オニギリのつくり方とチョボチョボか、それに毛のはえた程度のことではある。しかし、パーソナリティを表現するために〈着る〉ということは、ただ単に衣服を身体にまとえばよい、というのとは違うということを言いたかったのである。衣服を身につけるという場合の〈身につける〉というのは、自分のものにしていく、ということである。自己を表現する衣服とは、ことばに照らしてみれば、同じことを表現する場合でも、〈自分にふさわしい〉（またはその場にふさわしいことを含めて）自分のことばを自由に使うのと似てくる。その人自身の語りくちがその人のことばの型となり、その人の自己表現になるわけだが、衣服の場合は〈着方〉が自分の型をつくることになって、表現行為となってくる。

　ことばがコミュニケーション以前の段階にものごとを考え、整理するうえに重要な役割を担っているように、〈着る〉ということは、精神を調えるための役割を担っている。これがわれわれが衣服を選ぶとき、たとえ人目につかない下着でも、単に寸法が合っていればよいというような実用機能ばかりでなく、「自分にふさわしいもの」を選ぼうとする理由である。汚れていれば、どうしても取り替えたくなるのは、決して人に見られるからだけではなく、自分自身が気持が悪く、それによって心の安定をくずしてしまうという、あくまで個人の内面につながっている。

　人間がゆったりとした気持で衣服と一体化できるのは、肉体的にも精神的にも、自分にもっともふさわしいものを着ているときである。そしてそのふさわしい衣服とは、適度の保温を保ち、そして類型的である人型のキャンバスのうえに自分自身の型を自由につくることのできる衣服ということになる。これが人間が〈着る〉ための必要・十分条件をそなえた衣服なのである。この必要・十分条件を衣服の機能に合わせると、肉体的な面は実用機能であり、精神的な面は表現機能といえよう。

　この表現機能が今日的に言えばセンスとなる。センスというと、「おれは全然センスなどない」という人があるかもしれないが、「ピンクのシャツなんか着られない」というのもひとつのその人のセンスであり、ただそれが多いか少ないかの違いだけである。したがって実用かセンスか、という二者択一は、人間を肉体的存在か精神的存在か、と分けるのめからやり直さなければならなかった。したがって戦前に仕込まれた人たちははっきりと専門家の芸というものをもっており、素人の芸とは区別される。見るものにとっても、素人のおさらいはアクビがでるが、名人の芸には引きこまれるものがある。そしていいかげんな芸しかできないものを専門家にしたのでは、恥をかくのは師匠であったから、師匠のほうも芸のたしかなものしか専門家としての名前を与えるようなことはしなかった。

〈型をつくる〉というのは、外面の型を真似ることではなく、人間の心がおのずから形をなすのであって、質がともなっていなければ型にはならず、ただ形だけを真似ても、それではオニギリがくずれてしまってオニギリとしての用をなさないように、踊りもまた心がなければ本ものの踊りにはならないのである。型というのは、つくり手の表現であるから、いかにして自分の型をつくるかというためには、自分がつくり出そうとしているものと格闘しなければならない。戦前までの師匠と弟子のあいだ柄を封建的徒弟《とてい》制度などという言い方で、[E]に戦後はひどく軽視してしまったが、もちろん悪い一面はあったにせよ、おぼえようとする弟子と、自分の芸を伝えようとする師匠のあいだは、まさに火花が散るものであり、弟子は師匠というひとりの人間と格闘すると同時に、おぼえようとする芸そのものとも格闘しなければならなかった。これが修業であり、自分というひとりの人間の型をつくるための行《ぎょう》であった。行などというと、それこそ古くさいようだが、行とは行為とか行動の行であり、「私がする」ことである。強いられた行は意味をなさないが、自分から行う行はあくまで人間主体であり、そこには人間を中心にすえるという点で著しく今日的な意味がある。

行を現代に生かすとは、行為を自覚化することである。自分が型をつくる行為、すなわち体験を自覚化し、自分の行為をつくっていくところに思想が生まれる。日本の教育の欠点は「理屈を言ってはいけない」と、その行為の意味を教えることを拒否してしまったところにある。だからここでは本当の意味での教育というものはない。しかし専門家になろうとする人たちは、芸を教わるのではなく盗んで自分で覚えたのである。つまり自分でその意味まで考えていかなければ型にはならなかった。ただ論理的に考えるということを知らなかったから、自分が専門家になっても、考え方の方法論は自覚されておらず、そのため自分の型を弟子に伝える方法は非常に閉ざされたものであった。

わたしの母方の祖父は謡曲師【能楽を演じる人】であった。わたしが五つのときに死んでいるので、祖父の謡《うたい》がどの程度のものであったかは直接知らない。母たち姉弟や多くの弟子たちの記憶に残っている話から推察するだけである。祖父の内弟子にたいする態度も大へん厳しかったらしい。しかしそれもまた直接教えるものではなく、早朝弟子が稽古する声を寝床のなかでじっと聞いていて、気に入らないと、きせる【タバコを吸う道具】で灰吹きを叩《たた》く。その音が寝静まっている家中にひびき、母たちはよくその音で眼をさましたという。長男である叔父は、若いころ謡曲という世界のもつ封建的な制度に反撥《ぱつ》して、謡曲師の道を進まずにサラリーマンになった。

ところが戦後、謡曲の教師になった。そのとき叔父は近代教育を受けていたこともあって、小さいとき祖父に習った謡曲を論理化する方法を考え出した。したがって祖父の弟子が五年なり十年なりかかって覚えたものを、叔父の弟子は一年か二年で覚えてしまうという。だから叔父はうものが長いあいだ外面的な形としてのみ重きをおかれており、見た眼《め》にさえその形をしていればよいのだ、といった「形だけでもごまかして」という感覚が、型の意味をすっかりゆがめてしまったのである。

①最近デパートなどで、プラスティックでできたオニギリの型というのを売っている。三角状のもので、そのなかに御飯をつめれば、誰にでもオニギリができるという寸法である。そして出来上がったものは、たしかに見た眼にはきれいな三角状のオニギリの形をしている。ところが型でつくったオニギリは食べようとすると、御飯がボロボロにくずれてしまって、口のまわりも手も御飯つぶだらけになり始末におえなくなる。それにくらべて手で握ったオニギリは（もちろん上手な人のつくったものだが）、口のなかに入ってからふんわりとほぐれる。

オニギリが三角ということになると、三角状の外型をもって〈型〉というために、三角でありさえすればよいということから、右のようなことになるため、型というのがしばしばマイナスに使われてしまうのである。［3］、オニギリは三角である必要はない。わたしの知っているかぎり、関西の人たちは、角が立たないように、という意味から俵型をつくる。「へえ、東京じゃ三角につくらはるの、そんなん見たことないわあ」とびっくりされたことがある。オニギリ自体は三角でも俵でもいいのだ。ただ口のなかに入ったときに、はじめてほぐれるのがオニギリであって、たまたま手のひらで握るから五角や八角にはなりにくいだけのこと、オダンゴ型だってもちろんよいのである。あまり卑近なことでありすぎるが、オニギリの型をつくる、ということは、オニギリのつくり方、［4］口のなかではじめて御飯がほぐれるようなつくり方を知っている、ということなのである。

型というものについて、もう少し述べてみよう。伝統的な型をもっている踊りを習う場合でも、いわゆるお稽古事でいけば、はじめから手をとって教えてくれる。そしてそのようにして、踊りの形にはなっていく。しかし将来、専門家になろうとするものは、昔は師匠の家に内弟子として住みこんだ。ところが稽古のためにせっかく住みこんだのに、実際には稽古はなかなかしてくれない。「芸は教わるものではなく、盗むものだ」と言われ、やらされることといったら雑用ばかり、たまに「今日は教えてやろう」といわれて喜ぶと、師匠は一度だけ自分で踊ってみせるだけで、「さあ、やってごらん」という。できなければ叱られる。少しでも叱られないためには、一度きりの師匠の踊りを全身全霊で見ていなければならず、またほかの弟子たちに稽古をしているときでも、少しでも暇をみて、それを一生懸命見ていなければ、「さあ、やってごらん」と言われても出来るものではない。いまでも②そのようなことをして、弟子を仕込んでいる師匠があるかもしれないが、大体戦前までのはなしである。

しかし、師匠の家に住み込んで、専門家としての師匠の日常の朝から晩までの何げない姿、［5］食事をする姿、タバコを喫《す》う姿、人に接する姿などに触れることによって、師匠というひとりの人間を全身で受けとめ、そのなかに踊りという外面にあらわれた形だけではなく、踊りの型をつくる心までを読みとり、そのうえで弟子は単に外形を真似るのではない自分自身の踊りの型をつくっていったのである。［6］弟子は踊りの稽古以外の雑用をやりながら、踊りの型をつくる過程を学んでいった。それにたいして、素人の稽古は単なる外形を真似ただけのものであるから、もしその人が専門家として一本立ちしようとすれば、はじ

【国　語】（五〇分）〈満点：一〇〇点〉

【注意】字数制限のある問題については句読点・記号を字数に含めること。

一　次の文章を読んで、あとの問いに答えなさい。ただし、【　】は語句の意味で、解答の字数に含めないものとします。

人間のパーソナリティというのはそれぞれ違うので、十人いれば十通り、千人いれば千通りある。絵を描けば、どんなに似せても、決して同じものはできないように、生き方だって十人十通り、同じことに出会っても、それぞれ反応が違う。性格が違うように、感覚もまた違う。それほどひとりひとりが違うのに、肉体は同じ人型である（裸になってしまえば、ひとりひとりの身体は顔と同じようにそれぞれの特徴をもってはいるが）。衣服を〈着る〉というのは、それぞれのパーソナリティ、つまり精神を衣服によって表現するということなのである。つまりもともと空間的には同じような人型存在である肉体の型を、衣服を〈着る〉ことによって、それぞれの精神をもった型としてつくりあげていく。

衣服はたまたま可視的なものであるために、衣服そのものは真似をすることが十二分に可能であるが、〈着る〉ということは、それぞれ着用者個人が〈着る〉のであって、決して他者が〈着る〉のではないのだから、それぞれのパーソナリティが〈着る〉という行為を通して表現されるところに、衣服を〈着る〉という意味がある。洋服を自分で着られないというのは、よほどの小さな子どもでもないかぎりありえないが、きものとなると、若い人たちのなかには、自分で着られないため、美容師や母親まかせにする人が多い。それで〈着た〉つもりになっているらしいが、自分で着ない衣服は、たとえ肉体のうえにおおわれていても、[A]のだから、〈着る〉ということにはならない。

衣服は人間が〈着る〉ことによって、はじめて人間のための衣服になる、とさきに述べた。つまり〈着る〉ということは、人型という肉体のうえに、着用者自身の〈型をつくる〉ことである。型というと、紋切り型とか、型にはまった、というように、近ごろではすっかりマイナスの意味に使われるようになってしまい、むしろ型なしとか、型くずしのほうにプラスの価値をおいている。[1]、型なしと型くずしでは全然意味が違う。型なしというのははじめから型もなにもないものであって、型くずしとは、一応型がつくられたうえで、くずすのである。それゆえ、自分で着られないで他人に着せてもらったきもの姿は、動いているうちに型をくずすこともできないまま、見るかげもない型なしになってしまう。型をつくることのできる人はくずせる代わりに、またもとに戻すこともできる。

[2]文字もひとつの型である。書き順なしでくずした字は、自分にしか読めず、日記やメモなどの範囲では通用するが、他者に文の意味を伝えることはできない。つまり文字としての共通性がないのだから、そこではコミュニケーションの道具ではなくなる。くずし字というのは、書き順にしたがって[B]を書き、そのうえでくずしたものが[C]であり、[D]である。だから[C]や[D]の書ける人は、当然のことながら[B]を書くことができる。また書き順を知らないまでも、文字の型をそのままに書かなければ文字にはならない。このように、型というのは、そこに意味内容という実質を含んでおり、それを表現した形がひとつの型をなしているのである。ところが、型とい

2023年度

解　答　と　解　説

《2023年度の配点は解答欄に掲載してあります。》

＜数学解答＞

1　(1)　$\frac{3\sqrt{7}+\sqrt{2}}{3}$　(2)　98　(3)　25　(4)　$A(\sqrt{3},\ 3)$　(5)　6

2　(1)　$(x+2y-5)(x-2y-5)$　(2)　$(x,\ y)=\left(2,\ \frac{3}{2}\right),\ \left(2,\ -\frac{3}{2}\right),\ (1,\ 2)$

3　(1)　$D\left(-3,\ \frac{9}{2}\right)$　(2)　5：11　(3)　$Q\left(-\frac{5}{4},\ \frac{15}{8}\right)$

4　(1)　$r=\frac{-a+b+c}{2}$　(2)　$\frac{br}{a}$　(3)　$\sqrt{2}r$

5　(1)　$\sqrt{3}$　(2)　$\sqrt{19}$　(3)　$\frac{12}{7}$

○配点○

1　各7点×5　2　各8点×2　3　(1)，(2)　各6点×2　(3)　5点

4　(1)，(2)　各5点×2　(3)　6点　5　(1)，(3)　各5点×2　(2)　6点　計100点

＜数学解説＞

1　（連立方程式，数の性質，2次方程式の応用問題，図形と関数・グラフの融合問題，四分位範囲）

基本　(1)　$\sqrt{2}x+\sqrt{7}y=3$…①　$\sqrt{7}x-\sqrt{2}y=-6$…②　①×$\sqrt{7}$－②×$\sqrt{2}$から，$9y=3\sqrt{7}+6\sqrt{2}$

$y=\frac{\sqrt{7}+2\sqrt{2}}{3}$　①×$\sqrt{2}$＋②×$\sqrt{7}$から，$9x=3\sqrt{2}-6\sqrt{7}$　$x=\frac{\sqrt{2}-2\sqrt{7}}{3}$

$y-x=\frac{\sqrt{7}+2\sqrt{2}}{3}-\frac{\sqrt{2}-2\sqrt{7}}{3}=\frac{\sqrt{7}+2\sqrt{2}-\sqrt{2}+2\sqrt{7}}{3}=\frac{3\sqrt{7}+\sqrt{2}}{3}$

(2)　2つの自然数をa，bとすると，$ab=7\times294=2058$　$a+b=119$　a，bは2次方程式$x^2-119x+2058=0$の解になる。$(x-98)(x-21)=0$　$x=98,\ 21$　よって，大きいほうの数は98

(3)　CからDまでの速さから方程式をたてると，$8\times\frac{100+x}{100}\times\frac{100-2x}{100}=2\div\frac{24}{60}$

$\frac{(100+x)(100-2x)}{1250}=5$　$10000-100x-2x^2=6250$　$2x^2+100x-3750=0$　$x^2+50x-1875=0$　$(x+75)(x-25)=0$　$x>0$から，$x=25$

重要　(4)　点Aのx座標をaとすると，$A(a,\ a^2)$　直線ℓの式を$y=px$として点Aの座標を代入すると，$a^2=pa$　$p=a$　よって，ℓの式は，$y=ax$となり，傾きが正ということから，$a>0$　直線OAが円の中心を通るとき，線分OAの長さは最大になる。よって，OAは円の直径になるから，$a^2+(a^2)^2=(2\sqrt{3})^2$　$a^2+a^4=12$　$a^4+a^2-12=0$　$(a^2+4)(a^2-3)=0$　$a^2-3=0$　$a^2=3$　$a>0$から，$a=\sqrt{3}$　$(\sqrt{3})^2=3$　よって，$A(\sqrt{3},\ 3)$

(5)　中央値より少ないのは，40，47，$50-x$，中央値より多いのは，50，52，$50+x$　四分位範囲は回数が少ない順から数えて，5番目から2番目をひいた回数である。四分位範囲が8になるxを考えていくと，$x=6$のとき，40，44，47，50，52，56となり，四分位範囲は，52－44＝8となる。

よって，$x=6$

2 （因数分解，2次方程式）

基本 (1)　$x^2-4y^2-10x+25=x^2-10x+25-4y^2=(x-5)^2-(2y)^2=(x-5+2y)(x-5-2y)=(x+2y-5)(x-2y-5)$

重要 (2)　$x^2-4y^2-10x+25=0$　(1)より，$(x+2y-5)(x-2y-5)=0$…①′　$x^2+x-6-2xy+4y=0$，$(x+3)(x-2)-2y(x-2)=0$，$(x-2)(x-2y+3)=0$　$x=2$，$x=2y-3$　[1]　$x=2$のとき，①′に代入すると，$(2+2y-5)(2-2y-5)=0$　$(2y-3)(-2y-3)=0$　$-(2y-3)(2y+3)=0$　$2y=\pm3$　$y=\pm\frac{3}{2}$　[2]　$x=2y-3$のとき，①′に代入すると，$(2y-3+2y-5)(2y-3-2y-5)=0$　$(4y-8)\times(-8)=0$　$4y-8=0$　$y=2$　$x=2\times2-3=1$　[1]，[2]より，$(x,\ y)=\left(2,\ \frac{3}{2}\right)$，$\left(2,\ -\frac{3}{2}\right)$，$(1,\ 2)$

3 （図形と関数・グラフの融合問題）

(1)　$y=\frac{1}{2}x^2$…①　①に$x=-\frac{3}{2}$，1，$\frac{5}{2}$を代入して，$y=\frac{1}{2}\times\left(-\frac{3}{2}\right)^2=\frac{9}{8}$，$y=\frac{1}{2}\times1^2=\frac{1}{2}$，$y=\frac{1}{2}\times\left(\frac{5}{2}\right)^2=\frac{25}{8}$　A$\left(-\frac{3}{2},\ \frac{9}{8}\right)$，B$\left(1,\ \frac{1}{2}\right)$，C$\left(\frac{5}{2},\ \frac{25}{8}\right)$　直線ABの傾きは，$\left(\frac{1}{2}-\frac{9}{8}\right)\div\left\{1-\left(-\frac{3}{2}\right)\right\}=-\frac{1}{4}$　△ABC＝△ABDより，AB//CD　よって，CDの傾きは$-\frac{1}{4}$になるから，CDの式を，$y=-\frac{1}{4}x+b$として点Cの座標を代入すると，$\frac{25}{8}=-\frac{1}{4}\times\frac{5}{2}+b$　$b=\frac{15}{4}$　よって，直線CDの式は，$y=-\frac{1}{4}x+\frac{15}{4}$…②　①と②から$y$を消去して，$\frac{1}{2}x^2=-\frac{1}{4}x+\frac{15}{4}$，$2x^2=-x+15$，$2x^2+x-15=0$，$(x+3)(2x-5)=0$，$x=-3$，$\frac{5}{2}$　Dのx座標は$-\frac{3}{2}$未満なので$x=-3$　①に$x=-3$を代入して，$y=\frac{1}{2}\times(-3)^2=\frac{9}{2}$　よって，D$\left(-3,\ \frac{9}{2}\right)$

(2)　AB//CDより，△ABC：△ACD＝AB：DC＝$\left\{1-\left(-\frac{3}{2}\right)\right\}:\left\{\frac{5}{2}-(-3)\right\}=5:11$

重要 (3)　OP：OC＝$2:\frac{5}{2}=4:5$　よって，△OCQ＝$\frac{5}{4}$△OPQ　OQ：OD＝1：tとおくと，△OCD＝t△OCQ＝$\frac{5}{4}t$△OPQ　△OPQ：△OCD＝1：3から，△OCD＝3△OPQ　よって，$\frac{5}{4}t=3$，$t=\frac{12}{5}$　したがって，OQ：OD＝$1:\frac{12}{5}$　D$\left(-3,\ \frac{9}{2}\right)$より，$-3\times\frac{5}{12}=-\frac{5}{4}$，$\frac{9}{2}\times\frac{5}{12}=\frac{15}{8}$　ゆえに，Q$\left(-\frac{5}{4},\ \frac{15}{8}\right)$

4 （平面図形の計量問題―三角形の内接円，三角形の相似，三平方の定理）

(1)　右の図のように，△ABCの内接円の中心をO，辺AB，BC，CAとの接点をそれぞれE，F，Gとする。四角形AEOGは正方形だから，AE＝AG＝r，BF＝BE＝$c-r$，CF＝CG＝$b-r$　BC＝BF＋CFから，$a=c-r+b-r$，$2r=-a+b+c$，$r=\frac{-a+b+c}{2}$

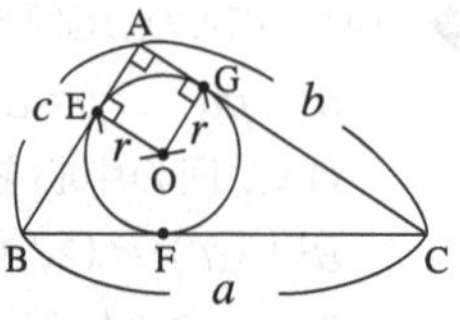

(2)　△ABCと△DACにおいて，∠Cは共通，∠BAC＝∠ADC＝90°　よって，2組の角がそれぞれ等しいことから，△ABC∽△DAC　相似比は，BC：AC＝$a:b$　よって，△ACDの内接円の半径は，$r\times\frac{b}{a}=\frac{br}{a}$

重要 (3) (2)と同様にして，△ABC∽△DBAより，△ABDの内接円の半径は，$\frac{cr}{a}$　右の図より，$PQ^2=\left(\frac{br}{a}+\frac{cr}{a}\right)^2+\left(\frac{br}{a}-\frac{cr}{a}\right)^2=\frac{2(b^2+c^2)r^2}{a^2}$　△ABCにおいて三平方の定理より，$b^2+c^2=a^2$　よって，$PQ^2=\frac{2a^2r^2}{a^2}=2r^2$　$PQ>0$，$r>0$より，$PQ=\sqrt{2}\,r$

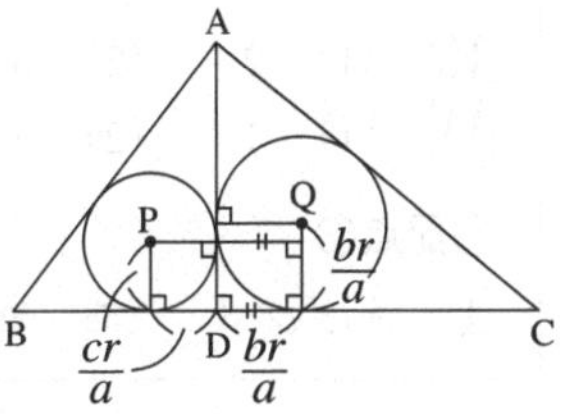

5 (空間図形の計量問題―三平方の定理，平行線と線分の比の定理，切断)

基本 (1) AP＝1，AQ＝2，∠PAQ＝60°より，△APQは∠PAQ＝60°の直角三角形だから，$PQ=1\times\sqrt{3}=\sqrt{3}$

(2) 点RからBPへ垂線RHをひくと，BR＝3より，$BH=\frac{3}{2}$，$RH=\frac{3\sqrt{3}}{2}$　PB＝6－1＝5，$PH=5-\frac{3}{2}=\frac{7}{2}$　△RPHにおいて三平方の定理より，$PR=\sqrt{\left(\frac{3\sqrt{3}}{2}\right)^2+\left(\frac{7}{2}\right)^2}=\sqrt{\frac{27}{4}+\frac{49}{4}}=\sqrt{\frac{76}{4}}=\sqrt{19}$

やや難 (3) 右の図のように，2直線PQとBCの交点をT，Cを通りABに平行な直線とPTとの交点をUとすると，AP：CU＝AQ：QC　1：CU＝2：4　CU＝2　よって，TC：TB＝CU：BP　TC：(TC＋6)＝2：5　TC＝4　右の図のように，点Cを通りBDに平行な直線とRTとの交点をVとすると，CV：BR＝TC：TB　CV：3＝4：10　$CV=\frac{6}{5}$　よって，CS：SD＝CV：DR　$CS:(6-CS)=\frac{6}{5}:3=2:5$　5CS＝12－2CS　7CS＝12　$CS=\frac{12}{7}$

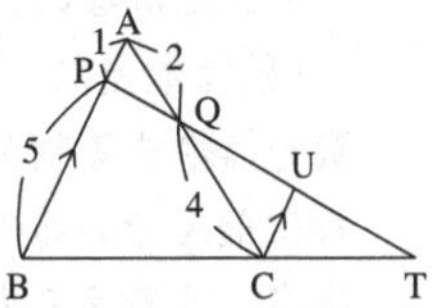

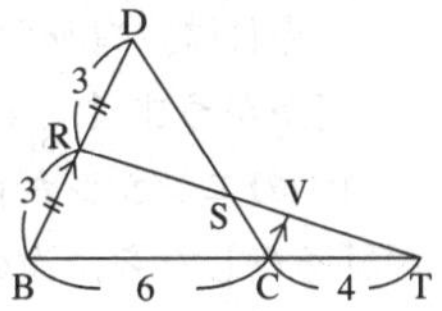

★ワンポイントアドバイス★

1 (4)では，円上の2点間の長さが最大になるのは円の中心を通るときであることに気づくことがポイントである。よって，OAが円の直径になる。

＜英語解答＞

1 (1) stands　(2) flying　(3) being　(4) moving　(5) tell　(6) goes　(7) fall　(8) make

2 (1) ④→be given out　(2) ③→which　(3) ③→embarrassed　(4) ①→for not　(5) ②→those

3 ① 1，2　② 6，4　③ 4，7　④ 1，7　⑤ 5，4

4 (ア) 2　(イ) 1　(ウ) 3　(エ) 2　(オ) 4

5 (ア) 4　(イ) 5　(ウ) 6　(エ) 1　(オ) 3　(カ) 2

6 (1) ア 4　イ 3　ウ 2　エ 6　オ 1　カ 5　(2) 1

7 (1) A 3　B 1　C 5　D 6　E 2　(2) a what　b that　(3) 2　(4) 3　(5) ① 3　② 4　③ 2

8 (1) college　(2) four　(3) months　(4) weather

9 (1) 3　(2) 1　(3) 2　(4) 3

10 (1) 2 (2) 3 (3) 1 (4) 2
11 (1) 1 (2) 3 (3) 2 (4) 3

○配点○
1 各1点×8 他 各2点×56(3各完答) 計120点

＜英語解説＞

1 **(長文読解問題・紹介文：語形変化，時制，進行形，動名詞，不定詞，熟語)**

(全訳) 1人の男性が，地上およそ2,000メートル地点で，ヘリコプターの開いたドアのところに(1)立っている。彼の背中にはジェットエンジンの「翼」が付いている。彼は4つのエンジンをスタートさせ，その後ヘリコプターから飛び降り，地面に向かって猛スピードでダイブする。その男性はダイブを止めるため，背中を丸め，今や彼は(2)空を飛んでいる！ これはアクション映画のワンシーンではない。イヴ・ロッシー，通称「ジェットマン」にはいつもの日常だ。

「私は本当に，鳥(3)になった気持ちがします」とロッシーは言う。彼には装備がほとんどなく，翼を操縦する制御装置もない。彼はただ，体(4)を動かすことによって方向を変える。「本当に，純粋に飛んでいるのです。操縦ではなく，飛行です」 彼には2つの装置があるだけだ。1つは現在の高度(5)を教えるもので，もう1つはどのくらい燃料があるか(5)教えるものだ。

それは，ロッシーの前職である航空機のパイロットからは異なる世界だが，安全はやはり重要だ。何かがうまく(6)行かなくなったら，ロッシーには自分自身用と翼用の2つのパラシュートがある。1つのエンジンが止まったら，3つのエンジンでも，2つのエンジンでさえも，続けることができる。「そうしたら，次の手です。いつも次の手がある」とロッシーは説明する。

10分にもならないうちに，燃料はほぼ空だ。ロッシーはパラシュートを開き，地面に向かってふんわりと(7)降りていく。またもや上出来のフライトが完了した。将来，ロッシーはこのようなフライトがより安全になることを望んでいる。そして彼の言うように，「それが誰でもできるようになるといいのですが」

(1) stand「立っている」 主語が3人称単数なので -s を付ける。 (2) he's は he is の短縮形。flying を入れて現在進行形にする。 (3) 前置詞 of に続くので動名詞にする。ここでの be は「～になる」という意味。 (4) ここも前置詞 by の後ろなので動名詞。 (5) この tellは「～を教える」の意味。前に to があるので原形を入れて不定詞にする。 (6) go wrong「うまく行かない，失敗する」 主語 something は3人称単数。 (7) fall ～「～へ落ちる」 (8) 〈make ＋目的語＋形容詞〉「～を…にする」 ここでは形容詞 safe が比較級になっている。

2 **(正誤問題：受動態，関係代名詞，前置詞，動名詞，代名詞)**

(1) 「今後の公演のリーフレットは劇場の来場者に配られる準備ができている」 ④を受動態の be given out「配られる」とする。

(2) 「世界最長の歩行者用の橋が北部ポルトガルのジオパークでオープンし，地元の人々はそれが観光を促進することを期待している，そしてそれは新型コロナのパンデミックで被害を受けている」 関係代名詞 that は非制限用法(関係代名詞の前にコンマが置かれる用法)で用いることができないので，③を which に直す。

(3) 「今やマスクを着けることが当たり前になったので，マスクなしの顔で外出するのを恥ずかしく不快だと思う人もいる」 ③を embarrassed にする。feel embarrassed「恥ずかしく感じる」

やや難 (4) 「トムは今日の午後，同僚たちを呼んで，自分が彼らの仕事の手伝いをもはやできなくて申し訳ないと言った」 ①を for not とする。be sorry for ～「～を申し訳なく思う」 not は動名詞

being able を否定して「できないこと」となる。

(5) 「ある研究によるとコーヒーは，毎日2，3杯のコーヒーを飲む人々において，がん以外のる理由で死亡するリスクを10％下げることができる」 ② them を those に変える。those who ～ で「～する人々」を表す。

重要 3 **(長文読解問題・物語文：語句整序，不定詞，接続詞，現在完了，関係副詞，受動態，助動詞)**

(全訳) 私は学芸員の後に従って小さな部屋に入り，彼は自分のデスクの後ろに腰を下ろした。彼はもう1つのイスを指さし，私も座った。

「アンナは，君が新しい展示に関して良い仕事をしていると言っているよ」とバルフォー氏が言った。「私はうれしいよ」

私は微笑み，①そして自分自身に非常に満足しているようには見えないよう気をつけた。「アンナはいい人です」と私は言った。「私たちは一緒にうまく仕事をしています」

「②君が適任のように見えたので，私は君にその仕事を与えたんだ」と彼は言った。「モルガン夫人も君を知っていて，君は誠実な若者だと言っている」

「はい，私は誠実です」と私は彼に同意した。「もしかしたら③私がトラブルに巻き込まれた時もあったかもしれませんが，私は誠実です」

彼はしばらく考え込んでいるようだった，そして「警察は君についてたくさんの質問をしていたよ。君がここに来てからわずか2週間でギルバートソン・ネックレスが盗まれたので，彼らは疑っているんだ。彼らはまた，④それが博物館から盗まれた最初のものだと知っている。彼らはそれが奇妙だと思っている」

⑤私は顔が怒りで熱くなっていくのを感じた。「私はそれを盗んでいません，バルフォーさん」私はできるだけ落ち着いて言った。

彼は私を注意深く見つめた。「いや，私は君がやったとは思っていないよ，ポール」と彼は言った。「私は，彼らが君を疑っていることを君が知っておくべきだと思ったんだ」

① (I smiled) and tried not to look too pleased with myself. 〈try not to ＋動詞の原形〉「～しないようにする」 look pleased with ～「～に満足しているように見える」

② (I gave you) the job because you seemed to be the right person for it. 〈seem to ＋動詞の原形〉「～するように見える」 the right person for it は「それ(＝その仕事)に対して適した人」の意味。

③ (Perhaps) there have been times when I've been in trouble. There have been times when ～「～する時が今までにあった」 be in trouble「トラブルに巻き込まれる，困る」

④ (They also) know it's the first thing to be stolen from the museum. 〈the first ＋名詞＋ to ＋動詞の原形〉「～する最初の(名詞)」

⑤ I could feel my face getting hot with anger. 〈feel ＋目的語＋～ing〉「－が～しているのを感じる」 〈get ＋形容詞〉「～になる」

4 **(長文読解問題・論説文：語句補充・選択，比較，単語)**

(全訳) 出生率低下

現在の趨勢では，家族の大きさが変化していて，世界中の社会に衝撃を与えている。女性たちは(ア)以前よりも遅く結婚し，夫婦は子供を設けるのに以前よりも長い間待っている。そして夫婦が子供を設けるのに待つ時間が長いほど，子供の数は少なくなる。

家族の大きさに影響を与える2つの鍵となる要因は，女性の教育と雇用だ。研究によると，女性が多くの教育を受けるほど，家族の数が少なくなる。さらに，女性が学校に長くとどまるほど，彼女たちの雇用の(イ)機会が良くなる。働いている女性は，若いうちに結婚して大きな家庭を持つ可能性が(ウ)少ない。

出生率低下に加え，寿命の上昇もある。人々が長生きすればするほど，家族は高齢人口によって課される困難に直面しなくてはいけなくなる。人が長く生きれば生きるほど，より多くの介護が(エ)必要になる。伝統的に，子供たちが家で年老いた親の世話をしていた。しかし出生率がさらに下がると，高齢者にとって将来はさらに厳しくなるだろう。子供の数が少なくなり，家族は高齢の家族の世話をすることがより難しいと(オ)思うかもしれない。

5 （会話文問題：文補充・選択）

（全訳）アルド　：ああ，なんてこった！　自分で自分を蹴っ飛ばしたいくらいだよ！

ソフィア：どうして？

アルド　：僕がどれほどスペイン語を学びたいと思っているか，知っているよね？　この素晴らしいシステムを見てよ。(ア)半額で手に入れることができたんだ。昨日までなら。

ソフィア：あらやだ。だまされないで。寝ている間に言語が学べるわけないわ。

アルド　：そうかな。それは脳科学に基づいているらしいよ。それに危険性もない。身に着かなかったら返金されるんだ。だから本当に違いないよ。

ソフィア：ねえ，アルド。(イ)それは考えが甘いわ。英語を学ぶのにどのくらい時間がかかったか，考えてみて。

アルド　：でも君は比較できないもの同士を比較しているよ。僕みたいなイタリア語話者にとって，スペイン語を学ぶことは英語を学ぶよりもずっと簡単だ。

ソフィア：それは議論の余地があるわね。(ウ)みんながみんな，それに同意するわけじゃないでしょう。でも，とにかく。どんな新しい言語でもたくさんの学習と練習が必要よ。

アルド　：わかっているよ。でも僕は文法を学ぶよう強制されるのが大嫌いなんだ。この方法なら，そうする必要はないだろう。

ソフィア：残念だけど。それには2つの方法はないわ。言語を学習するにはしっかり取り組まないと…。(エ)聞いて。私があなたにスペイン語を教えるわ！　今から年末まで，週に数回一緒に夕食を食べましょう。スペイン語で会話するの。あなたはすぐに覚えるわ。

アルド　：(オ)本気で言っているの？　僕は喜んで君に授業料を払うよ。

ソフィア：いらないわ。その晩には私においしいイタリア料理の夕食を作ってね，それで平等っていうことにしましょう。きっと楽しいわよ！

アルド　：夕食？　(カ)問題ないよ。いずれにせよ僕は夕食を作っているだろうから。ソフィア，君はとても気前がいいね。

ソフィア：だって，あなたは私に仕事でいろいろとやってくれているから。私はあなたに借りがあると思うの！

問　全訳下線部参照。（イ）　That's just wishful thinking.「それは希望的観測に過ぎない」

6 （長文読解問題・紹介文：文補充・選択，内容一致）

（全訳）　[ア]私たちの現代の世界では，何かがダメになると，私たちはそれを捨てて代わりのものを買う。シャツが破れてコーヒーマシンが壊れたら，あなたはそれを捨てる。問題は，人々が以前よりも多くのごみを捨てているので，世界中の国々でごみの山が大きくなっているということだ。例えば，アメリカ合衆国では，1人当たりのごみの量は1960年代から2014年で2倍以上になった。

[イ]私たちはどのようにして使い捨て社会になったのか。まず第1に，時間とお金をかけて修理するよりも代わりのものを用意するほうが，今では簡単だからだ。現代の製造業と技術により，企業は商品を素早くあまり値段をかけずに生産することができる。商品は豊富にあり値段も安いので，私たちは修理するよりもむしろ新しいものを買う。私たちが何かを修理したいと思ったとしても，

多くの商品が―トースターからテレビまで―ほぼ修理不可能だ。これらの商品には多くの小さくて複雑な部品がある。小さなコンピュータチップが含まれているものもある。これらの商品を修理するより，捨てて新しいものを買った方が簡単だ。

[ウ]もう1つの要因は，私たちが使い捨て商品を非常に好むことだ。多忙な者として，私たちは時間を節約して生活を楽にする方法を常に探している。なぜ布のキッチンタオルを使わないといけないのか。ペーパータオルを1度で使い捨てするほうが楽だ。企業は数多くの種類の使い捨て商品を製造している。いくつか例を挙げると，紙皿，プラスチックカップ，カメラ，かみそりなど。このような商品は長持ちするようには設計されていないので，消費者がそれらを何度も買い替えなければならないことを企業側は知っている。「それのどこが悪い？」とあなたは疑問に思う。問題は，その使い捨て商品が私たちのごみ問題の原因になっているのだ。

[エ]私たちが新製品に惹かれることもその問題の原因である。私たちは新しいものを買うことに夢中になっている。消費者として，私たちは最新の洋服，最高のテレビ，最新の機能を備えた携帯電話がほしい。企業は私たちに，とにかく買うように言ってくる。広告は私たちに，新しければ新しいほど良く，最新の製品があれば，より幸せになれる，と説得してくる。その結果，私たちは新しいもののために場所を作るべく，使える所有物を捨ててしまう。アメリカで消費者が電気製品を処分する時，その70％がごみ箱行きだ。電気製品のわずか30％ほどがリサイクルされる。

[オ]世界中で，私たちはこの使い捨ての生活様式の結果を目の当たりにする。ごみ捨て場はどんどん大きくなるごみの山だ。ごみの量を減らし，環境を守るために，多くの政府が人々に紙，プラスチック，ガラスなどの資源をリサイクルするよう要求している。しかしながら，リサイクルできるもののうち，ほんのわずかの量だけが実際にリサイクルされている。例えば，英国では家庭ごみのわずか43％が実際にリサイクルされている。リサイクルは役に立つけれども，ごみの量が多すぎるという私たちの問題を解決するには不十分だ。

[カ]別の解決法があるかもしれない。まず，私たちは所有物を捨てる代わりに修理する必要がある。消費者として，私たちはものを長持ちさせるために修理する方法について考えるべきである。さらに，私たちはお金を使うことに関する自分の態度を再考すべきだ。クローゼットが服でいっぱいなのに，本当に最新の服装が必要なのだろうか。私たちの所有物を修理し，消費習慣を変えることがごみの量を減らし，環境を気遣う最良の方法なのかもしれない。

(1)　全訳参照。　(2)　1「使い捨て社会になるには多くの理由がある。技術的なものもあれば，私たちの精神的傾向によるものもある」(○)

重要 7　(長文読解問題・エッセイ：語句補充・選択，関係代名詞，接続詞，指示語，語句解釈，英問英答，内容吟味)

(全訳)　円高になるにつれ，ますます多くの日本人ビジネスマンがアメリカの土地や会社を買収している。それらは日本のものと比較して非常に安い。[A]例えば，日本の車のタイヤの会社がアメリカのタイヤ会社の工場を買った。それは毎年多額の赤字を出していた。元は1000人の従業員がいた。今やわずか600人だった。400人が職を失ってしまった。それは4年前のことだった。日本の会社がその古いタイヤ工場を買った時，何が起きたか。この話を読めばわかる。それはボブ・ロバーツの想像上の言葉で書かれている。彼は実在の人物ではないが，彼のような人が実在してもおかしくない。さあ，ボブ・ロバーツが言わざるを得ない(a)ことを聞こう。

そう，私のタイヤ会社は非常に悪い状態だった。私は仕事を失うのではないかととても不安だった。私たちは1日にわずか700のタイヤを生産し，赤字を出していた。その時，会社が大きな日本の会社に買収されたと聞いた。実は，私たちは最初にそのニュースを聞いた時，あまりうれしくなかった。私たちは休日もほとんどない状態で働くことになるだろう，と思った。それが日本人のする

(a)ことだと私は思う。日本のビジネスマンたちは到着すると，私たちの労働組合の者たちと会議をした。それは，たくさんの怒りの言葉が飛び交い，非常にまずいことになった。ついには私たちの組合長が「我々は我々のやり方で働かなくてはならない。今すぐこの部屋から出て行ってくれ！」と叫んだ。日本人ビジネスマンたちは部屋から出て行っただけでなく，はるばる東京へ飛んで帰ってしまった！

私たちは組合長にとても腹を立てた。私たちは自分の仕事を維持したかったし，日本のビジネスメソッドは他のアメリカの会社で非常にうまく行っていることを知っていた。[B]ついに，組合長は自分が腹を立ててとても申し訳なかったと言うために東京に手紙を書いた。彼は謝罪し，日本人たちが戻ってきてくれることを望んだ。彼は今度はフレンドリーにすると約束した。

日本のビジネスマンたちは戻ってくると，とても礼儀正しかった。彼らはあのひどい会議について話さなかった。もちろん，工場には多くの変化があったが，(ア)それらは改善のための変化だった。初めに，仕事を失った400人の従業員たちは再び以前の職を与えられた。これは非常に良い感情を作り出した。私たちの組合長でさえ，以前はとても無礼だったが，日本人マネージャーたちは最高だと認めた。

それに私たちは思ったほどきつく働く必要はなかった。非常に費用をかけて，最良かつ最新の機械類が私たちの工場に設置された。労働者として，私は新しい機械を操縦するのはずっと良いことだと言える。より楽しく，安全で，気分が良くなる。[C]また，きつく働かなくてもより多くを生産することができる。古いシステムではかつて1日に700のタイヤを作っていた。今では3,000個生産する！　ある意味では，私たちは前より一生懸命に働いていると思う。私たちはたくさん残業をする。しかし1時間の残業につき，追加で20ドル支払われると，うれしいものだ。私は妻が喜んでいるとわかる。私たちは前より大きい家に引っ越し，私たちの2人の子供たちはもうすぐ大学に進学する。昔はそのようなことを考えることは不可能だっただろう。妻は買い物が前より楽しめると言う。なぜか。日本人たちは東京からたくさんの桜の木を輸入した。彼らはこの桜の木をショッピングモール沿いや公園に植えた。私たちは自分たちでも花見の飲み会やピクニックをする！　それは非常に良い日本の習慣だと思う。

私たちアメリカ人従業員が気に入っているもう1つのことは，私たちの考えが日本人たちにとって重要だ(b)ということだ。私たちのアメリカ人上司たちは決して私たちに考えを尋ねなかった。「お前たちは労働するために支払われているのであって，考えるためではない」というのが彼らの態度だった。今，私たちは頻繁に日本人マネージャーたちと会議を行う。私たちは事業をより良くする方法について，提案をしたりアイデアを出したりすることができる。日本人たちはいつも喜んで私たちに同意してくれる。時には何もしてくれないこともあるが。彼らはしばしば(イ)してくれる。例えば，彼らは7000万ドルかけてもう1つタイヤ工場を建設する予定だった。それは遠くの別の町に建設されるはずだった。私たちはこれが気に入らなかった，なぜなら私たちの友人や親類たちにも新しい工場で良い仕事を得てほしいと持ったからだ。私たちは私たちの町にそれを建設してほしかった。[D]最初，日本人マネージャーたちは私たちの考えを気に入らなかった，というのも既に計画を立ててしまっていたからだ。最終的には，私たちがとても喜んだことに，東京の本社が新しい工場を古い工場の真横に建設することに同意してくれた。アメリカの会社だったら，私たちの考えをそもそも聞いてくれなかっただろう。彼らは私たちを喜ばそうと自分たちの計画を変えることなど決してしなかっただろう。

実は，日本人は仕事後に私たちとあまり会わない。私にはサイトウヒロシという友人がいる。彼曰く，それはほとんどの時間をアメリカンクラブで過ごす，東京のアメリカ人重役と同じだ。[E]ともかく，日本人は社会的な集まりだけを持つ傾向がある。彼らは実際は親しくなりたいのだ，とヒロシは言う。しかし彼らのほとんどが英語をうまく話せない。(b)それもそのうちに変わるだろう，と私は期待している。私が言えることは，私に関する限り，日本人はアメリカでとても歓迎されるということだ。

この架空の説明は実際の事例にほぼ変更点なく基づいている。もしかしたらいつかあなたはアメリカに赴任する日本人マネージャーになるかもしれない。どうか英語を一生懸命勉強してください，そうすればずっと楽しい時間が持てるだろう。

(1) 全訳下線部参照。

(2) (a) 関係代名詞 what は「～すること，もの」を表す。 (b) 1番目の空所に入る that は接続詞で「～すること」の意味。2番目の空所の that は「それ」を表す指示代名詞。

(3) 同文の many changes in the factory を指す。

やや難 (4) 直前の文を受けて「日本人は私たちの考えに対して何もしてくれないこともあるが，何かをしてくれることが多い」という文脈になる。

(5) ①「日本の会社が新しい機械を工場に設置してからどのくらい多くのタイヤが生産されたか」 3「2300個」 空所Cの後ろの2文を参照する。700個から3000個に増えた。 ②「日本人マネージャーたちに関して，アメリカ人労働者たちが気に入ったことは何だったか」 4「日本人は彼らの考えを聞き，自分たちの元々の計画を変更した」 ③「なぜ日本人はアメリカ人従業員と仕事の後にあまり会わなかったのか」 2「彼らは英語に困難があったから」

8 （リスニング）

Meg : Hey, Todd. I know you've traveled a lot. What countries have you lived in?

Todd : I've lived in three countries. I've traveled to many, many countries. But I've actually lived in three. I lived in England for one year. I lived in Thailand for four years. And I have lived in Japan for 15 Years.

Meg : Wow. So when you lived in England, why did you live there?

Todd : It was the first country I traveled to after college. And I had a work permit, a work visa for one year. And I worked at a pub restaurant, which was great. It was in the countryside. And I really enjoyed it. And then I did that for six months. I lived near Cambridge. So, I was near Cambridge University. And then after that I moved to London. And again, I worked at a restaurant. And I lived in London and just worked.

Meg : Wow. So it was after college.

Todd : It was fun. And interestingly, when I went to England, I could not speak English. So, I could not understand British people. It took me maybe two months before I could understand their English. So it was very, very difficult to understand British people when I first moved there.

Meg : Ah, so you liked it.

Todd : I did like England. It was fun. It was my first country. But the weather was cold for me. I'm from California, and California in the United States is very warm. So I didn't like the weather. But that's okay because all British people don't like the weather, too.

（全訳）メグ ：こんにちは，トッド，あなたは旅行をたくさんしているわね。今までにどこの国に住んだことがあるの？

トッド：3か国に住んだことがあるよ。僕はすごくたくさんの国に旅行をしたことがあるけれど，実際に住んだのは3か国だ。イングランドに1年間住んだ。タイに4年間住んだ。そして日本には15年間住んでいる。

メグ　：わあ。イングランドに住んだ時は，どうしてそこに住んでいたの？

トッド：そこは僕が大学後に旅行した最初の国だった。そして僕は労働許可があったんだ，1年間の労働ビザだ。それでパブレストランで働いて，素晴らしかったよ。そこは田舎にあったんだ。すごく楽しかったよ。そこで僕は6か月間そうした。僕はケンブリッジの近くに住んだ。だからケンブリッジ大学の近くにいたんだよ。そしてその後，ロンドンに引っ越した。僕はまたレストランで働いた。僕はロンドンに住んで，ただ仕事をした。

メグ　：わあ。では，それは大学の後なのね。

トッド：楽しかったよ。でもおもしろいことに，僕はイングランドに行った時に英語を話せなかった。だから英国人の言うことが理解できなかった。僕が彼らの英語を理解できるようになるまで，2か月くらいかかったよ。だから最初に引っ越した時には英国人の言うことを理解するのがすごく難しかった。

メグ　：あなたはそれが気に入ったのね。

トッド：僕はイングランドが気に入った。楽しかった。僕の最初の国だった。でも天気は僕にとって寒かった。僕はカリフォルニア出身で，アメリカのカリフォルニアはとても暖かい。だからそこの天気は好きじゃなかった。でも，それでいいんだ，だって英国人も全員そこの天気が好きじゃないからね。

「男性は世界の数か国に住んだことがある。彼は(1)大学後に旅行を始めた。彼は1年間イングランドに住み，タイに(2)4年間住み，日本に15年間住んでいる。イングランドで働くために彼は労働ビザを取得した。彼はパブで仕事を見つけ，そこで6(3)か月間働いた。彼がイングランドに住み始めた時，そこの言葉を理解できなかったことを彼はおもしろいと思った。彼はイングランドでの生活をとても楽しんだが，気に入らなかったことが1つあった。それは(4)天気だった」

9　(リスニング)

Maria：Oh, hi Dave. Long time, no see!

Dave　：Hi Maria. I was in the neighborhood, so I thought I'd drop by.

Maria：Come on in.[Thanks.] Take a seat. Would you like anything to drink? I have Sprite or orange juice.

Dave　：Sprite would be fine. Uh, so, how have you been?

Maria：Oh, not bad. And you?

Dave　：Oh, I'm doing okay, but school has been really hectic these days, and I haven't had time to relax.

Maria：By the way, what's your major anyway?

Dave　：Hotel management.

Maria：Well, what do you want to do once you graduate?

Dave　：Uh… I haven't decided for sure, but I think I'd like to work for a hotel or travel agency in this area. How about you?

Maria：Well, when I first started college, I wanted to major in French, but I realized I might have a hard time finding a job using the language, so I changed majors to computer science.[Oh]. With the right skills, landing a job in the computer industry shouldn't be as difficult.

Dave　：So, do you have a part-time job to support yourself through school?

Maria : Well, fortunately for me, I received a four-year academic scholarship [Wow] that pays for all of my tuition and books.
Dave : Wow. That's great.
Maria : Yeah. How about you? Are you working your way through school?
Dave : Yeah. I work three times a week at a restaurant near campus.
Maria : Oh. What do you do there?
Dave : I'm a cook.
Maria : How do you like your job?
Dave : It's okay. The other workers are friendly, and the pay isn't bad.

(全訳) マリア：あら，こんにちは，デイブ。久しぶりね！
デイブ：やあ，マリア。僕はこの近くにいたから，寄ってみようと思ったんだ。
マリア：どうぞ入って。[ありがとう] 座って。何か飲み物はいかが？ スプライトかオレンジジュースがあるわ。
デイブ：スプライトがいいな。それで，元気だった？
マリア：まあ，悪くないわよ。あなたは？
デイブ：うん，大丈夫だよ，でも学校が最近とても忙しくて，リラックスする時間がないんだ。
マリア：ところで，あなたの専攻は何？
デイブ：ホテル経営だよ。
マリア：大学を卒業したら何をしたいの？
デイブ：まだしっかりと決めていないけれど，この地域のホテルか旅行代理店で働きたいと思う。君は？
マリア：大学に入った時は，フランス語を専攻したかったの，でもその言語を使う仕事を見つけるのは大変かもしれないと実感して，専攻をコンピュータサイエンスに変えたの。[へえ] きちんとしたスキルがあれば，コンピュータ産業で仕事を始めるのはそれほど難しくないはずよ。
デイブ：では，学校生活を支えるためにアルバイトをしているの？
マリア：恵まれていることに，私は4年間の大学奨学金を受けていて[おお]私の学費や書籍代をすべて支払ってくれているの。
デイブ：うわあ。それはすごい。
マリア：ええ。あなたは？ 働きながら学校を卒業するの？
デイブ：うん。僕はキャンパス近くのレストランで週3回働いているよ。
マリア：そう。そこで何をするの？
デイブ：僕は調理担当だ。
マリア：仕事はどう？
デイブ：問題ないよ。他の従業員たちは親切だし，給料も悪くない。

(1) デイブは将来 1 コンピュータ産業で 働きたい。
2 レストランで
3 この地域の会社で

(2) マリアは自分の専攻が 1 将来のキャリアに役立つ と思っている。
2 フランス語を使う仕事を得るのに重要だ
3 仕事を得るのに良くない

(3) マリアは大学費用を払わなくてよい，1 両親が彼女に十分お金を与えた からだ。

2　彼女は奨学金をもらった
3　コンピュータ会社が彼女の大学費用を援助した

(4)　デイブは　1　会社の人たちは楽しいと思っている。
2　レストランの給料は良くない
3　基本的に自分のアルバイトに満足している

やや難 **10** （リスニング）

Many years ago, Beverly Johnson was one of the original "supermodels." She walked on the runways of fashion shows around the world.

Today, Johnson is 69 years old. She is not letting her age stop her from walking the runways again. She has a simple answer for why she decided to return to the fashion world during New York Fashion week: She was asked to.

Johnson, a writer and businesswoman, helped to break barriers for other Black woman in the modeling industry. In 1974 at the age of 22, she appeared on the cover of the American Vogue magazine. This made her that magazine's first Black cover model. She had great success in her modeling career. She became a sought-after face for many years, appearing on the covers of hundreds of magazines.

During this year's Spring New York Fashion Week, Johnson walked the fashion runways for designers Sergio Hudson and Bibhu Mohapatra. She was the last model to walk in the Mohapatra show on February 15. The crowd clapped and cheered when they recognized her.

She wore a white, floor-length dress, called a gown, with a dramatic black cape. She said that she needed a little practice before the show to get the runway walk right.

"After I took that walking lesson, I was fine. It's a wonderful, beautiful experience," Johnson told The Associated Press after the show.

She said she is moved by today's push for more diversity and respect of different cultures in the fashion industry.

"All of the models were models of color in honor of Black History Month," Johnson said as she started to cry. "In 2024, it will be my 50th anniversary of that historic cover of being the first Black woman to grace the cover of American Vogue," she added.

Johnson said Sergio Hudson is a Black designer who is becoming very successful in the fashion industry. "It's just wonderful to see this."

When Johnson was first coming up in the fashion industry in the 1970s, she said she did not see this kind of representation by Black designers or models.

Johnson said she enjoyed spending time with the younger models during this year's New York Fashion Week. She found them "beautiful, elegant, and wonderful."

She noted one big difference between them and her. And it was not their ages. "The girls are much taller." In the Hudson show, she said, no model was under 1.8 meters. Back when she was modeling, she said, 1.5 meters was tall enough.

（全訳）　何年も前，ビバリー・ジョンソンは元祖「スーパーモデル」の1人だった。彼女は世界中のファッションショーのランウェイを歩いた。

現在，ジョンソンは69歳だ。彼女は自分の年齢のために再びランウェイを歩くことをあきらめていない。彼女がニューヨーク・ファッション・ウィークの期間にファッションの世界に戻ってこようと決めた理由について，彼女はシンプルに答える。頼まれたからだ。

ジョンソンは作家でもビジネスウーマンでもあり，モデル業界において他の黒人女性に対する障壁を壊すのに寄与した。1974年，22歳の時に，彼女はアメリカ版『ヴォーグ』誌の表紙に登場した。これにより彼女はその雑誌初の黒人表紙モデルになった。彼女はモデルのキャリアにおいて大成功した。彼女は数百の雑誌の表紙に登場し，何年間も引く手あまただった。

今年の春のニューヨーク・ファッション・ウィークの期間中，ジョンソンはデザイナーのセルジオ・ハドソンとビブ・モハパトラのファッション・ランウェイを歩いた。彼女は2月15日のモハパトラのショーで最後に歩くモデルだった。集まった人々は，彼女だとわかると拍手して歓声を上げた。彼女はガウンと呼ばれる，白い，床までの長さのドレスを着て，ドラマティックな黒いケープを付けていた。彼女はランウェイできちんと歩くために，ショーの前に少し練習が必要だったと言った。

「ウォーキングのレッスンを受けた後は，大丈夫でした。それは素晴らしく美しい経験でした」とジョンソンはショーの後，AP通信に語った。

彼女は，今日，ファッション産業における更なる多様性と異なる文化に対する尊重を後援したことに，感動していると述べた。

「モデルたちは全員，黒人歴史月間に敬意を表して，黒人モデルだったのです」とジョンソンは言い，泣き出した。「2024年は，アメリカ版ヴォーグの表紙を飾った最初の黒人女性であるという歴史に関して，私の50周年記念になります」と彼女は付け加えた。

ジョンソンは，セルジオ・ハドソンはファッション産業で非常に成功している黒人デザイナーだと言った。「これを見ることは，素晴らしいです」

ジョンソンが1970年代に最初にファッション産業に頭角を現してきた時，黒人デザイナーやモデルによるこのような表現は見られなかった，と彼女は述べた。

ジョンソンは，今年のニューヨーク・ファッション・ウィークで若いモデルたちと一緒に過ごして楽しかった，と言った。彼女は彼女たちを「若く，エレガントで素晴らしい」と思った。

彼女は彼女たちと自分自身の大きな違いに気づいた。そして，それは年齢ではなかった。

「彼女たちはずっと背が高いのです」 ハドソンのショーでは，彼女曰く，180cm以下のモデルはいなかった。昔，彼女がモデルをしていた頃には，150cmでも十分だった，と彼女は言った。

(1) ビバリー・ジョンソンは 1 69歳でデザイナーになったことで 有名だ。
2 人種の壁を破った最初の黒人女性として
3 数千もの雑誌の表紙に登場したことで

(2) 今年，ファッション・ランウェイを歩くために，1 ビバリーは体重を落とした。
2 ビバリーは黒人女性のためのキャンペーンを開始した。
3 ビバリーはモデルとしてウォーキングの練習をした。

(3) ビバリーによれば，ファッション産業は 1 より多様性を 示している。
2 差別反対を
3 1970年代以来，異なる文化に対する尊重を

(4) 今年，ビバリーは若いモデルたちが 1 自分とほぼ同じ身長だ と気づいた。
2 自分よりずっと背が高い
3 自分より小さい

11 （リスニング）

A famous cheese-rolling race that takes place on a steep hill in England returns on Sunday, after a two-year delay caused by the coronavirus pandemic.

The event is held in the town of Brockworth. It was first recorded in 1826. It involves competitors chasing a four-kilogram round of Double Gloucester cheese down a 200-meter hill.

The rolling cheese reaches speeds of 100 kilometers per hour. The first person to make it down the hill is the winner. Most of the cheese chasers fly head over heels down the hill.

Members of the local rugby team wait at the bottom as “catchers” to help people slow down. Emergency medical workers are nearby in case of serious injuries. Some people say the event is too dangerous because of the number of injuries people receive.

The event is now famous as an “extreme sport.” It has been broadcast on television around the world. Thousands of people who want to watch make the trip to Brockworth, which is about 160 kilometers west of London.

Max McDougall lives nearby. He was the winner in 2019. He was not able to defend his championship the following year because of the pandemic.

This year, there are three men’s races, a women’s race, and a safe children’s race, which is an uphill run.

At the end, the winner gets to eat the special prize: a huge piece of cheese.

（全訳） イングランドの急な丘で行われる有名なチーズ転がしレースが，コロナウイルスのパンデミックによる2年の遅延を経て，日曜日に開催される。

このイベントはブロックワースという町で開催される。それは1826年に最初に記録された。競技者たちは4キログラムの丸いダブル・グロスター・チーズが200メートルの丘を下るのを追いかける。

転がるチーズは時速100キロの速度に達する。最初に丘を下ることができた人物が勝者だ。チーズを追いかける者のほとんどが，真っ逆さまになり，飛ぶように丘を落ちていく。

地元のラグビーチームのメンバーたちが人々を受け止めるために，下で「キャッチャー」として待機する。重大な怪我に備え，緊急医療隊も近くにいる。怪我の数のため，そのイベントは危険すぎる，という人もいる。

そのイベントは今や「エクストリームスポーツ」として有名である。それは世界中でテレビ放送されている。観戦したい数千もの人々が，ロンドンから西に約160キロメートルのブロックワースにやってくる。

マックス・マクドゥーガルは近くに住んでいる。彼は2019年の勝者だった。パンデミックのため，彼は翌年にタイトルを防衛することができなかった。

今年は，3つの男性レース，1つの女性レース，1つの安全な子供レースがあり，それは丘を登るものだ。

最後に勝者は特別賞を食べることになる。巨大なチーズだ。

(1) チーズ転がしレースが 1 急な丘の上で 開催される。
2 平らな開けた地面で
3 屋内で

(2) そのレースはかなり危険だと考える人もいる，1 参加者を受け止める人がいない からだ。
2 参加者がラグビーのメンバーたちと走る
3 多くの参加者が怪我をする

(3) そのレースを見るために，数千もの人々が 1 テレビの前に座る。
2 ブロックワースに来る
3 ロンドンへ旅行する

(4)　今年，1　男性用の丘を登るレース　がある。
2　女性用の2つのレース
3　子供向けの安全なレース

★ワンポイントアドバイス★

問題量が非常に多いうえ，リスニングテストが最後にあるため，集中力を切らさずに解き続けることが重要である。

＜国語解答＞

一　問一　ウ　問二　(たとえば)　2・5　(しかし)　1・3　(つまり)　4・6
問三　B　楷書　(記号)　イ　C　行書　(記号)　ア　D　草書　(記号)　エ
問四　(例)　本来型というのは，意味内容という実質を表現した形であるが，外面的な形としてのみに重きが置かれる傾向があるということ。　問五　②　(例)　住み込みの弟子に対して雑用をさせ，めったに稽古しないこと。　⑥　(例)　すでに完成された型を持っている洋服。　⑧　(例)　作法として坐ったときに左手が上になるように手を組むこと。
問六　イ　問七　自分で型をつくる過程を考えだした　問八　(例)　実際にはデザイナーはいろいろな表現をもつ線を考え，工夫をこらしているが，筆者は，デザイナーの仕事とは，身体に合ったひとつのできあがった型をつくることだと言い切っているから。
問九　(例)　人間は毎日自分の型を作り続け，日々変化しているため，昨年の自分に合った型で，現在の自分を表現することはできないから。
問十　ア　問十一　(記号)　J　(言葉)　客体　問十二　(例)　他者の作った型にはめられているだけで，ひとりひとりの個性があらわれていないということ。
問十三　(例)　なぜその位置になるのか　問十四　ア　×　イ　×　ウ　×　エ　×　オ　×　カ　○　キ　○

二　1　融通　2　肥沃　3　丁寧　4　搭載　5　翻弄　6　便箋　7　全貌　8　俸給　9　橋桁　10　拙い

○配点○

一　問一・問三・問十・問十一　各3点×6(問三・問十一各完答)
問二・問六・問十四　各2点×11(問二各完答)　問四・問七～問九　各5点×4
問五・問十二・問十三　各4点×5　二　各2点×10　計100点

＜国語解説＞

一　**(論説文―大意・要旨，内容吟味，文脈把握，指示語の問題，接続語の問題，脱文・脱語補充，ことわざ・慣用句)**

問一　前後の文脈から，「自分で着ない衣服」は「〈着る〉ということにはならない」理由に相当する言葉があてはまる。同じ段落の「それぞれのパーソナリティが〈着る〉という行為を通して表現されるところに，衣服を〈着る〉という意味がある」から，「〈着る〉という行為」が働いていないと「〈着る〉ということにはならない」とわかる。この内容を述べているウがあてはまる。エは「〈着る〉という行為」について述べていない。ア，イに通じる叙述はない。

問二　1「型なしとか，型くずしのほうにプラスの価値をおいている」という前に対して，後で「型なしと型くずしでは全然意味が違う」と相反する内容を述べているので，逆接の意味を表す「しかし」が入る。　2　前の「型をつくることのできる人はくずせる代わりに，またもとに戻すこともできる」例を，後で「文字」を挙げて説明しているので，例示の意味を表す「たとえば」が入る。　3「オニギリが三角ということになると……三角でありさえすればよい」という前に対して，後で「オニギリは三角である必要はない」と相反する内容を述べている。　4「オニギリのつくり方」という前を，後で「口のなかではじめて御飯がほぐれるようなつくり方」と言い換えているので，説明の意味を表す「つまり」が入る。　5　前の「何げない姿」の例を，後で「食事をする姿……人に接する姿」と挙げている。　6「弟子は外形を真似るのではない自分自身の踊りの型をつくっていった」という前を，後で「弟子は踊りの稽古以外の雑用をやりながら，踊りの型をつくる過程を学んでいった」と言い換えて説明している。

基本　問三　B　直前の「書き順にしたがって」書くと，「楷書」になる。　C・D「楷書」をくずしたものが「行書」で，さらにくずすと「草書」になる。

問四　直前の段落にあるように，「型というもの」を説明するために，筆者は「プラスティックでできたオニギリの型」という話題を挙げている。直前の段落の「型というのは，そこに意味内容という実質を含んでおり，それを表現した形がひとつの型をなしている」のに，「外面的な形としてのみ重きをおかれ」るようになったという説明を簡潔にまとめる。

問五　②　戦前までは，住み込みの弟子はどのように仕込まれていたのか。同じ段落の「稽古のためにせっかく住みこんだのに，実際には稽古はなかなかしてくれない……やらされることといったら雑用ばかり」という内容を簡潔にまとめる。　⑥「きもの」は「自分で型をつくる」という後の内容に対するものは何か。直前の「すでに完成された型をもっている」「洋服」を指示している。　⑧　筆者にとって「身についてしまっている」ことは何か。直前の文の「坐ったとき」の「手の組み方」について「左手で右手をおさえることが礼儀作法」とあるのに着目し，「～こと。」に続く形でまとめる。

問六　直後に「ひどく軽視」とある。価値の低いものをひとまとめに扱うという意味のイがあてはまる。アはしばらくの間の意味。ウは「ひとすじなわ」，エは「いちもうだじん」と読む。

やや難　問七　前後の文脈から，「祖父の弟子」の「一人」が，「型づくりの基礎」を教わらなくとも，型を身につけ「祖父の芸の域まで達することができる」理由に相当する内容があてはまる。「しかし，師匠の」で始まる段落の「弟子は踊りの稽古以外の雑用をやりながら，踊りの型をつくる過程を学んでいた」に着目する。

やや難　問八　――部③について，直後の段落の冒頭に「少しばかり暴言すぎる」と同様の表現がある。その後で「たしかにデザイナーたちは，いろいろな表現をもつ線を考え出して，いろいろな型をつくっていく……デザイナーにとっては，その洋服はかれの作品であり，いわばかれの表現力のあらわれである」としながらも，「完成した型をもつ洋服は，いくらそれが気に入った型であっても，所詮他人のつくった型を借りて，自分をあらわしているに過ぎない」と筆者は言い切っている。これが，筆者が「いささか乱暴」と考える理由にあたる。

問九　直後の段落で「昨年の型はあくまで昨年の自分に合った型なのであり，それで現在の自分を表現することはできない」「生きる，ということは毎日毎日自分の型をつくりつづけていることであり，したがって昨年の型と現在の型はおのずから違ってくる」と理由を説明している。この内容を簡潔にまとめて理由とする。

問十「板につく」は，経験を積み，態度や動作が地位や職業にしっくり合うようになること。

重要　問十一　直前の段落に「自分の型ができあがるきものは，主体をかける人間がいて，はじめてその人のものとなる」とある。きものを〈着る〉人間がかける[G]には「主体」が入る。[H]の「型を完成させている洋服」に「かける必要はない」ものは，「主体」。洋服の場合「衣服そのもののもつ表現機能」が「主体」で，「人間のほう」は選ぶだけで「主体」ではない。したがって，[I]には「主体」が入り，[J]には，「主体」の反対語の「客体」が入る。

問十二　同じ段落で「洋服の場合の制服はおよそひとりひとりの個性はなく」なってしまうと述べている。「人に着せてもらったきもの」は，「洋服の場合の制服」と同様に他者の型にはめられているだけで個性はあらわれない，という内容をまとめる。

問十三　同じ段落で「なぜ右が上になるのでしょうか」と理由を尋ねる筆者に対して，お茶の先生は「この流派ではそういうことになっています」としか答えていない。筆者が知りたかったのは，茶碗を置くのは「なぜその位置になるのか」という理由である。

重要　問十四　アの「日本の教育の欠点」，ウの「きものは……手間のかかる代物」，エの「他者の真似」，オの「制服」を着くずすことが「パーソナル・イメージの表現」とは述べていない。カは最終段落の内容に，キは「昔からきものは」で始まる段落の内容に適切。

二　（漢字の読み書き）

1　必要に応じて処理すること。　2　土地が肥えていて農作物がよく育つこと。　3　礼儀正しく配慮が行き届いていること。　4　品物や資材などを積み込むこと。「載」の訓読みは「の(る)」。　5　もてあそぶこと。「翻」の訓読みは「ひるがえ(る)」。　6　手紙を書く用紙。　7　全体の姿。　8　給料のこと。　9　橋を支える柱の上に掛け渡して橋板を支える材。　10　音読みは「セツ」で，「拙速」「稚拙」などの熟語がある。

★ワンポイントアドバイス★

漢字の出題は，例年難易度が高い。漢字検定二級程度の漢字を身につけておきたい。

MEMO

大切なことはメモしておこうネ！

2022年度

★★★★★★★★★★★★★★★★★★★★★★★★

入　試　問　題

2022年度

明治大学付属明治高等学校入試問題

【数　学】（50分）　＜満点：100点＞

【注意】 1. 解答は答えだけでなく，式や説明も解答用紙に書きなさい。（ただし，1は答えだけでよい。）

2. 無理数は分母に根号がない形に表し，根号内はできるだけ簡単にして表しなさい。

3. 円周率はπを使用しなさい。

4. 定規・分度器・コンパスは使用できません。

1 次の □ にあてはまる数や式を求めよ。

(1) $(a-2)(a-3)(a-4)(a-5)-24$ を因数分解すると，□ である。

(2) n が自然数のとき，$3n-1 \leqq \sqrt{x} \leqq 3n$ を満たす自然数 x は2022個ある。このとき，$n=$ □ である。

(3) 下の図のように，正三角形ABCの頂点Aから辺BCに垂線ADをひく。 点DからABに垂線DEをひき，点EからADに垂線EFをひく。さらに，点FからＡＢに垂線ＦＧをひき，点GからADに垂線ＧＨをひく。このとき，AH：HF：FDを最も簡単な整数の比で表すと，AH：HF：FD＝ (ア) ： (イ) ： (ウ) である。

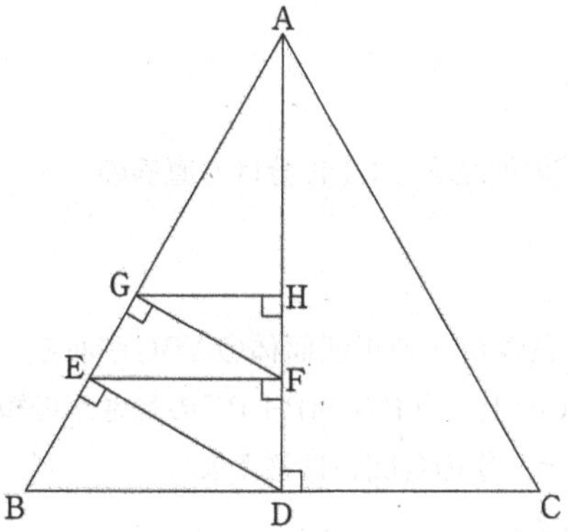

(4) 座標平面上に５点A（－2,5），B（－5,2），C（－3，－1），D（1，－1），E（4,3）がある。点Aを通り，五角形ABCDEの面積を２等分する直線の式は $y=$ □ である。

(5) 右の図のように，正方形ACEGの辺AC，CE，EG，GAの中点をそれぞれB，D，F，Hとおき，AからHのうち３点を選んで三角形をつくる。このとき，全部で (ア) 個の三角形ができ，そのうち二等辺三角形である確率は (イ) である。

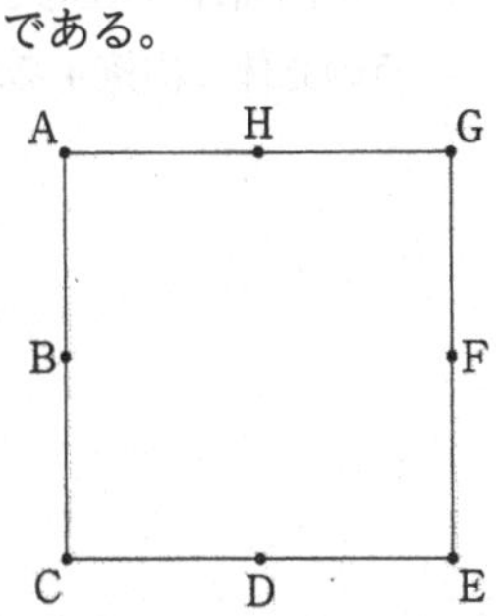

2 xについての2つの2次方程式$x^2+(a+1)(a+2)x-2a-8=0$……①と$x^2-(a+4)x+2a^2+6a+4=0$……②は，$x=p$を共通な解としてもつ。このとき，次の各問いに答えよ。

(1) pの値を求めよ。

(2) p，q，rはすべて異なる数とする。①の解が$x=p$，qで，②の解が$x=p$，rのとき，qの値を求めよ。

3 右の図のように，長さ8の線分ＡＢを直径とする半円Ｃがあり，線分ACを直径とする半円Dがある。点Ｂから半円Ｄに接線をひき，接点をＰとする。$\overset{\frown}{AB}$と直線APとの交点のうち，Ａと異なるほうをＱとし，$\overset{\frown}{AB}$と直線BPとの交点のうち，Ｂと異なるほうをＲとする。このとき，次の各問いに答えよ。

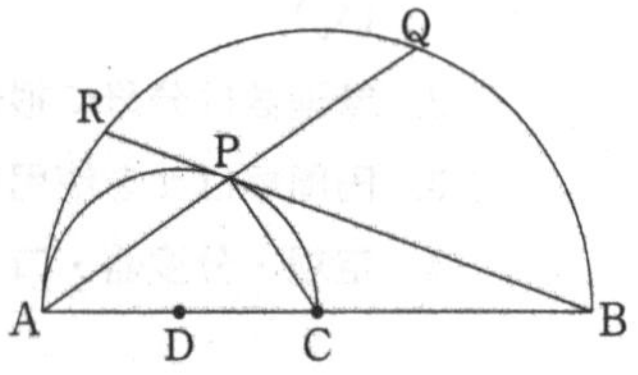

(1) 線分BRの長さを求めよ。

(2) 線分APの長さを求めよ。

(3) △CQRの面積を求めよ。

4 右の図のように，放物線$y=\frac{1}{3}x^2$上に2点Ａ，Ｂがあり，$y=\frac{a}{x}$ $(x<0)$のグラフ上に点Ｃがある。点Ａ，Ｃのx座標はともに$-t$，点Ｂのx座標は$2t$である。$\angle BAC=120°$，△ABCの面積が$\frac{9\sqrt{3}}{2}$であるとき，次の各問いに答えよ。

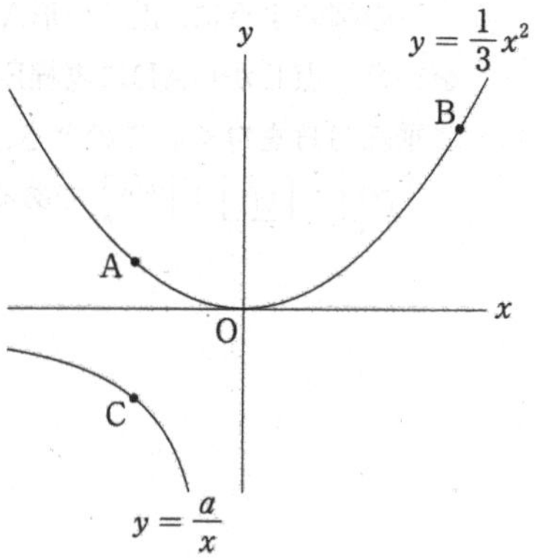

(1) tの値を求めよ。

(2) aの値を求めよ。

(3) 原点Ｏを通り，△ABCの面積を2：1に分ける直線の式を求めよ。

5 右の図のように，1辺の長さが6の正四面体ＯＡＢＣがある。辺ＯＡの中点をＭとし，辺OB上に点ＰをMP＋PCの長さが最短となるようにとる。このとき，次の各問いに答えよ。

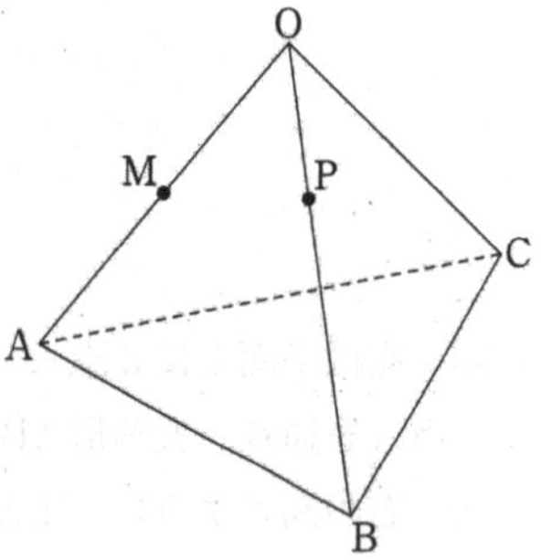

(1) MP＋PCの長さを求めよ。

(2) △MPCの面積を求めよ。

(3) 正四面体OABCを面MPCで切断したとき，体積が小さいほうの立体に内接する球の半径を求めよ。

【英　語】（60分）　＜満点：120点＞　　**※リスニングテストの音声は弊社HPにアクセスの上，音声データをダウンロードしてご利用ください。**

1　次の英文の内容に合うように，（１）～（７）に入る最も適切な動詞を語群よりそれぞれ１つずつ選び，必要があれば適切な形（２語も可）に直して答えなさい。ただし，語群の語は１度ずつしか使えない。

Here I am, cruising on the highway of life but now I'm（　1　）a huge decision. Luckily, I got some inspiration in English class while（　2　）'*The Road Not Taken*'. I was pretty bored at first. It's a poem about（　3　）in the snowy woods and two paths appear before you and what to do. Then I realized: both paths are pretty much the same. There's the famous last line ("I took the one less traveled by") but really, the paths are（　4　）as very similar. Whether I stay in America or go back to Japan, eventually I' ve got to be the driver of my life. You don't always know if you're making a good decision until you decide, and getting（　5　）and *backtracking is OK. I've been *weighing the pros and cons, making lists and doing everything people tell you（　6　）when making a decision, but sometimes you have to just（　7　）. After a long talk, my parents agreed to let me（　7　）the road out for size first, before I make a final decision.

[describe / do / face / lose / read / try / walk]

注）backtrack　来た道を引き返す

　　weigh the pros and cons　良い点と悪い点を比較して検討する

2　次の各英文の下線部①～④のうち，文法的に誤りのある箇所を１つ見つけ，例にならって答えなさい。

例）Mr. White ① are teaching English ② in ③ this room ④ now.

　　答え：[① → is teaching]

(1) ① To be honest, I have ② no idea ③ how this problem should ④ solve.

(2) The real work of ① create a new government ② began ③ on ④ the fourth day.

(3) Some states ① charged fees on goods which ② was bought ③ in other states, as if ④ they were foreign countries.

(4) *Alice's Wonderland* was about ① a real little girl ② named Alice ③ played by a four-year-old actress ④ which name was Virginia Davis.

(5) It would cost ① fewer money to close down Key West and move ② its citizens somewhere else than ③ to try ④ to save it.

3　次の英文の内容に合うように，[　] 内の語（句）を適切に並べ替え，3番目と５番目にくるものを，それぞれ番号で答えなさい。

Emma's dream was to be a boxer. All her life, she ① [1. a boxer / 2. told / 3. be / 4. was / 5. she / 6. that / 7. couldn't] because she was a girl. She was told that she should just get a regular job. Her parents told her that she would be killed one day if she kept boxing. It was hard to hear "you can't" all the time. Emma was still determined to prove everyone wrong.

Emma's life was hard. Girls didn't like her, because they thought she was too manly. Guys didn't like her, because they thought she ② [1. as they / 2. at / 3. good / 4. as / 5. were / 6. boxing / 7. wasn't]. Because of all this, Emma didn't have any friends at school. She always sat alone in the cafeteria, and it ③ [1. hard / 2. partners / 3. her / 4. for / 5. find / 6. to / 7. was] for group projects.

However, Emma did have friends from her boxing class. They were all female boxers. They ④ [1. through / 2. understood / 3. because / 4. Emma / 5. going / 6. what / 7. was] they were in the same position. All they had was each other. They were a family. Because of this, ⑤ [1. about / 2. Emma / 3. class / 4. always / 5. excited / 6. boxing / 7. was]. One day, she was going to be a famous boxer. Only then would everyone regret how they treated her.

4 次の英文の（ア）～（キ）に入る最も適切な語をそれぞれ1つ選び，番号で答えなさい。

Laughter is natural for people. We start to laugh at about four months of age. We start to laugh even （ ア ） we start to speak!

Laughter connects us with other people. We laugh （ イ ） when we are with other people. Studies find that we are 30 times more likely to laugh with other people than alone. Laughter is also contagious. When one person laughs, other people begin to laugh, too.

It is difficult to pretend to laugh. Laughter is （ ウ ）. Try to laugh right now. It's difficult, isn't it? When people pretend to laugh, most people know it's not （ エ ）. Studies show that people don't like the sound of fake laughter.

When do people laugh? Only 10 to 20 percent of laughter is about something funny. Most laughter is about being （ オ ） other people. Most laughter says, "I don't want to compete with you. I want to be （ オ ） you." This kind of laughter brings people together.

We often laugh when we feel （ カ ）. At the beginning of meetings someone often tells a joke when everyone feels （ カ ）. It is usually a small joke, but we laugh a lot. Our laughter helps us relax.

Sometimes we laugh because we think we are better than other people. When we laugh at another person, we are saying, "I am better than you." This kind of laughter makes others feel （ キ ）. Sometimes we laugh because we feel embarrassed.

ア	1	though	2	if	3	before	4	after
イ	1	more	2	less	3	a little	4	a lot
ウ	1	positive	2	negative	3	kind	4	honest

エ	1	funny	2	real	3	important	4	exciting
オ	1	friendly with	2	kind to	3	satisfied with	4	away from
カ	1	happy	2	sad	3	lonely	4	nervous
キ	1	happy	2	bad	3	surprised	4	bored

5 次の会話文の（ア）～（カ）に入る最も適切なものをそれぞれ１つ選び，番号で答えなさい。選択肢は１度ずつしか使えない。

Receptionist: Dr. Carter's Office.

Ronald: Yes, I'd like to make an appointment to see Dr. Carter, please.

Receptionist: （ ア ）

Ronald: Yes, it is.

Receptionist: Okay. Could I have your name, please?

Ronald: Yes. My name is Ronald Schuller.

Receptionist: （ イ ）

Ronald: Uh, I drove past your office yesterday.

Receptionist: Okay. How about the day after tomorrow on Wednesday at 4:00 o'clock?

Ronald: Uh. （ ウ ）I usually pick up my kids from school around that time.

Receptionist: Okay. Um... how about Tuesday at 8:00 A.M. or Thursday at 8:15 A.M.?

Ronald: Uh, do you have anything earlier, like 7:30?

Receptionist: （ エ ）

Ronald: Well, in that case, Thursday would be fine.

Receptionist: Okay. Could I have your phone number, please?

Ronald: It's 643-0547.

Receptionist: Alright. And what's the nature of your visit?

Ronald: Uh....

Receptionist: Yes, sir.

Ronald: Well, to tell the truth, I fell from a ladder two days ago while painting my house, and I sprained my ankle when my foot landed in a paint can. I suffered a few scratches on my hands and knees, but I'm most concerned that the swelling in my ankle hasn't gone down yet.

Receptionist: （ オ ）

Ronald: Well yeah. I just filled the paint can with ice and....

Receptionist: And so after you removed the paint can.... Sir, sir, Mr. Schuller, are you still there?

Ronald: Well that's part of the problem. Uh, the paint can is still on my foot.

Receptionist: Look, Mr. Schuller. (カ) I don't think your case can wait.

1 Do you happen to have an opening in the morning?
2 May I ask who told you to visit our office?
3 Is this your first visit?
4 Did you put ice on it immediately after this happened?
5 No, I'm sorry.
6 Please come in today.

6 次の英文の［A］から［H］に入る最も適切なものを以下の1～8からそれぞれ1つ選び，番号で答えなさい。

Delivering Lunches in Mumbai (India)

No other city in India or in any country has a system like this. The men who make it work are called *dabbawallas*. In Hindi, *dabba* means box and *walla* is a person who holds or carries something. The 5,000 dabbawallas carry lunch boxes — about 175,000 per day — to offices around the city.

Dabbawallas are almost all men. They come from poor families in villages outside Mumbai, and most of them have not had much schooling. [A] But their system works almost perfectly, thanks to good timing, strong teamwork, and a special code with numbers and colors. Business schools in England and the United States have studied the system. [B]

The system was started in the late 19th century by a man named Mahadeo Havaji Bacche. He noticed that lunch was often a problem for workers in government offices in Mumbai. It took too long for them to go home for lunch, but there were too few good, inexpensive restaurants. [C] So Mahadeo hired 100 young men and started a lunch delivery service.

Since then, it has grown and is continuing to grow. One reason is that it costs very little, only 300 rupees or $7.00 per month. [D] They cannot bring it themselves because they often have a long trip to work and leave very early in the morning before lunch can be prepared.

How does it work? [E] The first one picks up 30–40 lunch boxes, mostly from homes, though sometimes these days, they are ordered from hotels or restaurants.

One by one, the dabbawalla picks up the lunch boxes and hangs them on his bicycle. Each of the round metal boxes has a long handle for this purpose. The bicycle is a very important piece of equipment for the job. It must be a good strong bicycle, since each lunch box can weigh two or three pounds. In fact, to start the job, a dabbawalla must have two bicycles — in case of mechanical problems — as well as the traditional white uniform (clothes for work). [F]

That is about what the dabbawalla will earn in a month, much more than they could earn in their villages.

By 9:00 A.M., the lunch boxes must all be at the nearest train station. [G] A worker who cannot be perfectly on time will not last long in this job. At the train station, a second dabbawalla *sorts through all the lunch boxes. Each has a code with colored numbers painted on the top. They are put into large wooden boxes and then onto trains that will bring them to the station nearest the customer's office. On each train, a third dabbawalla travels with the *crates.

A fourth dabbawalla picks up the lunch boxes when they arrive and delivers them to the offices, by bicycle or with a cart. By 12:30 each person has received their home-cooked meal. [H] Each dabbawalla gets to know his area and his part of the system very well, and the service goes on in every weather, even the worst of the monsoon rains.

注) sort through 探し，調べる　　crate 梱包用の箱

1 Each lunch box is usually handled by three or four different dabbawallas.
2 Time management is an important part of the system.
3 In any case, most Indians preferred a home-cooked meal to a restaurant meal.
4 The other reason is that most Indians still prefer a home-cooked lunch.
5 In the afternoon, the empty lunch boxes are brought back to the homes the same way.
6 According to these studies, the lunch boxes are delivered to the right place 99.9999 percent of the time.
7 Many cannot read or write at all.
8 The total cost of this equipment is about 5,000 rupees, or $120.

7 次の英文を読み，あとの問いに答えなさい。

Throughout my junior year in high school I had been looking forward to the Junior Overnight, a *retreat that was offered to the junior girls at my high school. The purpose was to talk about how our lives were going and to discuss our problems, concerns and worries about school, friends, guys, or whatever. We had some great discussions.

[A] I had learned a lot about people that I could put to good use. I decided to put the papers and notes I had received on the retreat in my journal, which is where I keep some of my most treasured items. Not thinking much about it, I set the journal on top of my dresser and finished unpacking.

I was feeling so great from the retreat that I went into the next week with high hopes. [B] A friend of mine really hurt my feelings, I had a fight with my mom, and I was worrying about my grades, particularly in English. To top it all off, I was worrying about upcoming *prom.

I *literally cried myself to sleep almost every night. I had hoped that the Junior Retreat would have had a deeper impact on calming my nerves and helping me to be stress-free. Instead, I began to think that it had only been a *temporary stress relief.

[C] I was also running late. I dressed quickly, grabbing a pair of socks out of my dresser drawer. As I *slammed the drawer shut, my journal fell off the top of the dresser and its contents spilled all over the floor. As I *knelt down to pick it up, one of the sheets of paper that had fallen out caught my eye. My retreat leader had given it to me. I opened the folded sheet and read it.

> Life isn't about keeping score. It's not about how many people call you and it's not about who you've dated, are dating, or haven't dated at all. It isn't about who you've kissed, what sport you play, or which guy or girl likes you. It's not about your shoes or your hair or the color of your skin or where you live or go to school. In fact, it's not about grades, money, clothes, or colleges that accept you or not. Life isn't about if you have lots of friends, or if you are alone, and it's not about how accepted or unaccepted you are. Life isn't about that.
>
> But life is about who you love and who you hurt. It's about how you feel about yourself. It's about trust, happiness, and *compassion. It's about sticking up for your friends and replacing inner hate with love. Life is about avoiding jealousy, overcoming *ignorance and building confidence. It's about what you say and what you mean. It's about seeing people for who they are and not what they have. Most of all, it is about choosing to use your life to touch someone else's in a way that could never have been achieved otherwise. These choices are what life's about.

I *aced my next English test that day. I had a fun time with my friend that weekend and got the courage to talk to the boy that I liked. I spent more time with my family and made an effort to listen to my mom. I even found a great dress for the prom and had a wonderful time. And it wasn't luck or a miracle. It was a [c] in heart and a [c] in attitude on my part. I realized that sometimes I just need to sit back and remember the things in life that really matter — like the things I learned on my Junior Overnight.

I am senior this year and preparing to go on my Senior Retreat. But the piece of paper is still in my journal, so that I can look at it whenever I need to remember what life is really about.

注）retreat　宿泊行事　　prom　卒業記念パーティ　　literally　文字通り
temporary stress relief　一時のストレス解消　　slammed　バタンと閉めた　　knelt　膝を曲げた
compassion　思いやり　　ignorance　無知　　aced　～を完璧にやった

(1) 本文中の［A］～［C］に入る最も適切なものをそれぞれ1つ選び，番号で答えなさい。
1 However, the week turned out to be an emotional disaster.
2 I couldn't believe I'd never had an opportunity like the retreat.
3 I went home from the retreat with a great feeling.
4 I woke up on Friday morning with a heavy heart and a bad attitude.
5 I was so depressed when I came back home from the retreat.

(2) 次の英文のうち，The Retreat leader から受け取った手紙の内容に合うものを2つ選び，番号で答えなさい。
1 You shouldn't try to be someone else.
2 You should dress nicely because people judge you on how you look.
3 You should study hard to go to school with a great reputation.
4 If you have negative feelings about someone, it's okay to stay away from them.
5 It's important to put yourself in other people's shoes before saying something.
6 You should try your best to be loved by as many people as possible.

(3) 本文中の［ c ］に入る最も適切な語を答えなさい。c から始まる語を書くこと。

(4) 本文の内容に合っているものを1つ選び，番号で答えなさい。
1 The writer couldn't express her opinion to her friends in the discussion during the retreat.
2 The writer kept her important stuff such as a letter from the retreat in the treasure box.
3 When the writer was late for school, she stopped on the way to school and started reading a letter from the retreat.
4 Although the writer solved her problems, she kept a letter from the retreat in her journal.

リスニング問題

8 ノートの取り方についての会話を聞き，以下の文章の（1）～（4）に入る語を答えなさい。（　）に入る語は1語です。放送は1回です。

The woman will have a （ 1 ） test on Friday. She is worried because she has to （ 2 ） a lot of information to pass the test. The man saw her notes and advised her to draw （ 3 ）. In the end, the man tested her （ 4 ）. She understood how to take notes.

9 Mario（男性）と Tamara（女性）の会話を聴き，その内容を表す文となるように適した選択肢を番号で答えなさい。放送は1回です。

(1) Mario and Tamara are going to
1 play baseball.
2 eat dinner.
3 see a movie.
4 visit his grandparents.

(2) Tamara has watched
1 *Mr and Mrs Jones.*
2 *War Games.*
3 *Robot 2075.*
4 *Midnight Moon.*

(3) Mario and Tamara are going to see
1 *Mr and Mrs Jones.*
2 *War Games.*
3 *Robot 2075.*
4 *Midnight Moon.*

(4) Mario and Tamara are going to meet at
1 6:30.
2 7:00.
3 7:30.
4 8:00.

10 インタビューを聴き，その内容を表す文となるように適した選択肢を番号で答えなさい。放送は1回です。

(1) Andy Wells is
1 a tour guide.
2 an entertainer.
3 a writer of a guidebook.

(2) The best theme park for someone who likes adventurous things is in
1 Florida.
2 Ohio.
3 New York.

(3) Cedar Point has
1 7 rollercoasters.
2 17 rollercoasters.
3 70 rollercoasters.

(4) In the Wizarding World of Harry Potter, people can
1 buy magic sweets.
2 ride a magical coaster.
3 buy picture books.

(5) Ocean Park **DOES NOT** have
1 sea animals.
2 attractions.
3 a zoo.

(6) In Universal Studios in Singapore, you can feel like you are in
1 Hong Kong.
2 Tokyo.
3 New York.

(7) Ocean Kingdom in China will have
1 dinosaurs.
2 a rollercoaster.
3 a dinner restaurant.

四字以内で答えなさい。

問九 ――部⑥「『一点豪華王義』で生きている人」は、どのような点において強いと筆者は考えているのか、『釣りバカ日誌』のハマちゃんの例を用いて説明しなさい。

問十 文中 [E] にあてはまる言葉を、本文より二字で抜き出して答えなさい。

問十一 ――部⑦『源氏物語』の作者の名前を漢字で答えなさい。また、同時代の作品の組み合わせとして最適なものを、次のア～クより選び、記号で答えなさい。

ア『万葉集』―奈良時代　イ『万葉集』―平安時代
ウ『徒然草』―平安時代　エ『徒然草』―鎌倉時代
オ『古今和歌集』―平安時代　カ『古今和歌集』―鎌倉時代
キ『おくのほそ道』―鎌倉時代　ク『おくのほそ道』―江戸時代

問十二 ――部⑧「人生地図の濃淡の具合」とは何か、本文の言葉を用いて答えなさい。

問十三 文中 [F] にあてはまる言葉を、次のア～エより選び、記号で答えなさい。

ア 色めき立つような　イ 涙をのむような
ウ 板に付いたような　エ 絵に描いたような

問十四 ――部⑨「そこ」、⑩「それら」、⑪「そこ」の指示内容を、それぞれ答えなさい。

問十五 文中 [1] ～ [5] にあてはまる言葉を、次のア～オよりそれぞれ選び、記号で答えなさい。ただし、同じ記号は二度使えません。

ア むしろ　イ だから　ウ しかし　エ さて
オ もっとも

問十六 文中 [G] にあてはまる言葉を、次のア～オより選び、記号で答えなさい。

ア 時期尚早　イ 一朝一夕　ウ 公明正大　エ 一日千秋
オ 悠々自適

問十七 筆者は人生に「創造性」を持つためにはどのようにしていくべきだと考えているか、百字以内で説明しなさい。

二 次の1～10の文中の（カタカナ）を漢字で書きなさい。

1 防災（ズキン）をかぶる。
2 （ゴウマン）な振る舞い。
3 上司に（シッセキ）される。
4 新勢力が（ボッコウ）する。
5 （コクヒン）として迎える。
6 会社で（ラツワン）をふるう。
7 一刻の（ユウヨ）も許さない。
8 発言を（サエギ）る。
9 考え方が（カタヨ）る。
10 寄付で費用を（マカナ）う。

「苦悩」を探究すること、それにはかなりのエネルギーが必要だ。そして、それは[G]には成し遂げられない。「苦悩」に向かい合い、それを「内的成長」へとつなげていくには、かなりの時間も必要なのだ。そして、⑪そこを耐え抜き、「生きる意味」へと展開していくには、仲間が、そして仲間とのコミュニケーションが必要なのである。

私たちの多くは、人生に「苦悩」があることが問題なのだと思っている。だから「苦悩」が起こらないようにとびくびくしながら生きている。しかし、問題なのは「苦悩」が生じるかどうかよりも、その「苦悩」が孤立化してしまうかどうかだ。もしあなたに「苦しみ」が生じても、もしその「苦しみ」を聞き届けてくれる仲間が、友人がいれば、もちろん苦しいことは苦しいにしても、あなたの「苦しみ」はそこで受けとめられ、新たな「生きる意味」へと展開していく。そして、一番苦しい時期を何とか耐え抜き、その「苦しみ」を「内的成長」へと育てていくときへとつなげていくことができるのである。

「数字信仰」が私たちからコミュニケーションを奪ってしまう。あるものの意味が、数字という一見客観的な指標で、曖昧《あいまい》さもなく決まってしまえば、私たちがお互いに意味を求めてコミュニケーションする必要はなくなってしまう。数字による意味づけは瞬時に決まるから効率的だ。しかし「生きる意味」は瞬時には決まらない。「生きる意味」を求めて、時間をかけながら、意味を探り出していく、意味を熟成させていく、そんなコミュニケーションは効率的ではないが、しかしそこにこそ生きることの豊かさがあるのだ。

人がワクワクすることをともに喜び、人が苦悩することをともに受けとめる。私たちの「内的成長」は、他者に支えられることから大きなエネルギーを得る。「内的成長」を支えるのは、まさにそうした「豊かな」コミュニケーションなのである。とすれば、私たちがいまこそ取り組むべきは、豊かなコミュニケーションを可能にする社会作りである。「内的成長」をもたらす新しいコミュニティーの創造、それが私たちの課題となるのである。

（上田《うえだ》紀行《のりゆき》『生きる意味』より・一部改変）

問一　文中[A]にあてはまる言葉を、本文より四字で抜き出して答えなさい。

問二　――部①「彗星のごとく」の意味として最適なものを、次のア～エより選び、記号で答えなさい。

ア　非常に速い段取りで　　イ　新しい明確な方針として

ウ　前触れなしに突然に　　エ　鮮明な印象を与えるように

問三　文中[B]にあてはまる言葉を、自分で考えて八字以内で答えなさい

問四　――部②「『いい子』」とはどのような人物か、その問題点も含めて答えなさい。

問五　――部③「『誰かが意味を与えてくれる』ことに慣れていた」とありますが、誰かが与えてくれる意味とは具体的にどのようなものを指すか、本文の言葉を用いて答えなさい。

問六　――部④「『おすがり』」とは何を意味しているか、本文の言葉を用いて答えなさい。

問七　――部⑤「笑えない状況がそこにはある」とありますが、「笑えない」のはなぜか、答えなさい。

問八　文中[C]、[D]にあてはまる言葉を、自分で考えてそれぞれ

そうした違和感や苦悩が、むしろ「生きる意味」を明らかにしていく。⑩それらは私たちの生きている現実に対しての私たちの内部からの「異議申し立て」だからだ。私は本当はそんなことをやりたくない。私はもうそんな生き方にうんざりだ。そうした自分自身の隠れた「声」を聞き届けることこそが、私たちの未来への指針となるのだ。

人生の中で苦悩や違和感があること。それは私たちの「生きる意味の再構築」に必要不可欠である。あるときに「私は生きる意味をつかんだ！」と得心【納得】しても、それはときがたつにつれ現実に合わなくなっていくことも多い。「就職して仕事の面白さに目覚めた！　学生時代のようにフラフラ生きるのではなく、仕事に打ち込んで社会的にも大きな貢献をするぞ！」と二〇代半ばで新たな「生きる意味」に出会って快調に人生を走り続けたとしても、そのまま八〇歳までいけるとはとても思えない。あるときから「この働き方ではちょっと体が持たない」とか、「子どもからもっと一緒にいたいと言われた」とか、「何で俺《おれ》にはあいつみたいに趣味がないんだろう」とか、様々な「違和感」が襲ってくる。しかし、その「違和感」は [5] 「生きる意味を創り直すこと」のチャンスなのである。

「内的成長」それは、私たちの「生きる意味の成長」である。そして「ワクワクすること」や「苦悩」、「違和感」への感性が、そのきっかけとなる。「内的成長」は私たちの感性、感受性の成長でもあるのだ。

しかし、その「きっかけ」が「内的成長」へとつながっていくかどうかには、もうひとつの重要な要素がある。それは「コミュニケーション」である。

「ワクワクすること」を育てていけるかどうかには、どんな人と付き合っているかが大切だ。自分のワクワクする話を語っても「お前はしょせん苦労が足りないんだよ」と言われ、夢を語っても、「そんなのどうせ無理だよ」と言われ続けるのでは、人生の輝きからも夢からも見放されてしまう。もちろん、真の友人、先輩として、「ここがまだ足りない」とか「もっとこうしたところを努力すればいい」とか、心からのアドバイスを送ることがキツイ言葉になることはある。しかしそれは友人や後輩の「夢」や「輝き」を尊重すればこそのことであって、自分も不満だらけで生きているのだから、お前もそうでなければダメだというように、妬《ねた》みから潰《つぶ》しにかかるような人間たちに囲まれているのでは、かなりの生命力を持っていなければ、その場での「内的成長」はなかなか難しいだろう。

「苦悩」に直面し、その意味を深く探究することから自分の「生きる意味」を探し出すこと、それもなかなかひとりではできないことだ。苦悩するとき、私たちはとても孤独だ。誰も自分の苦悩を分かってくれない、自分は見捨てられている、そんな思いにとらわれることも多い。

もちろん、そういった孤独は大切ではある。ちょっと苦しいだけで「癒して〜」と誰かに依存していてはなかなか苦しみの深い意味とは直面できない。私にしても、苦しいときに誰にも会う気にならず、誰にも自分の心を打ち明けることができず、閉じこもりのように引きこもっていたこともあったし、その時期も自分にとっては大切だったのだと思う。しかし、そこから劇的に「生きる意味」が展開していったのは、孤独の極点でもう耐えられなくなり、友人たちに自分の胸の内を吐露し始めてからのことだった。

「私にとってワクワクすることは何なのだろう?」、その感性が私たちを「生きる意味」へと導くことにはあまり異論はないかもしれない。彼と一緒にいるとワクワクする。新しい技術がいま完成しようとする瞬間にワクワクする。この提案が明日の会議でどんな反響を呼ぶかということを考えるとワクワクする。

それは「情熱」と呼ばれることもある。子どもたちのより良い教育のために情熱を燃やす。世界平和の実現のために情熱を燃やす。「ワクワク」がちょっと浮き立つような幸せ感だとすれば、「情熱」は人生に対するほとばしるようなエネルギーである。ワクワクとか情熱というとちょっと動的なイメージが強いが、感じ方はひとりひとり異なる。もっと「安心」といったイメージの人もいれば、「満ち足りた」といったイメージの人もいる。赤ちゃんをあやしているときが一番満ち足りていて自分らしいひとときなんですよね、といったように。

それは「生きてる!」という感覚でもある。「みんなは何で難民キャンプにボランティアなんかに行くのかって言うんですよ。危険だし、衛生状態だって悪いし。でもあそこに行くと、いま私は最高に「生きてるー!」って感じがするんですよね。忙しいし、疲れるんだけど、でも普段は見えない力がどんどん自分の中から出てくるっていうか……」「森の中を深呼吸しながら歩いているでしょう、ちょっと考え事したりしながら、そういうとき、ああ生きてて良かったってふと思うんですよね」。

「ワクワクすること」「生きてる! という感覚」は、私たちの「生きる意味」の中核にある。それはまさに「生命の輝き」を実感する一瞬であり、私たちが自分自身の「生きる意味」の創造者となる一瞬である。そしてそれは私たちと世界がどのような「愛」でつながっているのかを実感する瞬間でもある。

「内的成長」のもうひとつのきっかけ、それは「苦悩」である。

そう言うと、えっ? と驚かれるかもしれない。さっき「ワクワクすることを大切にすること」と言ったばかりじゃないか。「ワクワクすること」とは「苦悩しないこと」でしょう? と言われそうだ。

[2] それは違う。苦悩とは現実の自分と「ワクワクする自分」との間のギャップから起こるものだ。こうすれば「ワクワクする」という「生命の輝き」が現実によって抑え込まれている。そこに苦悩が生じるのだ。

[3] 「苦悩」とは、自分の「ワクワクすること」に気づく大きなチャンスなのである。自分ではまだ自分が何を求めているのかが分からない。何に「ワクワクする」のかが分からない。自分の「生命力」のありかが分からない。しかし、現実に私は「苦悩」している、という場合、その「苦悩」に向かい合い、その苦悩の意味を探究していくことで、自分が本当に何を求めているのか、どんなことにワクワクするのかが逆に分かってくるのである。

[4] 「苦悩」とはそういった「ワクワク」と「現実」の葛藤《かっとう》の極限状態であって、「苦悩」とまではいかない葛藤もある。それは現実への「違和感」という形で現れてくる。「何か違うんじゃないか」といった感覚である。みんなから「いい人」だと言われ続けて生きてきた、でも自分がとても自由だとは思えない。何か違うんじゃないか。お金儲けを一心にやってきた。でもこのごろ何か違和感がある。何か違うんじゃないか。そんな感覚である。

は、「生きる意味」の成長とともにあるのである。

ところが、私は何の「内的成長」もなかったと自分自身を振り返る人もいる。例えば次のような発言は少なからぬ数の女性から聞いたことがある悩みだ。

「私は結局ずっと人の目を気にして「いい子」をやってきたんだと思います。小さいときは親にとっての「いい子」そのものでした。クラスでもいつも優等生でしたが、それも先生や友達の前で「いい子」をやっていたのだと思います。それから「いい妻」になり「いい母」になりました。だから周りの人はみんな「よくできた人だね」って言うんですよ、私のこと。でも、このごろ気づいたんです。私って小さいときから成長してないって。いつも周りの人の目を気にして「いい子」をやり続けてきた。もしかしたら子どものままなんじゃないかって」。

彼女は人生でたくさんのことをやってきたはずだ。学校では優等生だし、友達にもきっと優しかったことだろう。[F] 幸せな家庭を築いてきたのかもしれない。しかし、周囲からは幸せそのものと見えていても、本人が悩んでいるということはよくあることだ。私は何か不自由だ。自分自身が自分でないような気がする。そして、その不満に直面し、自分の人生を見つめ直したとき、自分はいろいろなことをやってきたけれども、「生きる意味」においては全く成長していなかったのではないか、常に「人の目を気にするいい子」を生きてきたのではないかと気づく。そして⑨そこから彼女の人生の転機が始まるのだ。

周りからは成功者だと思われていても、本人的にはあまり面白い人生を生きていないと思っていることはよくある。それは人生に「創造性」がないからだ。小さいときからずっと「いい子」をやり続ける。「どうやったら儲《もう》かるか」をやり続ける。そのことに成功し、周囲からは何ひとつ不自由していないと見られても、自分の人生に「内的成長」や「創造性」を欠いてしまっていれば、私たちはどこかで空《むな》しさを感じ、「これでいいのか？」と自問してしまうのだ。

人生の「創造性」、それは、私たちが常に新しい「生きる意味」に開かれて生きていることを意味している。私たちが「生きる意味」の創造者であり、人生の節目節目で「生きる意味」の再創造を行うことができること、それが人生の創造性なのだ。

それは「あなたがこの社会で創造性を発揮すれば、その分、あなたに報酬が得られるような、創造的な社会にしましょう」といった、一見「創造的」に見えながら「閉ざされた意味」へと駆り立てていくような、閉じた「創造性」とは違う。小さいときから、最大限効率的に生きることをたたき込み、一生自分が効率的かどうかチェックしながら生きるような社会は、実は創造性を欠き、「内的成長」をもたらさない社会なのだ。

私たちの社会はもはや物質的には十分豊かだ。いま真に求められているのは、生きることの創造性、「内的成長」の豊かさなのである。

[1]、そうした「内的成長」のきっかけとなるものは一体何だろうか。言い換えれば、私たちはどうやって私たちの「生きる意味」に気づくのだろうか。「全科目で一〇〇点を取る」といった妄想ではなく、いま私が真に求めているものにどのように出会うのだろうか。

それは私たちひとりひとりが、二つのものへの感性を研ぎすますことから始まる。それは、「ワクワクすること」と「苦悩」の二つである。

は問題にならない「淡い」部分なのかの地図ができている。だから「淡い」部分で何かが起こってもそんなに気にしなくてもいい。「同い年なのに君の年収はぼくより低いね」と言われても、「うん、まあぼくは家族と一緒にいられる時間を一番大事にしているからね」と涼しい顔で言い返すことができるのだ。

　自分にとっての「意味」を捨象して、数学という目標に最大限［E］化できる人間のほうがテストは得意だ。しかし、そこから先「自分はどうやって生きていくか」という問いの前では全く無力になってしまう。それは私と世界が「愛」で結ばれていないからだ。

　周りを見回してみると、そこには世界を「愛」している人たちも少なからずいた。数学の難問にアタックするのを喜びとしている人。生きるとは何かを求めて難しい哲学書を読みふけっている人。⑦源氏物語の甘美な世界に浸りきっている人……。そうか、学問とは点数を取るためのものではなかったんだ。それは世界の中で「愛」する対象とつながることなんだ、そんなことに遅ればせながらようやく気づいたのだ。

　世界と「愛」でつながること。それは学問だけではない。自分の時間を「犠牲」にして、障害を持った人と関わるボランティア活動に打ち込んでいる人もいた。しかしその時間は「犠牲」どころか、そのときこそ彼女は光り輝いていた。演劇に取り憑《つ》かれて、大学の講義に来なくなる人もいた。しかし、その公演に行くと彼は教室の中ではついぞ見たことがなかった生命力に溢れたオーラを発していたのだった。

　世界とは効率性の追求のためにあるのではない。自分が何を愛するのか、世界の何と「愛」でつながることができるのか、そのことを見出さなければぼくはこれから生きていくことはできないんだ。それが私にようやく訪れた、ひとつの啓示であった。

　私はこの本においてひとつの新しい言葉を提示しようと思う。

　それは「内的成長」という言葉だ。私たちの社会はこれまで、年収や成績といった数字に表されるような指標によって、私たちを外側から見る成長観に支えられてきた。それは「経済成長教」が力を持っていた時代には機能してきた成長観だった。しかし、そうした成長観はもはや私たちの生きることを支えてはいけない。私たちの成長を内側から見る目がいま求められている。そして、私はそれを「内的成長」と呼びたいのだ。

「内的成長」とは何か、それは「生きる意味」の成長である。生まれてから死ぬまで私たちの「生きる意味」は成長し続けていく。私たちの身長はあるところで成長を止める。私たちの収入はあるところまで右肩上がりでそれから下がっていく。しかし、私たちの「生きる意味」はずっと成長を続けていくのだ。

　私たちは生きていく中で私たち自身の「生きる意味」を変化させていく。⑧人生地図の濃淡の具合が変わっていくのだ。例えば、小さいときはお母さんが世界の中心で、学校に行きだすと友達が大切になり、その後バンドにはまった青春期が続き、就職したら仕事がものすごく面白くなり、しかし「釣り」と出会ってからはそれがもう一生の友……といったように、私たちはひとりひとり別々の「生きる意味」の遍歴を持っているものだ。そして、その「生きる意味」の歴史は積み重なり、人生経験となって私たちの生きる意味をさらに深めていく。私たちの人生としかし、私は一体何を求めているのだろうか？　私の満足とはどこにあるのだろうか。いざ「あなた自身が〈生きる意味〉の創造者なのです」と言われても困ってしまう人も多いだろう。

「先生、ぼくが何をやりたいのか、教えてください」という大学生を⑤笑えない状況がそこにはある。いざ自分の思い通りに生きろと言われても、どうしていいのか分からないのだ。

まず私たちは思う。そんな、自分の思い通りになど生きられるはずがないではないか。お金もないし、才能もないし、名家の生まれでもない。そんな普通の人間がどうやって思い通りに生きられるというのか。そんなの無理だと思ってしまうのだ。

そんなことはない。誰でも自分の人生を創造することができるのだ。あなたはあなたの人生の主人公なのだと私は断言したい。しかし、ならばどうなったらあなたは満足なのかと問われると、こんどは私たちの欲求は暴走を始める。すべてのことが「最高」なことを思い描くのだ。四〇代半ばの私は、多くの部下を持つ社長で、とてつもない年収を手に入れ、豪邸に帰れば美人の妻と、お嬢様学校に通うかわいい子どもたちに囲まれ、週末はヨット、ゴルフ、そして年に何回も海外旅行、誰からも四〇代に見えないほど若いと言われ、老後の心配もなく、充実した毎日を過ごしている……。

お前はバカか？　と言いたくなるが、「思い通りの人生」と言われたときに、こういった人生を思い描く人は少なくない。まあこの人間が自分の前に立っていたらそれはもはや人間ではなくバケモノだろうが、そうした実際にはありえないバケモノを理想と思い描いてしまうのだ。

その「思い通りの人生」のイメージは、学校の科目ですべて一〇〇点を取れば最高だろうといった発想にも似て、もの悲しい。人生にも科目があって「仕事」「年収」「結婚」「子ども」「恋愛」「余暇」「時間」「ルックス」「ファッション」……、すべての科目が満点ならば、満点の人生だと思ってしまうのだ。しかし、すべての科目で満点を目指しなさいという発想こそが、私たちを自分自身の「生きる意味」から遠ざけてしまったものだったはずだ。問題は「［C］分野で」ではなくて、「［D］分野で」自分は大きな満足を感じるのか、なのだ。

しかし世の中はそういったあなたの人生の「全体の見通し」を問うことなく、「各科目」の点数を問いがちだ。例えば毎日通勤電車の中で見る雑誌の中吊《づ》り広告には、科目ごとの点数が気になるような記事ばかりだ。「今年のボーナス、あなたは勝ち組か？」「このメイクでライバルに差をつける」「お受験最前線――真のセレブの目指す学校とは」……人生が「各科目」に分断されて問われることで、常に「もっと恵まれている人間がいるのではないか」「自分ももっとがんばらないと」と欲求不満に襲われてしまう。そうして、自分の人生の全体を見通す目を失ってしまいがちになるのだ。

人生の満足度の高い人、それは⑥「一点豪華主義」で生きている人である。この嫁さんと一緒にいさえすれば人生ぜったい満足だという人は強い。ミステリーを読んでさえいれば幸せという人も強い。辛いことがあっても患者さんの笑顔を見れば幸せになるという看護師の人は強い。『釣りバカ』のハマちゃんは強い。

自分の「生きる意味」を生きている人の世界には「濃淡」がある。世界のどこが自分としては譲れない「濃い」部分で、どこがあまり自分にそこにはある。そしてその「生きる意味」をかわいい奥さんも支えてくれているのだから、本当に果報者である。私はこれまで「二一世紀の人間像」といった講演やシンポジウムで、この『釣りバカ日誌』のハマちゃんを「これぞ二一世紀社会における一番「強い」人間像だ」と紹介したことが何回もあるのだが、それは彼が「生きる意味」の創造者であり、「生きる意味」の自立を成し遂げているからである。

経済的に自立していても、「生きる意味」において自立していなければ、私たちはこの社会システムの奴隷となってしまう。学校の成績が良くても、本当に自分のやりたいことが分かっていなければ、私たちは単なる②「いい子」だ。そこから本当に自分自身が「意味の創造者」となれるかどうかが問われているのである。

私たちはこれまで常に③「誰かが意味を与えてくれる」ことに慣れていた。子どものときは親が意味を与えてくれる。学校が意味を与えてくれる。そして就職すれば会社が意味を与えてくれる。そのように社会の側が私たちの「生きる意味」を与えてくれていた。しかし、いまやその「与えられる」意味を生きても私たちに幸せは訪れない。

社会が転換期を迎えるときには、評論家とかオピニオンリーダーと呼ばれる人たちが次の時代に目指すべき意味を指し示してくれてきた。そして私たちは「次の時代の潮流に乗り遅れないようにしなければ」と必死だった。しかし誰かが指し示す潮流にただ流されて進んでいくことからは、もはや私たちの生き方は生まれえないのである。

かなり前から「これからはモノの時代ではなく、心の時代だ」と言われるようになった。そして新聞などの世論調査を見ても、「モノより心だ」という意識は顕著に表れてきているし、私もその方向性には共感を覚える。しかし繰り返し「心の時代」が説かれているにもかかわらず、私たちがいっこうに豊かさを感じることができないのは何故だろう。

それは「心の時代」の「心」が誰の心なのかという出発点に全く意識が払われていないからだ。「心の時代」の「心」が誰の心なのかと言われれば、それは「あなたの心」でしかありえない。「心の時代」とは私たちひとりひとりの心の満足が出発点になる時代のことなのだ。しかし、私たちの多くはこれまでのように「誰かが私たちの心を満足させてくれる方法を教えてくれるだろう」とか「心の時代の上手な生き方を示してくれるだろう」と思ってしまっている。

あなたの人生のＱＯＬ、クオリティー・オブ・ライフは、あなた自身が自分自身の「生きる意味」をどこに定めるかで決まってくるものだ。評論家やオピニオンリーダーの言うことを鵜呑《うの》みにしてしまうのでは、それは既にあなたの人生のＱＯＬではなくなってしまう。この混迷する世の中で、「あなたはこう生きろ！」「こうすれば成功する！」といった書物が溢《あふ》れている。そして、自信のない私たちはそうした教えに頼ってしまいそうになる。しかし、④「おすがり」からは何も生まれない。

「心の時代」とは、私の「心」「感じ方」を尊重しようという時代である。〈これが誰にとっても正しい「心の時代」の過ごし方だ〉などというものはない。自分自身の心に素直になって、自分がいま一番何を求めているのかに従って生きていこう、モノの多さ、地位の高さ、そして他者の目からの要求に惑わされず、自分の感じ方を尊重して生きていこうということこそが「心の時代」なのだ。私たちにいま必要なのは、私たち自身の姿を、私たち自身の心を映す鏡なのである。

【国　語】（五〇分）〈満点：一〇〇点〉

【注意】　字数制限のある問題については句読点・記号を字数に含めること。

一　次の文章を読んで、あとの問いに答えなさい。ただし、【　】は語句の意味で、解答の字数に含めないものとします。

いま私たちの社会に求められていること、それは「ひとりひとりが自分自身の「生きる意味」の創造者となる」ような社会作りである。

長い間、この日本社会で私たちは「他者の欲求」を生きさせられてきた。他の人が欲しいものをあなたも欲しがりなさい。そして［　A　］を過剰に意識させられてきた。他の人が望むようなあなたになりなさい。しかし、そうやって自分自身の「生きる意味」を他者に譲り渡すことによって得られてきた、経済成長という利得は既に失われ、私たちは深刻な「生きる意味の病」に陥っている。

そこで①彗《すい》星のごとく現れ出た「構造改革」は、私たちをがんじがらめの不毛な「生きる意味」から解放する、自由の使者のように登場した。しかし、それは一見自由に見えて「生きる意味」においては私たちに全く自由を与えない。「高い報酬を与えられる」ということ、「高い数字を得る」ということが誰にとっても究極の価値であるという目標が与えられ、その目標を達成するための競争においていままではいろいろな障壁があったのでそれを取り除き、これからは自由に競争できるようにしましょう、という社会ははたして自由な社会であろうか。それは「競争の自由」であって、決して「生きる意味の自由」ではない。それどころか、私たちの「生きる意味」はこれまでよりもいっそう「数字」に縛りつけられることになるのだ。

私たちの抱えている一番の問題、それは私たちが「生きる意味を生み出す自由」を獲得していないということだ。私たちの「生きる意味」は誰かから与えられる。そしてその「生きる意味」に向かってなるたけ効率的に生きなさいという社会。私がいようといまいと、私の「生きる意味」は最初から決まっているように感じられてしまう社会。それは私たちの社会の意味のシステムと私たちひとりひとりの意識が重なり合って生まれている「生きる意味の病」なのである。

そこからの脱出は、私たちひとりひとりが自分自身の生きる意味を創造していける社会への変革である。〈生きる意味を創造するものとしての人間〉という人間像こそが、私たちを解放へと導くものなのである。

「社会に生きている人間は誰もが［　B　］ことを第一の欲求としている」ということが前提とされている社会の、「生きる意味」におけるあまりの貧しさは、既に繰り返し指摘してきた。仕事のやりがいは報酬の額だけではない。自分の仕事に対する誇り、自分の技量が生かされ、自分ならではの貢献ができることの喜び。仕事が取り結ぶ人間関係の豊かさ。報酬の額という数字ではなく、「仕事自体」の喜びがそこにはある。

あるいは、仕事からの報酬はそこそこのものでいい、家族との時間やオフタイムの趣味が楽しくてしょうがないという人もいるだろう。例えば『釣りバカ日誌』のハマちゃんはうだつの上がらない【ぱっとしない】サラリーマンで、出世街道にも乗りそびれているけれど、しかし彼はとても幸せそうだ。それは彼が彼独自の「生きる意味」に支えられているからで、釣りの世界では社長ともタメ口がきけてしまうような自由さが

MEMO

大切なことはメモしておこうネ！

2022年度

解　答　と　解　説

《2022年度の配点は解答欄に掲載してあります。》

＜数学解答＞

1　(1)　$(a^2-7a+16)(a-1)(a-6)$　(2)　337　(3)　(ア)　9　(イ)　3　(ウ)　4
　(4)　$-\frac{8}{3}x-\frac{1}{3}$　(5)　(ア)　52　(イ)　$\frac{5}{13}$

2　(1)　2　(2)　-2

3　(1)　$\frac{16\sqrt{2}}{3}$　(2)　$\frac{4\sqrt{6}}{3}$　(3)　$\frac{16\sqrt{2}}{3}$

4　(1)　$\sqrt{3}$　(2)　$2\sqrt{3}$　(3)　$y=-\frac{\sqrt{3}}{3}x$, $y=\frac{5\sqrt{3}}{3}x$

5　(1)　$3\sqrt{7}$　(2)　$3\sqrt{5}$　(3)　$\frac{9\sqrt{6}-3\sqrt{10}}{22}$

○配点○

1　各7点×5　2　各8点×2　3　(1)　5点　他　各6点×2
4　(3)　6点　他　各5点×2　5　(2)　6点　他　各5点×2　計100点

＜数学解説＞

1　(因数分解，平方根，平面図形の計量問題，図形と関数・グラフの融合問題，図形と確率の融合問題)

(1)　$(a-2)(a-3)(a-4)(a-5)-24=(a-2)(a-5)(a-3)(a-4)-24=(a^2-7a+10)(a^2-7a+12)-24$　$a^2-7a=X$とおくと，与式$=(X+10)(X+12)-24=X^2+22X+120-24=X^2+22X+96=(X+16)(X+6)=(a^2-7a+16)(a^2-7a+6)=(a^2-7a+16)(a-1)(a-6)$

(2)　$3n-1\leqq\sqrt{x}\leqq 3n$　$(3n-1)^2\leqq x\leqq(3n)^2$　$(3n)^2-(3n-1)^2+1=2022$から，$9n^2-(9n^2-6n+1)+1=2022$　$6n=2022$　$n=337$

(3)　正三角形の1辺の長さを$8a$とする。点EからBDへ垂線EI，点GからEFへ垂線GJをひく。$BD=4a$，$BE=\frac{4a}{2}=2a$，$EI=2a\times\frac{\sqrt{3}}{2}=\sqrt{3}a$から，$FD=EI=\sqrt{3}a$　$EF=BD-BI=4a-\frac{2a}{2}=3a$，$GE=\frac{3a}{2}$，$GJ=\frac{3a}{2}\times\frac{\sqrt{3}}{2}=\frac{3\sqrt{3}}{4}a$から，$HF=GJ=\frac{3\sqrt{3}}{4}a$　$AD=8a\times\frac{\sqrt{3}}{2}=4\sqrt{3}a$から，$AH=AD-HF-FD=4\sqrt{3}a-\frac{3\sqrt{3}}{4}a-\sqrt{3}a=\frac{9\sqrt{3}}{4}a$　よって，$AH:HF:FD=\frac{9\sqrt{3}}{4}a:\frac{3\sqrt{3}}{4}a:\sqrt{3}a=9:3:4$

(4)　右の図から，五角形ABCDEの面積は，$6\times9-\frac{3\times3}{2}-\frac{3\times2}{2}-\frac{4\times3}{2}-\frac{2\times6}{2}=\frac{69}{2}$　点Aを通り五角形ABCDEの面積を2等分する直線とCDとの交点をFとする。$\triangle ABC=6\times3-\frac{9}{2}-3-\frac{6\times1}{2}=\frac{15}{2}$　$\triangle ACF=\frac{69}{2}\times\frac{1}{2}-\frac{15}{2}=\frac{39}{4}$　$\frac{1}{2}\times CF\times$

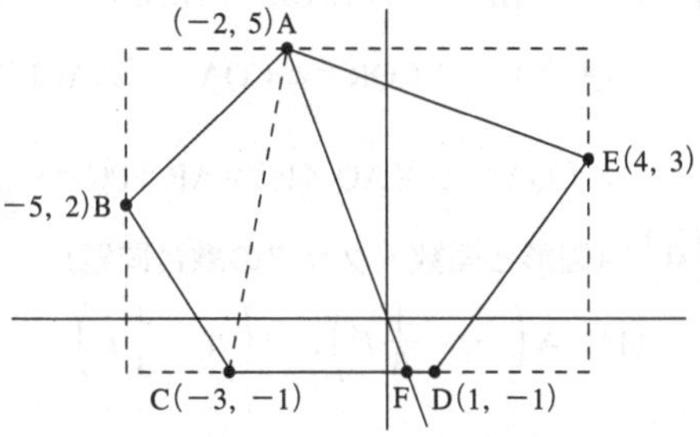

$6=\frac{39}{4}$から，CF$=\frac{13}{4}$　点Fのx座標をfとすると，$f-(-3)=\frac{13}{4}$から，$f=\frac{1}{4}$　よって，F$\left(\frac{1}{4},\ -1\right)$　求める直線の式を$y=ax+b$として，点A，Fの座標を代入すると，$5=-2a+b$…①　$-1=\frac{1}{4}a+b$…②　①と②を連立して解くと，$a=-\frac{8}{3}$，$b=-\frac{1}{3}$　よって，求める直線の式は，$y=-\frac{8}{3}x-\frac{1}{3}$

(5)　8個の点から3個の点を選ぶ組み合わせは，$\frac{8\times7\times6}{3\times2\times1}=56$(通り)　そのうち，3点が1直線上にある場合は4通りあるから，$56-4=52$より，三角形は52個できる。二等辺三角形の頂点がA，C，E，Gであるとき，それぞれ二等辺三角形は3個できる。また，二等辺三角形の頂点がB，D，F，Hであるとき，それぞれ二等辺三角形は2個できる。よって，求める確率は，$\frac{3\times4+2\times4}{52}=\frac{20}{52}=\frac{5}{13}$

2　(2次方程式)

(1)　$x=p$が解なので，①と②に$x=p$を代入すると，$p^2+(a+1)(a+2)p-2a-8=0$…①′　$p^2-(a+4)p+2a^2+6a+4=0$…②′　①′－②′より，$\{(a+1)(a+2)+(a+4)\}p-2a-8-2a^2-6a-4=0$　$(a^2+4a+6)p-(2a^2+8a+12)=0$　$(a^2+4a+6)p-2(a^2+4a+6)=0$　$(p-2)(a^2+4a+6)=0$　$a^2+4a+6=(a+2)^2+2\neq0$より，$p-2=0$　$p=2$

(2)　$p=2$を②′に代入すると，$4-(a+4)\times2+2a^2+6a+4=0$　$2a^2+4a=0$　$a^2+2a=0$　$a(a+2)=0$　$a=0,\ -2$　$a=0$のとき，①は，$x^2+2x-8=0$　$(x+4)(x-2)=0$　$x=-4,\ 2$　②は，$x^2-4x+4=0$　$(x-2)^2=0$　$x=2$　$p\neq r$より不適　$a=-2$のとき，①は，$x^2-4=0$　$(x+2)(x-2)=0$　$x=-2,\ 2$　②は，$x^2-2x=0$　$x(x-2)=0$　$x=0,\ 2$　$p=2$，$q=-2$，$r=0$となり適する。よって，$q=-2$

3　(平面図形の計量問題－三角形の相似，円の性質，三平方の定理，面積)

(1)　∠BPD＝∠BRA＝90°より，△BPD∽△BRA　半円Dの半径は2　PD：RA＝BD：BA　2：RA＝(4＋2)：8　RA$=\frac{16}{6}=\frac{8}{3}$　△BRAにおいて三平方の定理を用いると，BR$=\sqrt{8^2-\left(\frac{8}{3}\right)^2}=\sqrt{\frac{512}{9}}=\frac{16\sqrt{2}}{3}$

(2)　BP：PR＝BD：DA＝6：2＝3：1　BP$=\frac{3}{4}$BR$=\frac{3}{4}\times\frac{16\sqrt{2}}{3}=4\sqrt{2}$，PR$=\frac{1}{4}BR=\frac{1}{4}\times\frac{16\sqrt{2}}{3}=\frac{4\sqrt{2}}{3}$　∠APC＝∠AQB＝90°より，PC//QB　AP：PQ＝AC：CB＝1：1　AP＝PQ＝xとおくと，△PAR∽△PBQより，PR：AP＝PQ：BP　$\frac{4\sqrt{2}}{3}:x=x:4\sqrt{2}$　$x^2=\frac{32}{3}$　$x>0$より，$x=\sqrt{\frac{32}{3}}=\frac{4\sqrt{6}}{3}$　AP$=\frac{4\sqrt{6}}{3}$

重要　(3)　△BPD∽△BRAより，RA//PD　△PAD∽△QACより，PD//QC　よって，RA//QC　RA//QCから，△CQR＝△CQA　△ACPにおいて三平方の定理を用いると，PC$=\sqrt{4^2-\left(\frac{4\sqrt{6}}{3}\right)^2}=\frac{4\sqrt{3}}{3}$　△CQA$=\frac{1}{2}\times$AQ×PC＝AP×PC$=\frac{4\sqrt{6}}{3}\times\frac{4\sqrt{3}}{3}=\frac{16\sqrt{2}}{3}$　よって，△CQR＝△CQA$=\frac{16\sqrt{2}}{3}$

4　(図形と関数・グラフの融合問題)

(1)　A$\left(-t,\ \frac{1}{3}t^2\right)$，B$\left(2t,\ \frac{4}{3}t^2\right)$　点Bから直線CAへ垂線BHをひくと，△ABHは，∠BAH＝

60°の直角三角形になる。$HA=\frac{4}{3}t^2-\frac{1}{3}t^2=t^2$　$BH=2t-(-t)=3t$　$HA：BH=1：\sqrt{3}$から，$t^2：3t=1：\sqrt{3}$　$\sqrt{3}t^2=3t$　$\sqrt{3}t^2-3t=0$　$\sqrt{3}t(t-\sqrt{3})=0$　$t>0$から，$t=\sqrt{3}$

(2)　$A(-\sqrt{3},\ 1)$，$B(2\sqrt{3},\ 4)$，$C\left(-\sqrt{3},\ -\frac{a}{\sqrt{3}}\right)$　△ABCの面積から，$\left\{1-\left(-\frac{a}{\sqrt{3}}\right)\right\}\times\{2\sqrt{3}-(-\sqrt{3})\}\times\frac{1}{2}=\frac{9\sqrt{3}}{2}$　$1+\frac{a}{\sqrt{3}}=3$　$\frac{a}{\sqrt{3}}=2$　$a=2\sqrt{3}$

重要 (3)　$C(-\sqrt{3},\ -2)$　直線BCの傾きは，$\frac{4-(-2)}{2\sqrt{3}-(-\sqrt{3})}=\frac{6}{3\sqrt{3}}=\frac{2}{\sqrt{3}}=\frac{2\sqrt{3}}{3}$　$y=\frac{2\sqrt{3}}{3}x+b$に点Cを代入すると，$-2=\frac{2\sqrt{3}}{3}\times(-\sqrt{3})+b$　$b=0$　よって，直線BCの式は，$y=\frac{2\sqrt{3}}{3}x$で原点を通る。OB：OC=2：1から，△ABO：△ACO=2：1となるので，直線AOは△ABCの面積を2：1に分ける。直線OAの式は，$y=-\frac{1}{\sqrt{3}}x=-\frac{\sqrt{3}}{3}x$　ABの中点をMとすると，$M\left(\frac{\sqrt{3}}{2},\ \frac{5}{2}\right)$　△OBM=△OAM=$\frac{1}{2}$△ABO=△ACOより，△OBM：(△OAM+△ACO)=1：2となるから，直線OMは△ABCの面積を2：1に分ける。直線OMの式は，$\frac{5}{2}\div\frac{\sqrt{3}}{2}=\frac{5}{\sqrt{3}}=\frac{5\sqrt{3}}{3}$より，$y=\frac{5\sqrt{3}}{3}x$

よって，求める直線の式は，$y=-\frac{\sqrt{3}}{3}x$，$y=\frac{5\sqrt{3}}{3}x$

5　(空間図形の計量問題−最短距離，三角形の相似，面積，切断，体積)

基本 (1)　右の図のように，正四面体の展開図の一部をかいて考える。点Cから直線AOに垂線CHをひくと，∠HOC=60°から，$OH=\frac{6}{2}=3$，$CH=3\sqrt{3}$　点Pが直線MC上にあるとき，MP+PCの長さは最短になる。△CMHにおいて，三平方の定理を用いると，$CM=\sqrt{(3+3)^2+(3\sqrt{3})^2}=\sqrt{63}=3\sqrt{7}$　$MP+PC=CM=3\sqrt{7}$

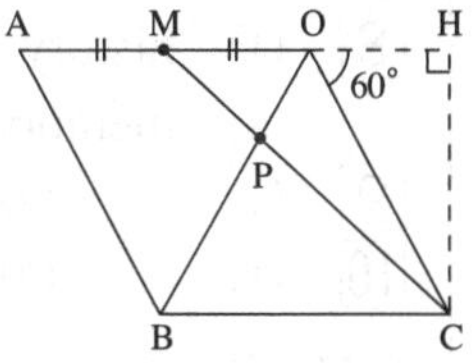

(2)　△OMP∽△BCPより，MP：CP=OM：BC=1：2　よって，$MP=MC\times\frac{1}{3}=3\sqrt{7}\times\frac{1}{3}=\sqrt{7}$，$CP=2MP=2\sqrt{7}$　△OCMにおいて，$MC=6\times\frac{\sqrt{3}}{2}=3\sqrt{3}$　△MPCにおいて，点PからCMへ垂線PIをひき，$MI=x$とおく。PI^2の関係から，$MP^2-MI^2=CP^2-CI^2$　$(\sqrt{7})^2-x^2=(2\sqrt{7})^2-(3\sqrt{3}-x)^2$　$6\sqrt{3}x=6$　$x=\frac{1}{\sqrt{3}}$　$PI^2=(\sqrt{7})^2-\left(\frac{1}{\sqrt{3}}\right)^2=\frac{20}{3}$　PI>0より，$PI=\sqrt{\frac{20}{3}}=\frac{2\sqrt{15}}{3}$　よって，$△MPC=\frac{1}{2}\times3\sqrt{3}\times\frac{2\sqrt{15}}{3}=3\sqrt{5}$

やや難 (3)　一辺が6の正三角形の面積は，$\frac{1}{2}\times6\times6\times\frac{\sqrt{3}}{2}=9\sqrt{3}$，正四面体の高さは，$\sqrt{6^2-\left(\frac{\sqrt{3}}{3}\times6\right)^2}=\sqrt{24}=2\sqrt{6}$　よって，正四面体の体積は，$\frac{1}{3}\times9\sqrt{3}\times2\sqrt{6}=18\sqrt{2}$　体積が小さいほうの立体は，三角錐OMPCで，その体積は，$18\sqrt{2}\times\frac{1}{2}\times\frac{1}{3}=3\sqrt{2}$　$△OMP=9\sqrt{3}\times\frac{1}{3}\times\frac{1}{2}=\frac{3\sqrt{3}}{2}$　$△OPC=9\sqrt{3}\times\frac{1}{3}=3\sqrt{3}$　$△OMC=9\sqrt{3}\times\frac{1}{2}=\frac{9\sqrt{3}}{2}$　求める半径をrとすると，三角錐OMPCの体積の関係から，$\frac{1}{3}\times r\times\left(\frac{3\sqrt{3}}{2}+3\sqrt{3}+\frac{9\sqrt{3}}{2}+3\sqrt{5}\right)=3\sqrt{2}$　$(3\sqrt{3}+\sqrt{5})r=3\sqrt{2}$　$r=\frac{3\sqrt{2}}{3\sqrt{3}+\sqrt{5}}=\frac{3\sqrt{2}(3\sqrt{3}-\sqrt{5})}{(3\sqrt{3}+\sqrt{5})(3\sqrt{3}-\sqrt{5})}=\frac{9\sqrt{6}-3\sqrt{10}}{22}$

★ワンポイントアドバイス★

5 (3)で，一辺がaの正四面体の1つの面の面積は$\frac{\sqrt{3}}{4}a^2$で，体積は$\frac{\sqrt{2}}{12}a^3$で表される。公式として覚えておくとよいだろう。

＜英語解答＞

1 (1) facing (2) reading (3) walking (4) described (5) lost
(6) to do (7) try

2 (1) ④ → be solved (2) ① → creating
(3) ② → were bought [had been bought] (4) ④ → whose name
(5) ① → less money

3 ① 6，7 ② 3，6 ③ 4，6 ④ 4，5 ⑤ 4，1

4 (ア) 3 (イ) 1 (ウ) 4 (エ) 2 (オ) 1 (カ) 4 (キ) 2

5 (ア) 3 (イ) 2 (ウ) 1 (エ) 5 (オ) 4 (カ) 6

6 [A] 7 [B] 6 [C] 3 [D] 4 [E] 1 [F] 8 [G] 2 [H] 5

7 (1) [A] 3 [B] 1 [C] 4 (2) 1，5 (3) change (4) 4

8 (1) history (2) remember [memorize] (3) pictures
(4) memory [understanding / knowledge]

9 (1) 3 (2) 3 (3) 4 (4) 2

10 (1) 3 (2) 2 (3) 2 (4) 1 (5) 3 (6) 3 (7) 2

○配点○

1 各1点×7　7 各3点×7　他 各2点×46(3は各完答)　計120点

＜英語解説＞

やや難 **1 (長文読解問題・エッセイ：進行形，動名詞，受動態，不定詞，熟語)**

(全訳) 今，私は人生の道を進んでいるが，大きな決断(1)に直面している。幸運にも，私は英語の授業で『選ばれなかった道』(2)を読んでいる間にひらめきを得た。最初，私はかなりつまらないと思った。それは雪の降る森を(3)歩くことについての詩で，目の前に2つの小道が現れる，そしてどうすべきか。その時私は気が付いた。2つの小道はほとんど同じだと。有名な最後の行(「私は，人のあまり通らなかった方を選んだ」)があるが，実のところ2つの小道は同じように(4)描写されている。アメリカにとどまるか，日本に帰るか，私は結局のところ自分の人生の運転手にならなければならない。実際に決断するまで，自分が良い決断をしているのかわからないこともあるし，(5)迷ったり来た道を引き返したりしてもいいのだ。私は良い点と悪い点を比較して検討し，リストを作り，決断をする際に人があなたに(6)するように言うことをすべてしているが，でも時にはただ(7)やってみればよいのだ。長い話し合いの末，両親は私が最終的な決定をする前に，まずその道がうまくいくか(7)試してみることを許してくれた。

(1) face「～に直面する」 I'm とあるので現在進行形の文とわかる。 (2) while ~ing「～している間に」 'The Road Not Taken' は poem「詩」のタイトルである。 (3) 前置詞 about に続くので動名詞にする。 (4) describe A as B「AをBと描写する，表す」の受動態で be

described as ～「～と描写される」となる。　(5)　get lost「(道に)迷う」 getting lost は動名詞で「道に迷うこと」。　(6)　〈tell ＋人＋ to ＋動詞の原形〉「(人)に～するように言う」

(7)　try「やってみる」 try ～ for size「～がうまく行くかどうか試してみる」

や難 **2** **(正誤問題：受動態，動名詞，関係代名詞)**

(1)　「正直に言って，私はこの問題がどのように解かれるべきかわからない」 how 以下の主語は this problem「この問題」なので，動詞の④は受動態 be solved「解かれる」が正しい。

(2)　「新しい政府を作るという実際の作業は4日目に始まった」 ①は前置詞 of の後ろなので動名詞 creating が正しい。この of は同格を表し，A of ～ing で「～というA」となる。

(3)　「いくつかの州は，他の州で買われた商品に課金した，あたかもそれらの州が外国であるかのように」 関係代名詞 which の先行詞は複数の goods「商品」なので，②は were bought となる。

(4)　「『不思議の国のアリス』は，バージニア・デービスという名前の4歳の女優によって演じられた，アリスという名の実際の少女についての話だ」 ④は所有格の関係代名詞 whose を用いて whose name とする。

(5)　「キー・ウエストを閉鎖してその住民をどこかに移動させるほうが，そこを守ろうとするよりもお金がかからないだろう」 ①の money は数えられない名詞なので few ではなく little を用い，比較級にして less money とする。

重要 **3** **(長文読解問題・物語文：語句整序，受動態，接続詞，助動詞，比較，不定詞，関係代名詞，進行形，熟語)**

(全訳)　エマの夢はボクサーになることだった。人生でずっと，①彼女は女の子だからボクサーにはなれないと言われた。彼女は普通の仕事を得るべきだと言われた。両親は彼女にボクシングを続けたらいつか殺されてしまうだろうと言った。いつも「あなたはできない」という言葉を聞くのはつらいことだった。エマはそれでも，みんなが間違っていると証明しようと決心していた。

エマの人生はつらいものだった。女の子たちは彼女を好きではなかった，なぜなら彼女のことを男みたいだと思ったからだ。男の子たちは彼女を好きではなかった，なぜなら彼らは，彼女は②自分たちほどボクシングが上手ではないと思ったからだ。このため，エマには学校に友達が1人もいなかった。彼女はいつも1人で食堂に座った。そして③彼女にとってグループ学習のパートナーを見つけることは難しかった。

しかしエマにはボクシング教室の友達がいた。彼らは皆，女性ボクサーだった。彼女たちは自分自身も同じ状況にいる④ので，エマが経験していることを理解した。彼女たちには，お互いがすべてだった。彼女たちは家族だった。このため，⑤エマはいつもボクシング教室にわくわくした。いつか，彼女は有名なボクサーになるつもりだ。その時にはようやく，皆が自分の彼女に対する仕打ちを後悔するだろう。

①　(she) was told that she couldn't be a boxer (because she was a girl.)　she was told that ～ は受動態で「彼女は～ということを言われた」という意味。

②　(they thought she) wasn't as good at boxing as they were.　not as … as ～「～ほど…でない」 be good at ～ing「～が上手だ」

③　(it) was hard for her to find partners (for group projects.)　〈It is … for ＋人＋ to ＋動詞の原形〉「(人)にとって～することは…だ」

④　(They) understood what Emma was going through because (they were in the same position.)　what は「こと，もの」を表す関係代名詞で，what Emma was going through は「エマが経験していること」を表す。go through ～「～を経験する」

⑤ Emma was always excited about boxing class. be excited about ～「～にわくわくする」

4 **(長文読解問題・論説文：語句補充・選択，接続詞，比較，単語，熟語)**

(全訳) 笑いは人にとって自然なことだ。私たちは生後4か月ほどで笑うようになる。私たちは話し始める(ア)前に笑うようになるのだ！

笑いは私たちを他の人たちと結びつける。私たちは他の人と一緒の時に(イ)よりたくさん笑う。研究によると，私たちは1人の時よりも他の人と一緒の時の方が笑う可能性が30倍高い。笑いはまた，伝染する。1人が笑うと，他の人も笑い出す。

笑うふりをするのは難しい。笑いは(ウ)正直だ。今すぐ笑ってみよう。難しいでしょう？ 人が笑うふりをすると，ほとんどの人がそれは(エ)本当ではないと気づく。人は作り笑いの声が好きではないと研究によって示されている。

人はいつ笑うのか。笑いのうちわずか10％から20％が，おかしなことについての笑いだ。ほとんどの笑いは他の人(オ)と仲良くするためである。ほとんどの笑いは「私はあなたと争いたくない。私はあなた(オ)と仲良くしたい」と言っている。この種の笑いは人々を結びつける。

私たちは(カ)不安に感じる時によく笑う。会議の初めに，皆が(カ)不安に感じている時に，誰かがよく冗談を言う。それはたいてい小さな冗談だが，私たちは大いに笑う。笑いはリラックスするのに役立つ。

自分がほかの人より優れていると思うので笑うこともある。私たちが誰かを笑う時，私たちは「私はあなたより優れている」と言っているのだ。この種の笑いは他者に(キ)いやな思いをさせる。私たちは恥ずかしいと感じた時に笑うこともある。

問 全訳下線部参照。(イ) 次の文に，1人の時より他の人と一緒の時の方が笑う可能性が30倍高い，と書かれているので，(イ)に比較級 more を入れて laugh more「より多く笑う」とする。

5 **(会話文問題：文補充・選択)**

(全訳) 受付 ：カーター診療所です。

ロナルド：カーター先生の予約をお願いしたいのですが。

受付 ：(ア)初めてですか。

ロナルド：はい，そうです。

受付 ：わかりました。お名前をいただけますか。

ロナルド：はい。私の名前はロナルド・シュラーです。

受付 ：(イ)誰があなたにこの診療所に行くよう言ったのか，お聞きしてもいいですか。

ロナルド：私は昨日，そちらの診療所を車で通りがかったもので。

受付 ：わかりました。あさって水曜日の4時はいかがでしょうか。

ロナルド：(ウ)午前中に開いていませんか。私はふだんそのくらいの時間に子供たちを学校から迎えるので。

受付 ：わかりました。火曜日の午前8時か木曜日の午前8時15分はどうですか。

ロナルド：あの，もっと早く，7時30分とかはありますか。

受付 ：(エ)いいえ，申し訳ありません。

ロナルド：それなら，木曜日がいいです。

受付 ：わかりました。電話番号をお願いいたします。

ロナルド：643-0547です。

受付 ：かしこまりました。どういった内容でいらっしゃいますか。

ロナルド：あの…

受付 ：はい。

ロナルド：あの，実は，私は2日前に家のペンキを塗っている時にはしごから落ちて，足がペンキの缶に着地した時に足首をひねったのです。手やひざにひっかき傷を負いましたが，足首の腫れがまだ治まらないのが一番気になっています。

受付　　：(オ)このことが起きてすぐに氷を当てましたか。

ロナルド：はい。私はそのペンキの缶に氷をいっぱい入れて…

受付　　：そのペンキの缶を外した後も…　すみません，シュラーさん，もしもし？

ロナルド：それが困りごとでして。あの，ペンキの缶が私の足にはまったままなんです。

受付　　：シュラーさん。(カ)今日お越しください。あなたの状況は急を要すると思います。

問　全訳下線部参照。

6　(長文読解問題・紹介文：文補充・選択)

(全訳)　ムンバイ(インド)における昼食配達

このようなシステムはインドの他の都市にも，他の国にもない。そのシステムを機能させる男性たちはダッバワーラーと呼ばれる。ヒンディ語でダッバは箱，ワーラーはものを持ったり運んだりする人のことだ。5,000人のダッバワーラーが市内あちこちのオフィスへ，1日約175,000個の弁当を届ける。

ダッバワーラーはほぼ全員が男性だ。彼らはムンバイ市外の村の貧困家庭出身で，彼らのほとんどは学歴がない。[A]多くが全く読み書きできない。しかし彼らのシステムは，良いタイミング，強いチームワーク，数字や色を使った特別な体系のおかげで，ほぼ完璧にうまく行く。イングランドやアメリカのビジネススクールがそのシステムを研究している。[B]これらの研究によると，弁当は正しい場所に99.9999％の確率で配達される。

そのシステムは19世紀後半にマハデオ・ハバジ・バッチェという男性によって始められた。彼は，ムンバイの官庁で働く人にとって昼食が困りごとになることに気が付いた。昼食のために帰宅するには時間がかかりすぎ，おいしくて手頃な値段のレストランはほとんどなかった。[C]いずれにせよ，ほとんどのインド人はレストランの食事よりも家庭で調理された食事を好んだ。そこでマハデオは若い男性100人を雇い，昼食配達サービスを始めた。

その時から，それは拡大し，今も拡大し続けている。理由の1つは，それが非常に安価で，1か月に300ルピー，つまり7ドルしかかからない。[D]もう1つの理由は，ほとんどのインド人が今でも家庭で調理された昼食を好むことだ。彼らは職場へ長時間の移動をすることが多く，早朝，昼食の準備ができる前に家を出るので，自分で昼食を持っていくことができない。

それはどのように機能するのか。[E]それぞれの弁当は通常，3人か4人のダッバワーラーによって扱われる。1人目は30個から40個の弁当箱を受け取る。ほとんどが家庭からだが，最近はホテルやレストランから注文されることもある。

1つずつ，そのダッバワーラーが弁当箱を受け取り，自分の自転車にぶら下げる。丸い金属の弁当箱には，この目的のために長い持ち手がついている。自転車はその仕事にとって非常に重要な用具の1つだ。それはしっかりとして頑丈な自転車でなければならない，なぜなら弁当箱1つが2～3ポンドの重さになるからだ。実はその仕事を始めるにあたり，ダッバワーラーは故障の場合のために自転車2台と伝統的な白い制服(仕事着)を持っていなくてはならない。[F]この用具の合計費用は約5,000ルピー，つまり120ドルだ。それはダッバワーラーが1か月に稼ぐ額に相当し，彼らが自分の村で稼げる額よりずっと多いのだ。

午前9時までに弁当箱はすべて最寄りの駅に到着していなくてはならない。[G]時間管理はそのシステムの重要な部分である。完璧に時間に間に合わせることができない労働者はこの仕事では長続きしない。駅では，2人目のダッバワーラーがすべての弁当箱の仕分けをする。各弁当箱は，上部に色付きのコード番号が塗られている。それらは大きな木の箱に入れられ，その後電車に載せられ，利用者の職場に最も近い駅に運ばれる。電車では，3人目のダッバワーラーが梱包用の箱に付き添う。

4人目のダッバワーラーは，弁当箱が到着すると受け取り，自転車やカートで職場に運ぶ。12時30分までに各人が自家製の食事を受け取る。[H]午後，空の弁当箱が同じようにして家に戻される。各ダッバワーラーはそのシステムにおける自分の地域と役割を大変よく知るようになり，そのサービスはどんな天気でも，最悪のモンスーンの雨の場合でさえも，行われるのだ。

重要 7 （長文読解問題・エッセイ：文補充・選択，語句補充，内容一致）

（全訳） 高校2年生の間ずっと，私は私の高校で高2女子に提供される宿泊行事である，高2合宿を楽しみにしていた。その目的は，私たちの生活がどのようであるか話したり，学校や友人，彼氏などについての問題や懸念，心配ごとについて話し合ったりすることだった。私たちはすばらしい話し合いをした。

[A]私は宿泊行事からすばらしい気持ちで帰宅した。私は人についてたくさんのことを学び，それは役立ちそうだった。私はその宿泊行事で受け取ったプリントやメモを日記帳に入れることにした。そしてそれは私が一番大切にしているものを入れる場所だった。あまり考えずに私はその日記帳を化粧タンスの上に置き，荷ほどきを終えた。

私はその宿泊行事からとても良い気分になっていたので，期待を高くしてその翌週に臨んだ。[B]しかしその週は感情的に大変なことになってしまった。友達の1人が私の気持ちをとても傷つけ，ママとケンカをし，成績について，特に英語の成績を心配した。とりわけ，私はもうすぐやってくる卒業記念パーティーについて心配していた。

私は文字通り，ほぼ毎晩泣き寝入りした。私は高2合宿が私の神経を落ち着かせてストレスをなくすのにもっと強い力があったらよかったのにと願った。それどころか，それは一時的なストレス解消にすぎなかったのだと思うようになった。

[C]私は金曜日の朝に，沈んだ心で，ひどい態度で，目を覚ました。私は遅刻もしそうだった。私は急いで着替え，化粧タンスの引き出しから靴下をつかんだ。引き出しをバンと閉じた時，私の日記帳が化粧タンスの一番上から落ち，その中身が床に散らばった。私が拾おうと膝を曲げた時，落ちていた1枚の紙が私の目に留まった。私の合宿のリーダーがそれを私にくれたのだ。私はたたんだ紙を開いて読んだ。

人生とは得点をつけることではない。あなたに電話してくる人が何人いるかということでもないし，あなたが誰とデートしたか，誰とデートしているか，それともまったくデートしたことがないか，ということでもない。あなたが誰とキスしたか，あなたがどんなスポーツをするか，どの男の子または女の子があなたのことを好きか，ということでもない。あなたの靴，髪の毛，肌の色，どこに住んでいるか，どこの学校に通っているかということでもない。実際に人生は，成績，お金，服，あなたが受かった大学，または落ちた大学でもない。人生は，あなたに友達がたくさんいるか，独りぼっちか，ということではないし，あなたがどのように受け入れられているか，または受け入れられていないか，ということでもない。人生はそんなことではない。

でも人生は，あなたが誰を愛し，誰を傷つけるか，ということだ。あなたが自分自身をどう感じるかということだ。信頼，幸せ，思いやりだ。友達を応援し，内なる憎しみを愛に置き換えることだ。人生は，嫉妬を避け，無知を克服し，自信を築くことだ。あなたが何を言い，何を意図するかということだ。人々を持ち物で見るのではなく，人間性で見ることだ。とりわけ，あなたの人生を使い，誰かの人生に他では成しえなかった方法で関わろうとすることだ。これらを選ぶことが人生なのだ。

私はその日，英語のテストを完璧にやった。私はその週末，友達と楽しく過ごし，勇気を出して好きな男の子に話しかけた。私は家族と過ごす時間を増やし，ママの言うことを聞こうと努力した。私は卒業記念パーティー用の素敵なドレスも見つけ，素晴らしい時間を過ごした。そしてそれは幸運でも奇跡でもなかった。それは心の変化であり，私の側の態度の変化だった。私は時には深く座って人生で本当に大切なことを思い出すことが必要なのだと実感した。私が高2合宿で学んだことのような。

私は今年高3で，高3合宿へ行く準備をしている。しかしあの紙は今でも私の日記帳に入っていて，人生はどんなものかを思い出す必要があればいつでも見ることができる。

(1) 全訳下線部参照。

(2) 1「あなたは他の誰かになろうとすべきではない」 5「何かを言う前に他の人の立場で考えることが大切だ」 put yourself in ～'s shoes「～の立場になって考える」

(3) 筆者は合宿でもらったメモを見たことで自分の人生にとって大切なことを思い出し，その結果，自分の気持ちや行動に変化が生じ，うまく行かなかったこと(テスト，友人関係，母親との関係など)が好転した。change「変化」

(4) 1「筆者は宿泊行事の間の話し合いで友人に自分の意見を言い表すことができなかった」(×) 2「筆者は宿泊行事の手紙のような大切なものを宝箱にしまっていた」(×) 3「筆者は学校に遅刻した時，学校へ行く途中に立ち止まり，宿泊行事の手紙を読み始めた」(×) 4「筆者は自分の問題を解決したけれども，日記帳の中に宿泊行事の手紙を入れたままにした」(○)

8 (リスニング)

Mark : What's the matter?
Clare : I've got a history exam on Friday and I'm worried I'll fail it.
Mark : Why? You're brilliant at history.
Clare : It isn't difficult but I have to remember a lot of information. These are my notes from today.
Mark : Can I see?
Clare : Yes.
Mark : These aren't notes! This is a full text!
Clare : What do you mean?
Mark : You don't have to copy everything! 'Notes' are just a few words. You have to write the important words. You don't need to write the extra bits. Look. King Henry the Eighth was married six times.
Clare : That's important information.
Mark : But you don't need to write all of those words. You can draw little pictures too. Pictures can help you to remember things and then you don't need to write so many words. Look.
Clare : That's so good! The crown is for 'King' and the 'H' is for Henry. That's cool. Then the heart is 'love' and a number six … well that is ehm … six.
Mark : Yes. So look at these notes. Let's test your memory.
Clare : King Henry the Eighth was married six times.
Mark : Exactly! Write notes like this, Clare. Then you won't have six pages of notes, you'll only have two or three!

(全訳) マーク：どうしたの？

クレア：私は金曜日に歴史のテストがあるの。落第するんじゃないかと心配で。
マーク：どうして？　君は歴史が良くできるよ。
クレア：難しくはないけれど，たくさんの情報を覚えないといけないわ。これは今日のノートよ。
マーク：見てもいい？
クレア：うん。
マーク：これはノートじゃないよ！　完全な文章だ！
クレア：どういう意味？
マーク：全部書き写さなくてもいいんだよ。ノートというのは2，3語だよ。重要な単語を書かなくちゃいけない。さらに追加しなくてもいい。見て，ヘンリー8世は6回結婚した。
クレア：それは大切な情報よ。
マーク：でもその単語すべてを書く必要はないよ。小さく絵を描くのもいい。絵は記憶するのを助けるし，単語をたくさん書かなくてもいい。見て。
クレア：それはすごくいい！　王冠は王の意味だし，Hはヘンリーね。かっこいい。そしてハートは愛で，数字の6は…。うん，6よね。
マーク：そうだよ。じゃあこのノートを見て。君の記憶をテストしよう。
クレア：ヘンリー8世は6回結婚した。
マーク：正解！　クレア，こんな風にノートをとりなよ。そうすれば6ページもノートはいらない，2，3ページで済むよ！

「女性は金曜日に(1)歴史のテストがある。彼女はテストに合格するためにたくさんの情報(2)を覚えなくてはいけないので心配している。男性は彼女のノートを見て，(3)絵を描くように助言する。最後に男性は彼女の(4)記憶をテストする。彼女はノートの取り方を理解した」

9　（リスニング）

Tamara：Hi, Mario. Do you want to go and watch a film?
Mario　：Hi, Tamara. Sure, what's on?
Tamara：Well, there are two action films, Mr and Mrs Jones and War Games, and they're both in 3D.
Mario　：I've already seen Mr and Mrs Jones. I haven't seen War Games, but I don't really want to see an action film. What else is on?
Tamara：There's that science fiction film, Robot 2075, but I've already seen it.
Mario　：Is it good?
Tamara：Yes, it is, but I don't want to see it again. There's a romantic comedy called Forever.
Mario　：Mmm, I'm not sure. Are there any horror films on?
Tamara：Yes, there's Midnight Moon. It's got vampires in it.
Mario　：OK, sounds good. Let's go and watch Midnight Moon. What time is it on?
Tamara：It's on at 12 o'clock or at half past two.
Mario　：Is it on this evening?
Tamara：Yes, at 7:30.
Mario　：Perfect. Let's go at 7:30.
Tamara：OK, shall we meet at the cinema at 7:00?
Mario　：Great! See you later.
Tamara：Bye.

（全訳） タマラ：ねえ，マリオ。映画を見に行きたい？
マリオ：やあ，タマラ。いいよ，何がやっている？
タマラ：えーと，アクション映画が2つある。Mr and Mrs Jones と War Games でどちらも3Dよ。
マリオ：僕はすでに Mr and Mrs Jones を見たよ。War Games はまだ見ていないけれど，あまりアクション映画は見たくない。他に何がやっている？
タマラ：SF映画の Robot 2075 があるけど，私はもう見たの。
マリオ：それはいい？
タマラ：いいよ，でももう1度は見たくない。恋愛コメディの Forever があるわ。
マリオ：うーん。どうかな。ホラー映画はやっている？
タマラ：うん。Midnight Moon があるよ。吸血鬼が出てくるわ。
マリオ：いいね，良さそうだ。Midnight Moon を見に行こう。何時に上映するの？
タマラ：12時か2時半に上映するわ。
マリオ：今晩もやっている？
タマラ：うん，7時30分に。
マリオ：完璧だ。7時30分に行こう。
タマラ：わかった，映画館で7時に会いましょうか？
タマラ：またね。

(1) マリオとタマラは 1 野球をする つもりだ。
2 夕食を食べる
3 映画を見る
4 祖父母に会う

(2) タマラはすでに 1 Mr and Mrs Jones を見た。
2 War Games
3 Robot 2075
4 Midnight Moon

(3) マリオとタマラは 1 Mr and Mrs Jones を見るつもりだ。
2 War Games
3 Robot 2075
4 Midnight Moon

(4) マリオとタマラは 1 6時30分に会うつもりだ。
2 7時
3 7時30分
4 8時

重要 10 （リスニング）

Interviewer : Good morning. Today we're going to talk about theme parks and we're going to hear from Andy Wells who has written a guide to theme parks around the world. Welcome to the programme, Andy.

Andy : Hi, it's good to be here.

Interviewer : You really have a dream job, don't you, Andy? Flying round the world all the time, visiting adventure parks...

Andy : Well, yes, it's pretty exciting. But it's really hard work too, you know.

Interviewer : I bet. So, what's the number one theme park in the world?

Andy : That all depends what you're looking for. In terms of numbers, it has to be Magic Kingdom at Disney World in Florida, the most famous theme park. But the most popular park for people who like adventure rides is Cedar Point in Ohio, USA. It has the biggest number of rollercoasters in one park, 17, and three water rides. There are lots of other attractions too. Last year they introduced 50 animatronic dinosaurs. You know, life-size models that move and look real.

Interviewer : Cool! Have they got anything lined up for this year?

Andy : Yeah, there's a new rollercoaster called the Gatekeeper. Well, actually it's not a rollercoaster, it's a wingcoaster. It'll be the biggest in the world.

Interviewer : What's a wingcoaster?

Andy : With a normal rollercoaster you are sitting on a seat with the track under you. With a wingcoaster the seats kind of stick out at the side so the passengers have nothing below or above them. You feel as if you're flying.

Interviewer : So it's more frightening?

Andy : More exciting! Way more exciting.

Interviewer : What other attractions have you seen recently?

Andy : I've just been to The Wizarding World of Harry Potter at the Islands of Adventure in Orlando, Florida. It's great! You know those shops that sell magic sweets and things in the Harry Potter books? Well, they have those, just like you've imagined. There's a fantastic tour of Hogwarts School where you meet characters from the books. It's so well done.

Interviewer : Right, sounds interesting. In your book you have a lot of theme parks in Asia too. Can you tell us about them?

Andy : Sure. Tokyo has had a Disneyland for quite a long time, which attracts a lot of people. Ocean Park in Hong Kong has also been going for a long time − that has a lot of marine animals as well as rides. Lotte World, a huge park in South Korea, has the world's biggest indoor theme park. And then there's Universal Studios in Singapore. That's expanding with additions to its New York street section. There's going to be a Sesame Street dark ride. A dark ride's a ride inside a building.

Interviewer : I see. New York in Singapore?

Andy : Yeah, it's weird, but it works. But the place to watch at the moment is China − they're really expanding. Lots more parks will open in China in the next few years, including another one with dinosaurs in the north, and Ocean Kingdom in the south. That will have the world's longest, roller coaster and tallest Ferris wheel, as well as boat rides and a night-time zoo.

Interviewer : Wow, so that's opening soon?

Andy : Yes, this year. I'll be there!

Interviewer : Have a ride for me, then.

（全訳） 聞き手　：おはようございます。今日私たちはテーマパークについてお話し，世界中のテーマパークのガイドを書いたアンディ・ウェルズからお話をお聞きします。番組へようこそ，アンディ。

アンディ：こんにちは，ここにいられて光栄です。

聞き手　：あなたは本当に夢の仕事をしていますね，アンディ。いつも世界中を飛び回って遊園地に行く…

アンディ：ええ，そうです，とてもわくわくします。でも本当に大変な仕事でもあるんですよ。

聞き手　：そうでしょうね。では世界で一番のテーマパークは何ですか。

アンディ：それはあなたが求めているものによります。数で言えば，それはフロリダ州のディズニーワールド内のマジックキングダムですね。世界で最も有名なテーマパークです。でも乗り物が好きな人に最も人気があるパークはアメリカのオハイオ州のシダー・ポイントです。1つのパーク内にあるローラーコースターの数が最大の17で，ウォーターライドも3つあります。他のアトラクションもたくさんあります。去年，アニマトロニクス(特殊造形)の恐竜50頭が公開されました。動き，本物のように見える，実物大のモデルです。

聞き手　：かっこいいですね！　そこでは今年も何か予定されていますか。

アンディ：はい，ゲイトキーパーという名前の新しいローラーコースターがあります。実のところ，それはローラーコースターではなく，ウィングコースターなのです。それは世界最大のものになるでしょう。

聞き手　：ウィングコースターとは何ですか。

アンディ：通常のローラーコースターでは，座席に座って，下には線路があります。ウィングコースターでは，座席が端から飛び出していて，乗客の上下に何もありません。飛んでいるように感じます。

聞き手　：ではもっと怖いんですね？

アンディ：もっとわくわくしますよ！　非常にわくわくします。

聞き手　：他にどんなアトラクションを最近見ましたか。

アンディ：フロリダ州オーランドにあるアイランズオブアドベンチャーの，ハリー・ポッターの魔法の世界に行きました。素晴らしいです！　ハリー・ポッターの本で魔法のお菓子やグッズを売る店を知っていますね？　そこにはそれがあり，あなたの想像通りなのです。本の登場キャラクターに会える，ホグワーツ校の素晴らしいツアーがあります。とてもよくできていますよ。

聞き手　：ええ，おもしろそうです。あなたの本の中にはアジアのテーマパークもたくさんありますね。それらについてお話していただけませんか。

アンディ：もちろん。東京にはもう長いことディズニーランドがあり，多くの人を引き付けています。香港のオーシャンパークも長い間営業していて，乗り物だけでなくたくさんの海の動物がいます。韓国のロッテワールドは大きなパークで，世界最大の屋内テーマパークがあります。そしてシンガポールにはユニバーサルスタジオがあります。そこはニューヨークストリートの区域に追加を加えて拡張しています。セサミストリート・ダークライドができる予定です。ダークライドとは屋内の乗り物です。

聞き手　：なるほど。シンガポールの中にニューヨークですか？

アンディ：はい，変ですけれど，うまく行っています。でも現在注目すべき場所は中国です。どんどん拡大しています。数年後にはさらに多くのパークが中国でオープンします。北部には恐竜のがもう1つ，南部にはオーシャンキングダムです。それは世界最長のローラーコースターと最大の観覧車ができ，ボートライドや夜間動物園もできる予定です。
聞き手　：わあ，ではそれはもうすぐオープンするのですか。
アンディ：はい，今年です。私は行きますよ！
聞き手　：では私の代わりに乗ってきてください。

(1)　アンディ・ウェルズは　1　ツアーガイド　だ。
2　エンターテイナー
3　ガイドブックの著者

(2)　冒険的なものが好きな人にとって最高のテーマパークは　1　フロリダ　にある。
2　オハイオ
3　ニューヨーク

(3)　シダー・ポイントには　1　7機のローラーコースター　がある。
2　17機のローラーコースター
3　70機のローラーコースター

(4)　ハリー・ポッターの魔法の世界では　1　魔法のお菓子を買う　ことができる。
2　魔法のコースターに乗る
3　絵本を買う

(5)　オーシャンパークには　1　海の動物　がない。
2　アトラクション
3　動物園

(6)　シンガポールのユニバーサルスタジオでは，1　香港　にいる気分になれる。
2　東京
3　ニューヨーク

(7)　中国のオーシャンキングダムには　1　恐竜　があるだろう。
2　ローラーコースター
3　夕食が食べられるレストラン

★ワンポイントアドバイス★

リスニングテストの放送は1回だけなので，放送が始まる前に問題に目を通し，聞き取るポイントをつかんでおくことが大切だ。

<国語解答>

一　問一　他者の目　問二　ウ　問三　高い報酬を得る(7字)　問四　(例)　高い数字を得ることに価値を置く社会システムや，他の人が望むものには忠実に従うことができるが，自分自身が本当に望むものが分からず，自分なりの「生きる意味」を自立させていない人物。　問五　(例)　親や学校，会社が与えてくれる年収や点数などといった数字で表される目標や，オピニオンリーダーなどの周りの意見。　問六　(例)　評論家やオピニオンリーダーたちが与えてくれる「生きる意味」を鵜呑みにして頼ってしまう姿勢。　問七　(例)　他人の価値観や数値目標に縛られ，自分の「生きる意味」を見出せないことは，この大学生だけではなく私たちも同じであるから。　問八　C　すべての　D　どの　問九　(例)　ハマちゃんが，出世できなくても釣りが好きという一点の価値に生きており，充分に「生きる意味」を創造できている点。　問十　効率　問十一　作者　紫式部　記号　オ

問十二　(例)　自分の人生において自分としては譲れないという部分と，あまり自分には問題にならないという部分との程度の差。　問十三　エ　問十四　⑨　自身の不満に直面し，「生きる意味」における成長の無さに気づいた時。　⑩　「ワクワク」と「現実」の葛藤から来る，違和感や苦悩。　⑪　「苦悩」に直面し，その意味を深く探究する時期。

問十五　1　エ　2　ウ　3　イ　4　オ　5　ア　問十六　イ

問十七　(例)　「ワクワク」や「苦悩，違和感」をきっかけとして他者のものではない自分自身の「生きる意味」を見出し，豊かなコミュニケーションを通じてじっくりと時間をかけながら人生において「内的成長」を続けていくべきだ。(100字)

二　1　頭巾　2　傲慢　3　叱責　4　勃興　5　国賓　6　辣腕　7　猶予
8　遮(る)　9　偏(る)　10　賄(う)

○配点○

一　問一・問三・問十　各3点×3　問四・問五　各5点×2
問六・問七・問九・問十二・問十四　各4点×7　問十七　9点　他　各2点×12

二　各2点×10　計100点

＜国語解説＞

一　(論説文―大意・要旨，文脈把握，指示語の問題、接続語の問題，脱文・脱語補充，熟語，ことわざ・慣用句，文学史)

問一　「長い間，この日本社会で私たち」が「過剰に意識させられてきた」ものは何かを考える。直前の文の「『他者の欲求』を生きさせられてきた」「他の人が欲しいものをあなたも欲しがりなさい」や，直後の文の「他の人が望むようなあなたになりなさい」などから，「他者」の考えや視点，などに通じる意味を表す言葉を探す。「『心の時代』とは」で始まる段落に，「他者の目からの要求に惑わされず」という表現があり，ここから適当な言葉を抜き出す。

問二　「彗星」は太陽系に属する小天体で突如として出現するものであることから，比喩的な意味と判断する。

問三　「社会に生きている人間」が「第一の欲求としている」ことは何か。筆者は，この前提に，「生きる意味」の貧しさを指摘し，仕事のやりがいは報酬の額だけではないと続けている。この「報酬の額」に通じる「欲求」があてはまる。「そこで彗星の」で始まる段落に「『高い報酬を与えられる』ということ……が誰にとっても究極の価値であるという目標」とあり，この表現を元にあてはまる言葉を考える。

問四　同じ段落の文脈から，経済的に自立していても「生きる意味」において自立していない人物，学校の成績は良いが本当に自分のやりたいことが分かっていない人物のことを，皮肉を込めて「いい子」としている。ここから，筆者が言う「いい子」とは，高い数字を得ることに価値を置く社会システムや，他の人が望むものには忠実に従うことができる人物のことで，その問題点は自分なりの『生きる意味』をもって自立していないことだとわかる。この内容を「～人物。」に続ける形でまとめる。

問五　直後に「子どものときは親が意味を与えてくれる。学校が意味を与えてくれる。そして就職すれば会社が意味を与えてくれる」とあり，親や学校が与えてくれる意味は点数の目標で，会社が与えてくれるのは年収の目標である。この内容に，直後の段落の「社会が転換期を迎えるとき

には，評論家とかオピニオンリーダーと呼ばれる人たちが次の時代に目指すべき意味を指し示してきてくれた」という内容を加えてまとめる。

問六　――部④の「『おすがり』」は，頼りとするものにつかまるという意味の「すがる」からできた表現だと考えられる。同じ段落の「評論家やオピニオンリーダーの言うことを鵜呑みにしてしまうのでは，それは既にあなたの人生のQOLではなくなってしまう。この混迷する世の中で，『あなたはこう生きろ！』『こうすれば成功する！』といった書物が溢れている。そして，自信のない私たちはそうした教えに頼ってしまいそうになる」から，何をどのようにして頼ってしまう姿勢なのかを読み取る。

問七　「笑えない」としているのは，直前の「『先生，ぼくが何をやりたいのか，教えてください』という大学生に対してである。直前の段落の「いざ『あなた自身が〈生きる意味〉の創造者なのです』と言われても困ってしまう人も多い」を踏まえていることから，自分自身の〈生きる意味〉を見出せないのはこの大学生だけではないから，という理由が読み取れる。「生きる意味」について述べている「長い間，」と「そこで彗星のごとく」で始まる段落で，日本社会では他人の価値観や数値に縛られがちであると言及しており，この内容を付け加えてまとめる。

やや難　問八　どのような分野で「自分は大きな満足を感じるのか」を考えるべきだと筆者は言っているのか。一つ後の段落の「人生の満足度の高い人，それは『一点豪華主義』で生きている人」や，「自分の『生きる意味』」で始まる段落の「自分の『生きる』を生きている人の世界には『濃淡』がある。世界のどこが自分としては譲れない『濃い』部分で，どこがあまり自分には問題にならない『淡い』部分なのかの地図ができている」という説明に着目する。筆者は「すべての分野で」ではなくて，「どの分野で」自分は大きな満足を感じるのかが「問題」だと言っている。

問九　「『釣りバカ日誌』のハマちゃん」について書かれている「あるいは，仕事から」で始まる段落に着目する。「私はこれまで……この『釣りバカ日誌』のハマちゃんを『これぞ二一世紀社会における一番[強い]人間像だ』と紹介したことが何回もある」と述べた後，「それは彼が『生きる意味』の創造者であり，『生きる意味』の自立を成し遂げているから」と理由を説明している。この理由が，『釣りバカ日誌』のハマちゃんに代表される「『一点豪華主義』で生きている人」が強い点にあたる。

問十　「テストは得意」なのは，「数字という目標に」対してどのようにできる人かを考える。高得点を取るという目標のためにできるだけ効率よく学習する人だと推定した上で，本文を探す。「それは『あなたが」で始まる段落に「小さいときから，最大限効率的に生きることをたたき込み，一生自分が効率的かどうかチェックしながら生きるような社会」とあり，ここから適当な二字を抜き出す。

基本　問十一　『源氏物語』は平安時代に成立した物語で，作者は紫式部。同じ平安時代に成立したのはオの『古今和歌集』。

問十二　人生の「濃淡」という語をキーワードに探すと，「自分の『生きる意味』」で始まる段落に「自分の『生きる意味』を生きている人の世界には『濃淡』がある」とあるのに気づく。その後に「世界のどこが自分としては譲れない『濃い』部分で，どこがあまり自分には問題にならない『淡い』部分なのかの地図ができている」と説明しており，この言葉を用いる。「濃淡の具合」を問われているので，「～部分と～部分との程度の差」などとまとめる。

問十三　直後の「幸せな家庭」を修飾するにふさわしいものを選ぶ。美しくすばらしい，あるいは，典型的な状態であるという意味を表す言葉があてはまる。アは緊張や興奮で落ち着かない，イは悔しさをこらえる，ウは経験を積んで態度がそれらしくなる，という様子を意味する。

重要　問十四　⑨「彼女の人生の転機が始まる」きっかけを読み取る。同じ段落の「私は何か不自由だ。

自分自身が自分でないような気がする」という不満に直面し，「『生きる意味』においては全く成長していなかったのではないか……常に『人の目を気にするいい子』を生きてきたのではないかと気づいた」時のことを指示している。この部分の重要な語を用いて簡潔にまとめる。

⑩ 「私たちの生きている現実に対しての私たちの内部からの『異議申し立て』」にあたるものは，直前の文の「違和感や苦悩」。この「違和感や苦悩」が何によって起こるのかを加える。直前の段落の「『苦悩』とはそういった『ワクワク』と『現実』の葛藤の極限状態」に着目する。

⑪ 「『生きる意味』へと展開していく」ために，「耐え抜」く必要があるのは何か。同じ段落の「苦悩を探求する」，「『苦悩』に向かい合い」などの表現を用いてまとめる。

問十五　1　私たちの社会において真に求められているのは「内的成長」の豊かさだと言う前を受けて，後で「『内的成長』のきっかけとなるものは一体何だろうか」と新しい視点からの話題を提示しているので，転換の意味を表す言葉があてはまる。　2 「『ワクワクすること』とは『苦悩しないこと』でしょう？」という前に対して，後で「それは違う」と相反する内容を述べているので，逆接の意味を表す言葉があてはまる。　3　直前の段落の「苦悩とは現実の自分と『ワクワクする自分』との間のギャップから起こる」から当然予想される内容が，後に「『苦悩』とは，自分の『ワクワクすること』に気づく大きなチャンスなのである」と続いているので，順接の意味を表す言葉があてはまる。　4 「『苦悩』に向かい合い，その苦悩の意味を探求していくことで……どんなことにワクワクするのかが逆に分かってくる」という前に対して，後で「『苦悩』とはそういった『ワクワク』と『現実』の極限状態」と肯定しながら，「『苦悩』とまではいかない葛藤もある」と例外を挙げている。なるほどそうだが，という意味合いの言葉があてはまる。　5　前の「様々な『違和感』が襲ってくる」と言うよりも，後の「その『違和感』は」「『生きる意味を創り直すこと』のチャンス」と言った方がいい，という文脈なので，二つを比べてあれよりもこれを選ぶ，という意味合いの言葉があてはまる。

基本　問十六　直後の文で「『苦悩』に向かい合い，それを『内的成長』へとつなげていくには，かなりの時間も必要なのだ」と同様の内容を述べているので，「［G］には成し遂げられない」の［G］には短い時間という意味の言葉があてはまる。

重要　問十七 「創造」という語に着目すると，冒頭の段落に「ひとりひとりが自分自身の『生きる意味』の創造者となる」とあるのに気づく。この「生きる意味」について，「『内的成長』それは」で始まる段落に「『内的成長』それは，私たちの『生きる意味の成長』である」とあり，その後に「『ワクワクすること』や『苦悩』，『違和感』への感性が，そのきっかけとなる」と説明している。さらに，「『苦悩』を探求する」で始まる段落で「『苦悩』を探求すること……『苦悩』に向かい合い，それを『内的成長』へと展開していくには，仲間が，そして仲間とのコミュニケーションが必要なのである」と，「内的成長」，つまり「生きる意味」を創造する過程を述べている。この過程を述べて，「内的成長」を続けていくべきだ，などとまとめる。

二　（漢字の読み書き）

1　頭や顔を覆う布製のかぶりもの。「巾」を使った熟語には，他に「雑巾」「布巾」などがある。

2　おごりたかぶって人を見下すこと。「傲」を使った熟語には，他に「傲岸」などがある。

3　他人の過失などを叱りとがめること。「叱」の訓読みは「しか(る)」。　4　急に勢力を得て盛んになること。「興」の他の音読みは「キョウ」で，「余興」「即興」などの熟語がある。　5　国が公式の賓客として国費で待遇する外国人。「賓」を使った熟語には，他に「来賓」「主賓」などがある。

6　物事を的確に処理する能力があること。「辣」を使った熟語には，他に「辛辣」「悪辣」などがある。　7　決断や実行をためらうこと。　8　音読みは「シャ」で，「遮断」「遮蔽」などの熟語がある。　9　音読みは「ヘン」で，「偏狭」「偏重」などの熟語がある。　10　音読みは「ワイ」で，

「賄賂」「収賄」などの熟語がある。

★ワンポイントアドバイス★

例年通り問題文は長いが，筆者は丁寧に論を展開している。大段落ごとに自分なりの言葉でまとめながら読み進めていくことで，論旨がとらえやすくなるだろう。

2021年度

入　試　問　題

2021年度

2021年度

明治大学付属明治高等学校入試問題

【数　学】（50分）　＜満点：100点＞

【注意】　1．無理数は分母に根号がない形に表し，根号内はできるだけ簡単にして表しなさい。
2．円周率はπを使用しなさい。
3．定規・分度器・コンパスは使用できません。

1　次の［　　］にあてはまる数や式を求めよ。

(1)　$4a^2-b^2+16c^2-16ac$を因数分解すると，［　　］である。

(2)　$\sqrt{2021}x+\sqrt{2019}y=2$，$\sqrt{2019}x+\sqrt{2021}y=1$のとき，$x^2-y^2=$［　　］である。

(3)　青，赤，黄，緑のサイコロがそれぞれ１個ずつある。４個のサイコロを同時に投げて，出た目の数をそれぞれa，b，c，dとする。a，b，c，dの最小公倍数が10となる場合は，［　　］通りである。

(4)　右の図のように，１辺の長さが10の正方形ABCDがある。点Bを中心とするおうぎ形BACの$\overset{\frown}{AC}$上に点Pをとり，直線BPと辺DAの交点をQとする。斜線部分㋐と㋑の面積が等しいとき，QD=［　　］である。

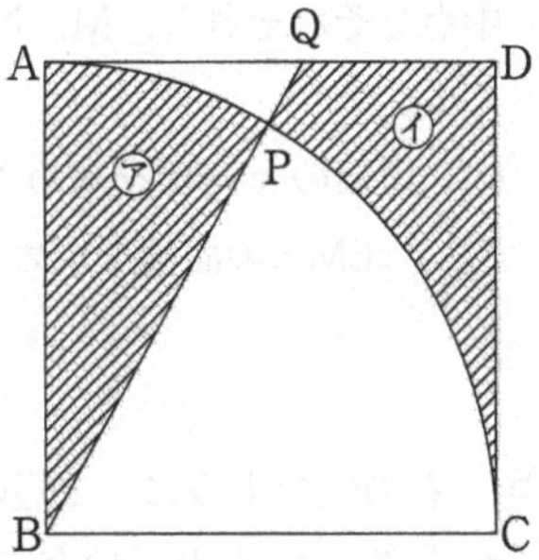

(5)　下の図のように，4点O(0，0)，A(9，0)，B(7，4)，C(4，4)を頂点とする台形OABCがある。点D(6，6)を通る直線ℓと辺BC，OAとの交点をそれぞれP，Qとする。四角形OQPCと四角形QABPの面積の比が１：８であるとき，直線ℓの式は$y=$［　　］である。

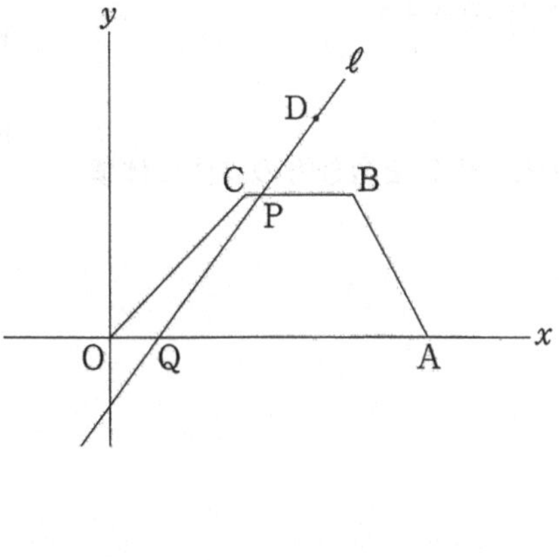

2　次の各問いに答えよ。

(1)　$(\sqrt{2}+\sqrt{3}+\sqrt{6})(2\sqrt{2}-\sqrt{3}-\sqrt{6})$を計算せよ。

(2)　２次方程式$x^2+(\sqrt{2}-2\sqrt{3}-2\sqrt{6})x+(5+6\sqrt{2}-2\sqrt{3}-\sqrt{6})=0$を解け。

3 右の図のように，△ABCの辺AB，BC，CA上にそれぞれ点P，Q，Rをとる。AP：PB＝２：３，AR：RC＝３：２，△APR＝△ABQである。AQとPRの交点をＳとするとき，次の各問いに答えよ。

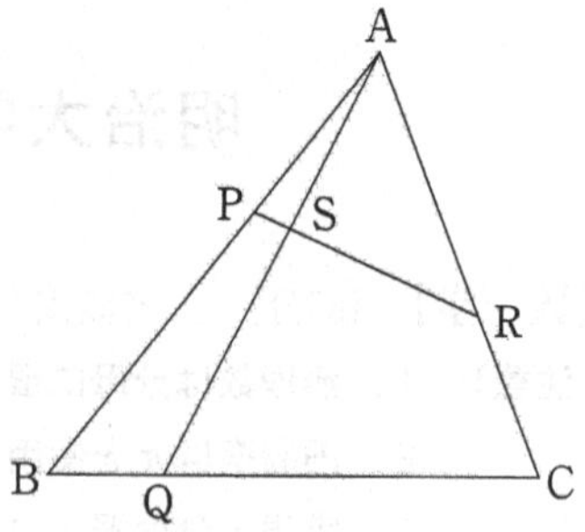

(1) BQ：QCを最も簡単な整数の比で表せ。

(2) AS：SQを最も簡単な整数の比で表せ。

(3) △APSと四角形PBQSの面積の比を最も簡単な整数の比で表せ。

4 右の図のように，放物線$y=\frac{1}{3}x^2$…①と点A$(a,\ b)$がある。ただし，$a>0$，$b>0$とする。点Aを通る３直線があり，x軸に平行な直線をℓ，傾き$-\frac{1}{2}$の直線をm，傾き-1の直線をnとする。また，①とℓが交わる２点をＢ，Ｃ，①とmが交わる２点をＤ，Ｅ，①とnが交わる２点をＦ，Ｇとする。線分ＢＣ，ＤＥ，ＦＧの中点をそれぞれＬ，Ｍ，Ｎとするとき，次の各問いに答えよ。

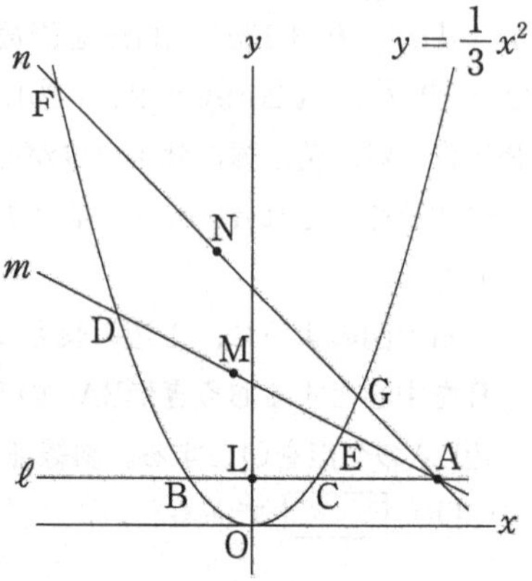

(1) 点Mのx座標を求めよ。

(2) △LMNの面積を求めよ。

5 右の図のように，１辺の長さが6の立方体ABCD－EFGHがある。２点Ｐ，Ｑは，それぞれ辺BF，GH上にあり，BP：PF＝２：１，GQ：QH＝１：３である。３点Ａ，Ｐ，Ｑを通る平面で立方体を切断すると，その平面は，辺FG上の点Ｒ，辺DH上の点Ｓを通る。PRの延長と辺CGの延長との交点をＫとするとき，次の各問いに答えよ。

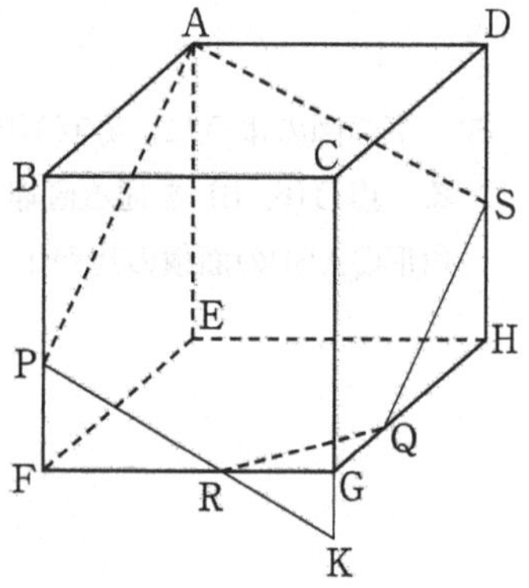

(1) FRの長さを求めよ。

(2) GKの長さを求めよ。

(3) この立方体を切断したあと，点Ｃを含む方の立体の体積を求めよ。

【英　語】（60分）　＜満点：120点＞　　※リスニングテストの音声は弊社HPにアクセスの上，音声データをダウンロードしてご利用ください。

1　次の英文の内容に合うように①～⑨の語を必要があれば適切な形に直して答えなさい。

Every nation has ①(it) own form of *hospitality. Many countries are ②(pride) of the help they give to strangers. Yet few places can match the *generosity shown by people in the Arab world.

The tradition of Arab hospitality *arose in the *harsh deserts of Arabia, where *mutual assistance was vital to survival. According to custom, a stranger ③(arrive) at an Arab tent was treated as an *honored guest, provided with food and shelter, and entertained for three days. This tradition continues today in the ④(kind) shown by Arabs to overseas ⑤(visit).

My wife and I lived for two years in Jordan, an Arab country in the Middle East, and were ⑥(deep) impressed by the generosity of people there. We were given gifts, welcomed into people's homes and invited to weddings — often by complete strangers! When we got lost and asked for directions, people went out of ⑦(they) way to take us to our *destination. When we said "Thanks!" they answered, "There's no need to thank us. Helping strangers ⑧(be) our duty."

Once we were invited to an Arab home. "Would you like to watch TV? Or listen to the radio? Or hear some music?" the host asked. To make us ⑨(feel) comfortable, he turned on the TV, the radio and the CD player — all at the same time!

In a world where strangers are often hated or feared, there is much we can learn from the Arabs and their long tradition of hospitality.

注）hospitality　もてなし　　generosity　気前の良さ　　arose　arise（生まれる）の過去形
harsh　厳しい　　mutual　お互いの　　vital　とても重要な　　honored　大事な
destination　目的地

2　次の各英文の下線部①～④のうち，文法的に誤りのある箇所を1つ見つけ，例にならって答えなさい。

例） Mr. White ①are teaching English ②in ③this room ④now.
答え：[①→ is teaching]

(1) I have a sister ①named Saori. She likes ②talking on the phone and sometimes enjoys ③to talk with her friends ④for a long time.

(2) I ①was ready to move ②into a new apartment near my school and ③was ④exciting because many classmates lived in that building.

(3) We ask questions ①in class because we want to learn ②more and this is a good way of ③understand our classes ④better.

(4) When he learned that I ①was studying business, he found some books ②to me and ③often read them ④to me.

(5) The man ①painted a picture there is my uncle and he ②has ③been working ④there for two hours.

3 次の英文の内容に合うように，［ ］内の語（句）を適切に並べかえ，３番目と５番目にくるものを，それぞれ番号で答えなさい。

In some parts of the world, it is ①[1. very / 2. people / 3. to / 4. for / 5. difficult / 6. get] clean water. In *Ethiopia, only 22 % of people can get clean water, while in Japan, everyone can get it without problems.

I read about a woman in a small village in Angola. Her name was Celina. When she was still little, she walked about four hours to get water from a river every day. One day, she saw some big *crocodiles near the river. She was scared, but she went to the riverside and collected water among the crocodiles. She later said, "I did so, because I thought my family ②[1. would / 2. without / 3. drink / 4. to / 5. water / 6. die]."

Celina had another problem. The water from the river was not clean, and drinking it sometimes made people sick. Some of Celina's family were among those people. After Celina became a mother, some of ③[1. died / 2. her children / 3. problem / 4. because / 5. this / 6. of]. There are still many people like her in Angola.

A few years ago, UNICEF started to build a pipeline to carry water from the river to the village. It also began to build wells. In addition, it taught ④[1. the water / 2. make / 3. to / 4. safe / 5. how / 6. people] to drink. Now more people can get clean water. However, we should always remember that there are still many people in the world who cannot get clean water.

注）Ethiopia　エチオピア　　crocodile　ワニ

4 次の英文の（ア）～（キ）に入る最も適切な語をそれぞれ１つ選び，番号で答えなさい。

Mount Kilimanjaro is so（　ア　）that it is often called the roof of Africa. The mountain rises 19,340 feet, or nearly four miles, into the sky. It is the most elevated point on the entire African continent.

The impressive snow-covered peaks of Kilimanjaro have been an inspiration to visitors for a long time. Over the years, thousands of people have traveled to Tanzania to climb this majestic mountain. Many others have come to（　イ　）its famous *glacier-covered peak.

One of these visitors was a famous American writer named Earnest Hemingway. He wrote a story about the mountain that made it famous. The story, first（　ウ　）in 1936, is called 'The Snows of Kilimanjaro.'

Unfortunately, for the last hundred years the snows of Kilimanjaro have been disappearing. This has put this essential water source and beautiful sight at（　エ　）. Some of the beautiful snows of Kilimanjaro are now（　オ　）. But just how much snow is gone?

Since 1912, Kilimanjaro's glaciers have gotten more than 80 percent smaller. The significant changes that are happening on the mountain are becoming more and more apparent. A NASA satellite has been taking pictures of the mountain's ice cap for more than 15 years. The pictures that the satellite took of Kilimanjaro in 1993 are extremely (カ) from those that were taken only seven years later. They indicate that there have been very big changes on the mountain. There has been a great reduction on the (キ) of ice in Kilimanjaro's ice cap.

注) glacier-covered 氷河に覆われた

ア	1	large	2	high	3	slow	4	cold
イ	1	work	2	take	3	view	4	save
ウ	1	recognized	2	concerned	3	published	4	controlled
エ	1	risk	2	first	3	ease	4	once
オ	1	killing	2	missing	3	showing	4	growing
カ	1	clear	2	beautiful	3	cheap	4	different
キ	1	amount	2	quality	3	number	4	total

5 次の会話文の（ア）～（カ）に入る最も適切なものをそれぞれ１つ選び，番号で答えなさい。選択肢は１度ずつしか使えない。ただし，文頭にくる語も小文字で表記してある。

Alicia: Well, that was fun today. We certainly bought a lot of stuff.

Katy: Yes, but we got some sweet bargains. (ア)

Alicia: Thanks. And I like those shoes.

Katy: Hey, Alicia, I've never seen that bracelet before. Where did you get it?

Alicia: (イ)

Katy: Wait, I remember that bracelet. It was in the last shop we went to.

Alicia: Uh, yeah... I bought it when you weren't looking.

Katy: But it was really expensive. Those are real diamonds. (ウ)

Alicia: Well, I uh... I bought it with my credit card. Anyway, let's go eat.

Katy: Wait. What's wrong, Alicia? I'm your best friend. Tell me.

Alicia: No, nothing.

Katy: Alicia, (エ)

Alicia: Well, I... I guess maybe I sort of forget to put it back in the case.

Katy: Alicia, that's shoplifting! It's wrong! You have to take it back to the store right now!

Alicia: No. It's just that... well, it was so beautiful. I had to have it. I'm really sorry. It's the first time I've ever done it. You believe me, don't you?

Katy: I'm not sure what to believe. Let's go. (オ)

Alicia: No, forget about it. I'll never do it again. We could get in trouble if we go back. It's no big deal.

Katy: We could get in bigger trouble if we don't. （ カ ） They might remember us and come looking at the hotel.
Alicia: Wait, someone's knocking. Don't answer!

1 we're taking it back.
2 we're tourists here.
3 did you steal that bracelet?
4 I love that bag you bought.
5 you don't have that much money.
6 it's a good souvenir for my mom.
7 oh, I bought it when you weren't there.

6 次の英文の［ア］～［オ］に入る最も適切なものを以下の１～５からそれぞれ１つ選び，番号で答えなさい。

Some people believe that it's impossible to communicate with foreigners if you don't share a common language. Is that true? I learned the answer in *Turkey.

[ア]
[イ]
[ウ]

Then something special happened. He began to communicate in gestures!

[エ]
[オ]

So, if you find yourself in a situation with no common language, don't give up. Be creative, use your body and communicate with gestures.

注）Turkey トルコ　imitate 真似る　detailed 詳しい　puzzled 困った

1 At that point, I was ready to give up. I had tried English, French and German, but he didn't understand any of these. Without a common language, how could we communicate?
2 Next, he pointed at me and *imitated a pianist. "Do you play the piano?" I shook my head, "No." For the next fifteen minutes, we carried on a *detailed conversation about travel, sports and hobbies, entirely with body language. I was impressed.
3 "Hi!" I said. "Do you speak English?" He looked at me with a *puzzled face. "*Parlezvous francais*?" I asked. "Do you speak French?" No reply. "*Sprechen Sie Deutsch*? Do you speak German?" No response.
4 I had just arrived in Istanbul and was eager to meet Turkish people. On my second day, I saw a young guy sitting on a park bench. "This is my chance!" I thought, and sat down beside him.
5 He pointed to his watch, pointed at me, made a traveling motion and a questioning face. He was asking, "When did you come here?" I pointed to my

watch, held up two fingers and pointed behind me: "Two days ago."

7 次の英文の（ア）～（オ）に入る最も適切な語を本文中より抜き出して答えなさい。

The best way to get around a big city is by subway. Subways are underground trains that take you to your *destination quickly, safely and cheaply.

Are subways around the world all the same? Not exactly. Each country has its own special system.

In Japan, the subway（ ア ）is highly *organized and tightly controlled. There are barriers at entrances and exits. Machines check your ticket both when you enter and when you leave.

In France, the subway is less tightly controlled. There's an（ イ ）barrier and a machine that checks your ticket going in. But when you exit, there's no ticket check. You just walk out the door!

In Germany, the subway is open access. You stamp your own ticket, then get on the train. Everything works on the honor system, with Occasional checks by train staff.

The most strictly controlled subway is in China. At each station entrance, there's security check, just like at the airport.

Subway systems teach us about how much（ ウ ）there is in each country. Japan has a low level of trust since it checks tickets twice at both entrances and exits. France shows a higher level of trust since it checks tickets at entrances, but not exits.（ エ ）has the least trust, since it makes all passengers go through a security check.（ オ ）shows the highest level of trust in its citizens, since it trusts passengers to carry tickets and has no barrier at all!

注） destination 目的地　organized 組織された　occasional 時々の

8 次の英文を読み，あとの問いに答えなさい。

I never thought that the absence of smelly socks and loud music would make my heart ache. But my brother is off at college, and at age 14, I miss him terribly. We share a rare kind of closeness between a sister and a brother, but then, my brother is a rare kind of guy. Of course, he's smart and kind, plus my friends say he is *gorgeous and all that. But it's more how he handles things, how he treats his friends and his family, how he cares about people that makes me so proud. That's the stuff that I hope to be. If it's okay with you, I would like to show you what I mean...

He applied to 14 colleges. He was accepted to all but one, the one he wanted, Brown University. So he chose his second choice, and off he went to a fine though *uneventful first year. When he came home for summer vacation, he informed us that he had come up with a plan. He was going to do *whatever it took to get into Brown. Would we support him?

His plan was to move to Rhode Island near Brown, find a job, and do whatever he could to become known in the area. He'd work his heart out, he said, and do the very best at everything. Someone, he was sure, would notice. This was a big deal for my parents because it meant agreeing to a yearwithout college, a scary thing for them. But they trusted him and encouraged him to do whatever he thought it would take to achieve his dream.

It wasn't long before he was hired to produce the plays at — yes, you guessed it — Brown. Now was his chance to shine, and shine he did. No task was too big or too small. He put every bit of himself into the job. He met teachers and *administrators, talked to everyone about his dream and never hesitated to tell them what he was after.

And sure enough, at the end of the year, when he *reapplied to Brown, he was accepted.

We were all really happy, but for me the happiness went very deep. I had learned an important lesson—a lesson no one could have taught me with words, a lesson I had to see with my own eyes. If I work hard for what I want, if I keep trying after I've been turned away, my dreams also can come true. This is a gift I still hold in my heart. Because of my brother, (　　).

Recently, I flew to Rhode Island all by myself to visit him, and I *had a blast *hanging out for a week in an apartment without parents. The night before I left, we were talking about all kinds of stuff like boyfriends, girlfriends, *peer pressure and school. At one point, my brother looked me right in the eye and said he loved me. He told me to remember to never do anything that I feel isn't right, no matter what, and never to forget that I can always trust my heart.

I cried all the way home, knowing that my brother and I will always be close, and realizing how lucky I am to have him. Something was different: I didn't feel like a little girl anymore. Part of me had grown up on this trip, and for the first time I thought about <u>the important job</u> that I had waiting for me at home. You see, I have a 10-year-old little sister. It looks as though I've got my work cut out for me. But you know, I had a great teacher.

注）gorgeous　すてきな　　uneventful　平凡な　　whatever　何でも　　administrator　理事
reapply　再び申し込む　　have a blast　おもいっきり楽しむ　　hang out　だらだら過ごす
peer pressure　同調圧力

⑴　第１段落の内容に当てはまる選択肢を全て選び，番号で答えなさい。

1　The writer lives apart from her brother now.

2　The writer's brother plays sports very well.

3　The writer respects her brother.

⑵　第２・第３段落の内容に当てはまる選択肢を全て選び，番号で答えなさい。

1 The writer's brother took tests for entering college at the age of 14.
2 The writer's brother entered his second-choice university.
3 The writer's brother had a plan to work in Rhode Island.

(3) 第4・第5・第6段落の内容に当てはまる選択肢を全て選び，番号で答えなさい。
1 The writer's brother found a job but he didn't like it.
2 The writer's brother was finally accepted to enter Brown University.
3 The writer was absent from school and studied at home.

(4) 本文中の（　）に入る最も適切なものを1つ選び，番号で答えなさい。
1 I trust life
2 I decided my future career
3 the family's bond became stronger
4 my dream came true

(5) 下線部the important jobの具体的な内容として最も適切なものを1つ選び，番号で答えなさい。
1 To support the writer's brother materially and mentally.
2 To be a good role model for the writer's sister.
3 To study hard to become an English teacher.
4 To grow up to become a good member of society.

リスニング問題

9 放送を聞き，（1）～（4）に入る語を答えなさい。放送は1回です。

Rubbish is everywhere these days. I'm fed up with it. Every time I walk down the street, I'm almost (1) over it. I don't know why people can't throw their rubbish away properly. They are lazy and have no respect for others. They don't seem to care about the (2) either. It's the same in every country. There's litter in the streets, even though there are rubbish bins everywhere. Rivers are full of plastic bags and bottles. This makes a beautiful place look (3). And the countryside is full of rubbish. People even throw their TVs and fridges into (4), or anywhere they think people won't see them. Where I live now, people throw rubbish in the street outside their house. They think other people will pick it up.

10 放送を聞き，質問の答えとして最も適切なものをそれぞれ1つ選び，番号で答えなさい。放送は2回です。

(1) Who will eat the food?
1 A lot of players on a football team.
2 The man ordering the food.
3 Many people including female soccer players, their coaches and fans.

(2) Who is the water for?
1 The team's animal.
2 The coach.
3 A parent of a player.

(3) How much is the total cost?
1 $290. 13
2 $290. 30
3 $219. 13

(4) How long will he have to wait?
1 For fifteen minutes.
2 About half an hour.
3 For an hour.

11 放送を聞き，(1)～(4)の内容が正しければ○を，間違っていれば×を書きなさい。放送は１回です。

(1) Baseball fans in America and the Dominican Republic take baseball games seriously.
(2) When you go to a baseball game in America, you see groups of people cheering for the players by singing and dancing.
(3) Baseball fans in America don't often show their excitement for the game.
(4) People in America often go to a baseball game with their friends and talk with each other.

12 放送を聞き，会話の内容を説明する(1)～(4)の英文の空所に入れるのに最も適切な語を答えなさい。ただし指示されたアルファベットから書き始めること。放送はそれぞれ１回です。

(1) The woman likes old movies because they were not (v　　).
(2) The woman believes that the man is a good (p　　).
(3) The girls have English (h　　).
(4) The woman are talking at the (d　　)'s office.

二　次の1～10の文中の（カタカナ）を漢字で書きなさい。

1　（ジュンボク）な人柄。
2　発言を（テッカイ）する。
3　彼は（セイレン）潔白だ。
4　海底に（マイボツ）した遺跡。
5　（リンカク）をはっきり描く。
6　駅の（ザットウ）をかき分ける。
7　働いて（ホウシュウ）を得る。
8　蜂が花粉を（バイカイ）する。
9　兄のように（シタ）う。
10　着物のほつれを（ツクロ）う。

五十字以内で答えなさい。

問三　――部②「負の歴史を内包していた」とありますが、「負の歴史」とはどういうことか、答えなさい。

問四　――部③「ガラスは現代の無機質的な都市風景の顔となり目となった」とありますが、ガラスが「都市風景の顔となり目となった」とは、どういうことか答えなさい。

問五　――部④「ヨーロッパ人のあくまで人間中心の世界観が認められる」とありますが、光に対するヨーロッパ人の「人間中心の世界観」は、どのようなものだと筆者は述べていますか、答えなさい。

問六　文中の［C］に入る最適な言葉を本文より九字で抜き出しなさい。

問七　文中の［D］に入る言葉を、本文の言葉を用いて十字以内で考えて答えなさい。

問八　文中の（E）、（G）に入る最適な言葉を本文よりそれぞれ漢字三字、漢字二字で抜き出しなさい。

問九　文中の（F）、（J）に入る最適な四字熟語を次のア～オより選び、記号で答えなさい。

ア　花鳥風月　イ　空前絶後　ウ　晴耕雨読　エ　栄枯盛衰

オ　天変地異

問十　――部⑤「繊細な日本人の美意識」とありますが、具体的にどのようなことを指しますか、答えなさい。

問十一　文中の［1］～［3］に入る最適な言葉を次のア～オより選び、記号で答えなさい。ただし、同じ記号は二度使えません。

ア　しかし　イ　あるいは　ウ　たとえば　エ　したがって

オ　もしくは

問十二　文中の［H］に入る適切な言葉を次のア～オより選び、記号で答えなさい。

ア　カーテンをつけることで保温する

イ　装飾を施し室内を飾る

ウ　冷たい石の感触を生かす

エ　外部の視線をさえぎる

オ　プライヴァシーを保護する

問十三　文中［（　I　）を凝らした］は「風流のきわみをつくす」、［（　K　）に（　L　）がない］は「数えきれないほど多い」という意味の慣用句となるように、（　）に適する言葉をそれぞれ入れなさい。ただし、（I）、（K）は漢字二字で答えなさい。

問十四　――部⑥「谷崎が金銀の華麗な装飾を否定しているのかといえばそうではない」とありますが、谷崎は金銀の華麗な装飾のどのような点を評価しているか、答えなさい。

問十五　――部⑦「宮沢賢治の童話や小説」とありますが、宮沢賢治の作品を次のア～オよりすべて選び、記号で答えなさい。

ア『よだかの星』　イ『ごんぎつね』

ウ『セロ弾きのゴーシュ』　エ『蜘蛛《くも》の糸』

オ『注文の多い料理店』

問十六　――部⑧「可変性という開放型の障子」とありますが、この「障子」は「部屋の通風」だけではなく、他にどのような利点があると筆者は述べているか、答えなさい。

問十七　筆者がこの文章で述べている日本とヨーロッパの自然観を五十字以内で説明しなさい。

襖と障子はもともと部屋を仕切るために用いられ、襖は仕切りのみでなく、絵を描いて部屋の雰囲気を出し、障子は障子紙を張り、光を導き入れる役割をはたしていた。日本の場合、襖は障子のヴァリエーションといえよう。それは同様に部屋を区切り、開閉が可能である。その場合、絵が描かれる襖絵のモティーフは多様であるが、自然、（　J　）が描かれることが多く、日本では人びとが自然に囲まれた世界を求めた証《あかし》である。[3] 一般家庭ではヨーロッパのように華美な絵画ではなく、色調を抑えた淡い色合いのものが好まれてきた。

　障子は開け閉めによって開口部の面積を自由に可変することができる。いうまでもなくそれは、敷居と鴨《かも》居の間を障子が移動するからである。障子を開けると、部屋は境界がなくなり、庭の自然と一体化する。春の自然の息吹《いぶき》、夏の濃い緑、秋の落ち葉、寒々とした冬、そして雪景色、その移り変わりを肌で敏感に感じ取ることができる。俳句の季語、時候の挨拶状にみられる細やかな自然観の生まれるゆえんである。

　とくに障子は日本の音の文化に貢献してきた。ガラスは音を遮断したが、それと違って障子は音を通過させる。水の音、風の音、虫や小鳥の声、木々の葉のすれる音、季節のなかで暮らしてきた日本人の細やかな感覚とつながる。最も敏感なのは聴覚であって、それは日本の擬声音、擬態音というオノマトペの発達とも深くかかわっている。

　水に関して思いつくものでも、チョロチョロ、サラサラ、ザアザア、シトシト、ジャブジャブ、ポツポツ、ザブンザブンなど、すぐにいくつか浮かんでくる。風の音でもヒューヒュー、ソヨソヨ、ザワザワ、ゴーゴー、動物の鳴き声でもチュンチュン、カーカー、コロコロ、ニャーニャー、ピィピィ、ゲロゲロ……など（　K　）に（　L　）がない。とくに幼児言葉、マンガやアニメにもオノマトペはよく登場し、日本人の耳は言語、文化にも大きな影響をおよぼしていたのである。

　オノマトペは感覚的な主観を表現するときに多用されるので、客観的表現を重視する欧米語より、情感を重視する日本語の方が多い。また⑦宮沢賢治の童話や小説では独特のオノマトペが、なつかしいノスタルジアを醸《かも》しだす。それは自然と一体化して暮らしてきた、先史時代からの日本人の情感を再現するような役割をはたしている。

　吉田兼好が指摘するように、もともと日本の風土における、家屋の構造は、夏の高温多湿を凌《しの》ぐための先人の知恵が込められていたのである。部屋の通風を考えれば、⑧可変性という開放型の障子が夏には不可欠であったということが理解できる。日本家屋は風通しが第一に考えられ、それによって涼しさを求めたのである。逆に冬は炭火を入れた火鉢という局所的な暖房ということになるが、それでも暑さ寒さを自然環境の一部として取り入れてきたのである。

　日本人の融通無碍《むげ》【臨機応変であること】の思想は、自然との折り合いのなかから生みだされてきたといえる。自然を重視したブルーノ・タウトも、日本の住居は仮住まいであると規定している。畳はまるで自然の草の上にすわっている印象を与え、家も「風の道」を想定しながら、自然のなかで生活をしてきた日本人の知恵を強く感じることができる。

（浜本隆《たか》志『「窓」の思想史』より・一部改変）

問一　文中の（A）、（B）にあてはまる最適な言葉を本文より抜き出しなさい。ただし、（A）は漢字三字、（B）は漢字二字で答えなさい。

問二　――部①「ボヘミア（チェコ）がガラスの製造地となり」とありますが、ボヘミアがガラスの製造地となったのはなぜか、その理由をす。影も日光や雲の状態によって、一瞬のうちに変化していく。またその薄明かりは、「おもかげ」というイメージと結びつく。障子がつくりだす半透明性が、日本人の繊細な精神性を生みだしてきたといっても過言ではない。ものごとをあからさまにいわない曖昧さの文化も、障子の半透明の文化と密接にかかわっている。谷崎潤一郎は『陰翳礼讃《えいらいさん》』のなかで次のようにいっている。

> もし日本座敷を一つの墨絵に喩《たと》えるなら、障子は墨色の最も淡い部分であり、床の間は最も濃い部分である。私は、（　Ⅰ　）を凝らした日本座敷の床の間を見る毎《ごと》に、いかに日本人が陰翳の秘密を理解し、光りと蔭《かげ》との使い分けに巧妙であるかに感嘆する。

日本文化の再評価の言葉であるが、現在の生活から見れば、暗くて不便であるけれども、薄明かりの陰影が日本的な独特の情緒をただよわす。これを幽玄の世界やわび、さびと結びつけることは可能である。日本昔話、怪談の世界は、かつて日本の闇、薄暗がりの背景があったので、リアリティと迫力が増したのである。

谷崎はヨーロッパ建築を見習った建物について、「……室内に蔭と云《い》うものが一つもなく、見渡したところ、白い壁と、赤い太い柱と、派手な色をモザイクのように組み合わせた床が、刷りたての石版画のように眼に沁《し》み込んで、これがまた相当に暑苦しい」と苦言を呈している。これはたんに谷崎だけでなく、日本文化を愛でる人の共通した美的感覚であった。

3 ⑥谷崎が金銀の華麗な装飾を否定しているのかといえばそうではない。興味深いことに谷崎は、蒔《まき》絵などの絢爛豪華な世界についても次のように述べている。

> 派手な蒔絵などに施したピカピカ光る蠟《ろう》塗りの手箱とか、文台《ぶんだい》とか、棚とかを見ると、いかにもケバケバしくて落ち着きがなく、俗悪にさえ思えることがあるけれども、もしそれらの器物を取り囲む空白を真っ黒な闇で塗り潰し、太陽や電燈《とう》の光線に代えるに一点の燈明《みょう》か蠟燭《そく》のあかりにして見給《たま》え、忽《たちま》ちそのケバケバしいものが底深く沈んで、渋い、重々しいものになるであろう。古《いにしえ》の工藝《げい》家がそれらの器に漆を塗り、蒔絵を画く時は、必ずそう云う暗い部屋を頭に置き、乏しい光りの中における効果を狙ったのに違いなく、金色を贅《ぜい》沢に使ったりしたのも、それが闇に浮かび出る工合《ぐあい》や、燈火《ともしび》を反射する加減を考慮したものと察せられる。

もはや解説するまでもなく、ここには日本の美の世界に対する深い洞察がうかがえる。日本にも金箔《ぱく》を用いた工芸作品や襖《ふすま》絵などの伝統があったが、実際にそれを見る場合、部屋は薄暗い状態が多かった。日本独特のにぶい金色の美しさは、その背景から生みだされたものである。

2 ヨーロッパと日本では、光と闇の理解が違うので、両者の金色の解釈が異なる。1 ウィーンの画家クリムトは日本の蒔絵や尾形光琳《りん》の絵に影響を受けたが、金をふんだんに使ったかれの代表作に対しても、ヨーロッパ人は日本人とは異質な、華麗な金を愛でるという感覚で理解したにちがいない。芸術鑑賞においても、それを生みだした風土がいかに大切であるかがわかるのである。

住まい』を残したが、そのなかに障子について、外国人の細かい観察が記されている。

　ときには思いがけず障子紙に小さな穴が開いたり破れ目ができたりする。これを修理するに当たって、つねに真の芸術的感性を発揮する日本人は、われわれアメリカ人のよくするように紙を四角に切り取って貼ることはせず、桜や梅の花といった美しい形に切り抜いたもので破れ目を塞ぐ。このように風流な仕方を見るにつけても、わが国の田舎《いなか》屋などでときおり見かけるのだが、破れた窓ガラスを修理する場合に、残念ながら日本人にたよる必要性があると思うことがよくある。（斎藤正二・他訳）

　なにげない光景の描写であるが、モースは障子の修理においても、⑤繊細な日本人の美意識を鋭く洞察している。こうして障子は破れたり、季節によっては張り替えたりして、再生の循環を繰り返してきたのである。

　障子はもともと畳のうえに座る文化とともに受け継がれてきた。したがって椅子の文化と異なり、障子の部屋では目線が下に位置する。事実、床から一〇—三〇センチ程度の下支え板から障子を張っていく。開け閉めも本来のマナーでは座っておこなうことになっていた。たとえ障子が破れていても、「うつくしや障子の穴の天の川」（一茶）と、小さな穴から壮大な宇宙的広がりを展望する美的感覚をもっていたのである（李御寧《イーオリョン》『「縮み」志向の日本人』参照）。

　障子とガラスという素材の違いは、ヨーロッパが石の文化、日本が木の文化というテーゼのヴァリエーションであるが、これは日常の身の回りにある素材の違いにも当てはまる。［1］日本の場合、木の素材を生かした自然の木目のままを利用することが、感覚的に合致しているのに対し、ヨーロッパでは［H］という美的感覚をもっていたのである。

　日本の風土は春、ぼんやりと霞《かすみ》がかかり花曇りという風景が一般的である。梅雨はいうにおよばず、夏も高温多湿で、水田はたえず水蒸気を蒸発させ、空気は湿気を含んで透明性を欠くことが多い。日本人にとっては、霞《かす》んでいる状態に違和感は少なく、澄んだ風景よりむしろ、ぼんやりとかすむ光景の方に情緒を感じる傾向が強い。

　日本ではヨーロッパと異なり、物理的に光を遮断はしない。日本人は庇《ひさし》を深くして光線をやわらげ、障子によってそれを半透明で通過させた。さらにすだれを垂らしたり、朝顔や蔓《つる》科の植物を植えたりして、木もれ日を楽しみながら夏の直射日光の跳ね返りを排除した。住環境において、このような工夫をこらしたのが、日本建築の特徴であった。

［2］、日本において光と影はヨーロッパのように二項対立ではなく、太陽の移動によって濃淡をともなった無数の段階がみられた。そこから瞬間、瞬間を愛《め》でる美意識が生まれる。日本の詩人も光と闇に関して、きわめて敏感であった。詩人・立原道造の『暁と夕の詩』でも「夜と朝の間」のうつろいを詠《うた》ったものが出色【きわだって優れていること】であるが、ここにも日本の移りゆく瞬間の美学が強く感じられる。

　こうして障子、よしず、のれん、御簾《みす》は日本の気候風土と深いかかわりのなかで生まれ、人びとはその生活に馴染《なじ》んできた。障子から柔らかな光が差し込み、庭の木々の影も障子に映り、独特の造形美をつくりだ求めて戸外へ出る。その際、日本人と異なる点は、ヨーロッパ人が日光を人間の力によって物理的にコントロールしようとすることである。

日本の障子は自然の移り変わりのまま、間接光を［　C　］が、ヨーロッパではそれと異なり、窓ガラスの光の透過性を、カーテンという厚手の布によって、直接的に遮断し、光を物理的にコントロールする。南側に向いた窓の場合に、とくに光を加減する必要性が高かったが、これは人間の意志による自然の支配の一例といっても、いい過ぎではないであろう。

ヨーロッパのカーテンは、もともと窓を覆うものではなく、王侯貴族の天蓋つきのベッドの周囲を囲むものだった。というのも、かれらの使用する寝室が広く、冬場には部屋の暖房がじゅうぶんでなかったので、寒気を防いで保温する必要があったからだ。また天蓋つきベッドのカーテンには装飾的役割もあった。中世ヨーロッパでは、絨毯《じゅうたん》やタペストリーという室内飾りがつくられたが、ここには高価な金糸を縫いこんだ刺繍《しゅう》がほどこされ、装飾品のひとつとして珍重された。とくに壁のタペストリー、肖像画、壁画によって王侯の城や邸宅は飾られ、絢爛《けんらん》豪華な装飾文化が花開いた。そのため十六世紀の終わりまで、室内では窓はそれほど重要視されずに、むしろ天蓋つきベッドのカーテンや壁の装飾が重要とみなされていた。

たしかに歴史的に見れば、ルネサンス時代でも板ガラスの製造が困難であったので、窓ガラスも小さく、［　D　］という必要性はあまりなかった。したがって本来のカーテンの需要は少なかったといえる。その後、バロック時代の十七世紀あたりから、板ガラスの製造技術が発達するにつれて、開口部である窓ガラスが大きくなり、カーテンがガラス全面を覆う方式に変化した。

窓のカーテンには四つの役割があったが、一つ目はいうまでもなく、［　D　］ためである。二つ目は、プライヴァシーの保護であるが、ガラス窓が普及し窓面積が増えると、とくに夜、外部の視線をさえぎるためにカーテンが用いられた。三つ目には、ガラス窓は比較的熱伝導がいいので、カーテンを使って中に空気層をつくり、保温効果をねらった。四つ目は、室内の（　E　）要素にある。カーテンの色やデザインによって、室内の雰囲気を変化させることができた。インテリアとしてのカーテンは、十七世紀のヴェルサイユ宮殿様式がヨーロッパ・モードとなり、フランス以外でもヨーロッパの王侯貴族の邸宅においても、これが主導的役割をはたした。

日本家屋には更新、建替えという発想があり、もっとも有名なものは伊勢《いせ》神宮の遷宮制度である。よく知られているように、ふつう二〇年に一度宮を移し変えるというのは、建築技術を伝承するという意味もあるが、本質的には日本人の思想や建築観をあらわしているといわれる。台風、水害、（　F　）に襲われる経験から、日本では永遠や絶対ではなく、（　G　）の思想が重要視され、それが建築にもみられるのである。自然に逆らわないこのような発想が一般化したのであろう。

障子紙もかつては最低年一回、年末に張り替え、正月を迎えていた。これは一種の禊《みそぎ》とも解釈され、気持ちを入れ替える再生の通過儀礼のようなものであった。一新するという特性が、独自の精神文化を形成してきた。日本の美意識でははかなさ、一瞬に美の真髄を見いだす文化があり、それは紙という素材とも無関係ではない。

動物学者モースが来日したとき、日本の住宅に興味を示し、『日本人の業と同様に、汚染物質の排出などで環境破壊に関与した。これも、ヨーロッパ文明の自然観が生みだした現象のひとつにほかならない。

　十七世紀には酸化鉛を使用することによって、透明度の高いクリスタルガラスを比較的安価に製造することができるようになった。さらに十九世紀後半から、合成ソーダが開発され、工場で透明な板ガラスが大量生産されたので、コストダウンがおこなわれた。二十世紀にはフロート法という板ガラスの製法が開発され、この世紀は「鉄とガラスの時代」といわれるようになった。

　今やコンクリート、鉄、ガラスという素材の特徴をもった建築が主流を占め、これは一戸建て、集合住宅、高層ビルにみられる共通の原則となる。その目指すところは開放性と光の取り込みである。なお、近年、多用されるようになってきた強化ガラスは、ガラスの弱点である割れやすさを克服した画期的製品で、ガラスの需要を飛躍的に拡大するものであった。やがて大都会のグローバル化が進展し、窓面積をますます拡大し、都市のなかで次々に「ガラスの増殖化」が進んだ。こうして③ガラスは現代の無機質的な都市風景の顔となり目となったのである。

　ガラスは日常生活のなかで身近な存在となってきたが、とりわけその透明性が、ガラス窓の最大の利点である。ドイツではガラスが曇っていると、そこから悪魔が覗《のぞ》くという言い伝えがあるので、主婦はピカピカに磨くのを日課にしている。人びとはガラス窓が汚れているのをとくに嫌い、ガラス拭きをしない人を怠け者とみなした。日本人の留学生にはその感覚がわからず、家主に窓の汚れを注意されても、おせっかい焼きと感じるだけである。しかしこの文化摩擦には、ヨーロッパ文化の本質的な問題が含まれている。

　ガラスは障子より断熱効果があるが、緯度が高く冬がきびしい中欧、北欧ではさらに二重窓とすることが多い。環境意識が高いドイツのフライブルクの住宅には、三重のガラス窓の使用例もある。これは空洞部に断熱ガスを封じ込め、徹底したエコロジーを追求したもので、エコガラスという名で一般化している。この種の窓は、自然の音も排除して、居住する自己の世界の静寂を生みだす。自然の音が聞きたければ、窓を開ける。ここにも④ヨーロッパ人のあくまで人間中心の世界観が認められる。

　ヨーロッパ人と日本人は緯度の関係からか、目の感受性と構造が異なるので、光の問題を考える際に、まずこの身体的な差を念頭においておかねばならない。ヨーロッパでは室内でも、電灯の直射光線をいやがるから、ほとんど間接照明が主流である。ドイツの大学図書館での経験であるが、学生たちは暗くなっても目の前のスタンドを灯《とも》さず、本を読んでいた。どうして明かりを点《つ》けないのか聞いてみたが、それでもじゅうぶん本が読めるという。またドイツ人の車に同乗し、夜間にアウトバーン【ドイツの高速道路】を走行すると、カーブでも道路の照明灯が暗く、不安を感じることが多い。運転するドイツ人に確認すると、よく見えるという返事である。逆にかれらは夏の直射日光が苦手で、サングラスを掛けないと、まぶしすぎるので我慢ができないのである。

　もちろん空気の乾燥度、あるいは透明度による光度の違いがあるとはいえ、ヨーロッパ人も光に対する感受性は鋭い。晩秋から冬にかけての日光は乏しく、早く夕暮れが訪れ、曇天の薄暗い日々が続く。それだけに燦々《さんさん》と【光り輝く様子】光線が注ぐ春から夏にかけて、かれらは光を

【国　語】（五〇分）〈満点：一〇〇点〉

【注意】字数制限のある問題については句読点・記号を字数に含めること。

一　次の文章を読んで、あとの問いに答えなさい。ただし、【　】は語句の意味で、解答の字数に含めないものとします。

ヨーロッパと日本の窓は、ガラスと紙というきわめて対照的な特性をもつ素材が用いられてきた。材料から見ると、ガラスというすべすべとした無機質な（　A　）と、紙という有機質の柔らかい感触の不（　A　）は、単なる素材の違いだけでなく、ここから日欧の基層の文化の特徴を比較することができる。

ガラスは原石である石英を精製してつくられた。これは通常、アルカリ・ガラスといわれ、従来、添加物にソーダ灰を用いたが、十六世紀ごろから、ソーダ灰より炭酸カリを含んだ方が透明度の高いガラスがつくられることがわかった。そのためカリ分の多い灰を森林のブナの原木を焼いて手に入れた。こうして必然的に、ガラスの精製は森のなかでおこなわれるのが常となった。その結果、原石を溶解する燃料としての材木と、カリ分を添加するためのブナ林が大量に伐採された。

ルネサンス期のヨーロッパではフランスのロレーヌ地方、ドイツのライン河畔、南ドイツ、①ボヘミア（チェコ）がガラスの製造地となり、しだいに増大する需要をまかなうようになった。これらの地域は、森林と（　B　）に恵まれていたからである。なお、もうひとつの透明ガラスの製法として、鉛ガラスがあったが、これはイギリスで開発された。

近代に入るとガラスの需要がますます増え、各地で森林が大々的に伐採された。原木がなくなれば作業場は、新天地を求めて移動した。なお森と同時に（　B　）が必要とされたのは、ガラス製品を各都市へ輸送するためである。中世後期から一六〇〇ー一八〇〇年ごろまで、ガラスの製造技術は家内工業的なギルド【同業者の組合】によって守られ、他者の参入を拒んでいた。結婚も同業者の一族でおこなわれ、閉鎖的な社会集団を形成した。領主はガラス製造業を保護していたが、地域ではかれらは相変わらず村人から孤立した移動集団であった。ガラスのみならず、陶器やセメントの製造にも同様に燃料の材木を多量に必要としたので、森のなかで製造されていた。

かつてボヘミアは森林が鬱蒼《そう》と茂る豊かな自然に恵まれていた。とくに手つかずのブナ林、原料の石灰石と無水珪《けい》酸、河川としてモルダウという、ガラス工業の立地条件がすべてそろっていた。その上、この地を治めていたハプスブルク家は、重要なガラス産業を保護した。こうしてルネサンス以降、神聖ローマ帝国下で、需要の増したガラス製造のために、ボヘミアの樹木が大々的に伐採され、森が荒廃した。

現在、チェコを旅すればすぐわかることであるが、かつて豊かであった森林地帯は減少し、もはやボヘミアの森の面影はない。チェコスロヴァキアが戦後の共産圏における工業部門を担ったということもあるが、それ以前からのガラス生産が荒廃の一因であったことは疑いない。現在でもボヘミア・ガラスが有名であるけれども、以上のような②負の歴史を内包していたのである。

ガラス工場はボヘミアだけでなく、ヨーロッパ各地の森を破壊し続けた。製法も移動式の手工業から固定化した近代工場による大量生産方式に変化した。しかしその後も、工業地帯においてガラス産業は他の製造

2021年度

解　答　と　解　説

《2021年度の配点は解答欄に掲載してあります。》

＜数学解答＞

1　(1)　$(2a+b-4c)(2a-b-4c)$　(2)　$\frac{3}{2}$　(3)　50　(4)　$5\pi-10$　(5)　$\frac{6}{5}x-\frac{6}{5}$

2　(1)　$-5-6\sqrt{2}+2\sqrt{3}+\sqrt{6}$　(2)　$x=\sqrt{2}+\sqrt{3}+\sqrt{6}$，$-2\sqrt{2}+\sqrt{3}+\sqrt{6}$

3　(1)　6：19　(2)　10：13　(3)　4：19

4　(1)　$-\frac{3}{4}$　(2)　$\frac{9}{32}$

5　(1)　4　(2)　1　(3)　$\frac{251}{2}$

○配点○

1　各7点×5　2　各8点×2　3　(1)，(2)　各6点×2　(3)　5点　4　各8点×2

5　(1)　6点　(2)，(3)　各5点×2　計100点

＜数学解説＞

1　(因数分解，式の値，場合の数，面積，図形と関数・グラフの融合問題)

基本　(1)　$4a^2-b^2+16c^2-16ac=4a^2-16ac+16c^2-b^2=(2a-4c)^2-b^2=(2a-4c+b)(2a-4c-b)=(2a+b-4c)(2a-b-4c)$

(2)　$\sqrt{2021}x+\sqrt{2019}y=2$…①　$\sqrt{2019}x+\sqrt{2021}y=1$…②　①+②から，$(\sqrt{2021}+\sqrt{2019})x+(\sqrt{2021}+\sqrt{2019})y=3$　$(\sqrt{2021}+\sqrt{2019})(x+y)=3$　$x+y=\frac{3}{\sqrt{2021}+\sqrt{2019}}$　①−②から，$(\sqrt{2021}-\sqrt{2019})x-(\sqrt{2021}-\sqrt{2019})y=1$　$(\sqrt{2021}-\sqrt{2019})(x-y)=1$
$x-y=\frac{1}{\sqrt{2021}-\sqrt{2019}}$　よって，$x^2-y^2=(x+y)(x-y)=\frac{3}{\sqrt{2021}+\sqrt{2019}}\times\frac{1}{\sqrt{2021}-\sqrt{2019}}=\frac{3}{(\sqrt{2021})^2-(\sqrt{2019})^2}=\frac{3}{2021-2019}=\frac{3}{2}$

(3)　10＝2×5　4つの数が，1，1，2，5と1，2，2，5と，1，2，5，5になる場合がそれぞれ$\frac{4\times3\times2\times1}{2\times1}=12$(通り)　2，2，2，5と2，5，5，5になる場合がそれぞれ4通り　2，2，5，5になる場合が$\frac{4\times3\times2\times1}{2\times1\times2\times1}=6$(通り)　よって，全部で，$12\times3+4\times2+6=50$(通り)

(4)　∠ABP＝aとすると，∠PBC＝$90°-a$　㋐＝$\pi\times10^2\times\frac{a}{360}=\frac{5\pi}{18}a$　QD＝xとすると，㋑＝$\frac{1}{2}\times(x+10)\times10-\pi\times10^2\times\frac{90-a}{360}=5x+50-25\pi+\frac{5\pi}{18}a$　㋑＝㋐から，$5x+50-25\pi+\frac{5\pi}{18}a=\frac{5\pi}{18}a$　$5x=25\pi-50$　$x=5\pi-10$

重要　(5)　直線ℓの式を$y=ax+b$として点Dの座標を代入すると，$6=6a+b$　$b=6-6a$　よって，直線ℓの式は，$y=ax+6-6a$…①　(四角形OABC)$=\frac{1}{2}\times(3+9)\times4=24$

(四角形OQPC)：(四角形OABC)＝1：9から，(四角形OQPC)$=24\times\frac{1}{9}=\frac{8}{3}$　P(p，4)，Q(q，0)とすると，(四角形OQPC)$=\frac{1}{2}\times(p-4+q)\times4=2(p+q-4)$　$2(p+q-4)=\frac{8}{3}$から，$p+q-4=\frac{4}{3}$　$q=\frac{16}{3}-p$　①に点P，Qの座標を代入すると，$4=ap+6-6a$…②　$0=a\left(\frac{16}{3}-p\right)+6-6a$…③　②と③を連立して解くと，$a=\frac{6}{5}$　$b=6-6\times\frac{6}{5}=-\frac{6}{5}$　よって，直線ℓの式は，$y=\frac{6}{5}x-\frac{6}{5}$

2 (平方根の計算，2次方程式)

基本 (1)　$(\sqrt{2}+\sqrt{3}+\sqrt{6})(2\sqrt{2}-\sqrt{3}-\sqrt{6})=\{\sqrt{2}+(\sqrt{3}+\sqrt{6})\}\{2\sqrt{2}-(\sqrt{3}+\sqrt{6})\}=4+\sqrt{2}(\sqrt{3}+\sqrt{6})-(\sqrt{3}+\sqrt{6})^2=4+\sqrt{6}+2\sqrt{3}-(9+6\sqrt{2})=-5-6\sqrt{2}+2\sqrt{3}+\sqrt{6}$

重要 (2)　$x^2+(\sqrt{2}-2\sqrt{3}-2\sqrt{6})x+(5+6\sqrt{2}-2\sqrt{3}-\sqrt{6})=0$　(1)から，$x^2+\{-(\sqrt{2}+\sqrt{3}+\sqrt{6})+(2\sqrt{2}-\sqrt{3}-\sqrt{6})\}x-(\sqrt{2}+\sqrt{3}+\sqrt{6})(2\sqrt{2}-\sqrt{3}-\sqrt{6})=0$　$\{x-(\sqrt{2}+\sqrt{3}+\sqrt{6})\}\{x+(2\sqrt{2}-\sqrt{3}-\sqrt{6})\}=0$　$x=\sqrt{2}+\sqrt{3}+\sqrt{6}$，$-2\sqrt{2}+\sqrt{3}+\sqrt{6}$

3 (平面図形の計量問題ー辺の比，面積比)

(1)　$\triangle ABQ=\triangle APR=\frac{2}{5}\times\frac{3}{5}\times\triangle ABC=\frac{6}{25}\triangle ABC$　$\triangle AQC=\triangle ABC-\triangle ABQ=\frac{19}{25}\triangle ABC$　よって，BQ：QC＝$\triangle ABQ$：$\triangle AQC=\frac{6}{25}\triangle ABC$：$\frac{19}{25}\triangle ABC$＝6：19

(2)　AQ上に，DP//ER//BCとなる点D，Eをとる。$DP=\frac{6}{25}BC\times\frac{2}{5}=\frac{12}{125}BC$　$ER=\frac{19}{25}BC\times\frac{3}{5}=\frac{57}{125}BC$　DS：SE＝DP：ER＝$\frac{12}{125}BC$：$\frac{57}{125}BC$＝4：19　AD：DE：EQ＝2：(3−2)：2＝2：1：2　よって，AS：SQ＝(2×23＋4)：(2×23＋19)＝50：65＝10：13

(3)　$\triangle APS=\frac{10}{23}\triangle APQ=\frac{10}{23}\times\frac{2}{5}\triangle ABQ=\frac{4}{23}\triangle ABQ$　(四角形PBQS)$=\triangle ABQ-\triangle APS=\frac{19}{23}\triangle ABQ$　よって，$\triangle APS$：(四角形PBQS)$=\frac{4}{23}\triangle ABQ$：$\frac{19}{23}\triangle ABQ$＝4：19

4 (図形と関数・グラフの融合問題)

(1)　直線mの式を$y=-\frac{1}{2}x+k$とおいて，点Aの座標を代入すると，$b=-\frac{1}{2}a+k$　$k=\frac{1}{2}a+b$　よって，直線mの式は，$y=-\frac{1}{2}x+\frac{1}{2}a+b$…②　①と②から$y$を消去すると，$\frac{1}{3}x^2=-\frac{1}{2}x+\frac{1}{2}a+b$　$x^2=-\frac{3}{2}x+\frac{3}{2}a+3b$　$x^2+\frac{3}{2}x-\frac{3}{2}a-3b=0$　①と②の交点のx座標をp，qとすると，$p+q=-\frac{3}{2}$　よって，中点Mのx座標は，$\frac{p+q}{2}=-\frac{3}{4}$

やや難 (2)　点Mのy座標は，$y=-\frac{1}{2}\times\left(-\frac{3}{4}\right)+\frac{1}{2}a+b=\frac{1}{2}a+b+\frac{3}{8}$　$M\left(-\frac{3}{4},\ \frac{1}{2}a+b+\frac{3}{8}\right)$　直線nの式を$y=-x+k$とおいて，点Aの座標を代入すると，$b=-a+k$　$k=a+b$　よって，直線nの式は，$y=-x+a+b$…③　①と③からyを消去すると，$\frac{1}{3}x^2=-x+a+b$　$x^2=-3x+3a+3b$　$x^2+3x-3a-3b=0$　①と③の交点をp，qとすると，$p+q=-3$　よって，中点Nのx座標は，$\frac{p+q}{2}=-\frac{3}{2}$　これを③に代入して，$y=\frac{3}{2}+a+b$　$N\left(-\frac{3}{2},\ a+b+\frac{3}{2}\right)$

L$(0,\ b)$　L, M, Nをy軸方向に$-b$平行移動した点をそれぞれL′, M′, N′とすると, L′$(0,\ 0)$, M′$\left(-\frac{3}{4},\ \frac{1}{2}a+\frac{3}{8}\right)$, N′$\left(-\frac{3}{2},\ a+\frac{3}{2}\right)$　L′, N′の中点をPとすると, P$\left(-\frac{3}{4},\ \frac{1}{2}a+\frac{3}{4}\right)$ M′P$=\left(\frac{1}{2}a+\frac{3}{4}\right)-\left(\frac{1}{2}a+\frac{3}{8}\right)=\frac{3}{8}$　△LMN＝△L′M′N′$=\frac{1}{2}\times\frac{3}{8}\times\frac{3}{2}=\frac{9}{32}$

5　(空間図形の計量問題―三角形の相似, 切断, 体積)

(1)　BP$=6\times\frac{2}{3}=4$, QH$=6\times\frac{3}{4}=\frac{9}{2}$　△ABP∽△QHSより, $4:$SH$=6:\frac{9}{2}$　SH$=3$　DS$=6-3=3$　PF$=6-4=2$　△ADS∽△RFPより, $6:$FR$=3:2$　FR$=4$

(2)　GR$=6-4=2$　△PFR∽△KGRより, $2:$GK$=4:2$　GK$=1$

重要　(3)　CK$=6+1=7$　縦CB, 横CD, 高さCKの直方体の体積は, $6\times6\times7=252$　この直方体を平面APKSで切断したときの体積は, $252\div2=126$　QG$=6-\frac{9}{2}=\frac{3}{2}$　三角錐K－GQRの体積は, $2\times\frac{3}{2}\times\frac{1}{2}\times1\times\frac{1}{3}=\frac{1}{2}$　よって, 求める体積は, $126-\frac{1}{2}=\frac{251}{2}$

★ワンポイントアドバイス★

4 (2)は, 文字bを消すために, 直線n, m, ℓをy軸方向に$-b$平行移動させて考えることがポイントである。N′L′の中点とM′のx座標が等しくなっていることに気づこう。

＜英語解答＞

1　① its　② proud　③ arriving　④ kindness　⑤ visitors
⑥ deeply　⑦ their　⑧ is　⑨ feel

2　(1)　③→talking　(2)　④→excited　(3)　③→understanding
(4)　②→for me　(5)　①→painting

3　① 4, 3　② 2, 4　③ 4, 5　④ 3, 1

4　(ア) 2　(イ) 3　(ウ) 3　(エ) 1　(オ) 2　(カ) 4　(キ) 1

5　(ア) 4　(イ) 7　(ウ) 5　(エ) 3　(オ) 1　(カ) 2

6　(ア) 4　(イ) 3　(ウ) 1　(エ) 5　(オ) 2

7　(ア) system　(イ) entrance　(ウ) trust　(エ) China　(オ) Germany

8　(1) 1, 3　(2) 2, 3　(3) 2　(4) 1　(5) 2

9　(1) falling　(2) environment　(3) ugly　(4) fields

10　(1) 3　(2) 1　(3) 1　(4) 2

11　(1) ×　(2) ×　(3) ○　(4) ○

12　(1) violent　(2) painter　(3) homework　(4) dentist

○配点○

1 各1点×9　8 各3点×5　他　各2点×48(3は各完答)　計120点

＜英語解説＞

基本 **1** **（長文読解問題・紹介文：語形変化，代名詞，分詞，文型）**

（全訳） どの国にも①独自のもてなしの形がある。多くの国が，見知らぬ人に手助けすることを②誇りに思っている。しかしアラブ世界の人々が示す気前の良さに匹敵する場所はほとんどない。

アラブのもてなしの伝統は厳しいアラビアの砂漠で生まれた。そこではお互いの助け合いが生き残るためにとても重要だ。習慣によると，アラブのテントに③到着した見知らぬ人は大事な客として扱われ，食事と寝る場所が提供され3日間の歓待を受ける。この伝統は今日，海外からの⑤訪問者へアラブの人たちが示す④やさしさに受け継がれている。

妻と私は中東のアラブの国であるヨルダンに2年間住み，そこの人たちの気前の良さに⑥深く感銘を受けた。私たちは贈り物をもらい，人々の家に招き入れられ，結婚式に招待された。しかも全く知らない人達からも！ 私たちが道に迷って行き方を尋ねた時は，人々は⑦自分たちの進路から外れて私たちを目的地まで連れて行ってくれた。私たちが「ありがとう！」と言うと，彼らは「お礼を言う必要はありません。見知らぬ人を助けること⑧は私たちの義務ですから」と言った。

かつて私たちはアラブ人家庭に招待された。そこの主人は「テレビが見たいですか？ ラジオが聞きたいですか？ それとも音楽が聴きたいですか？」と尋ねた。私たちをくつろいだ⑨気分にさせるため，彼はテレビとラジオとCDプレーヤーを同時につけた！

見知らぬ人が嫌われたり恐れられたりするような世界では，アラブ人と彼らの長いもてなしの歴史から学べることがたくさんある。

① 「その」の意味になるよう所有格の its にする。〈所有格＋ own ～〉「～だけの，独自の～」 ② be proud of ～「～を誇りに思う」 ③ 形容詞的用法の現在分詞句 arriving at an Arab tent が stranger を後ろから修飾する。 ④ kindness「やさしさ」(名詞) ⑤ visitor「訪問客」(名詞) ここでは複数と考えられるので複数形 visitors とする。 ⑥ deeply「深く」(副詞) ⑦ their「彼らの」(所有格) ⑧ 動名詞句 Helping strangers「見知らぬ人を助けること」が主語で，動名詞は単数扱いなのでbe動詞は is となる。 ⑨ 使役動詞構文〈make ＋目的語＋動詞の原形〉「…に～させる」

重要 **2** **（正誤問題：動名詞，前置詞，分詞）**

(1) 「私はサオリという名の妹がいる。彼女は電話で話すのが好きで，時々長時間友達と話して楽しむ」 ③を動名詞 talking にする。enjoy ～ing「～して楽しむ，楽しんで～する」

(2) 「私は学校の近くのアパートに引っ越す準備ができてわくわくしていた，なぜなら大勢の同級生がその建物に住んでいたからだ」 ④を excited にする。excited「(人が)わくわくしている」

(3) 「私たちはより多く学びたいため授業で質問をする，そしてこれは授業をよりよく理解するのに良い方法だ」 ③を understanding にする。a way of ～ing「～する方法」

(4) 「彼は私が商業を勉強していると知ると，私のために本を見つけ，よくそれらを私に読んで聞かせてくれた」 ②は for me「私のために」とする。〈read a book to ＋人〉「(人)に本を読み聞かせる」

(5) 「そこで絵を描いている男性は私のおじで，彼はそこで2時間やっている」 ①を動名詞にする。painting a picture there「そこで絵を描いている」が man を後ろから修飾する。

重要 **3** **（長文読解問題・紹介文：語句整序，不定詞，助動詞，前置詞，熟語，文型）**

（全訳） 世界のいくつかの地域では，①人々にとってきれいな水を手に入れることが非常に難しい。エチオピアではきれいな水を手に入れられる人はわずか22％だが，日本では誰でも問題なく手に入れることができる。

私はアンゴラの小さな村の女性について読んだ。彼女の名前はセリーナで，彼女はまだ幼い頃，毎日川から水を得るために約4時間歩いた。ある日，彼女の川の近くで大きなワニを何匹か見つけた。彼女は怖かったが，川岸へ行きワニたちの間で水を集めた。後で彼女は「私はそうしました，なぜなら家族が②飲み水がないと死んでしまうと思ったからです」と言った。

セリーナには別の問題もあった。川の水はきれいではなく，それを飲むと人々は時々具合が悪くなった。セリーナの家族も何人かそうなった。セリーナが母親になってから，③彼女の子供の何人かはこの問題のために亡くなった。アンゴラには彼女のような人が今でも大勢いるのだ。

数年前，ユニセフが水を川から村へ運ぶパイプラインを建設し始めた。井戸の建設も始めた。さらに④人々に水を飲んでも安全にする方法を教えた。今ではきれいな水を手入れることのできる人が増えた。しかし，私たちは，今でも世界にはきれいな水が手に入らない人々が大勢いるということを，常に覚えておくべきである。

① （it is）very difficult for people to get（clean water） 〈It is … for ＋人＋ to ＋動詞の原形〉「(人)にとって～することは…だ」

② （My family）would die without water to drink　without ～「～がなければ」 water to drink「飲み水」

③ （some of）her children died because of this problem 〈some of ＋複数名詞〉「～のいくつか，何人か」 because of ～「～のために，～が原因で」

④ （it taught）people how to make the water safe（to drink） 主語 it は UNICEF を指す。〈teach ＋人＋もの〉「(人)に～を教える」 how to ～「～する方法」

基本 **4** （長文読解問題・紹介文：語句補充・選択，熟語）

（全訳） キリマンジャロ山はとても(ア)高いのでしばしばアフリカの屋根と呼ばれる。その山は高さ19,340フィートで，つまり4マイル近くの高さがあり，空にそびえている。それはアフリカ大陸全体で最も高い地点である。

キリマンジャロの雪に覆われた山頂は印象深く，長い間，多くの訪問者たちへ刺激となっている。何年にも渡り，何千人もの人々がこの素晴らしい山に登るためにタンザニアに旅行してくる。他にも多くの人がその有名な氷河に覆われた山頂(イ)を眺めるために来る。

このような訪問者の1人がアメリカの有名な作家アーネスト・ヘミングウェイだった。彼はその山について小説を書き，それがその山を有名にした。1936年に初めて(ウ)出版されたその小説の名は「キリマンジャロの雪」という。

不幸なことに，この百年間にキリマンジャロの雪はだんだんと消えてしまっている。このため，この必要不可欠な水源と美しい景色が(エ)危機に陥っている。キリマンジャロの美しい雪の一部は今や(オ)なくなってしまった。でもどのくらいの量の雪が消えたのか。

1912年以降，キリマンジャロの氷河は80%以上小さくなった。山の上で起きている重要な変化はより一層明らかになっている。NASAの人工衛星が15年以上もの間，山頂の氷の写真を撮り続けている。衛星が1993年に撮ったキリマンジャロの写真は，そのわずか7年後に撮られたものと非常に(カ)異なっている。それらはその山に大きな変化があったことを示している。キリマンジャロの山頂の氷の(キ)量が非常に減ったのだ。

問　全訳下線部参照。（エ） put ～ at risk「～を危険にさらす」（カ） be different from ～「～と異なる」

5 （会話文問題：文補充・選択）

（全訳） アリシア：ああ，今日は楽しかった。私たち，本当にたくさん買ったね。

ケイティ：うん，でもいくつかすごくお買い得品をゲットしたよ。(ア)あなたが買ったバッグ，いいよね。

アリシア：ありがとう。私はその靴が気に入っているわ。
ケイティ：ねえ，アリシア。私はそのブレスレットを見たことがない。いつ買ったの？
アリシア：(イ)ああ，あなたがいない時に買ったの。
ケイティ：待って。私はそのブレスレットを覚えているわ。私たちが最後に行った店にあった。
アリシア：ああ，そうね…　私はあなたが見ていない時に買ったの。
ケイティ：でもそれはすごく高かった。本物のダイヤモンドよ。(ウ)あなたはそんなに大金を持っていないでしょう。
アリシア：えーと，私は…　クレジットカードで買ったの。とにかく，食べに行こうよ。
ケイティ：待って。どうしたの，アリシア？　私はあなたの親友よ。私に話して。
アリシア：いいえ，何でもない。
ケイティ：アリシア，(エ)あなたはそのブレスレットを盗んだの？
アリシア：えーと，もしかしたらケースに戻すのを忘れちゃったのかもしれない。
ケイティ：アリシア，それは万引きよ！　やってはいけないことよ！　今すぐお店に返しにいかないと。
アリシア：いや，だって…　えーと，とてもきれいだったから。どうしてもほしくて。本当にごめんなさい。初めてやったの。信じてくれるよね？
ケイティ：何を信じるべきかわからないわ。行こう。(オ)それを返しましょう。
アリシア：いいえ，それについては忘れて。もう二度としないわ。私たち，もし戻ったら大変なことになるかもしれない。大した額じゃないし。
ケイティ：戻らなかったらもっと大変なことになるかもしれないわ。(カ)私たちは観光客よ。彼らは私たちを覚えていてホテルに探しに来るかもしれない。
アリシア：待って，誰かがノックしている。返事しないで！
問　全訳下線部参照。(オ)　近い未来を表す進行形の文。take ~ back「~を返す，戻す」

重要　6　(長文読解問題・エッセイ：段落整序)

(全訳)　共通する言語がないと，外国人とコミュニケーションするのは不可能だと思う人がいる。それは本当だろうか。私はその答えをトルコで学んだ。

[ア] $_4$私はイスタンブールに到着したばかりで，トルコの人たちと知り合いたくてたまらなかった。2日目に私は若い男性が公園のベンチに座っているのを見かけた。「これはチャンスだ！」と思い，私は彼の横に座った。

[イ] $_3$「こんにちは，英語を話しますか？」と私は言った。彼は私を困った顔で見つめた。「フランス語を話しますか？」と私はフランス語で聞いた。返事はない。「ドイツ語を話しますか」　反応なし。

[ウ] $_1$その時点で私は諦めようとした。私は英語，フランス語，ドイツ語を試してみたが，彼はどれもわからなかった。共通の言語がないのにどうしてコミュニケーションできるのか。

その時，特別なことが起きた。彼はジェスチャーでコミュニケーションし始めたのだ。

[エ] $_5$彼は自分の腕時計を指さし，私を指さし，旅行する動作をして，尋ねる顔をした。彼は「いつここに来たのですか」と聞いていたのだ。私は自分の腕時計を指さし，指を2本立て，自分の背後を指さした。「2日前です」

[オ] $_2$次に彼は私を指さしてピアニストの真似をした。「ピアノを弾きますか？」　私は首を振り，「いいえ」。その後15分間で，私たちは身振り手振りだけで，旅行，スポーツ，趣味について詳しい会話をした。私は感動した。

だから，もしあなたが共通する言語がない状況に陥ったら，諦めてはいけない。創造性を発揮して，体を使ってジェスチャーでコミュニケーションしなさい。

やや難 **7** **（長文読解問題・紹介文：語句補充）**

（全訳） 大都市をあちこち行くのに最も良い方法は地下鉄だ。地下鉄はあなたを目的地へ速く，安全に，安く運んでくれる地下の鉄道である。

地下鉄は世界中で同じだろうか。いや，そうではない。それぞれの国に独自のシステムがある。

日本では，地下鉄の(ア)システムは高度に組織され，厳重に管理されている。入り口と出口にバリアがある。入る時と出る時の両方で機械がチケットを確認する。

フランスでは，地下鉄はそれほど厳重に管理されていない。(イ)入り口のバリアがあり，入る時に機械がチケットを確認する。しかし出る時にはチケットの確認がない。ただドアの外へ歩いて出ればよい！

ドイツでは，地下鉄は自由に出入りできる。あなたは自分のチケットに自分でスタンプを押して，それから電車に乗る。全てが無監督制で行われ，電車の職員が時々確認するだけだ。

最も厳しく管理されている地下鉄は中国のものだ。各駅の入り口に空港と同じセキュリティチェックがある。

地下鉄のシステムは私たちに，それぞれの国にどのくらいの(ウ)信用があるかを教えてくれる。日本は入り口と出口の両方で2回チケットを確認するので，信用レベルが低い。フランスは入り口でチケットを確認するが出口ではしないので，信用レベルが高いことを示している。(エ)中国は全ての乗客にセキュリティチェックを受けさせるので，最も信用が少ない。(オ)ドイツは乗客がチケットを所持していることを信用し，全くバリアを設けていないので，市民に対して最も高いレベルの信用を示している。

（ア） 第2段落第3文の system を入れる。 （イ） 第3段落第2文に barriers at entrances とある。これを an entrance barrier と書き換える。 （ウ） 直後の文の trust を入れる。 （エ） 第6段落第1文の China を入れる。 （オ） 第5段落第1文の Germany を入れる。

8 **（長文読解問題・エッセイ：内容一致，文補充・選択，語句解釈）**

（全訳） くさい靴下と大音量の音楽がないことで心が痛むとは，考えてもみなかった。でも兄が大学進学で家を出て，14歳の私は兄をひどく恋しく思っていた。私たちは妹と兄の間柄として珍しく仲が良いが，兄は男性として珍しい部類なのだ。もちろん，兄は頭がよくて親切で，さらに私の友達たち曰く，格好いい。しかしもっと私が誇らしいのは，兄の物事のやり方や友人や家族との接し方，人の気遣い方だ。それは私がそうなりたいと思うものだ。もし迷惑でなければ，どういう意味かあなた方にお伝えしたい。

兄は14の大学に申し込んだ。兄は1つを除いてすべてに合格した。その1つは兄が希望したブラウン大学だった。そこで兄は第2志望に決めて家を出て，平凡だけれども良い1年間を過ごした。兄は夏休みに帰宅すると，ある計画を思いついたと私たちに告げた。ブラウン大に入学するために必要なことは何でもする，と。私たちは兄を応援するべきか？

兄の計画は，ブラウン大の近くのロードアイランドに引っ越し，仕事を見つけ，その地域で名が知られるようになるためにできることは何でもする，ということだった。兄は一生懸命働き，全てにおいて最善を尽くすつもりだ，と言った。誰かがきっと気づいてくれる，と兄は信じていた。これは両親にとっては大ごとだった，なぜならそれは大学に行かずに1年を過ごすということに同意するということを意味し，それは彼らにとって恐ろしいことだったからだ。しかし両親は兄を信頼し，自分が夢をかなえるのに必要だと思うことは何でもやりなさい，と励ました。

まもなく兄は劇を製作するために雇われた，そう，ご想像のとおり，ブラウン大学で。今こそ兄が輝くチャンスで，実際に兄は輝いた。どんな仕事も引き受けた。兄はその仕事に全霊を注いだ。

兄は教師たちや理事たちに会い，みんなに自分の夢について話し，自分が追い求めているものについて躊躇なく話した。

そして案の定，その年の終わりに兄がブラウン大学に再び申し込むと，受け入れられた。

私たちは皆本当に喜んだ，でも私にとってその喜びは深く響いた。私は大切な教訓を学んだ。誰も言葉では教えられなかった教訓で，私が自分の目で見なければならなかった教訓だ。自分が望むもののために一生懸命取り組み，却下されても頑張り続ければ，夢はかなうのだ。これは私が今も心に留めている贈り物だ。兄のおかげで(私は人生を信頼できる)。

最近私は一人で兄を訪ねにロードアイランドまで飛行機で行き，両親抜きでアパートでだらだらと1週間過ごし，おもいっきり楽しんだ。私が出発する前の晩，私たちは彼氏のこと，彼女のこと，学校の同調圧力など，あらゆることを話していた。ある時，兄が私の目をまっすぐ見て私のことが大好きだと言った。兄は私に，自分が正しくないと感じることはどんなことであっても決してするな，そして自分の心を常に信用することを忘れるな，と言った。

私は，兄と私がこれからも仲良くいられるだろうと思い，そして私には兄がいてとても幸運だということに気づき，家に着くまでずっと泣いた。何かが変わった。私はもはや幼い少女ではないという気がした。この旅行で私の一部が成長し，家で私を待っている重要な仕事について初めて考えた。そう，私には10歳の妹がいる。それはまるで私に向いている仕事を得たかのようだ。ご存じの通り，私には素晴らしい先生がいたから。

(1)　1「筆者は今，兄と離れて住んでいる」(○)　2「筆者の兄はスポーツが得意だ」(×)　3「筆者は兄を尊敬している」(○)

(2)　1「筆者の兄は14歳で大学入学のためのテストを受けた」(×)　2「筆者の兄は第2希望の大学に入学した」(○)　3「筆者の兄はロードアイランドで働く計画があった」(○)

(3)　1「筆者の兄は職を得たがそれが気に入らなかった」(×)　2「筆者の兄は最終的にブラウン大学へ入学できた」(○)　3「筆者は学校を休んで家で勉強した」(×)

(4)　全訳下線部参照。筆者は兄が自分の力で夢をかなえたことを実際に見たので，自分自身や自分の人生に対して信じる気持ちになっている。よって1が適切。

(5)　2「筆者の妹にとって良い手本になること」　兄が筆者にとって良い手本になってくれたように，今度は筆者が妹にとって良い手本になるべき時が来た。role model「規範」

9　(リスニング)

Rubbish is everywhere these days. I'm fed up with it. Every time I walk down the street, I'm almost falling over it. I don't know why people can't throw their rubbish away properly. They are lazy and have no respect for others. They don't seem to care about the environment either. It's the same in every country. There's litter in the streets, even though there are rubbish bins everywhere. Rivers are full of plastic bags and bottles. This makes a beautiful place look ugly. And the countryside is full of rubbish. People even throw their TVs and fridges into fields, or anywhere they think people won't see them. Where I live now, people throw rubbish in the street outside their house. They think other people will pick it up.

(全訳)　近頃ゴミがあちこちにある。私はそれにうんざりしている。毎回通りを歩くたびに，私はその上で(1)転びそうになる。なぜ人々がゴミをきちんと捨てられないのか，私にはわからない。彼らはだらしがなく，他人に対する敬意がない。(2)環境についても考えていないようだ。それはどの国でも同じだ。あちこちにゴミ箱があるにも関わらず，通りにはゴミがある。川はビニール袋やペットボトルでいっぱいだ。このため美しい場所が(3)醜く見える。そして田舎もゴミがいっぱいだ。

人々はテレビや冷蔵庫を(4)畑の中や，人目につかないと思うところに捨てる。私が今住んでいるところでは，人々が自宅前の通りにゴミを捨てる。彼らは他の人が拾ってくれると思うのだ。

(1) fall over ～「～の上で倒れる」 (2) environment「環境」 (3) ugly「醜い」

(4) field「畑，草原」

10 (リスニング)

Cashier　: Hi. Is this going to be for here or to go?

Customer : Uh, to go, and uh, yeah... I'd like 80 cheeseburgers...

Cashier　: Oh, uh. Is that eighteen... one eight, or, uh, eight zero?

Customer : No, no, no... eighty, eighty.

Cashier　: Okay, uh, eighty cheeseburgers. It sounds like you're feeding a whole football team.

Customer : Well, actually, the food's for a girl's soccer team, and the coaches, and some wild fans.

Cashier　: Okay. Uh, yeah. What else can I get for you today?

Customer : Yeah. I'd like 50 large fries, uh, no 60. Make that 60.

Cashier　: Okay. Sixty like six zero.

Customer : Right, right, right.[Okay.] And then thirteen baked potatoes...

Cashier　: Okay...

Customer : For... Let's see here. Forty chocolate shakes...

Cashier　: Four zero, right?

Customer : Right. [Okay.] 15 large cokes, and uh, uh, let's see... a glass of water with no ice.

Cashier　: No ice?

Customer : Right, right. It's for our team cat.

Cashier　: Oh, yeah. The ice would be confusing (to the cat).

Customer : Okay. And uh, yeah. Yeah. I think that's all.

Cashier　: Oh, okay. So, it looks like your total is two ninety, thirteen ($290.13).

Customer : Whew!

Cashier　: And it's probably going to take about thirty to forty minutes 'cause that is a bit of food.

Customer : Oh, that's fine. Alright, thanks.

Cashier　: Alright.

(1) Question : Who will eat the food?

1 A lot of players on a football team.

2 The man ordering the food.

3 Many people including female soccer players, their coaches and fans.

(2) Question : Who is the water for?

1 The team's animal.

2 The coach.

3 A parent of a player.

(3) Question : How much is the total cost?

1 $290.13　2 $290.30　3 $219.13

(4) Question : How long will he have to wait?

1 For fifteen minutes.　2 About half an hour.　3 For an hour.

(全訳) レジ係：こんにちは。店内でお召し上がりですか，それともお持ち帰りですか？

客　　：えー，持ち帰り用です。あの，その，チーズバーガー80個お願いします。

レジ係：えっ。それは18，つまり1と8ですか，それとも8と0ですか？

客　　：いえいえ，80です，80。

レジ係：かしこまりました，チーズバーガー80個ですね。フットボールチーム全員分の食事のようですね。

客　　：実は，女子サッカーチームとそのコーチと熱狂的なファンの分なんですよ。

レジ係：わかりました。今日は他には何かございますか？

客　　：はい，ポテトのLサイズ50個，ああ，いいえ，60個。60個にしてください。

レジ係：かしこまりました。6と0で60ですね。

客　　：そうです，そうです。それからベイクドポテト13個。

レジ係：かしこまりました。

客　　：4… ちょっと待って。チョコシェーク40個。

レジ係：4と0ですね？

客　　：そうです。コーラLサイズを15個。それと，えーと，氷抜きの水を1杯。

レジ係：氷抜きですか？

客　　：そうそう，チームの猫用だから。

レジ係：ああ，なるほど。氷は猫にとって迷惑ですね。

客　　：そうです。うん，よし。これで全部だと思います。

レジ係：かしこまりました。合計金額は290ドル13セントです。

客　　：おお！

レジ係：それと，おそらく30分から40分ほどお時間がかかります。量が多いので。

客　　：ああ，構いません。わかりました，ありがとう。

レジ係：かしこまりました。

(1) 誰がその食べ物を食べるか。

1 フットボールチームの大勢の選手。

2 注文している男性。

3 女性サッカー選手，コーチ，ファンを含む大勢の人。

(2) 水は誰のためか。

1 チームの動物。　2 コーチ。　3 ある選手の親。

(3) 合計金額はいくらか。

1 290ドル13セント。　2 290ドル30セント。　3 219ドル13セント。

(4) 彼はどのくらい待つか。

1 15分間。　2 およそ30分。　3 1時間。

11 (リスニング)

Asian visitors to the United States are often surprised and disappointed by how quiet American baseball fans are. "When I went to a baseball game in San Francisco, everybody was just sitting there watching the game. It was kind of boring," says Barry Lin, a Taiwanese student at the University of California, Berkeley. "Baseball was invented in the United States," Lin says. "but Americans don't seem very excited about their game." It's true. Baseball fans in the United States are some of the quietest in the world. It's common to see baseball fans eating hot dogs and popcorn, and chatting with friends. "When I go to a baseball game," says Ginger Hanson from San Francisco, "I want to have fun with friends and catch up on their lives. The real reason I go is for the social experience."

Like the fans in Japan and Taiwan, the fans in the Dominican Republic cheer loudly throughout the game. They also sing and dance! Since music and dancing are an important part of Dominican culture, you might even find a merengue band moving through the stands at a baseball game. Despite the music and dancing, many Dominican fans are very serious about baseball. Carl Parmenter, an American living in the Dominican Republic, says,"At Dominican games, you see groups of men drinking small cups of sweet coffee, carefully analyzing every pitch, every hit, every play. American fans don't usually follow the game that closely."

(1) Baseball fans in America and the Dominican Republic take baseball games seriously.

(2) When you go to a baseball game in America, you see groups of people cheering for the players by singing and dancing.

(3) Baseball fans in America don't often show their excitement for the game.

(4) People in America often go to a baseball game with their friends and talk with each other.

(全訳) アメリカを訪れたアジア人たちはアメリカ人の野球ファンが静かなことに驚きがっかりすることがよくある。「私がサンフランシスコで野球の試合に行った時，みんなは座って試合を見るだけでした。ちょっと退屈でした」とカリフォルニア大学バークレー校の台湾人学生バリー・リンは言う。リンは「野球はアメリカで発明されたのに，アメリカ人たちは試合であまり興奮していないようです」と言う。それは本当だ。アメリカの野球ファンは世界で最も静かなファンの部類である。野球ファンがホットドッグとポップコーンを食べ，友達たちとおしゃべりしているのはよく見られる。サンフランシスコ出身のジンジャー・ハンソンは「私が野球の試合に行く時は，友達と楽しんで彼らの生活について話を聞きたいからです。私が行く本当の理由は社交のためです」

日本や台湾のファンと同じように，ドミニカ共和国のファンも試合中大声で応援する。彼らは歌ったり踊ったりもする。音楽と踊りはドミニカの文化にとって重要なので，メレンゲバンドが野球の試合中にスタンド内を動き回るのを見かけることがあるかもしれない。音楽と踊りにも関わらず，多くのドミニカのファンが野球に対してとても真剣だ。ドミニカ共和国に住むアメリカ人のカール・パーメンターは「ドミニカの試合では，男性グループが小さなカップに入った甘いコーヒーを飲み，全ての投球，打球，プレーについて綿密に分析しているのを見かけます。アメリカのファンは普通，試合をそんなにしっかりと追いません」

(1) アメリカとドミニカの野球ファンは野球の試合を真面目に考える。

(2) アメリカで野球の試合に行くと，人々の集団が歌ったり踊ったりして選手を応援するのが見える。

(3) アメリカの野球ファンは試合に対する興奮をあまり表さない。

(4) アメリカの人々は友達と一緒によく野球の試合に行き，お互いに話す。

12 (リスニング)

(1) The woman likes old movies because they were not (v).

A : Old movies are the best.

B : Even though they're in black and white?

A：A good story is more important than color.
B：Actors didn't curse back then.
A：And there was no violence.
B：People today don't like that.
A：No, today people like lots of action.
B：I like a good story.
A：I like to see actors who are like real people.
B：Like real people with real problems.
A：They still make movies like that.
B：Yes, but they never make much money.

(2) The woman believes that the man is a good (p).

A：Tell me, what do you enjoy doing in your spare time?
B：I enjoy drawing and painting.
A：You know how to draw and paint?
B：Yes, I do.
A：When did you learn how to do that?
B：I learned back in high school.
A：Oh, so you took an art class?
B：Yeah, I loved that art class.
A：I see that you're pretty talented.
B：Thank you very much.
A：I wish I had a talent like that.
B：I'm sure you have a talent. It's just hidden.

(3) The girls have English (h).

A：Did you go to school today?
B：Yeah, I went to school today. Were you there?
A：No, I didn't go, I've been sick.
B：Do you want the assignments from English class?
A：That would be nice, thank you.
B：No problem, you're welcome.
A：I will be glad to do the same for you when you're sick.
B：Well, thank you. I hope to see you at school tomorrow.

(4) The women are talking at the (d)'s office.

A：So what brings you to my office today?
B：My tooth is killing me!
A：How long has your tooth been bothering you?
B：It just started hurting me last night.
A：Have you injured your tooth in any way?
B：I think one of my fillings might be coming loose.
A：Do you have a special kind of toothbrush that you like to use?
B：I have an electric toothbrush.
A：Does it bother you when you eat something really sweet?

B：Oh yeah, when I do that, it hurts a lot more!

(1) 「昔の映画は暴力的ではないので，その女性は古い映画が好きだ」

A：古い映画が一番いいわ。
B：白黒でも？
A：色よりもストーリーがいいことが大切よ。
B：当時は俳優たちがののしったりしなかったよね。
A：暴力もなかったわ。
B：今の人たちはそれが好きじゃない。
A：そうね，今の人たちはアクションがいっぱいあるのが好きよね。
B：僕はストーリーがいいのが好きだな。
A：私は現実の人達みたいな俳優さんを見るのが好き。
B：現実的な問題を抱えた現実の人たちのような。
A：そういう映画もまだ作られているわ。
B：うん，でもそれじゃ儲からないんだよ。

(2) 「女性は男性がよい画家だと思っている」

A：余暇に何をして楽しんでいるのか，教えて。
B：絵を描いたり絵具で塗ったりして楽しむよ。
A：絵の描き方や絵具の塗り方を知っているの？
B：うん。
A：いつその方法を習ったの？
B：高校時代に習ったよ。
A：あら，じゃあ美術の授業を取ったの？
B：そうだよ，僕はその美術の授業が大好きだった。
A：あなたはとても才能があるのね。
B：どうもありがとう。
A：私にもそんな才能があったらなあ。
B：君にもきっと才能がある。隠れているだけだよ。

(3) 「少女は英語の宿題がある」

A：今日学校に行った？
B：うん，僕は今日学校へ行ったよ。君はいた？
A：いいえ，私は行かなかった，具合が悪いの。
B：英語のクラスの課題がほしい？
A：それは助かる，ありがとう。
B：問題ないよ，どういたしまして。
A：あなたの具合が悪い時は，私も喜んで同じことをするね。
B：ああ，ありがとう。明日学校で会えるといいね。

(4) 「女性たちは歯科医院で会話している」

A：今日はどのようなことでいらっしゃいましたか？
B：歯が痛くて死にそうです！
A：どのくらい歯でお悩みですか？
B：昨晩痛みだしたばかりです。
A：何か歯を傷つけるようなことをしましたか？

B：詰め物の1つが緩くなっていると思います。
A：特に好んで使う歯ブラシの種類がありますか？
B：電動歯ブラシを持っています。
A：何かとても甘いものを食べるとつらいですか？
B：はい，そうするとさらにひどく痛みます！

★ワンポイントアドバイス★

問題量が多いので，試験開始直後に全体を確認し，素早く解き進めよう。

<国語解答>

一　問一　A　透明性　B　河川　問二　(例)　ブナ林，原料などという立地条件がそろっており，さらに統治していたハプスブルク家の保護があったから。
問三　(例)　ガラス産業の発展に伴い，ボヘミアの樹木が伐採され，森が荒廃したこと。
問四　(例)　開放性と光の取り組みを目指してガラスを用いた建築が主流となり，割れやすさを克服した強化ガラスの多用によって，窓面積がますます拡大したこと。
問五　(例)　光をカーテンという厚手の布によって，直接的に遮断し，物理的にコントロールするもの。　問六　半透明で通過させた　問七　(例)　外からの光を遮断する
問八　E　装飾的　G　再生[循環]　問九　F　オ　J　ア　問十　(例)　障子紙の破れを修理するときに，桜や梅の花といった美しい形に切り抜いたもので塞ぐこと。
問十一　1　ウ　2　エ　3　ア　問十二　イ　問十三　I　数奇[数寄]　K　枚挙　L　いとま[暇]　問十四　(例)　真っ黒な闇の中に乏しい光で見ると，にぶい美しさが浮かび出る点。　問十五　ア・ウ・オ　問十六　(例)　障子を開けると，部屋の境界がなくなり，庭の自然と一体化することで，季節の移り変わりを肌で感じ取ることができる利点。
問十七　(例)　日本は自然と一体化することを求める考え方で，ヨーロッパは自然を人間の意志で支配する考え方である。

二　1　純朴　2　撤回　3　清廉　4　埋没　5　輪郭　6　雑踏　7　報酬
8　媒介　9　慕(う)　10　繕(う)

○配点○
一　問一・問六～問九・問十二・問十五　各3点×10(問十五完答)
問二・問四・問十六　各5点×3　問三・問五・問十・問十四　各4点×4　問十七　7点
他　各2点×6　二　各2点×10　計100点

＜国語解説＞

一 （論説文―大意・要旨，文脈把握，接続語の問題，脱文・脱語補充，熟語，ことわざ・慣用句，文学史）

問一　A　直前の文に「ヨーロッパと日本の窓は，ガラスと紙というきわめて対照的な特性をもつ素材が用いられてきた」とあり，（　A　）を含む文はガラスと紙の特性の違いについて述べている。「ガラスというすべすべとした無機質な」と「紙という有機質の柔らかい感触」以外の特性を考える。二つ目の（　A　）の前に「不」とあることから，ガラスにあって紙にはない特性を考えると，透明な性質が浮かぶ。「ガラスは日常生活」で始まる段落に「ガラスは……その透明性が，ガラス窓の最大の利点である」とある。　B　前後の文脈から，ルネサンス期のヨーロッパにおいて，ガラスの製造地に必要とされたものを考える。二つ目の（　B　）の後に「ガラス製品を各都市へ輸送するため」とある。さらに「かつてボヘミアは」で始まる段落に「かつてボヘミアは森林が鬱蒼と茂る豊かな自然に恵まれ……河川としてモルダウという，ガラス工業の立地条件がすべてそろっていた」とあり，ここから「ガラス製品を各都市へ輸送するため」に必要な言葉を抜き出す。

問二　一つ後の「かつてボヘミアは」で始まる段落の内容に着目する。「かつてボヘミアは森林が鬱蒼と茂る豊かな自然に恵まれていた。とくに手つかずのブナ林，原料の石灰石と無水珪酸，河川としてモルダウという，ガラス工業の立地条件がすべてそろっていた。その上，この地を治めていたハプスブルク家は，重要なガラス産業を保護した」とあり，ここからボヘミアがガラスの製造地となった理由を読み取ることができる。この二文を一文にして簡潔にまとめる。

問三　――部②の直前に「以上のような」とあるので，これより前でボヘミア・ガラスに関する歴史を述べている部分を探す。直前の段落に「こうしてルネサンス以降，神聖ローマ帝国下で，需要の増したガラス製造のために，ボヘミアの樹木が大々的に伐採され，森が荒廃した」とあり，これが「負の歴史」の具体的な内容にあたる。

問四　――部③の「ガラス」が「都市風景の顔となり目となった」は，都市ではガラスが多用されるようになったことを比喩的に表現している。同じ段落の「開放性と光の取り込み」を目指してガラスを用いた建築が主流となり，さらに割れやすさを克服した強化ガラスによって「ガラスの需要を飛躍的に拡大する」という過程を加えて説明する。

問五　光に対するヨーロッパ人の考え方を述べている部分に着目する。一つ後の段落の「ヨーロッパ人が日光を人間の力によって物理的にコントロールしようとする」や「日本の障子は」で始まる段落の「ヨーロッパでは……窓ガラスの光の透過性を，カーテンという厚手の布によって，直接的に遮断し，光を物理的にコントロールする」などの叙述をもとに，筆者の考えをまとめる。

問六　「日本の障子は自然の移り変わりのまま，間接光を」どのように取り入れるのかを考える。同じ文の，ヨーロッパでは「直接的に遮断」と対照的な内容であると想定した上で，「日本の障子」について述べている部分に注目する。「日本ではヨーロッパと異なり」で始まる段落に「日本人は庇を深くして光線をやわらげ，障子によってそれを半透明で通過させた」とあり，ここから適当な言葉を抜き出す。

問七　二つ目の[D]の前後の文脈から，[D]にはカーテンの役割の一つ目が入るとわかる。「日本の障子は」で始まる段落に「ヨーロッパでは……窓ガラスの光の透過性を，カーテンという厚手の布によって，直接的に遮断し，光を物理的にコントロールする」とあり，ここで挙げている言葉を用いて，カーテンの一つ目の役割を簡潔にまとめる。

問八　E　カーテンの四つ目の役割に，どのような要素があるのかを考える。直後の「カーテンの色やデザインによって，室内の雰囲気を変化させることができた。インテリアとしてのカーテンは……ヨーロッパの王侯貴族の邸宅においても，これが主動的役割を果たした」がヒントになる。「ヨーロッパの王侯貴族の邸宅」について述べている一つ前の段落の「ヨーロッパのカーテンは，もともと窓を覆うものではなく，王侯貴族の天蓋つきのベッドの周囲を囲むもの……天蓋つきベッドのカーテンには装飾的役割もあった」から最適な言葉を抜き出す。 G 前後の文脈から，日本で重要視され，建築にもみられる「永遠や絶対」とは対照的な思想とは，どのようなものか。直後の段落で，障子紙の張り替えの事例を挙げ，「気持ちを入れ替える再生の通過儀礼」と述べている。この「再生」が，「永遠や絶対」とは対照的な思想にあたる。

問九 F 直前の「台風，水害」に通じるのはオの「天変地異」。 J 襖絵のモティーフとして描かれることが多いのはアの「花鳥風月」。同じ文の「自然に囲まれた世界」もヒントになる。

問十 ――部⑤の直前に「モースは障子の修理においても」とあるので，日本人の障子の観察を記したモースの文章に注目する。モースが「繊細な日本人の美意識」を感じたのは，障子紙を修理する際，日本人が桜や梅の花といった美しい形に切り抜いたもので破れ目を塞ぐことによる。

問十一 1 前の「素材の違い」の例を，後で「日本の場合，木の素材を生かした」と挙げているので，例示の意味を表す言葉が入る。 2 直前の段落の，木もれ日を楽しみながら夏の直射日光の跳ね返りを排除するような日本の住環境の工夫から当然予想される内容が，後に「日本において光と影はヨーロッパのように二項対立ではなく，太陽の移動によって濃淡をともなった無数の段階が見られた」と続いているので，順接の意味を表す言葉が入る。 3 「谷崎は……苦言を呈している」という前に対して，後で「谷崎が……否定しているのかといえばそうではない」と相反する内容を述べているので，逆接の意味を表す言葉が入る。

問十二 前後の文脈から，ヨーロッパの美的感覚にふさわしいものを選ぶ。本文の前半で，ヨーロッパ貴族の天蓋つきベッドのカーテンの装飾性について述べていたことから判断する。

やや難 問十三 I 風流を好むという意味を表す「すき」と読む言葉を入れる。 K いちいち数え上げるという意味を表す「まいきょ」と読む言葉を入れる。 L ひまな時間という意味を表す言葉を入れる。

問十四 直後の谷崎の文章は，派手な蒔絵は「暗い部屋を頭に置き，乏しい光りの中における効果を狙ったのに違いなく，金色を贅沢に使ったりしたのも，それが闇に浮かび出る工合や，燈火を反射する加減を考慮したものと察せられる」と評価している。その後の「もはや」で始まる段落で，「実際に」金銀の華麗な装飾を「見る場合，部屋は薄暗い状態が多かった。日本独特のにぶい金色の美しさは，その背景から生みだされたもの」とまとめている。この内容を，「～点。」につなげる形で答える。

基本 問十五 イは新見南吉，エは芥川龍之介の作品。

問十六 「可変性」は，変えることができるという意味。障子の可変性について述べている部分を探す。「障子は開け閉めによって」で始まる段落に「障子は開け閉めによって開口部の面積を自由に可変することができる」とあり，その後に「障子を開けると，部屋は境界がなくなり，庭の自然と一体化する。春の自然の息吹，夏の濃い緑，秋の落ち葉，寒々とした冬，そして雪景色，その移り変わりを肌で敏感に感じ取ることができる」と利点を述べている。字数指定はないが，一行を30字から35字，二行で50字以上70字以内にまとめるとよいだろう。

重要 問十七 「日本とヨーロッパの自然観」というのであるから，「日本は……，ヨーロッパは……である。」の形式を設定する。本文で「日本とヨーロッパの自然観」について述べている部分を探すと，「日本の障子は」で始まる段落で，ヨーロッパではカーテンによって光を遮断し物理的にコントロールすることを「人間の意志による自然の支配の一例」としており，ここからヨーロッパの自然観を読み取る。日本の自然観については，「日本家屋には」で始まる段落の「自然に逆らわないこのような発想」や，「オノマトペは」で始まる段落の「自然と一体化して暮らしてきた，先史時代からの日本人の情感」などの表現を用いてまとめる。

二 （漢字の読み書き）

1　飾り気がなく素朴なこと。「朴」を使った熟語は，他に「質朴」「朴訥」などがある。　2　いったん提出したものを取り下げること。字形の似た「徹」と区別する。　3　心が清らかで私欲が無いこと。「廉」を使った熟語は，他に「廉直」「廉価」などがある。　4　うずもれて見えなくなること。　5　物の周囲を縁取っている線。「郭」を使った熟語は，他に「外郭」「城郭」などがある。　6　多数の人でこみあうこと。「雑」の他の音読みは「ゾウ」。「踏」を使った熟語には，他に「踏襲」「踏破」などがある。　7　労力の対価として給付されるお金。「報」の訓読みは「むく（いる）」。「酬」を使った熟語には，他に「応酬」などがある。　8　両方の間に立ってとりもつこと。「媒」を使った熟語には，他に「触媒」「媒体」などがある。　9　音読みは「ボ」で，「思慕」「恋慕」などの熟語がある。　10　音読みは「ゼン」で，「修繕」「営繕」などの熟語がある。

★ワンポイントアドバイス★

一の空欄補充の問題では，問題文が長いのでやみくもに探すのは効率が悪い。空欄の前後をよく読むだけではなく，文章全体の構成を考えて同じ話題について述べている部分を探す意識を持つことで該当箇所を探し出そう。

MEMO

大切なことはメモしておこうネ！

2020年度

★★★★★★★★★★★★★★★★★★★★★★★★

入　試　問　題

2020年度

明治大学付属明治高等学校入試問題

【数　学】（50分）　＜満点：100点＞

【注意】 1．解答は答えだけでなく，式や説明も解答用紙に書きなさい。（ただし，1は答えだけでよい。）

2．無理数は分母に根号がない形に表し，根号内はできるだけ簡単にして表しなさい。

3．円周率はπを使用しなさい。

4．定規・分度器・コンパスは使用できません。

1 次の □ にあてはまる数や式を求めよ。

(1) $\begin{cases} 2x-\sqrt{3}y=1 \\ \sqrt{3}x+2y=1 \end{cases}$ のとき，$x+y=$ □ である。

(2) $(x-6y+3z)(x+2y-z)+5z(4y-z)-20y^2$ を因数分解すると，□ である。

(3) ある商品1つの定価をx %値下げすると，売上個数は$\dfrac{x}{4}$%増加する。この商品の売上総額が16%減少したとき，$x=$ □ である。ただし，$x>0$ とする。

(4) 5個の数字1，2，3，4，5から異なる3つの数字を使って3桁《けた》の3の倍数をつくるとき，小さい方から14番目の数は □ である。

(5) 右の図のように，1辺の長さがaの正三角形ABCを，辺BCの中点Oを中心として1回転させる。このとき，三角形全体が通過する部分の面積をS，辺ABが通過する部分の面積をTとすると，$\dfrac{S}{T}=$ □ である。

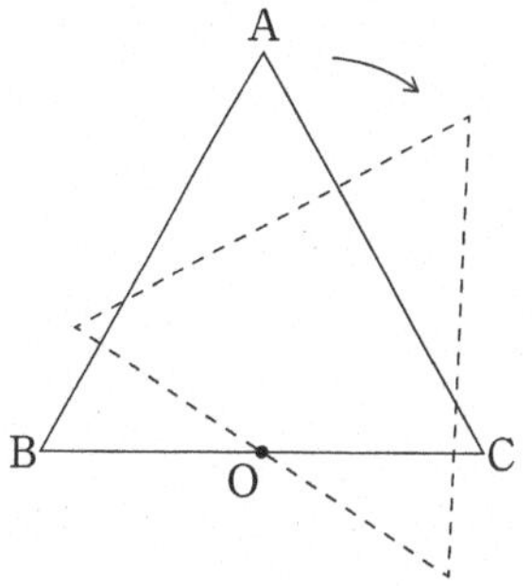

2 xについての2次方程式 $x^2-(a^2-4a+5)x+5a(a-4)=0$ において，aが正の整数であるとき，次の各問いに答えよ。

(1) この2次方程式の解が1つになるようなaの値を求めよ。

(2) この2次方程式の2つの解の差の絶対値が8になるようなaの値をすべて求めよ。

3 右の図のように，円周上に3点A，B，Cがある。点Aを含まない$\overset{\frown}{BC}$を2等分する点をDとし，ADとBCとの交点をEとする。AB＝5，AC＝8，AE：ED＝2：3 であるとき，次の各問いに答えよ。

(1) AEの長さを求めよ。

(2) BCの長さを求めよ。

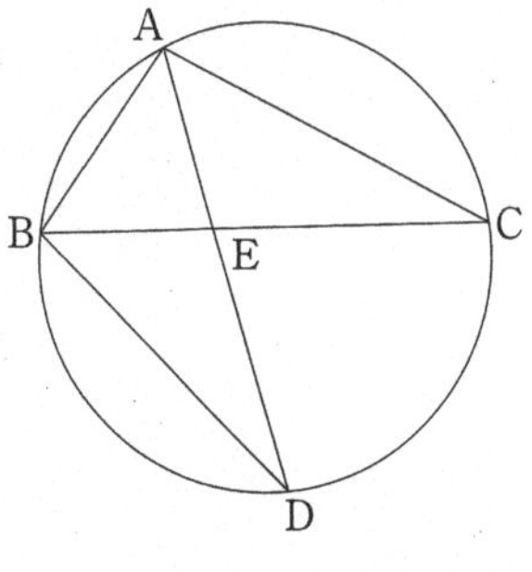

4 右の図のように，放物線 $y=x^2$ 上に2点A，Bがあり，x 座標はそれぞれ－2，1である。線分AB上に点Cがあり，$\mathrm{AC}=\sqrt{2}$ である。放物線上の点Aから原点Oまでの部分に点Dを，線分AD上に点Eをとって，BD∥CEにすると台形CEDBの面積が $\dfrac{56}{27}$ になった。
このとき，次の各問いに答えよ。

⑴ 点Cの座標を求めよ。

⑵ 点Dの座標を求めよ。

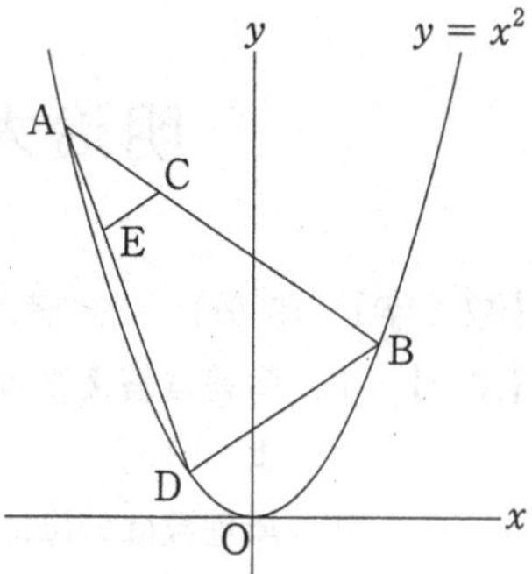

5 右の図のように，放物線 $y=-x^2$ と直線 ℓ との交点をA，Bとする。また，直線 ℓ と x 軸との交点をC，点Aを通る y 軸に平行な直線と x 軸との交点をDとする。点Aの x 座標を $a\left(\dfrac{1}{2}<a<1\right)$ とすると，直線 ℓ の傾きは $-2a+1$ となった。
このとき，次の各問いに答えよ。ただし，原点をOとする。

⑴ 点Bの x 座標を a の式で表せ。

⑵ 点Bが線分ACの中点となるとき，a の値を求めよ。

⑶ ⑵のとき，△CADの面積は△OBAの面積の何倍か。

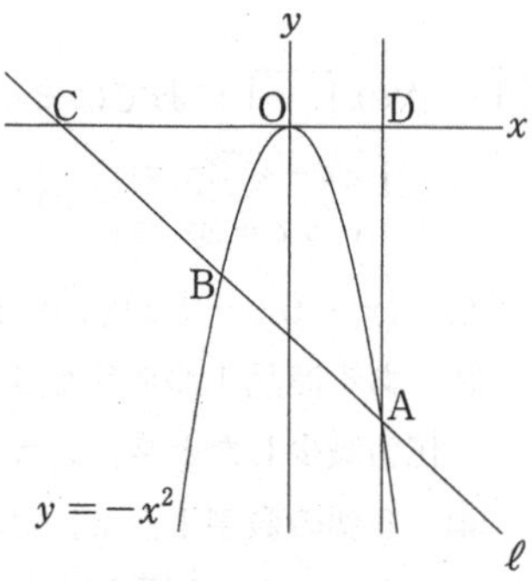

【英　語】(60分)　＜満点：120点＞　※リスニングテストの音声は弊社HPにアクセスの上，音声データをダウンロードしてご利用ください。

【注意】 リスニング問題は放送による問題で，試験終了20分前に開始します。

1 次の英文の内容に合うように，（１）～（５）に入る最も適切な語を語群の中からそれぞれ１つ選び，必要があれば適切な形に直して答えなさい。ただし，語群の語は１度ずつしか使えない。

At the 1988 Winter Olympics, the most famous competitor wasn't the fastest skier or the strongest ice skater. He didn't (1) a gold medal—or any medals at all. In fact, Eddie Edwards finished last in the ski jumping competition. But his courage (2) him a favorite of fans around the world, who nicknamed him "Eddie the Eagle."

Eddie was a construction worker from a small town in England. He had a dream to make the Olympic team. He was a good skier and almost made the British team in 1984. For the 1988 games, he became England's number one ski jumper for a simple reason—nobody else wanted to try.

Eddie had no money and no coach. He saved money to (3) used equipment—his ski boots were too big, so he wore six pairs of socks, he didn't see very well and wore thick glasses. "Sometimes I take off and I can't see where I'm going," he said. Before each jump, he was afraid that he might fall. But he worked hard to learn and to improve.

At the Olympic Games in Calgary, Eddie competed in the 70m and 90m jumps. He (4) without falling, but came in last in both events.

Many people loved Eddie for his dream and his courage. But others thought he wasn't good enough to compete. To these people, Eddie said, "Where is it (5) that the Olympics are only for winners?"

Eddie's performance (2) him famous in England. When he returned home, 10,000 people met him at the airport. Today, Eddie is a construction worker again, but he is also famous thanks to the 2016 film, "Eddie the Eagle."

[buy / land / make / visit / win / write]

2 次の各英文の下線部①～④のうち，文法的に誤りのある箇所を見つけ，例にならって答えなさい。

例） Mr. White ①are teaching English ②in ③this room ④now.

答え：[①→ is teaching]

(1) Builders ①tried to make the building straight again ②as they added more floors, but they couldn't figure out ③how to make it stop ④to lean.

(2) After the Taj Mahal ①was completed, Shah Jahan ②killed the man who made the Taj Mahal because he did not want him to ever ③built anything ④more beautiful than the Taj Mahal.

(3) In 1927, a Japanese doctor, Furukawa Takeji, ①carried out ②research and

③came up with the idea that people with different blood type ④has different personalities.

(4) On February 14, 270 A.D., a man ①named Valentine ②was killed by the Romans ③because his ④beliefs.

(5) After the divorce, Mr. Guersci wanted to ①quick find ②a new wife, so he went to a computer dating agency to help him ③look for ④one.

3 次の英文の内容に合うように，[ ] 内の語（句）を適切に並べかえ，３番目と５番目にくるものを，それぞれ番号で答えなさい。

Many students of English think that learning a new language is very difficult. Now think ①[1. learn / 2. difficult / 3. it / 4. English / 5. how / 6. is / 7. to] when your brain is only the size of a bird's brain! That is what some birds can do.

Many different kinds of birds can copy the sounds of language. African gray parrots are the birds best known for this.

Every December in London, the National Cage and *Aviary Bird Show tries to find the best "talking" bird in the world. One bird named Prudle stood out among the "talking birds" by winning this prize every year from 1965 to 1976.

Prudle was taken from his nest in Uganda in 1958. He was sold to Iris Frost, ②[1. him / 2. of / 3. home / 4. took / 5. who / 6. at / 7. care] in Seaford, England. Before he died in 1994, aged thirty-five, Prudle knew almost 800 words in English. Prudle was also ③[1. lived / 2. that / 3. the / 4. in a cage / 5. bird / 6. in the world / 7. oldest].

Another intelligent bird, a *budgerigar named Puck, was tested in 1993. It ④[1. more / 2. Puck / 3. knew / 4. that / 5. words / 6. out / 7. turned] than Prudle. Puck knew more than 1,700 English words. In the 2003 Guinness Book of World Records, ⑤[1. as / 2. was / 3. knowing / 4. more / 5. listed / 6. Puck / 7. words] than any other bird in the world.

注）aviary　a large cage in which birds are kept
budgerigar　a small Australian bird, also called "budgie"

4 次の英文の（ア）～（オ）に入る最も適切な語をそれぞれ１つ選び，番号で答えなさい。

Most species of birds have（ ア ）s of branches and leaves, but emperor penguins don't. They use their feet for a（ ア ）.

A female emperor penguin（ イ ）one egg in May or June. She then goes away to sea to look for food. She leaves the male to take care of the egg. The male penguin holds the egg on his feet to keep it（ ウ ）. If the egg touches the ice, it will freeze and die.

June is the middle of winter in *Antarctica. It is dark and windy. Everything is frozen. Male penguins stand side by side in large groups to keep each other (ウ). They stand like this for four months until the eggs hatch.

When the eggs hatch, the female penguins (エ). Together, the parents take care of the young. By summer, the young are bigger and can look for food by themselves. By winter, the young are big enough to (オ) the cold without their parents.

注) Antarctica 南極

ア	1 house	2 nest	3 place	4 web
イ	1 puts	2 bears	3 places	4 lays
ウ	1 calm	2 cool	3 warm	4 straight
エ	1 return	2 run	3 retire	4 remain
オ	1 receive	2 swim	3 survive	4 feel

5 次の会話文の（ア）～（オ）に入る最も適切なものをそれぞれ1つ選び，番号で答えなさい。選択肢は1度ずつしか使えない。ただし，文頭にくる語も小文字で表記してある。

Ramon: Hi, Ling. It's Ramon. Is this a good time to talk?
Ling: Um, (ア) I'm late for seminar. I'm going to have to run.
Ramon: Oh, OK. I just wanted to ask about this weekend.
Ling: Well, can I call you back tonight? I've got to get going.
Ramon: OK. (イ) I'm going to the gym after work.
Ling: Oh, good. I'll call you later. I'd better go now.
Ramon: Yeah. So think about what you want to do on Saturday.
Ling: (ウ) Listen, Ramon, I've really got to go. (エ)
Ramon: All right. (オ) By the way, what's your seminar about?
Ling: Being *assertive. Bye now!
Ramon: Oh, OK! Talk to you later.

注) assertive 積極的な

1 I'm already late.　　2 not really.　　3 I think so.
4 I'll be home after 8:00.　　5 yeah, I will.　　6 I'll let you go.

6 次の英文を読み，あとの問いに答えなさい。

(ア) From high-tech clothing to artificial arms and legs, there are many new ways to improve performance. However, many people worry that technology can give some athletes an advantage. It can make competitions unfair. Also, often only wealthier athletes and teams can buy expensive, high-tech equipment. Do we want the best athlete to win, or the athlete with the best equipment to win?

(イ) Several years ago, sports engineers invented a new material for swimsuits. It has many of the same qualities as shark skin. When swimmers use full-body suits made of this material, they swim faster and float better. The material also sends more oxygen to swimmers' muscles.

（ ウ ） Soon after, swimmers using the suits began breaking world swim records at a surprising rate. In the 2008 Beijing Olympic Games, swimmers broke twenty-five world records. Twenty-three of those swimmers wore the high-tech suits. By comparison, Olympic swimmers broke only eight world records in 2004. Then, in the 2009 World Championships, swimmers broke forty-three world records. People knew that the new suits were helping athletes. In January 2010, the Federation Internationale de Natation (International Swimming Federation, or FINA) banned the high-tech suits. Most competitive swimmers were happy about the ban. As one Olympic swimmer said, "Swimming is actually swimming again. It's not who's wearing what suit, who has what material. We're all under the same guidelines."

（ エ ） Clearly the expensive, high-tech suits were the reason behind the faster swimming times. The suits gave some swimmers an unfair advantage.

（ オ ） New equipment can certainly be good for a sport. For example, tennis rackets used to be wooden. The heavy rackets could break and cause injuries. In the 1980s, companies introduced new high-tech carbon rackets, which are easier and safer to use. The new rackets have made tennis more enjoyable for the average tennis player. Technology has improved equipment in all sports, from downhill skiing to bicycle racing.

（ カ ） In the future, sports engineers may invent an artificial leg that is better than a real leg. Will it be acceptable for competitions? Do high-tech contact lenses give golfers an advantage? Can runners use special shoes that help them run faster while using less energy? These questions do not have easy answers. We must be aware that technology can sometimes make sports unfair. However, we should welcome improvements that make sports more enjoyable and safer for all.

⑴ 本文中の（ア）～（カ）に入る最も適切なものをそれぞれ1つ選び，番号で答えなさい。

1 Better equipment is not always a bad thing, of course.
2 Companies introduced these new high-tech swimsuits in 2008.
3 In the two years after the ban, swimmers broke only two world records.
4 Nowadays, new technology is helping athletes.
5 The question is this: When does technology create an unfair advantage?
6 The story of high-tech swimsuits shows how technology can make sports unfair.

⑵ 次の英文のうち，本文の内容に合うものを2つ選び，番号で答えなさい。

1 With full-body swimsuits, swimmers can swim faster and float better.
2 Most of the swimmers who broke world records in the 2008 Beijing Olympic Games were wearing the high tech suits.

3 After January 2010, it became clear that the full-body suits had little connection to new world records.

4 Technological advances in the field of sports are not always bad because they can help people buy new tools at low cost.

7 次の英文を読み，あとの問いに答えなさい。

Joe and Anna are both in their mid-twenties. They met and fell in love two years ago and soon after decided to live together. They have thought about getting married but have no plans to do this just yet. They think they would like to have children one day, but want to be sure they get along well as a couple before taking this big step.

Many couples in the United States today, like Joe and Anna, choose to live together without getting married. [A] Today, cohabitation occurs in all categories of U.S. society—college students, young working adults, middle-aged couples, and even people in their sixties and seventies. In 1970, the number of unmarried couples living together was only *slightly over half a million. By 1998, it had jumped to over four million. A similar trend has occurred in many countries.

These days there is very little social *disapproval of living together, and *courts increasingly protect couples' rights as if they were legally married. Nevertheless, it is still quite rare for couples to live together *permanently without getting married. For most couples, living together is a *temporary arrangement that leads to marriage after two or three years.

Living together is just one example of the many *alternative lifestyles found in the United States and other parts of the world today. Others include staying single, and living with a large group of other adults and their families.

Over the last twenty years, there has been a huge increase in the number of people who remain single. In 1998, about twenty-five percent of all U.S. households were single-person households. In other countries, similar statistics can be seen. In Australia, for example, about one in twelve people live alone, and this number is expected to double over the next twenty years. Most people who live alone are young adults who *postpone marriage into their late twenties, but some are in their thirties and forties. One reason they often give for staying single is that they have not met the right person. Others say that (ア) involves too much *commitment and responsibility, or that they prefer the single lifestyle.

There are two important sociological reasons for the increase in singlehood. First, the social pressure to get married has declined. Second, the opportunity for singles to have a good life has expanded. This is especially true for women. As educational and employment opportunities for women increase, marriage is no longer the only path to economic security, emotional support, social respectability, and meaningful work.

Sometimes a group of people who are not related, but who share similar ideals and interests, decide to live together as one unit or community. In these types of communities, sometimes called (イ), the members share their *possessions and their skills in order to be independent of mainstream society. Many, for example, grow all their own food and educate their children in their own small schools. It is difficult to *estimate how many communes exist in the United States or other countries around the world, but the Fellowship for Intentional Communities estimates there are thousands. More than six hundred of these are members of their organization. While these vary in type and size, all are based on a principle of cooperation among members.

The concept of communal living is now being *applied to some city housing projects. In cohousing, buildings are designed so that residents can really live as part of a community while keeping their own personal space. [B] They take turns cooking three common meals a week, and in many ways behave like one big family—sharing their possessions and helping each other out when needed.

注） slightly わずかに　disapproval 反対意見　court 裁判所　permanently 恒久的に
temporary 一時的な　alternative 従来のものとは別の　postpone 延期する
commitment and responsibility 義務や責任　possessions 所有物　estimate 推測する
apply ～ to… ～を…に応用する

⑴ 本文中の［A］と［B］に入るものとして最も適切なものをそれぞれ選び，番号で答えなさい。

1 In one project in Sacramento, California, residents have their own private areas but share a garden, a dining room, a children's playroom, a laundry, and lounge.

2 The family, the school, and the peer group (that is, people of the same age) are the most important socializing agents. Of these, the family is the most important, especially during the first few years of life.

3 Some people have only one husband or wife at a time, but marry, divorce, and remarry a number of times.

4 In the past, very few couples lived together without a formal wedding ceremony or marriage license.

5 Recently in the United States, there has been a tremendous increase in the numbers of married women who work outside the home—from thirty-two percent in 1960 to sixty-two percent in 1998.

⑵ 本文中の（ア）と（イ）に入る最も適切な語を本文中からそれぞれ抜き出して，答えなさい。

⑶ 次の英文のうち，本文の内容に合うものを２つ選び，番号で答えなさい。

1 The number of unmarried couples living together increased only in the

United States.

2 In communes, people buy things together so that they can buy them at a lower price.

3 Today, there are more unmarried couples living together than in the past.

4 There are people who choose to live together as one community in order to live a different life from others.

5 Very few couples have plans to get married as they do not want to have children.

リスニング問題

8 放送を聞き，説明されている語を答えなさい。放送はそれぞれ１回です。

(1) ＿＿＿＿＿＿　(2) ＿＿＿＿＿＿　(3) ＿＿＿＿＿＿　(4) ＿＿＿＿＿＿

9 放送を聞き，（１）～（５）に入る語を答えなさい。放送は１回です。

In England, students do not go to school for club activities during the summer holidays. Even the teachers stay at home! It is common for families to go on holiday in July or August. Sometimes after important (1)s, such as the GCSEs in England, students will go on summer (2) together, where they can enjoy sports such as sailing, swimming and hiking.

At the end of the summer vacation in America, schools often have an "open house", which both students and parents (3). During this time, the teachers will (4) what will happen during the next school year. Around this time in England, many stores will be selling school (5)s. They use the slogan, "Back to School" in shop windows. Most children dread going shopping for their (5)s with their parents.

10 放送を聞き，質問の答えとして最も適切なものをそれぞれ１つ選び，番号で答えなさい。放送は２回流れます。

(1) How many people will there be at the BBQ?

1 Four.

2 Nine.

3 Eleven.

(2) What are the woman's friends from work going to bring to the BBQ?

1 Chips.

2 Steak.

3 Chicken.

(3) What does the man's brother, Jim, love to do?

1 To cook.

2 To ride a horse.
3 To eat.

(4) What are Mike and Megan going to bring from their garden?
1 Tomatoes.
2 Corn.
3 Watermelons.

(5) Who are Mike and Megan?
1 The woman's parents.
2 The woman's neighbors.
3 The woman's friends from work.

11 放送を聞き，続けて流れる質問の答えとして最も適切なものをそれぞれ１つ選び，番号で答えなさい。放送は２回流れます。

(1) 1 His friend did.
2 The manager did.
3 George did.

(2) 1 Washing the dishes.
2 Cooking the dishes.
3 Taking out the garbage.

(3) 1 Sandwich.
2 Hamburger.
3 Louisiana food.

(4) 1 Because cooking was very stressful.
2 Because the food was inexpensive.
3 Because there were not so many cooks.

(5) 1 22 years old.
2 24 years old.
3 26 years old.

問十 ――部⑧とはどういうことですか、説明しなさい。

問十一 ――部⑨とありますが、これと似た意味の言葉を次のア～オより選び、記号で答えなさい。

ア 目を皿にする　イ 舌を巻く　ウ 手をやく
エ 顔をしかめる　オ あごを出す

問十二 ――部⑩とありますが、どういう点で特殊なのか答えなさい。

問十三 [6]～[9]にあてはまる最適な言葉を、次のア～エよりそれぞれ選び、記号で答えなさい。ただし、記号は一度しか使えません。

ア しかし　イ もちろん　ウ いわば　エ だから

問十四 ――部⑫を「（Ⅰ）ように書け、而して（Ⅱ）ように書くな」と書き換えた場合、（Ⅰ）（Ⅱ）に入る共通な言葉を、本文より八字で抜き出しなさい。

問十五 ――部⑬とはどういうことですか、説明しなさい。

問十六 本文の内容として適切なものには「○」を、不適切なものには「×」をつけなさい。ただし、すべて同じ記号の解答は認めません。

ア A氏の本を読み深める過程で得たコツと確信を、他の本の精読にも応用することで、「手ぎわのいい」感想文に向かって本を読むくせが矯正される。

イ T先生は、「名画モナ・リザ」という世評にしばられた模写を目にしたことで、自分の眼にかかった色眼鏡の存在に気づき、モナ・リザの新たな価値の発見にたどり着いた。

ウ 感想文を目的とする読書は、人は感動した時に沈黙するという現象に逆行するものであり、古典の古典たるゆえんを取り逃がすことにもつながってしまう。

エ それまで自分が持っていた価値判断の枠が外れ、新たな価値を創造することができるという意味で、本の読み深めに恋愛経験が多大な影響力をもっていると言える。

オ 他の人にも通じる正確な理解と文章化の努力なしに、真に個性的な理解にはならないという意味で、筆者は絶対に感想を書く必要があると考えている。

二

次の1～10の文中の（カタカナ）を漢字で書きなさい。

1 実力が（ハクチュウ）している。
2 余計な（カンショウ）を控える。
3 （ザンシン）な考えを持つ。
4 式を（ゲンシュク）に行う。
5 美しい（センリツ）に浸る。
6 情報集めに（ホンソウ）する。
7 水を（フットウ）させる。
8 （ヨイ）の月を眺める。
9 雑踏に（マギ）れる。
10 手続きが（ワズラ）わしい。

宝は、財宝ではありませんから、金や銀、誰にも一目で分かる同一物ではありません。白金も黄金も何せんにと思う大事大切な宝ですけれども、――そうして、そういう財宝をこえる宝を持ち、それを何物にもかえず大事大切にすることは、すべての人に共通して見られることですけれど、では何が宝かというと、同じではない。金銀とは異なって各人各様まことに個性的なもので、これ、あるいはこれとこれが宝だという形をとらない。それが古典の探す宝です。ふつうの「宝さがし」とはちがう。

若い人を見ていると、不意に言うことが変わってきて今まで見向きもしなかったクラシックに凝りだしたり、この野菜煮はおいしいですねなどといって、人をびっくりさせるようなことがあります。調べてみると恋人ができて、その人を媒介にして、趣味が変わってきた。そういうことによくぶつかります。その人は新しい宝を見つけたわけですけれども、何のことはない、前から眼の前にあった宝なんですよ。野菜煮にしてもクラシック音楽にしても。ただ、お袋だとか、私などみたいな堅物の好みだろうといった軽蔑の念から、それが宝たるゆえんを発見できなかっただけ。恋人に引かれて一度味を覚えると、食わず嫌いで軽蔑していたものの味がわかって好きになる。恋愛というのはじつにうらやましいぐらい大変なものです。

読書の宝探しも同じだと思うんです。特定の著者への深入りを媒介にして思わざるところにある思わざる宝を見出す術を覚える。自由への自由な読書。――もっとも、これは難しい。私などにも無論できておりません。むしろ、本にこだわり、学問にこだわって、眼前の宝を見逃してばかりおります。何しろ思わざるところに、しかも思わざる人が持っているもんですから。が、読書の基本はそうでなければならんという確信だけは、ようやく強まってきました。お互いに、思わざるところにある思わざる宝を発掘する術《すべ》を獲得するよう、努力しましょう。

（内田義彦《ひこ》『読書と社会科学』より・一部改変）

問一　文中の [1] ・ [2] にあてはまる語句を答えなさい。ただし、[1] は次のア～エより選び、記号で答えなさい。[2] は自分で考えて答えなさい。

ア　私に役に立つことが書いてあるけれど、それは独りよがりだ
イ　私にこう読めることが書いてあるけれど、それはどうしても変だ
ウ　私が言いたいことが書いてあるけれど、それは不十分だ
エ　私にはどうしても読み取れないけれど、それは私だけの問題だ

問二　――部①・⑦・⑪の指示内容を答えなさい。

問三　――部②とありますが、「著者にもたれかかる」とはどういうことか、答えなさい。

問四　――部③とありますが、なぜですか。

問五　文中 [3] 、[4] にあてはまる四字熟語を次のア～オより選び、記号で答えなさい。

ア　本末転倒　イ　暗中模索　ウ　曖昧模糊《こ》
エ　付和雷同　オ　朝三暮四

問六　――部④とありますが、ここではどういうことか、説明しなさい。

問七　――部⑤とありますが、なぜですか。

問八　――部⑥とありますが、なぜですか。

問九　文中 [5] にあてはまる言葉を、二十五字以内で考えて答えなさい。

になったんじゃないということです。価値から自由に、価値なるものの呪縛から解放されて、価値判断をしてゆく自由な眼。

　この頃はパリなどはいわば月並み【平凡なこと】で、誰もが気楽にゆく。パリに行けば当然にルーブルにゆき、ルーブル詣《まい》りをすれば、これまた当然に、名画中の名画モナ・リザを見る。「案内」を片手に、一々チェックしている熱心な人もあります。そこで、この眼でモナ・リザを見たが、なるほど名画であったと話すことになるんですけれども、しかし、考えてみると――考えてみるまでもなく――この眼で見、この眼で確かめたのは、本物のモナ・リザがそこに在ったという唯物論的？事実だけであって、モナ・リザが名画であるゆえんを自分の眼で味わい確認したわけじゃない。絵それ自体に関しては、従前通り、モナ・リザは名画なりという世評をそのまま、その世評の指示範囲内で――漠然と――見ただけということもありえます。あるいは漠然とまでも見ていないのかもしれません。にもかかわらず、ルーブルにいって現物を確かめたという事実の重みが、その人自身をもあざむいて、確かに名画であったと確信させる。そこが恐《こわ》いんです。お互い、そういう確信的な取りちがいをよくやりますね。「実証」の名において。

　T先生の名を使ってあげたこの例はそうじゃない。モナ・リザは名画なりという世評に左右されず、この眼で見、この眼でみた感じに従って判断をしている。模写をしている人と実物との違いに気づいても、本物の「すばらしさ」に較べて何という下手と見下したわけではない。ただ局所局所における具体的事実が違うという事実の確認を通じて、「名画モナ・リザ」の背後にあるモナ・リザというモノがこの眼でしだいにハッキリと明確に見えてくるのを意識しただけ。が、そのようにして、いままで自分の眼の射程の外にあったモナ・リザにおける事実、あるいは諸事実が見えてくることによって、絵そのものに対する評価・判定が、その新しく自分が見たところのものにしたがってひっくりかえった、ということですね。自分の眼を通じて自分の眼が、つまりは自分が変わった。

　本を読む場合も、⑬こういう解り方が必要だとおもうんです。自分の眼が必ずしも信を置くに値しないこと、眼におおいがあって宝を見逃しているかも知れぬことを、自分の眼そのものによって、――眼を自由に働かせて自分の心で――知る。信を貫きとおすことによってモノを見る自分の眼を深め、測らざるところに宝を発見する。

　自分の眼を信ずることは大切で、それは何よりも大切ですけれども、自分の眼を盲信し自分の意見に泥《なず》んじゃ【こだわっては】いけない。見得べきものが見えなくなる。

　眼は案外に働いていないものです。すぐ眼の前にある宝が見えない。見るべきときに見るべきほどのことを的確に、誤りなく見得る敏感な眼、あるいは耳をもつことは至難のわざです。

　裏からいうと、自分の眼の及ばないところにある宝は無限に存在しているということですね。いつ、どこにあるか分からん。現に眼の前にあっても、その存在に気づかない。何しろ宝の正体、宝はこういうものであるということが最初から分かっていて、その宝を発見するんじゃありませんからね。ああこれが宝であったなということがじっさいに宝にふれて初めて分かる、そういう類の宝の発見ですから。現に眼の前にあって、その存在を――存在としては――見ながら宝としては気がつかないわけです。

は、読み手である自分が書きにくく受けとってきたその感想を、如何《いか》に明確に書きとめてみせるかが勝負といっていい。読者は、この矛盾した両者を一身のなかでともに育て上げ、競い合わせる。そのせめぎ合いのなかで真に正確で個性的な確かな読みが出てくるんで、そこに、読書の意味と妙味があるんです。

成心【先入観】をもって本に接し、自分を本にぶつけるようなことをせず、自分を殺し本に内在して、本から、本を通じて著者がいいたかったであろう言い分を、心を尽くして、耳を澄ませて自分で聴きとるようにして下さい。そのように著者を大事に本を読んで、そこに自然に浮かび出る自分自身の感想を何よりも大切にし、それを大事に育て上げるようにして下さい。そして、感想をまとめる場合には、全体のなかで要するにどこが一番自分に面白かったか。つまり、そこのところの一つでも、この本を読んでよかったと思われるところは何か、あるいは何と何かをまずハッキリさせる。そして、それは——そこが自分に面白かったのは——何故であろうかを考える。つまり焦点づくり。あの本は、少なくともここところが——誰が何と言おうといまの自分には——面白かったということ、これが読書の基本です。それをぬいて、「客観的」に本のスジ書きを書いたり、あるいはまた逆に、著者に内在して著者のいい分を聴きとどける努力もしないで、早急に自分の意見を著者にぶつけることをしては、真に個性的な理解に達することは決してできません。

さいごにもう一つ。確信にあぐらをかくな、ということ。自分の眼を信ずるのはいいが、盲信すれば、確かに見とどけたと思うものにさえぎられてまた、肝心の眼が働かなくなるということです。

堅くるしい話が続いていますので、具体例で考えることにします。

なくなったフランス文学のT先生のエッセイに、モナ・リザが好きになる話があって、学生時代面白く読んだことがあります。あるいは、先生の友人である人から聞いたことかも知れません。むかしのことでその辺も一つ怪しいのでT先生としておきます。その方が私の読みこみを自由に語りうる便もあります。

T先生は、もともとモナ・リザをあまり好きじゃなかったらしいですね。うす気味の悪い微笑がどうも気に染まないということでしょうか。というのは完全に私の読みこみで、その辺はわかりませんけれども、とにかくあまり好きじゃなかったらしい。修業時代にパリに行ってルーブル（美術館）で本物をみる。しかしそこでも好きになれなかったらしい。ところが、ルーブルでは、写真は撮らせないけれど絵は——所定の手つづきをとると——画かせるんです。あんなに傍《かたわ》らで大丈夫かなと思うぐらいのところにイーゼルを立てて模写をしている絵かき修業の人が今もたくさんいます。T先生もルーブル通いの都度、モナ・リザを模写する人を見た。見るつもりもないけれど、自然目に入ってくるわけですね。すると、この口のあたりはどうも違うんじゃないかということが、——価値判断じゃなくて事実の問題として——自然目に入ってくる。別の日に行くとまた別の人が模写をしていて、そこでもまた、ここは違うんじゃないかというところに気付く。そのうちにだんだんと原《もと》の絵はこうじゃないかという具合に気が入ってきて、といってもやはり価値判断をするわけじゃないが、気づかずにいた原画の全体が細部のかたまりとしてみえてくる。そういうふうにして見ているうちにいつしか知らん間にモナ・リザが好きになっていた。こういう話で、大変面白かったんです。

この話の面白いところの一つは、ルーブルで本物を見て、すぐに好きじないで読むでしょうし、［9］読後感をまとめるのにそれほどの苦労をしないでしょうけれども、お互いウェーバー学説そのものの研究を事としていない、ただ、ウェーバーを通じてモノが読めるようになりたいと思っているわれわれ素人は、そうではない。私たち素人が読んで一番印象の深いのは、ところどころの文言が、読み手である私の想像力を喚起し、私のなかにあった経験をゆりおこして、不意に、私の眼にある「モノ」を浮かばせてくれることです。それもモノ一般ではない。私の生活現実と直接にかかわり、それを見据えさせてくれるモノとして、把《たば》え【つかまえ】がたく漠然とはしていても、いぶき【息づかい】をもって確かに眼の前に立ち現れて、ようし今度こそ「それ」をハッキリと明確に把えてやろうと決意させる、ある手ごたえのある物。しかも、この漠としながら明確な手ごたえのあるものは、あちこちのこれまた定かではない文言のなかに、しかし確かに出没している。そうだから、――著者が、文章に苦心して凝結させたところの、自ら見、伝えたかったものが、直接に私の生活現実にかかわって、私の魂に響いてくるからこそ、とらえ難いんです。そう簡単に、まとめうるようなものでは、それは無い。そしてまた、そうだからこそ、このとらえ難いものが大事であり、それをしっかりと受け取ることが、大切なんです。読書が与えてくれるもっとも貴重なもの、豊饒《じょう》【豊かであること】なものはそれです。

その「いぶき」を大切にして、それを取り逃がさないように、しっかり取りこむために感想を書く。書く労苦を払わなければ、その大事な「いぶき」・「もや」も、漠たる印象に終わって、やがて時とともに中身は消えさってしまう。あの本はよかったという印象だけ強烈に残って、さて、しかし何がどうよかったのか全く思い出せない、ということもよくあります。あの時読んだあの本はよかったなというかたちに終わって、時の経過を貫いて「いま」に生きるものを残さない。文化ショックがショックに終わって創造に向かって働かない。だから絶対書かなきゃならない。それも――この本をと思った場合には――自分用のノートにまとめるだけではなく、他人に理解可能な文章にまとめ上げる労苦を払わねばなりません。他の人にも通じる正確な理解への努力を欠いては、恣意的ではあっても、真に個性的な理解になりませんからね。しかしまた逆に、書くという行為が、大事な「もや」たる「いぶき」を消し、あるいはそもそもはねつけるかたちで本に接する結果をひき起こさぬよう、くれぐれも注意をしていただきたい。とくに、理路整然と他人に理解可能なかたちでの感想文を、みだりに、早急に書くことは特別に要注意です。早急な理路整然化の危険と、他人の同意を安直に求める危険の二つを含んでいますから。それは審査員である他人の価値基準への迎合になりやすい。こう書けば通じるだろうというあれですね。この場合審査員が先生であろうと、世論なるもの、あるいは一般通念であろうと、同じです。

個性的読書を意図したはずの「小論文」が「期待される感想文スタイル」の修得に結果する危険は御承知のとおりですが、研究会的色彩の強い読書会でも、下手をすると、本かぎりの、それも最大公約数的に個性のない研究会向きの意見表出の場になる危険は強い。

⑫書け、而《しか》して書くな。これは矛盾です。しかし、矛盾を避けず、むしろ、文字通り矛《ほこ》と盾《たて》の矛盾にしなければなりません。

読み手としては、どこまで書きにくく読むか――書きにくいところを書きにくいまま受け取ること――が勝負であります。他方書き手として

う。

感想を狙いに本を読んじゃいけない。感想は読んだ後から――結果として――出てくるもので、それを待たなければいけない。さいしょから感想を、それも「まとめやすい形での」感想を求めて、いわば「掬《すく》い読み」をするかたちで本に接するから、せっかくの古典を読んでも、そのもっともいいところ、古典の古典たるゆえんが存するところを取り逃がしてしまう。だし殻を拾って肝心のエキスを捨てちゃうみたいなもんです。

激越な【荒々しい】言葉を吐きましたが、いったい、本にかぎらず、本当にいいものに接して魂がゆすぶられる思いがしたとき、そう簡単に感想が出るもんでしょうか。それも、感想文にまとまりやすいような多少とも理路整然たる形で。そうじゃないですね。

お芝居だって、本当にいい舞台に接し感動したときは、そう手早く感想が出るもんじゃない。むしろ、人を沈黙へとさそいこむ、あるいは強制する。その力の強さと持続力に、感歎《たん》の深さのほどが現れる。芝居をみたことが、劇場どまりではなく、人生における一つの事件であったと思われるような場合はそうでしょう。文化ショックというべきもの。そういう場合のほんとうの感想は、手早く小ぎれいな表出とは別のところにある。

もちろん、本は、文字で記されたものであって、音楽や演劇とは違います。内容も違うし、一堂に集まり、揃《そろ》って――同時進行的に――聴くというかたちも持たない。一人で、それぞれの時間で、思い思い緩急自在のテンポで、前後を照らし合わせたりしながら、くり返して読む。読書会で、集って一つの本を同時に読む場合でも、芝居や音楽会の場合の集まりのような同時進行性はありません。それぞれが自分の時間を持ちながら、時が進行してゆく。そこに、⑩読書という行為の特殊な意味と味がある。同じ集団ながら読書という行為によって支えられている集団の特殊な意味もそこにあるわけですね。各人がそれぞれ持つ密室性が強く、その密室性を抜きにしては存在しえない集団。人を直接に集団に結びつける呪術性が、演劇の場合よりもさらにもう一段薄まっている。

というわけで、読書の場合には、芝居や音楽とちがって感銘のあり方に大きな違いがありますけれども、しかし、この場合でも、本当にいいものに接した場合、そう簡単に感想が出るもんじゃない。感想めいた何か強烈なものがあるにしても、少なくとも文章化可能なような明確な姿態をとったものでないことは、まず明らかです。もやっとした、[6]「口ごもった」状態で、⑪それはある。口ごもらざるをえない。

何故そうか。

それは、その文章を、他ならぬまさにその人が、しかもまさにその時に読んだ、個性的で全人間的な読みの残す余韻であるからです。著者によって与えられた衝撃が嫋々《じょうじょう》たる【（音声が）細く長く途切れない様子】余韻となって響いており、その響きには著者の個性と読者の個性が分かち難《がた》く溶けこんでいる。そしてそれは、社会科学の領域での、概念装置の果たす役割りの強い本の場合でも、そうです。見得たもの、そういうものとして表現しうるものの一つ奥に、確かに[7]表現しがたく聞こえてくるものがある。

[8]人によっては、たとえばある事についてのウェーバーの見解だけに興味をもっていて、他の一切に感心のない人もあって、そういう、文化ショック不感症の人は最初から「もや」というほどの「もや」を感

　感想文ができ上がってくる過程をしらべてみますと、心に感じ、あるいは考えたことをノートに書き綴《つづ》った断片断片――断片的文章のかたちをとった自分の私的意見ですね、だから、他人に解らなくても自分に読めればいい――が一方にあります。他方、また、これとは別に話のかたちで他人に公開した自分の公の意見――読書会や研究会で姿態を整えて文字通り公式に発表したものだけでなく、雑談でつっぱしって思いつきを語ったものまでを含めていうわけですけれども、とにかく話のかたちで理解を求めて他人に公開したとにもかくにも公的な自分の意見です――がありましょう。この二つが感想文のなかで結びついてくる。あるいは――うまく結びつかなければ感想文は書けないので、裏からいうと――自分の感想は、「感想文」という、書いた人間の思索を、それだけで――書き手から離れて――他人に伝えられる「独立した文章」にまとめあげる努力を通じて、初めて、自分にもハッキリしてくるものです。

　勢いこんで、確信をもってしゃべれもしたし他人の納得もえたはずの自分の考えなるものが、いざ筆にする努力を払ってみると、いかに漠然として怪しげなものであったか。お互いおもい知りますね。あるいは、また、綿密に考えたんねんにノートに書き記したはずの考証あるいは考察が、芸術的全体とまではいかなくても、とにもかくにもそれ自体として独立した一箇の文章にまとめあげようとすると、いかに、ちぐはぐでパースペクティヴ【展望】を欠いた、粗雑きわまりないものであったかが、いやになるくらい分かってきます。表現され対象化された自分だけが自分であるとすれば、自分の言いたいことが、すべて文章のなかに書きつくされていて、そこ（文章）に生の自分がいちいち割って入って外から注釈を言わずにすむ「独立した文章」を書きえないかぎり、主格たる自分は定立していないわけですね。対象化するとゼロとなる空疎な実体でしか未だない。

　というわけで、文章化にはまことにしんどい思いをする。それだから、そのためにこそ――少なくとも、これぞと思う本については――感想文に感想を凝結させることが絶対に必要なんです。⑧自分が自分になるためにも。その意味では、読めばとにかく感想文を書く風習が必要で、エンカレッジ【励ます】するだけでなく義務づけることも、だから必ずしも間違いではない。

　しかし、そこにまた、［4］の落とし穴があって、他人に通じやすい「他人向き」の「手ぎわのいい」感想文に向かって本を読むくせがつく。

　本をしっかり読むために感想を書く。それも、他人に理解可能な形での整然とまとまった文章表現を与える。そうしなければ自分の感想それ自体があやふやだから、論旨明快を期して感想文を書く。決して感想文を記すために本を読むんじゃない。そこまでは常識でしょう。だから、「感想文が書きやすいようないい本」をと求める学生の出現には、誰しも⑨眉をひそめます。しかし、感想文になりやすいかたちで本を読むという読書術、感想をまとめやすいように――そのように効果的に――本を読む術が読書法だという常識は、いい本とはそのような読書術に応える本、つまりは感想がまとめやすい本だという読書論とともに、案外一般通念になっているんじゃないでしょうか。だからこそ、学問を創設した人の本よりも、すっきりと手ぎわよくまとめられたテキストブックが好まれる。それなら先の学生の出現も不思議ではない。むしろ、徹底している。いぶかられ【不審に思われ】てきょとんとするのが当然でしょに信じて、本文を大切に、踏みこんで深く読んで下さい。いい加減に読むくらいなら読まない方がいい。時間の無駄ですから。そのうち選び方もうまくなり、慎重になると同時に真に自主的になってもきます。

　へなちょこ本は、少々踏みこんで読むとふっ飛んじゃうから、そういうものばかり読んでいると、いいところまで踏みこまないくせがついてしまいます。ちょっとやそっと踏みこんでも外されない、そういうものとしてA氏の本を読む。④ぶつかり稽古ですね。そこで本を読む修業ができ、コツを覚えます。A氏は、こういうふうに考えを展開するくせがあるらしい、するとここはこうなっているはずだが、果たしてどうだろうかといった作業仮説作りも自然身についてくる（この、仮説を作って、それに従う方が本文が自然に読めるかどうか、本文でためすという読み方は、是非じっさいに試して下さい）。同時に、自分の読みに対する信念も——試されることで——謙虚さ柔軟さを加えながら深まってきます。

　解《わか》っているつもりのことが、じつはとんでもない誤解だったり、おかしいと思っていたことが、解ってみれば、あまりにもすっきりしていて、何故こういう単純なことが分からなかったか自分でも不思議、というようなことになる。本文のあちこちの文言が一挙にすっきり浮かび上がり読解されてくる。その時は楽しいですよ。もっとも、それがまたひっくり返ったりしますけれども。それも——そういうふうに読み、こちらの眼が変わってきたのも——もともと、その時その時の自分の読みを信じて、賭けたからです。

　どうか、A氏の本を読む修業で得たコツと確信を、A氏のもの以外の本、埋もれた古典、未《いま》だ古典ならざる古典の発掘にも生かしていただきたい。もし逆に、A氏への傾倒が、A氏はすばらしいがそれに較《くら》べてというかたちで、他の著者への無視と軽蔑を結果するようであれば、⑤功罪は逆転する。そんな形の熟読なら、これまた読まない方がいい。本は読むべし、読まれるべからず、といっておきます。

　次にもう一つ。これも刺激的な言い方をしておきますと、「⑥みだりに感想文を書くな」ということ。

　この頃感想文ばやりでしょう。本を読んだら感想を書くという習慣が広まってきたのはいいが、知らん間に、感想文を書かにゃならんから本を読むという変な習慣に変わってきた。ウソじゃないんです。ある高校の図書館の人に聞いた話ですけれども、生徒が熱心に本をさがしているんで、いまどき感心とおもってきいてみたら、つまるところ、感想文が書きやすいような「いい本」が無いかということで、さいしょは呆《あき》れていたけれど、近頃はそういう人ばかり。慣れっこになってこちらも上手になりましたよと笑っているんです。⑦そういう事態が出てきている。

　感想文を書くこと自体を否定するつもりは、もちろん、ありません。感想文を書くために本を読むというウソみたいな［　4　］がいつしか慣れになり読書論の常識になる、それが恐いというんです。

　本をていねいに読むためには、読みっぱなしにせずに、書くという作業で感想をまとめておくことが大切で、読み深めに不可欠の作業です。それも、本に線をひいたり、書きこみを入れたりから始まる自分の感想をノートという形で自分用に文章化するだけではなくて、感想文という、これは、ささやかながら公開を前提とした文章ですね、［　5　］目的で書かれた公の文章。短いながら、そういうものとしての感想文を書くことは、本を読む上に絶対に必要です。

この二つの面での信念に支えられて初めて、疑問が、ある事についてのハッキリした形の疑問として起こり、それを解くための苦渋にみちた探索が始まり、また持続するわけです。事実を執念深く確かめてゆく操作のなかで、この二つの面での信念も、それぞれに確かめ直されて中身も変わってくるわけですけれども、それにしても、あらかじめ、端緒において、漠たる【ぼんやりと】形ではあれ、行為へと人をうながさずにおかぬ強烈な信念がなければ、読み深めの行為どころか、そもそも解明すべき事実なるもの――ここにこう書いてあるがそれは変だというそれ――すら、ハッキリした形では浮かんできません。何となく変だという感じで終わってしまう。

自分の読み――あるいは読むときの自分の感じ――に対する信念だけあって、はずという、著者らしい著者としてのA氏に対する信の心が無ければ、本文の字句に対する具体的な疑問がかりに起こったとしても、その疑問は、ミスプリか思いちがいだろう、といったかたちで、本文に勝手な改訂を加えて安直に読むことで、解消してしまうでしょう。熟読・熟考によって解明すべき箇所・具体的な事実そのものが、消えてしまう。自負――じつは他者一般に対する浅信――からくる本文の読みとばし・粗読です。

もっと粗雑に、一読明快に目に映るかぎりで読みとばして何等《なんら》の疑問も生じない無神経な人も多いですけれども、それでは本を読んだことにはなりませんね。本文の一字一句に神経をくばって精読し、おかしいとおもわれる箇所のいくつかを発見してその鍵を解こうとするのは、もともと、「はず」というA氏あるいは「A氏ほどの人」への、さらにいえば、A氏もそれに属しているはずの著者らしい著者というものに対する信念が心に働いているからです。駄本ばかり読んでいると、こういうくせが身についてしまいます。本とは「適当に」読み流すべきもの。

他方でしかし、①これとは反対に、著者への信だけあって、自分の読みに対する信念がおよそ無ければ、あるいは、本を信じて自分を抛棄《ほうき》【=放棄】してしまっては、これまた精読はできない。本文を隈《くま》なく精読し読み深める労を払って自分の見たところ、自分の疑惑を確かめ、隠された内実に到達してその本を自分の古典として獲得する創造的読書への道は、ここでもまた、閉ざされてしまいます。「適当に」しか本が読めない。

深いところで著者を信じることは必要ですが、自分を捨てて②著者にもたれかかっちゃいけない。その時その時の自分の読みをとにもかくにも信じてそこに自分を賭ける。という行為（のくりかえし）がなければ、A氏の本が名著であるゆえんをこの眼で確認し、自分の古典として獲得することは、何回くりかえし読んでも不可能です。

こういう、読む人自身への信と忠誠を欠いた「盲信からくる粗読」は、その意味で③非生産的ですが、それだけじゃない。愛読者としての著者への信の面でみても、こういう読書態度は、A氏を、深いところで信ずるというよりも、むしろ、著者らしい著者、信を寄せるに足る人間の一人として見ていないことを、つまるところ本当にはA氏その人に対する人間的信頼が欠如していることを意味する、といっていい。まともにぶつかってゆくことに危惧を感じる。［ 3 ］としたままに置くことによって保たれねばならぬような「信頼」関係。それは信頼とはいいえますまい。

学者が、慎重に考えた末、仮説を立てるように、本をよく選んで、しかし一度選んだからは、本はその時その時の自分の読みとともに仮説的

【国　語】〈五〇分〉〈満点：一〇〇点〉

【注意】字数制限のある問題については句読点・記号を字数に含めること。

一　次の文章を読んで、あとの問いに答えなさい。ただし、【　】は語句の意味で、解答の字数に含めないものとします。

本をどう読むか。読書の「問題性」からみて勘どころとおもうことを二、三お話しします。読書論ではなくて読書実践ですね、読み深めのための。お座なり【いいかげん】をさけて、実質的に役に立つことを役に立てやすい形で話したい。私の考えを鮮明に浮かび上がらせるために、通念とは逆の面をことさら刺激的ないい方で一方的に強調しますので、そういうものとしてお聞きとり下さい。

まず最初に「信じて疑え」。本を読むからには「信じてかかれ」ということを申し上げたい。仮説的に信じて読むということです。

古典は一読明快ではない。古典の真髄【物事の本質】、古典の古典たるゆえんは、踏みこんで、深読みして――本文との格闘をくりかえして――初めてわかる。それは御了解いただいたと思いますが、しかし、信じてかからなきゃ踏みこめないじゃないですか。「適当に」しか読めない。疑い深く白眼視【人を冷たい目で見ること】しながら踏みこんで本文と格闘するなんてことはできない。それ自体矛盾しています。いわんや、分からぬところを二度三度、時間をかけて根掘り葉掘り深読みの労を払うなど、馬鹿《ばか》馬鹿しくってできるわけないですね。何か期して待つところがなきゃ。信ずるところがあって初めて、読み深めの労苦が払える。

も少し、問題を煮つめておきましょう。いま、ちょっと見たように、信ずることがなければ読み深めの労は出てこないが、それよりもまず、労を払って解くべき問題・事実そのもの――解読すべき本文の字句――が、信の念がなければハッキリした形で目に映ってこない。

たとえばAさんの本を読んでいて、おかしいなと思うとき――あるいは思うところは、誰にもいっぱい出てくると思いますよ。

ここでAさんがいっていること――事実あるいは解釈――は、私の了解しているところと違っている、おかしいなとか、ここにはこう書いてあるけれど、たしか他のところでは別のことをいっていたと思うがなあとか、あるいは、つじつまの合わんこと、あるいは関係のないことが同じこのパラグラフのなかにあるとか。その他、多少読みつけてくると、段落と段落あるいは章と章との関係ですね、さらには全体の編別構成。そのかかり結びがハッキリつかめないとか。要するに文章解読法の鍵になる（かも知れん）いくつかの箇所ですね、具体的な。

文章についてそういう事実（と思われるもの）の発見があり、そこに何故という疑問がおこる。そして、その疑問を解くための探索が始まる。それはそうなんですけれども、その「事実に対する疑い」が、現実に、ある具体的な事実に対するはっきりとした形の「疑い」として読み手に提起され、その「疑い」を解明するための労苦を要する行為に結実してくるためには、その（疑いの）底に信ずるという情念・信の念が働いていなければならないでしょう。一つには、ここにはたしかに　1　という、自分の読みに対する信の念が。

そしていま一つ。　2　というかたちでの、筆者に対する、これまた信の念が。

2020年度

解　答　と　解　説

《2020年度の配点は解答欄に掲載してあります。》

＜数学解答＞

1　(1)　$\frac{4}{7}$　(2)　$(x-8y+4z)(x+4y-2z)$　(3)　20　(4)　345　(5)　$\frac{4}{3}$

2　(1)　$a=5$　(2)　$a=1,\ 3$　**3**　(1)　4　(2)　$\frac{13\sqrt{15}}{5}$

4　(1)　C$(-1,\ 3)$　(2)　D$\left(-\frac{4}{3},\ \frac{16}{9}\right)$

5　(1)　$a-1$　(2)　$a=2-\sqrt{2}$　(3)　$2\sqrt{2}$倍

○配点○

1　各7点×5　**2**　各8点×2　**3**　各8点×2　**4**　各8点×2

5　(1)，(2)　各6点×2　(3)　5点　　計100点

＜数学解説＞

1　(連立方程式，因数分解，割合，数の性質，図形の回転移動)

(1)　$2x-\sqrt{3}y=1$…①　$\sqrt{3}x+2y=1$…②　①×2＋②×$\sqrt{3}$から，$7x=2+\sqrt{3}$　$x=\frac{2+\sqrt{3}}{7}$　これを②に代入して，$\sqrt{3}\times\frac{2+\sqrt{3}}{7}+2y=1$　$2y=1-\frac{2\sqrt{3}+3}{7}=\frac{4-2\sqrt{3}}{7}$　$y=\frac{2-\sqrt{3}}{7}$　よって，$x+y=\frac{2+\sqrt{3}}{7}+\frac{2-\sqrt{3}}{7}=\frac{2+\sqrt{3}+2-\sqrt{3}}{7}=\frac{4}{7}$

(2)　$(x-6y+3z)(x+2y-z)+5z(4y-z)-20y^2=x^2+2xy-xz-6xy-12y^2+6yz+3xz+6yz-3z^2+20yz-5z^2-20y^2=x^2-4xy+2xz-32y^2+32yz-8z^2=x^2-(4y-2z)x-8(4y^2-4yz+z^2)=x^2-2(2y-z)x-8(2y-z)^2=\{x-4(2y-z)\}\{x+2(2y-z)\}=(x-8y+4z)(x+4y-2z)$

(3)　$\left(1-\frac{x}{100}\right)\left(1+\frac{x}{400}\right)=1-\frac{16}{100}=\frac{84}{100}$　$\frac{100-x}{100}\times\frac{400+x}{400}=\frac{84}{100}$　$(100-x)\left(100+\frac{x}{4}\right)=8400$　$10000-75x-\frac{x^2}{4}=8400$　$\frac{x^2}{4}+75x-1600=0$　$x^2+300x-6400=0$　$(x+320)(x-20)=0$　$x>0$から，$x=20$

(4)　各位の数を足した値が3の倍数であるとき，その整数は3の倍数になるから，3の倍数になる数字の組み合わせは，(1，2，3)，(1，3，5)，(2，3，4)，(3，4，5)　3の倍数を小さい順に並べると，123，132，135，153，213，231，234，243，312，315，321，324，342，345，…　よって，求める数は，345

(5)　$\mathrm{AO}=a\times\frac{\sqrt{3}}{2}=\frac{\sqrt{3}}{2}a$　$\mathrm{S}=\pi\left(\frac{\sqrt{3}}{2}a\right)^2=\frac{3}{4}\pi a^2$　$\mathrm{BO}=\frac{a}{2}$　点OからABへ垂線OHを引くと，$\mathrm{OH}=\frac{a}{2}\times\frac{\sqrt{3}}{2}=\frac{\sqrt{3}}{4}a$　Tは半径OAの円の面積から，半径OHの円の面積をひいたものになるから，$\mathrm{T}=\pi\left(\frac{\sqrt{3}}{2}a\right)^2-\pi\left(\frac{\sqrt{3}}{4}a\right)^2=\frac{3}{4}\pi a^2-\frac{3}{16}\pi a^2=\frac{9}{16}\pi a^2$　よって，$\frac{\mathrm{S}}{\mathrm{T}}=\frac{3}{4}\pi a^2\times$

$\frac{16}{9\pi a^2}=\frac{4}{3}$

[2] **(2次方程式)**

(1)　$x^2-(a^2-4a+5)x+5a(a-4)=0$　　$x^2-\{(a^2-4a)+5\}x+5(a^2-4a)=0$　　$\{x-(a^2-4a)\}(x-5)=0$　　$x=a^2-4a$，5　　解は一致するので，$a^2-4a=5$　　$a^2-4a-5=0$　　$(a+1)(a-5)=0$　　$a=-1$，5　　aは正の整数なので，$a=5$

(2)　$a^2-4a>5$のとき，$a^2-4a-5=8$　　$a^2-4a-13=0$　　2次方程式の解の公式から，$a=\frac{4\pm\sqrt{(-4)^2-4\times1\times(-13)}}{2\times1}=\frac{4\pm\sqrt{68}}{2}=\frac{4\pm2\sqrt{17}}{2}=2\pm\sqrt{17}$…①　　$a^2-4a<5$のとき，$5-(a^2-4a)=8$　　$a^2-4a+3=0$　　$(a-1)(a-3)=0$　　$a=1$，3…②　　①，②より，aは正の整数なので，$a=1$，3

[3] **(平面図形の計量問題－円の性質，三角形の相似，角の二等分線の定理)**

(1)　AE：ED＝2：3より，AE＝$2t$，AD＝$5t$($t>0$)とおく。△ABDと△AECにおいて，円周角の定理から，∠ADB＝∠ACE…①　　$\overset{\frown}{BD}=\overset{\frown}{DC}$から，∠BAD＝∠EAC…②　　①と②から，2組の角がそれぞれ等しいので，△ABD∽△AEC　　AB：AE＝AD：AC　　5：$2t$＝$5t$：8　　$10t^2=40$　　$t^2=4$　　$t>0$より，$t=2$　　よって，AE＝$2t$＝2×2＝4

(2)　AEは∠BACの二等分線なので，BE：EC＝AB：AC＝5：8　　BE＝$5s$，EC＝$8s$($s>0$)とおく。△BED∽△AECから，BE：AE＝ED：EC　　$5s$：4＝6：$8s$　　$40s^2=24$　　$s^2=\frac{24}{40}=\frac{3}{5}$　　$s>0$より，$s=\sqrt{\frac{3}{5}}=\frac{\sqrt{15}}{5}$　　BC＝BE＋EC＝$5s+8s=13s=13\times\frac{\sqrt{15}}{5}=\frac{13\sqrt{15}}{5}$

[4] **(図形と関数・グラフの融合問題)**

(1)　$y=x^2$に$x=-2$，1を代入して，$y=(-2)^2=4$，$y=1^2=1$　　よって，A(−2，4)，B(1，1)　直線ABの式を$y=ax+b$として点A，Bの座標を代入すると，$4=-2a+b$…①　　$1=a+b$…②　①−②から，$3=-3a$　　$a=-1$　　これを②に代入して，$1=-1+b$　　$b=2$　　よって，直線ABの式は，$y=-x+2$　　点Cの座標を$(t, -t+2)$($-2<t<1$)とする。AC＝$\sqrt{2}$より，$\{t-(-2)\}^2+(-t+2-4)^2=(\sqrt{2})^2$　　$t^2+4t+4+t^2+4t+4=2$　　$2t^2+8t+6=0$　　$t^2+4t+3=0$　　$(t+1)(t+3)=0$　　$t=-1$，-3　　$-2<t<1$から，$t=-1$　　$-(-1)+2=3$　　よって，C(−1，3)

重要 (2)　AB＝$\sqrt{\{1-(-2)\}^2+(4-1)^2}=\sqrt{18}=3\sqrt{2}$　　AC：AB＝$\sqrt{2}$：$3\sqrt{2}$＝1：3　　BD//CEから，△ACE∽△ABD　　△ACE：△ABD＝1^2：3^2＝1：9　　(台形CEDB)：△ABD＝8：9　　△ABD＝$\frac{56}{27}\times9\div8=\frac{7}{3}$　　D(s, s^2)($-2<s<0$)とする。Dを通り，y軸に平行な直線と直線ABとの交点をFとすると，F$(s, -s+2)$　　△ABDの面積から，$\frac{1}{2}\times(-s+2-s^2)\times\{1-(-2)=\frac{7}{3}$　　$-s+2-s^2=\frac{7}{3}\times\frac{2}{3}=\frac{14}{9}$　　$s^2+s-\frac{4}{9}=0$　　$9s^2+9s-4=0$　　$(3s+4)(3s-1)=0$　　$s=-\frac{4}{3}$，$\frac{1}{3}$　　$-2<s<0$より，$s=-\frac{4}{3}$　　$\left(-\frac{4}{3}\right)^2=\frac{16}{9}$　　よって，D$\left(-\frac{4}{3}, \frac{16}{9}\right)$

[5] **(図形と関数・グラフの融合問題)**

(1)　A$(a, -a^2)$　　Bのx座標をb($b\neq a$)とすると，B$(b, -b^2)$　　直線ℓの傾きから，$\frac{-a^2-(-b^2)}{a-b}=-2a+1$　　$\frac{-(a+b)(a-b)}{a-b}=-2a+1$　　$-(a+b)=-2a+1$　　$b=a-1$

(2)　D$(a, 0)$，E$(a-1, 0)$とする。△CBE∽△CADより，BE：AD＝CB：CA＝1：2

$(a-1)^2 : a^2 = 1 : 2$　$2(a-1)^2 = a^2$　$a^2-4a+2=0$　2次方程式の解の公式から，$a=\frac{4\pm\sqrt{(-4)^2-4\times1\times2}}{2\times1}=\frac{4\pm\sqrt{8}}{2}=\frac{4\pm2\sqrt{2}}{2}=2\pm\sqrt{2}$　$\frac{1}{2}<a<1$より，$a=2-\sqrt{2}$

重要　(3)　$2-\sqrt{2}-2=-\sqrt{2}$から，$C(-\sqrt{2},\ 0)$　点BがCAの中点より，$\triangle OCA=2\triangle OBA$…①
$\triangle OCA : \triangle CAD = CO : CD = \sqrt{2} : (2-\sqrt{2}+\sqrt{2}) = \sqrt{2} : 2$　$\triangle CAD=\frac{2}{\sqrt{2}}\triangle OCA=\sqrt{2}\triangle OCA$…②　①と②より，$\triangle CAD=\sqrt{2}\triangle OCA=\sqrt{2}\times2\triangle OBA=2\sqrt{2}\triangle OBA$　よって，$2\sqrt{2}$倍

★ワンポイントアドバイス★

1 (5)で，線分AB上の点と点Oの最短距離は，点OからABへ引いた垂線OHの長さになるので，Tは，半径OAの円の面積から，半径OHの円の面積をひいたものになる。

＜英語解答＞

1　(1)　win　(2)　made　(3)　buy　(4)　landed　(5)　written
2　(1)　④ → leaning　(2)　③ → build　(3)　④ → had
　(4)　③ → because of　(5)　① → quickly
3　①　3，7　②　7，1　③　5，2　④　4，3　⑤　5，3
4　(ア)　2　(イ)　4　(ウ)　3　(エ)　1　(オ)　3
5　(ア)　2　(イ)　4　(ウ)　5　(エ)　1　(オ)　6
6　(1)　(ア)　4　(イ)　6　(ウ)　2　(エ)　3　(オ)　1　(カ)　5　(2)　1，2
7　(1)　(A)　4　(B)　1　(2)　(ア)　marriage　(イ)　communes　(3)　3，4
8　(1)　dessert　(2)　island　(3)　glove　(4)　spider
9　(1)　examination(s)　(2)　camp　(3)　attend　(4)　explain
　(5)　uniform(s)
10　(1)　3　(2)　1　(3)　3　(4)　2　(5)　2
11　(1)　2　(2)　2　(3)　1　(4)　3　(5)　3

○推定配点○
7 (2)　各4点×2　他　各3点×4　8　各1点×4　他　各2点×48(3は各完答)
計120点

＜英語解説＞

基本　1　**(長文読解問題・紹介文：語形変化，時制，不定詞，受動態)**

(全訳)　1988年の冬季オリンピックで最も有名な選手は，最速のスキー選手でも最強のアイススケート選手でもなかった。彼は金メダル(1)を獲得しなかった。1つもメダルをとれなかった。実のところ，エディー・エドワーズはスキージャンプ競技で最下位だった。しかし彼の勇気は彼を世界中のファンのお気に入りに(2)した。そして彼らは彼に「鷲のエディー」というニックネームを付けた。

エディーはイングランドの小さな町の建設労働者だった。彼にはオリンピックチームに入るとい

う夢があった。彼は素晴らしいスキー選手で1984年にはもう少しで英国代表になれた。1988年大会には，彼は単純な理由で，イングランドで1位のスキージャンプ選手になった。他に挑戦する人がいなかったのだ。

エディーにはお金がなくコーチもいなかった。彼は中古の器材(3)を買うためにお金を貯めた。彼のスキーブーツは大きすぎたので靴下を6足はき，よく見えなかったので分厚い眼鏡をかけた。「飛び立つと，自分がどこへ向かっているのか見えないことがあります」と彼は言った。ジャンプのたびに，彼は落ちてしまうのではないかと恐れた。しかし彼はうまくなるために一生懸命取り組んだ。

カルガリーオリンピックで，エディーは70メートルジャンプと90メートルジャンプに出場した。彼は落ちることなく(4)着地したが，両方とも最下位だった。

彼の夢と勇気をたたえ，多くの人がエディーを愛した。しかし彼は競技に出られるほど優れていない，と考える人もいた。このような人々にエディーは「オリンピックは勝者だけのものだと，どこに(5)書かれているのですか」と言った。

エディーの頑張りは彼をイングランドで有名に(2)した。彼が帰国すると，1万人が空港で出迎えた。現在，エディーはまた建設作業員をしているが，2016年の映画「エディー・ジ・イーグル」のおかげで有名だ。

(1)　win「～を獲得する」 (2)　〈make ＋目的語＋補語〉「～を…にする」

(3)　この to buy は目的を表す副詞的用法の不定詞。　(4)　land「着陸する」を過去形にする。

(5)　受動態の文。it は形式主語で，真主語は that 以下。

重要 2 （正誤問題：動名詞，不定詞，時制，熟語，品詞）

(1)「建設業者たちは階を増やす時にその建物を再びまっすぐにしようとしたが，それが傾くのを止める方法を考え付くことができなかった」 ④を動名詞 leaning にする。lean「傾く」

(2)「タージ・マハルが完成した後，シャー・ジャハーンはタージ・マハルを作った男性を殺した。なぜならタージ・マハルより美しいものを決して作ってほしくなかったからだ」 ③を原形 build にする。〈want ＋人＋ to ＋動詞の原形〉「(人)に～してほしい」

(3)「1927年，日本人医師の古川竹二は調査を行い，血液型が異なる人は異なる性格を持つ，という考えを思いついた」 that節の主語は複数の people で過去時制なので had が正しい。

(4)「紀元270年2月14日，バレンタインという名の男性が信条のためにローマ人に殺された」 ③を because of にする。because of ～「～のため，～の理由で」

(5)「離婚後，グエルチ氏は新しい妻をすぐに見つけたいと思い，妻探しに役立つよう，コンピューターによる結婚相談所へ行った」 ①の quick は動詞 find を修飾するので副詞 quickly にする。

重要 3 （語句整序：間接疑問，関係代名詞，熟語，比較，接続詞，受動態，動名詞）

（全訳） 英語を学ぶ学生の多くが，新しい言語を学ぶのはとても難しいと思っている。しかし，あなたの脳が鳥の脳の大きさしかなかったら，①英語を学ぶのがどれほど難しいか考えてみなさい！　それができる鳥もいるのだ。

様々な種類の鳥が，言葉の音をまねすることができる。ヨウムはこのことで最も知られた鳥だ。

ロンドンでは毎年12月に，バードショーが世界一の「話す」鳥を見つけようとしている。プルードルという名の1羽の鳥は，この賞を1965年から1976年まで毎年獲得し，「話す鳥」の中で傑出していた。

プルードルは1958年にウガンダの巣から連れてこられた。彼はアイリス・フロストに売られ，②彼女はイングランドのシーフォードにある自宅で彼の世話をした。プルードルは1994年に35歳で死んだが，生前およそ800の英単語を知っていた。プルードルはまた，③鳥かごで暮らした鳥の中で世界最年長だった。

もう1羽の賢い鳥，パックという名のセキセイインコは1993年に検査された。④パックはプルードルよりも多くの単語を知っているとわかった。パックは1700以上の英単語を知っていた。世界記録のギネスブック2003年版に，パックは世界の他のどの鳥よりも⑤言葉を知っていると認定された。

① （Now think）how difficult it is to learn English　how 以下は間接疑問で〈疑問詞＋主語＋動詞〉の語順。it は形式主語で真主語は to learn English「英語を学ぶこと」。

② who took care of him at home（in Seaford, England.）　who は主格の関係代名詞で Iris Frost を指す。take care of ～「～の世話をする」 at home「家で」

③ （Prudle was also）the oldest bird in the world that lived in a cage.　最上級の文。that は主格の関係代名詞で先行詞は bird である。

④ （It）turned out that Puck knew more words（than Prudle.）　It turns out that ～「～ということがわかる」 この It は形式主語で真主語は that 以下である。

⑤ Puck was listed as knowing more words（than any other bird in the world.）　受動態〈be 動詞＋過去分詞〉「～される」の文。as ～ing「～として」〈比較級 + than any other ＋単数名詞〉「他のどの～よりも…」

基本 **4** **（長文読解問題・紹介文：語句補充・選択）**

（全訳）　鳥のほとんどの種は枝や葉でできた(ア)巣を持っているが，皇帝ペンギンは違う。彼らは(ア)巣の代わりに脚を使う。

皇帝ペンギンのメスは5月か6月に卵を1つ(イ)産む。その後彼女はエサを探しに海へ行く。彼女は卵の世話をオスに任せる。オスのペンギンは卵を(ウ)温かく保つために脚の上で抱く。もし卵が氷に触れたら，凍って死んでしまう。

6月は南極で真冬だ。暗くて風が強い。何もかも凍っている。オスのペンギンたちはお互いを(ウ)温かく保つために大集団で並んで立つ。彼らは卵がかえるまで4か月間このように立っている。

卵がかえるころ，メスのペンギンが(エ)帰ってくる。両親は一緒にひなの世話をする。夏までにひなは大きくなり，自分でエサを探せる。冬までに，ひなは十分大きくなり，親がいなくても寒さ(オ)に耐えて生き延びられる。

問　全訳下線部参照。（イ） lay an egg「卵を産む」（オ） survive「～を切り抜けて生き残る」

基本 **5** **（会話文問題：文補充・選択）**

（全訳）　レイモン：やあ，リン。レイモンだよ。今，話しても大丈夫？

リン　　：えーと，(ア)あんまり大丈夫じゃない。セミナーに遅刻しているの。走らなくちゃ。

レイモン：ああ，そうなんだ。今週末について君に聞きたかったんだ。

リン　　：今夜，かけなおしてもいい？　私はもう行かないといけないの。

レイモン：わかった。(イ)僕は8時以降なら家にいるよ。仕事の後，ジムへ行くつもりなんだ。

リン　　：そう，いいわね。後で電話するわ。もう行かないと。

レイモン：わかった。じゃ土曜日に何がしたいか，考えておいて。

リン　　：(ウ)ええ，そうする。レイモン，聞いて。私は本当に行かないといけないの。(エ)私はすでに遅刻しているのよ。

レイモン：わかったよ。(オ)このへんにしておくよ。ところで何についてのセミナーなの？

リン　　：積極的になることについてよ。じゃあね！

レイモン：ああ，わかった！　後で話そう。

問　全訳下線部参照。（オ） I'll let you go.「もう行ってもいいよ，このへんにしておくよ」

6 （長文読解問題・紹介文：語句補充・選択，内容一致）

（全訳） (ア)近頃，新しい技術がスポーツ選手を助けている。ハイテク衣料から義手，義脚まで，成果を向上させるたくさんの新しい方法がある。しかし多くの人が，技術は一部の選手を有利にする，と心配している。それは競技を不公平にする可能性がある。また，しばしば，お金のある選手やチームだけが高価なハイテク器具を買える。私たちは最高の選手に勝ってほしいのか，それとも最高の器具を持っている選手に勝ってほしいのか。

(イ)ハイテク水着についての話で，いかに技術がスポーツを不公平にするかがわかる。数年前，スポーツ技術者が水着用の新しい素材を発明した。それはサメの肌と同じ性質を多く備えている。水泳選手がこの素材でできた全身用スーツを使うと，より早く泳げて，より良く浮かぶ。またその素材は水泳選手の筋肉に多くの酸素を送る。

(ウ)企業はこの新しいハイテク水着を2008年に発表した。その直後，その水着を使用した水泳選手たちが驚くべき割合で水泳の世界記録を更新しだした。2008年北京オリンピックでは，水泳選手たちは25の世界記録を更新した。そのような選手のうち23人がそのハイテク水着を着ていた。比較すると，2004年にオリンピックの水泳選手たちは世界記録を8つしか更新しなかった。そして2009年の世界選手権では，水泳選手たちは43の世界記録を更新した。人々はその新しい水着が選手たちを助けているのだと知った。2010年1月，国際水泳連盟はそのハイテク水着を禁止した。競技水泳選手のほとんどが禁止を喜んだ。あるオリンピック水泳選手が言ったように，「水泳は再び，水泳になった。誰がどんな水着を着て，誰がどんな素材を使っているのか，ということではない。私たちは全員，同じ指針に従っている」

(エ)禁止後2年間に，水泳選手たちは2つの世界記録しか更新しなかった。明らかに，その高価なハイテク水着がより速いタイムの理由だった。その水着が一部の水泳選手を不公平に有利にした。

(オ)もちろん，より良い器具が悪いものとは限らない。新しい器具はスポーツにとって有益になりうる。例えば，かつてテニスラケットは木製だった。重いラケットは壊れたり怪我を引き起こしたりした。1980年代に，企業は新しいハイテクのカーボンラケットを発表し，それは使いやすく安全だった。その新しいラケットは，普通のテニス選手にとってテニスをより楽しいものにしている。スキーの滑降競技から自転車レースまで，技術は全てのスポーツの器具を改良している。

(カ)問題は，技術がいつ，不公平な有利を生み出すか，ということだ。将来，スポーツ技術者たちは本物の脚よりも優れた義脚を作り出すかもしれない。それは競技で受け入れられるのか。ハイテク・コンタクトレンズはゴルファーを有利にするか。エネルギーをあまり使わずにもっと早く走れる特別な靴を，ランナーたちは使うことができるか。これらの問題には簡単な答えがない。私たちは，技術は時にスポーツを不公平にしうると意識すべきである。しかしながら，スポーツをみんなにとって楽しく安全にする改良は，歓迎すべきだ。

(1)　全訳下線部参照。

(2)　1「全身用水着を着ると，水泳選手はより早く泳ぎ，より良く浮くことができる」(○)
2「2008年北京オリンピックで世界記録を破った水泳選手のほとんどが，ハイテク水着を着ていた」(○)　3「2010年1月以降，全身用水着は新しい世界記録とほとんど関係がないと明らかになった」(×)　4「スポーツ分野での技術進歩は悪いこととは限らない。なぜなら人々が新しい道具を安く買うことができるからだ」(×)

やや難 7 （長文読解問題・紹介文：文補充・選択，語句補充・選択，内容一致）

（全訳）　ジョーとアンナは2人とも20代半ばだ。彼らは2年前に出会って恋に落ち，すぐに一緒に住むことにした。彼らは結婚について考えてはいるが，まだその計画はない。彼らはいつか子供がほしいと思っているが，この大きな一歩を踏み出す前に，カップルとしてうまくやっていけるか確かめたいと思っている。

今日，アメリカの多くのカップルが，ジョーとアンナのように，結婚せずに一緒に暮らすことを選択している。[A]昔は，正式な結婚式や結婚証明書なしで一緒に住むカップルはほとんどいなかった。現在，共同生活はアメリカ社会の全ての区分で起きている。大学生，働いている若い大人，中年カップル，さらに60代，70代の人々さえも。1970年，一緒に住んでいる未婚のカップルの数は50万人をわずかに超える程度だった。1998年，それは400万人以上に大きく増えた。多くの国で似たような傾向が起きている。

近頃は一緒に住むことへの社会的反対はほとんどないし，裁判所は彼らが法的に結婚しているかのように，カップルの権利を保護するようになった。けれども，ずっと結婚せずに一緒に暮らすカップルはいまだにまれである。ほとんどのカップルにとって，一緒に住むことは2，3年後に結婚へと至る，一時的な取り決めだ。

一緒に住むことは，今日アメリカや世界の他の地域で見られる，従来のものとは別のライフスタイルの一例にすぎない。他には，独身のままでいることや，大人数で他人やその家族と一緒に住むことがある。

この20年間で，独身のままでいる人の数は大きく増加した。1998年，アメリカの全ての世帯のおよそ25%が独身世帯だった。他の国でも同じような統計が見られる。例えばオーストラリアでは約12人に1人が一人暮らしで，この数は次の20年で2倍になると予想されている。一人暮らしの人はほとんどが20代後半まで結婚を後回しにした若者だが，30代や40代の人もいる。独身でいる理由として彼らがよく挙げるものは，適切な人に出会っていないというものだ。(ア)結婚には義務や責任が多すぎる，独身のライフスタイルのほうが良い，という人もいる。

独身が増えていることに対する，重要な社会学的な理由が2つある。第1に，結婚することに対する社会のプレッシャーが減った。これは特に女性に当てはまる。女性の教育・雇用機会が増加するにつれ，結婚はもはや経済的安心，感情的支援，社会的責任，意義深い仕事につながる唯一の道ではなくなった。

時には，つながりはなくても同じような理想や興味を持つ人々のグループが，1つの単位やコミュニティとして一緒に暮らすこともある。時に(イ)コミューン(共同社会)と呼ばれる，このような種類のコミュニティでは，メンバーたちは社会の主流から独立していられるよう，自分の所有物や技術を共有する。多くが食べ物を自給自足し，子供たちを自分たちの小さな学校で教育する。アメリカや世界の他の国々でいくつのコミューンが存在するかを推測するのは難しいが，国際コミュニティ協会は数千あると推測する。これらのうち600以上がその組織の一員である。これらは種類や大きさは様々だが，全てがメンバーたちが協力しあうという原則に基づいている。

コミューン生活の概念は今，いくつかの公営住宅に取り入れられている。コ・ハウジング(共住方式の集合住宅)においては，居住者が自分の個人的空間を確保しながらコミュニティの一部として生活できるように建物が設計されている。[B]カリフォルニア州サクラメントのある公営住宅では，居住者はそれぞれのプライベート空間を持つが，庭，ダイニングルーム，子供の遊び部屋，ランドリー，ラウンジを共有する。彼らは週3回の共同の食事を交代で調理し，所有物を共有して必要な時には助けあうなど，多くの点で1つの大家族のようにふるまう。

(1)　[A]　空所[A]の直後の文がToday「今日では，現在は」で始まるので，空所[A]にはIn the past「過去には，昔は」で始まる文を入れて，過去と現在を対比させる。

[B]　空所[B]の直前の文でコ・ハウジング(共住方式の集合住宅)について述べているので，空所[B]にはその具体例を入れる。

(2)　(ア)　独身の理由(結婚しない理由)について述べた文なので，marriage「結婚」を入れる。

（イ） 空所（イ）の2つ後の文参照。commune「コミューン，共同社会」

(3) 1「同居している結婚していないカップルの数はアメリカでだけ増えている」(×) 2「コミューンでは，人々は物を共同購入するので安い値段で買える」(×) 3「現在は，過去よりも同居している結婚していないカップルが多い」(○) 4「他の人とは異なる生活を送るために，1つのコミュニティとして一緒に暮らすことを選択する人々がいる」(○) 5「結婚する計画があるカップルはほとんどいない。なぜなら彼らは子供がほしくないからだ」(×)

8 （リスニング）

(1) cake, pie, fruit, pudding, ice cream, etc., served as the final course of a meal

(2) an area of land smaller than a continent and surrounded by water on all sides

(3) a covering for the hand that has separate parts for each finger and the thumb

(4) a small creature with eight legs which makes structures called webs to catch insects for food

(1)「食事の最後として出される，ケーキ，パイ，果物，プリン，アイスクリームなど」

(2)「大陸より小さな土地で，全ての面を水に囲まれている」

(3)「手を覆うもので，それぞれの指や親指が分かれている」

(4)「脚が8本ある小さな生物で，虫を食用に捕まえるためクモの巣と呼ばれる構造を作る」

9 （リスニング）

In England, students do not go to school for club activities during the summer holidays. Even the teachers stay at home! It is common for families to go on holiday in July or August. Sometimes after important examinations, such as the GCSEs in England, students will go on summer camp together, where they can enjoy sports such as sailing, swimming and hiking.

At the end of the summer vacation in America, schools often have an "open house", which both students and parents attend. During this time, the teachers will explain what will happen during the next school year. Around this time in England, many stores will be selling school uniforms. They use the slogan, "Back to School" in shop windows. Most children dread going shopping for their uniforms with their parents.

（全訳） イングランドでは，生徒たちは夏休みの間にクラブ活動のために学校へ行かない。教師たちも家にいる！ 家族が7月か8月に休暇に出かけるのが一般的だ。イングランドのGCSEsのような重要な(1)テストの後には，生徒たちが一緒にサマー(2)キャンプに行くことがあり，そこでセーリング，水泳，ハイキングなどのスポーツを楽しむ。

アメリカでは夏休みの終わりに，学校が「オープンハウス」をすることがよくあり，生徒と親の両方が(3)出席する。このとき，教師たちは新学年においてどんなことがあるか(4)を説明する。このころイングランドでは，多くの店が学校の(5)制服を売っている。店のウインドーには「学校へおかえり」というスローガンが使われる。ほとんどの子供たちは親と一緒に(5)制服を買いに出かけるのを恐れる。

(1) examination「テスト」 (2) camp「キャンプ」 (3) attend「出席する」

(4) explain「～を説明する」 (5) uniform「制服」

10 （リスニング）

Man　: Hey, Ashley. How many people are coming to the BBQ tomorrow?

Woman: Well, um, there's your family; that's four people.

Man　: Okay.

Woman: There are three from my work. And then Mike and Megan from across the street. And you and me, of course.

Man : Okay. So, what is everyone bringing?

Woman: Um, let's see. Here's my list. Um…. Your brothers are bringing hamburgers, cheese, and buns.

Man : Oh! I'm glad they are in charge of that.

Woman: Yeah, me too.

Man : You know, my brother, Jim…. He eats like a horse. At the last BBQ, he put away at least, what, five hot dogs and five cheeseburgers.

Woman: No, I think it was six. Six cheeseburgers. It might have been more hot dogs. I don't know.

Man : He was still hungry!

Woman: I know. I don't know how he did it. He does that all the time, he's… and he's not even fat. You'd think (he would be fat). Anyway, oh, yeah, anyway. So, my friends from work said that they could bring chips and salsa.

Man : Okay.

Woman: And they're going to bring a salad.

Man : Alright.

Woman: And one of them is vegetarian, and so she's going to bring her own veggie burger, so you don't have to worry about her.

Man : Okay. That's… That'll work out.

Woman: And Mike and Megan. You're going to love this. They're going to bring some of the corn from their garden.

Man : Oh, their corn is always so, so good.

Woman: Yeah, I know. It's wonderful.

Man : So, um, yeah. What about drink?

Woman: Well, we're going to have soda and juice, and iced water as well.

Man : Okay. And what about dessert?

Woman: I already have some ice cream and some homemade apple pie in the fridge.

Man : Oh, I can't wait.

Woman: This is going to be fun.

Man : Yeah.

Question

1 How many people will there be at the BBQ?

2 What are the woman's friends from work going to bring to the BBQ?

3 What does the man's brother, Jim, love to do?

4 What are Mike and Megan going to bring from their garden?

5 Who are Mike and Megan?

（全訳） 男性：ねえ，アシュリー。明日のバーベキューには何人来るの？

女性：えーと，あなたの家族が4人ね。

男性：わかった。

女性：私の職場から3人よ。それとお向かいのマイクとメーガン。そしてもちろん，あなたと私。

男性：わかった。みんなは何を持ってくるの？

女性：確認するわ。リストがあるの。あなたの兄弟たちはハンバーガー，チーズ，バーガー用のパンを持ってくるわ。

男性：わあ！　彼らがその担当でうれしいよ。

女性：ええ，私もよ。

男性：ほら，僕の弟のジム…。あいつは馬のように食べるんだ。この前のバーベキューでは少なくともホットドッグ5個とチーズバーガー5個を平らげたよ。

女性：違う，6個だと思うわ。チーズバーガー6個。ホットドッグはもっと多かったかもしれない。わからないけど。

男性：あいつはそれでもまだお腹が空いていたよ！

女性：そうなのよ。彼がどうやって食べたのか，わからないわ。彼はいつもそうするけど，太ってもいない。普通は太るだろうと思うわよね。とにかく，まあ。それで，職場の友達たちはチップスとサルサを持って来ることができると言っていたわ。

男性：わかった。

女性：あと彼らはサラダを持ってくるって。

男性：そうか。

女性：で，彼らのうちの1人は菜食主義者だから，自分用のベジタリアンバーガーを持ってくるわ，だから彼女については心配しなくても大丈夫。

男性：わかった，それはいいね。

女性：あとはマイクとメーガンね。あなたはきっと気に入るわよ。彼らは畑からトウモロコシを持ってきてくれるわ。

男性：ああ，彼らのトウモロコシはいつもすっごくおいしいんだ。

女性：ええ，そうね。素晴らしいわ。

男性：それと，ああ，そうだ。飲み物はどう？

女性：えーと，ソーダとジュース，あと氷で冷やした水も用意するわ。

男性：わかった。デザートはどう？

女性：もう冷蔵庫にアイスクリームと手作りのアップルパイが入っているわ。

男性：ああ，待ちきれないな。

女性：楽しくなるわね。

男性：うん。

(1)　バーベキューには何人出席するか。

1　4人。　2　9人。　3　11人。

(2)　女性の職場の友人たちはバーベキューに何を持ってくるか。

1　チップス。　2　ステーキ。　3　チキン。

(3)　男性の弟のジムは何をするのが好きか。

1　料理すること。　2　乗馬すること。　3　食べること。

(4)　マイクとメーガンは畑から何を持ってくるか。

1　トマト。　2　トウモロコシ。　3　スイカ。

(5)　マイクとメーガンは誰か。

1　女性の両親。　2　女性の近所の人たち。　3　女性の職場の友人。

11　（リスニング）

When I was eighteen, one of my friends worked at a popular restaurant not far from my house. I was interested in working at the restaurant which was called George's, and I asked my friend to help me get a job there. He often told me that working at the restaurant was a lot of fun. A few weeks later I had an interview with the manager, and I was hired to start working soon.

My first job at George's was as a bus-boy. I cleared the tables, washed the dishes, and took out the garbage. I worked four days a week, from 5:00 to 10:00 at night. I didn't enjoy washing dishes very much, but I wanted to become a cook at the restaurant. After working for about a year as a bus-boy, I was told I could start cooking.

There were about fifty items on the menu at George's. We made many kinds of hamburger: cheeseburger, bacon cheeseburger, avocado cheeseburger, and so on. We also made fried fish sandwiches called poor-boys. The poor-boy, or po-boy, is a sandwich on French bread. We also made Louisiana food such as jambalaya, red beans and rice, and crawfish etouffee.

The restaurant was very busy in the evenings and on weekends. There were only two cooks on a shift, and they had to work very quickly. The food had to be good, too. Sometimes cooking was very stressful, but I enjoyed the work very much. I worked at George's for eight years, and I learned many important and useful skills.

Question

1 Who had an interview with the speaker?

2 What is the job of a bus-boy? Choose the incorrect answer.

3 What is the "poor-boy"?

4 Why was the restaurant very busy in the evenings?

5 How old was the speaker when he quit the job?

（全訳） 私が18歳の時，友人の1人が私の家から遠くない，人気のあるレストランで働いていた。私はジョージズという名のそのレストランで働くことに興味があり，そこで仕事が得られるよう友人に手伝ってほしいと頼んだ。彼はよく私に，そのレストランで働くのはとても楽しいと話した。数週間後，私はマネージャーの面接を受け，採用されてすぐに働き始めた。

ジョージズでの最初の仕事は給仕の助手だった。私はテーブルの片づけ，皿洗い，ゴミ出しをした。私は週4日，夜5時から10時まで働いた。私は皿洗いをあまり楽しまなかったが，私はそのレストランのコックになりたかった。約1年間給仕の助手として働いた後，私は調理を始めてもよいと言われた。

ジョージズのメニューにはおよそ50品あった。私たちはたくさんの種類のハンバーガーを作った。チーズバーガー，ベーコンチーズバーガー，アボカドチーズバーガーなどだ。私たちはプアボーイと呼ばれる揚げた魚のサンドイッチも作った。プアボーイ，またはポーボーイはフランスパンのサンドイッチだ。私たちはまた，ジャンバラヤ，レッドビーンズライス，ザリガニのエトフェなどルイジアナ料理も作った。

そのレストランは夜や週末はとても忙しかった。1回のシフトには2人のコックしかおらず，非常にてきぱきと働かなくてはならなかった。料理もおいしくなくてはならない。調理することがストレスになることもあったが，私はその仕事をとても楽しんだ。私はジョージズで8年間働き，重要で役に立つ技術をたくさん身に付けた。

(1) 話者と面接をしたのは誰か。

1 彼の友人。 2 マネージャー。 3 ジョージ。

(2) 給仕の助手の仕事とは何か。正しくないものを選べ。
1 皿洗い。 2 調理。 3 ゴミ出し。

(3) プアボーイとは何か。
1 サンドイッチ。 2 ハンバーガー。 3 ルイジアナ料理。

(4) そのレストランはなぜ夜にとても忙しかったのか。
1 料理がとてもストレスだったから。
2 料理が高くなかったから。
3 コックがたくさんいなかったから。

(5) 話者はその仕事を辞めた時，何歳だったか。
1 22歳。 2 24歳。 3 26歳。

★ワンポイントアドバイス★

リスニング試験が始まる前に，問題用紙に書かれた英文，質問と答えを読み，注意して聞き取るポイントを把握しておこう。

＜国語解答＞

一 問一 1 イ 2 （例） Aさんほどの人がいいかげんなことを書くはずがない

問二 ① （例） 自分の読みに対する信念だけあって，著者に対する信の心が無いこと。 ⑦ （例） 感想文が書きやすいような本を探すという事態。 ⑪ （例） 感想めいた何か強烈なもの。 問三 （例） 著者が書いていることを妄信すること。

問四 （例） 何回くりかえし読んでも，隠された内実に到達できずその本を自分の古典として獲得できないから。 問五 3 ウ 4 ア

問六 （例） その時の自分の読みを仮説的に信じて，著者の考えの展開に沿っているか試し，自分の読みを深めること。 問七 （例） 他の著者への信の心が持てなくなり，他の古典の内実に到達できなくなるから。 問八 （例） 最初から感想を書こうと考えてしまうと，掬い読みの形になり，その古典のいいところを取り逃してしまうから。

問九 （例） 自分の感想や考えを他の人にも納得してもらう 問十 （例） 自分が思っていることを対象化してはっきりさせること。 問十一 エ 問十二 （例） それぞれが別々の内容に触れ，自分の時間や思い思いのテンポを持っている点。

問十三 6 ウ 7 ア 8 イ 9 エ 問十四 他人に理解可能な

問十五 （例） それまで気づいていなかった作品の価値に気づくために，批評に左右されず，自分の眼で見て感じたことに従って判断すること。

問十六 ア × イ × ウ ○ エ × オ ○

二 1 伯仲 2 干渉 3 斬新 4 厳粛 5 旋律 6 奔走 7 沸騰 8 宵 9 紛(れる) 10 煩(わしい)

○配点○

一 問一2・問二・問三・問十四 各3点×6 問四・問六・問八・問十五 各5点×4 問七・問九・問十・問十二 各4点×4 他 各2点×13 二 各2点×10 計100点

＜国語解説＞

一 （論説文―大意・要旨，内容吟味，文脈把握，指示語の問題，接続語の問題，脱文・脱語補充，熟語，ことわざ・慣用句）

問一　同じ段落に「文章についてそういう事実(と思われるもの)の発見があり，そこに何故という疑問が起こる……その疑問を解くための探索が始まる」とあり，この「探索」に必要とされる二つの「信の念」を挙げている部分である。［ 1 ］には，後に「自分の読みに対する信念」とあるので，こう書いてあるけれども自分はどうしても変だと思うという意味内容の語句があてはまる。［ 2 ］には，後に「著者に対する，これまた信の念」とあるので，自分は変だと思うけれども，この著者がいいかげんなことを書くはずがないという意味内容の語句があてはまる。ここでは，Aさんの文章について言っているので，この著者をAさんに置き換え簡潔に答える。

問二　①　同じ文「著者への信だけあって，自分の読みに対する信念がおよそ無ければ」の「反対」というのであるから，自分の読みに対する信念だけあって，著者に対する信の心が無いことが，——部①「これ」の指示内容にあたる。

⑦　図書館の人が，最初は呆れていたが次第に「慣れっこ」になったとする事態を読み取る。同じ段落の「感想文を書かにゃならんから」感想文が書きやすいような本を探すという事態を指示している。

⑪　「『口ごもった』状態」で，「ある」というのだから，言いたくても言えないことは何かを考える。同じ段落に「そう簡単に感想が出るもんじゃない。感想めいた何か強烈なものがあるにしても」から，指示している部分を抜き出す。

問三　——部②の前後に「著者を信じることは必要ですが」「その時その時の自分の読みをとにもかくにも信じて」とあるので，「自分を捨てて著者にもたれかかる」は，自分の読みを信じずに著者が書いていることを妄信することだとわかる。

問四　著者への「妄信からくる素読」を，「非生産的」とする理由を考える。——部③を含む文の冒頭に「こういう」とあるので，前の内容に着目する。直前の段落の「A氏の本が名著であるゆえんをこの眼で確認し，自分の古典として獲得することは，何回くりかえし読んでも不可能」から，理由を読み取る。「名著であるゆえんをこの眼で確認」を，一つ前の段落の「隠された内実に到達」などの具体的な表現に置き換えてまとめる。

問五　3　一つ前の文「人間的信頼が欠如している」は，確信を持って信頼できないという意味なので，ぼんやりしている様子という意味のウの「曖昧模糊(あいまいもこ)」があてはまる。

4　一つ目の［ 4 ］の前の「感想文を書くために本を読む」には，根本的で大切なこととつまらないことを取り違えるという意味のアの「本末転倒」があてはまる。

問六　「ぶつかり稽古」は，相撲の稽古の一つで，受け方とぶつかり方に分かれて守りと押し方の稽古をすること。ここでは，読書において，自分の仮説を作り筆者の考えの展開に沿っているか試しながら読んでいくことで自分の力をつけることを「ぶつかり方」にたとえている。直前の段落の「一度選んだからは，本はその時その時の自分の読みとともに仮説的に信じて，本文を大切に，踏みこんで深く読んで下さい」という説明の語句を用いてまとめる。

問七　同じ段落の冒頭で「A氏の本を読む修行で得たコツと確信を……埋もれた古典，未だ古典ならざる古典の発掘にも生かしていただきたい」と筆者の考えを述べている。ここから，——部⑤の前の「A氏はすばらしいがそれに較べてというかたちで，他の著者への無視と軽蔑を結果する」ことは，他の著者への信の心が持てなくなり，他の古典の内実に到達できなくなるからだとわかる。

問八　筆者は「感想文を書くために本を読む」ことを否定しており，後の「感想を狙いに」で始まる段落で「感想を狙いに本を読んじゃいけない……感想を求めて，いわば『掬い読み』をするかたちで本に接するから，せっかくの古典を読んでも，そのもっともいいところ，古典の古典たるゆえんが存するところを取り逃がしてしまう」と理由を述べている。この内容をまとめる。

問九　後の「公の文章」が書かれた目的を考える。同じ文にあるように，「自分の感想」を「公開」するのは，自分の感想や考えを他の人に納得してもらうためである。

やや難　問十　「これぞと思う本については——感想文に感想を凝結させる」ことで，何ができるようになるのかを考える。——部⑧「自分が自分になる」と似た表現が，直前の段落に「自分だけが自分である」とあり，この部分を含んだ前後「表現され対象化された自分だけが自分であるとすれば，自分の言いたいことが，すべて文章のなかに書きつくされていて」という内容をまとめる。「すべて文章のなかに書きつくされていて」を，対象化してはっきりさせるなどの表現に置き換えて説明する。

基本　問十一　「眉をひそめる」は，不快な気持ちや心配な気持ちを表情に出すという意味。

問十二　直前の「そこ」が指示する内容を読みとる。同じ段落で，読書について「内容も違うし……同時進行的に——聴くというかたちも持たない」「それぞれが自分の時間を持ちながら，時が進行していく」と特殊な点を述べている。

問十三　6　前の「もやっとした」を，後で「『口ごもった』状態」と言い換えているので，説明の意味を表す言葉があてはまる。　7　前の「表現しうるもの」とあり，後で「表現しがたく聞こえてくるもの」と相反する内容を述べているので，逆接の意味を表す言葉があてはまる。

8　「表現しがたく聞こえてくるものがある」という前の内容に対して，予想される反論を後で「最初から『もや』というほどの『もや』を感じない」と述べているので，当然，無論という意味を持つ言葉があてはまる。　9　「最初から『もや』というほどの『もや』を感じないで読む」という前から，当然予想される内容が後に「読後感をまとめるのにそれほどの苦労をしない」と続いているので，順接の意味を表す言葉があてはまる。

問十四　「書く」ことについて，一つ前の段落で「他人に理解可能な文章にまとめ上げる労苦を払わねばなりません」と述べながら，同時に「理路整然と他人に理解可能なかたちでの感想文を，みだりに，早急に書くことは特別に要注意です」と述べている。ここから，筆者は，どのように「書け」，同時にどのように「書くな」と言っているのかをとらえる。——線⑫直後の文の「矛盾」に通じる内容であることも確認する。

問十五　「こういう」とあるので，直前の段落の内容に注目する。直前の段落では，T先生のモナ・リザの見方が変化した例を挙げ，「T先生の名を使ってあげたこの例は……モナ・リザは名画なりという世評に左右されず，この眼で見，この眼でみた感じに従って判断をしている」と説明している。この説明の内容が，「こういう解り方」に相当する。

重要　問十六　ア　「どうか，A氏の」で始まる段落の内容に，「『手ぎわのいい』感想文に向かって本を読むくせが矯正される」ことは述べていないので，不適切。　イ　「T先生は，もともと」で始まる段落の内容に，「自分の眼にかかった色眼鏡の存在に気づき」とは述べていないので，不適切。ウ　「感想を狙いに」や「というわけで，読書の」で始まる段落の内容として適切。　エ　「若い人を見ていると」で始まる段落に「恋人ができて，その人を媒介にして，趣味が変わってきた」とあるが，恋愛経験が多大な影響と述べていないので不適切。　オ　「というわけで，文章化に」で始まる段落の内容として適切。

二　**（漢字の読み書き）**

1　力がつりあっていて優劣がつけがたいこと。「伯」は兄で，「仲」は弟という意味がある。

2　当事者でないものが口出しをして，自分の意思に従わせようとすること。「干」の訓読みは「ほ

(す)」「ひ(る)」。　3　着想などが際立って新しい様子。　4　おごそかで心が引き締まる様子。「厳」の他の音読みは「ゴン」で，「荘厳」などの熟語がある。　5　音楽の連続的な流れ。「律」の他の音読みは「リチ」で，「律儀」などの熟語がある。　6　走り回って努力すること。「奔」を使った熟語には，他に「奔流」「出奔」などがある。　7　液体が煮えたつこと。「沸」の訓読みは「わ(く)」。「騰」を使った熟語には，他に「高騰」などがある。　8　日が暮れて間もない頃。　9　音読みは「フン」で，「紛糾」「紛失」などの熟語がある。　10　音読みは「ハン」「ボン」で，「煩雑」「煩悩」などの熟語がある。

★ワンポイントアドバイス★

漢字の読み書きには，常用漢字以外の漢字も出題されている。新聞に目を通したり，意図的に問題集で練習を重ねたりするという対策を十分に施しておきたい。

MEMO

大切なことはメモしておこうネ！

2019年度

入　試　問　題

2019
年
度

2019年度

明治大学付属明治高等学校入試問題

【数　学】（50分）〈満点：100点〉

【注意】
1. **解答は答えだけでなく，式や説明も解答用紙に書きなさい。（ただし，[1]は答えだけでよい。）**
2. **無理数は分母に根号がない形に表し，根号内はできるだけ簡単にして表しなさい。**
3. **円周率はπを使用しなさい。**
4. **定規・分度器・コンパスは使用できません。**

[1]　次の□にあてはまる数や式を求めよ。

(1)　$(a+2b)^2+2a(a-3b)-(2a-b)^2+2(a+b)(a-b)$ を因数分解すると，□である。

(2)　x についての 2 次方程式 $x^2-2(a+6)x+a^2+8a=0$ の解が $x=-3$ のみであるとき，$a=$□である。

(3)　右の図のように，$\angle ABC=90^\circ$ の直角三角形 ABC があり，AB を直径とする半円 O と辺 AC との交点を D とする。$\angle ACB=60^\circ$，$BC=4$ のとき，斜線部分の面積の和は□である。

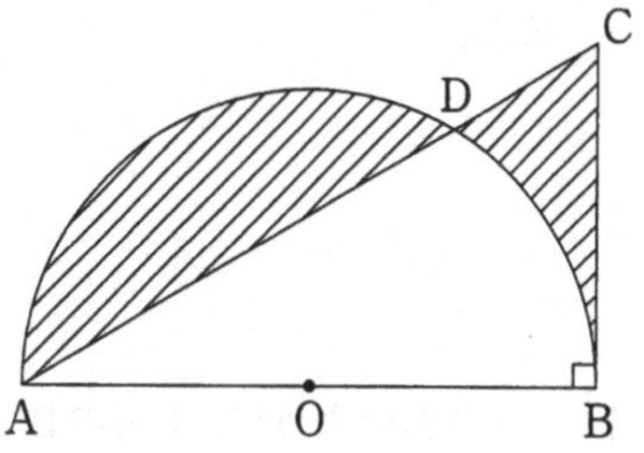

(4)　右の図のように，4 点 O(0，0)，A(6，0)，B(6，4)，C(0，4) を頂点とする長方形 OABC があり，点 P(3，7) を通る直線と辺 BC，OA との交点をそれぞれ D，E とする。四角形 OEDC と四角形 EABD との面積比が 1：3 のとき，直線の式は□である。

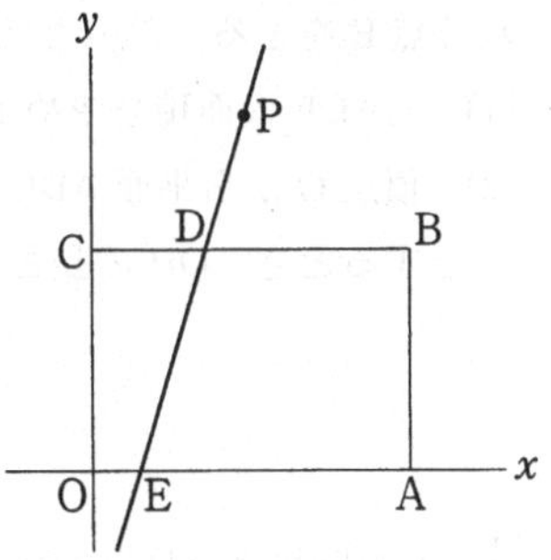

(5)　大小 2 つのさいころを同時に投げる。大きいさいころの出た目の数を a，小さいさいころの出た目の数を b とする。十の位の数を a，一の位の数を b とする 2桁《けた》の整数を n とするとき，$n=ab+8a+2$ となる確率は□である。

2 x，y についての 2 つの連立方程式

$$\begin{cases}-bx+5y=4a+3\\5x-6y=3\end{cases}\cdots\cdots①,\qquad \begin{cases}-3x+2y=7\\ax+by=-12\end{cases}\cdots\cdots②$$

がある。①と②の解の x の値は等しく，②の解の y の値は，①の解の y の値に x の値の 2 倍を加えたものである。このとき，次の各問いに答えよ。

(1) 連立方程式①の解を求めよ。

(2) a，b の値を求めよ。

3 右の図のように，放物線 $y=\frac{1}{4}x^2$ と直線 $y=-x+3\cdots\cdots①$ がある。また，直線②は，直線①と傾きが等しく，切片が 5 だけ大きい直線である。放物線と直線①との交点を A，B，放物線と直線②との交点を C，D とし，2 点 B，C の x 座標は正とする。このとき，次の各問いに答えよ。ただし，原点を O とする。

(1) 四角形 ABCD の面積を求めよ。

(2) O を通り，四角形 ABCD の面積を 2 等分する直線の式を求めよ。

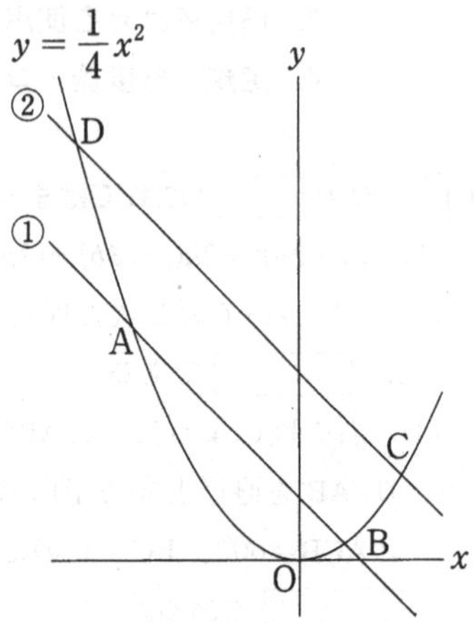

4 右の図のように，1 辺の長さが 6 の正四面体 OABC がある。辺 OB 上に OD：DB＝2：1 となる点 D，辺 OC 上に OE：EC＝2：1 となる点 E をとる。このとき，次の各問いに答えよ。

(1) △ADE の面積を求めよ。

(2) 頂点 O から平面 ADE に垂線をひき，平面 ADE との交点を H とするとき，OH の長さを求めよ。

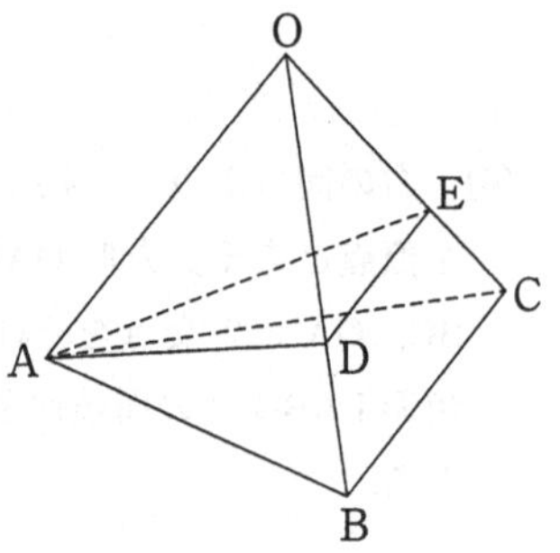

5 右の図のように，AB＝10，BC＝9，CA＝8 の△ABC があり，辺 BC の中点を M とする。直線 AD は∠BAC の二等分線であり，直線 AD と辺 BC との交点を P とする。AD⊥BD のとき，次の各問いに答えよ。

(1) MP の長さを求めよ。

(2) AD：PD を最も簡単な整数の比で表せ。

(3) MD の長さを求めよ。

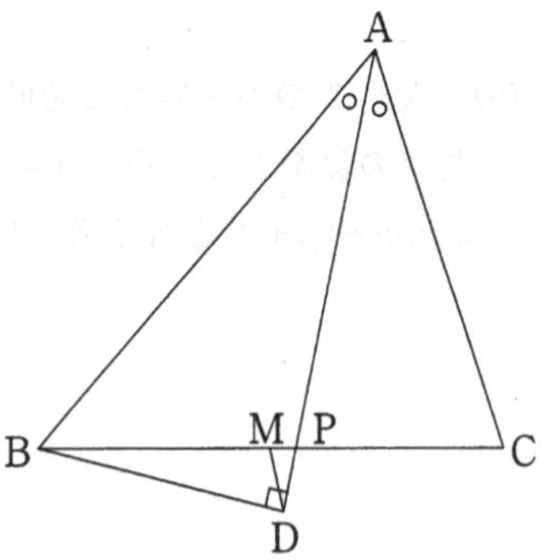

【英　語】（60分）〈満点：120点〉　※リスニングテストの音声は弊社HPにアクセスの上，音声データをダウンロードしてご利用ください。

【注意】リスニング問題は放送による問題で，試験終了 20 分前に開始します。

1　次の英文の内容に合うように，(1)～(6)に入る最も適切な語を語群の中からそれぞれ１つ選び，必要があれば適切な形に直して答えなさい。ただし，語群の語は１度ずつしか使えない。

During my first year in Japan I was sick often. That was probably because of the stress of (　1　) in a foreign country. When I went to see a doctor, I was in for a few surprises. The receptionist asked me one or two questions about why I was there. One of the questions was whether I (　2　) a fever. When I said I wasn't sure, she passed me a thermometer. I was a little surprised. Taking one's temperature is not really a private activity but I'd never taken mine in a waiting room. In America that would (　3　) when the patient was in a private room or curtained area. But I understood what I was supposed to do. Or I thought I understood. I stuck the thermometer under my tongue and then noticed some people looking at me. Whoops! Should I have just held the thermometer until the doctor (　4　) me? Or was I supposed to have gone to the toilet to take my temperature? Maybe there was a special thermometer-taking room! The receptionist saw me and hurried out. She (　5　) me to take the thermometer from my mouth and stick it under my arm. Under my arm? What was going on? Of course, this is the usual method in Japan, but it's one most Americans have never (　6　) of.

[　happen / have / hear / live / say / see / tell　]

2　次の各英文の下線部①～④のうち，文法的に誤りのある箇所を見つけ，例にならって答えなさい。

例）Mr. White ①are teaching English ②in ③this room ④now.
　　答え：[① → is teaching]

(1) ①With their computer brains, robots can ②do work ③how humans don't want to do because it is dangerous, dirty, ④or boring.

(2) The double-decker bus ①is very famous in London, but the ②number of double-decker buses ③is becoming ④fewer.

(3) Most of ①schools in Japan are ②on the Internet. If you want to know ③when to take a test or ④how much to pay, it's easy to find out such information on the Internet.

(4) The flu is different ①from a cold. The name "flu" comes from "②influence of the stars." People thought that the flu ③was brought ④for the stars.

(5) How does the flu ①go around the world now? The world is smaller today and the virus is ②easily carried by planes and ③send to many places in the world in only ④a few days.

3 次の英文の内容に合うように，[　　]内の語(句)を適切に並べかえ，3 番目と 5 番目にくるものを，それぞれ番号で答えなさい。ただし，文頭にくる語も小文字で表記してある。

Kazuki is a junior high school student. In early July, he was ①[1. do / 2. during / 3. for / 4. looking / 5. something / 6. summer vacation / 7. to]. One day, he read about the Little Teacher Program in the school newspaper. In the program, junior high school students help young children with their homework. He decided to join this program as a volunteer.

On the first day of the program, Kazuki met a boy. His name was Ryo. He was in the fifth grade. ②[1. about / 2. after / 3. favorite / 4. talked / 5. their / 6. they / 7. things], Ryo started answering *arithmetic questions. About ten minutes later, he asked Kazuki for help. Kazuki knew the answer and explained how to get it to Ryo. But Ryo couldn't understand. Kazuki ③[1. change / 2. he / 3. his / 4. of / 5. should / 6. thought / 7. way] teaching.

At home, Kazuki tried to find a better way to teach Ryo, but he couldn't find it for a long time. Then he got an idea: to look at his arithmetic notebook ④[1. grade / 2. the fifth / 3. he / 4. he was / 5. in / 6. used / 7. when]. When he looked at the notebook, he found it had a lot of *figures. He thought, "These kinds of figures helped me a lot then. So Ryo will need them to find the answer, too." Then Kazuki prepared for Ryo.

On the next day, Kazuki taught Ryo with the figures. Ryo said, "I got the answer! These figures are great!" Then Ryo answered more questions in the same way. Kazuki ⑤[1. and / 2. began / 3. confident / 4. enjoy / 5. felt / 6. teaching / 7. to] Ryo. At night, Kazuki opened his notebook again.

注） arithmetic　算数の　　figure　図，図形

4 次の英文の(ア)～(カ)に入る最も適切な語をそれぞれ 1 つ選び，番号で答えなさい。

Make your mind full of *the here and now. This is the first step in a mental training called "mindfulness." So what is mindfulness, and how do people practice it?

The idea of mindfulness comes from a kind of *Buddhist training. In this training, people try to feel the (ア): there is only "now" and no past or future. By feeling that, people notice the (イ) of the things they are seeing, hearing, smelling, or doing at that time. If people think that these things are very important for them, that gives them *satisfaction.

*Psychologists have developed the training into today's mindfulness practice by (ウ) it a little easier for people. For example, you can practice mindfulness at any time and in any place, while in the Buddhist training you need to sit in a quiet room for a long time. With mindfulness, you just do things like walk with all your *concentration and feel the morning sunshine with all your (エ).

People are very (オ) today. They watch TV during dinner, listen to music while they are walking to work or school, and have a mobile phone in their hand most of the time. Do they really (カ) the taste of the food they are eating or notice the beautiful sky above them? If they don't, they should try mindfulness training.

注） the here and now 今この瞬間 Buddhist 仏教の satisfaction 満足感
psychologist 心理学者 concentration 集中

ア	1 stress	2 moment	3 idea	4 air
イ	1 importance	2 feeling	3 interest	4 time
ウ	1 bringing	2 taking	3 making	4 showing
エ	1 world	2 eye	3 heart	4 hand
オ	1 happy	2 sleepy	3 sorry	4 busy
カ	1 enjoy	2 have	3 take	4 see

5 次の会話文の(ア)～(カ)に入る最も適切なものをそれぞれ1つ選び，番号で答えなさい。選択肢は1度ずつしか使えない。ただし，文頭にくる語も小文字で表記してある。

Ted： So, Susan, do you have anything planned for this Saturday?

Susan：Uh, I'm kind of busy. (ア)

Ted： Oh, I was wondering if you'd like to get together and do something, like catch a movie or take a walk down by the lake.

Susan：I'd love to, but I'm really going to be busy all day on Saturday.

Ted： What do you have going on that day?

Susan：First, my mom asked me to help clean the house in the morning, and then I have a dentist appointment at 12:30. (イ)

Ted： Well, what about after that?

Susan：Well, I'm going to be running around all day. After the dentist appointment, I need to meet Julie at 2:00 to help her with her science project that's due on Monday morning at school.

Ted： Okay, but (ウ)

Susan：Hardly. Then I have to pick up my brother from soccer practice at 4:30, and my mom asked me to cook dinner for the family at 5:30. (エ) Then, I have to clean the dishes and finish reading my history assignment. Who knows how long THAT'll take.

Ted： Wow, sounds like you're going to have a full day. Hey, listen, why don't I come over later in the evening, and (オ)

Susan：Oh, that'd be great, but our TV is broken.

Ted： Huh. Well, (カ)

Susan：Sounds good, but give me a call before you come. My mom might try to come up with something else for me to do.

1 we can make some popcorn and watch a movie.
2 let's just play a game or something.
3 are you free after that?
4 why do you ask?

5 I can't miss that because I've canceled twice before.
6 that won't be enough for me.
7 I feel like a slave sometimes.

6 次の英文を読み，あとの問いに答えなさい。

Today I'm writing about writing. We've all experienced good and bad writing, but what exactly is the difference and why does it matter?

Bad writing changed my life direction. I was working on a *PhD in literature because I loved good fiction. Unfortunately, literature students (ア), that is, literary *criticism and critical theory. Occasionally, I came across a critical book that really spoke to me, but most of the required reading was simply unreadable.

I'll never forget a professor's comment on a critical paper I wrote. She thanked me for writing clearly and simply and said most of her students' papers were impossible to understand. I knew exactly what she meant. A lot of scholars and other professionals use *jargon and elevated language to (イ). Sometimes they're actually hiding behind fancy language because they don't know what they're talking about. Eventually, I changed my path away from *grad school to (ウ).

Good writing is clear and simple, no matter who the audience is. Some Japanese readers probably think I simplify my writing for second language learners. I don't. Writing for a Japanese audience is the perfect way to (エ).

As William Zinsser said in his classic guide, *On Writing Well*, "The secret of good writing is to *strip every sentence to its cleanest components." In other words, cut unnecessary words and use short, simple ones rather than big, long ones.

Which sentence is better? You decide:

[A]: Social media platforms are utilized to enhance opportunities for communication outside of the classroom.

[B]: We use Facebook and Twitter to help students communicate better outside class.

When I was a kid, we used to (オ). Do you recognize this one? "Three visually deficient rodents, three visually deficient rodents. Observe how they perambulate ..." and so on. That is of course the beginning of this song: "Three blind mice, three blind mice. See how they run ..."

One lesson to take from all this is writing well doesn't require a lot of fancy English. If you're reading and understanding this essay, you're probably ready to write good English yourself. Practice by creating an English-only Facebook group with friends, or just keep a diary. That might be a fun way to start a new year!

注) PhD 博士の学位　criticism 批評　jargon 専門用語　grad school 大学院
strip そぎ落とす

(1) 本文中の(ア)～(オ)に入る最も適切なものをそれぞれ1つ選び，番号で答えなさい。

1 remember what's important in good writing

2 spend much of their time reading what other professors write about literature
3 become a professor
4 make fun of big language by singing simple songs in a complicated way
5 sound important or profound
6 avoid reading terrible English

(2) 筆者があげている2つの例文(AおよびB)のうち，筆者が好ましいと考えているのはどちらか。AまたはBの記号で答えなさい。

(3) 次の英文のうち，本文の内容に合うものを3つ選び，番号で答えなさい。

1 The author is writing in simple English because it is meant for Japanese readers.
2 The author didn’t like the way her fellow literature students wrote their papers.
3 If the reader is able to read and understand the essay, he/she will be able to write good English.
4 The author would rather read good fictions than read good non-fictions.
5 Making an English-only Facebook group is the only way to make your writing better.
6 The author agrees with what William Zinsser said in his book about how we should write.

7 次の英文を読み，あとの問いに答えなさい。

The twenty-six-year-old mother stared down at her son who was dying of *terminal leukemia. Although her heart was filled with sadness, she also had a strong feeling of *determination. Like any parent she wanted her son to grow up and fulfill all his dreams. Now that was no longer possible, for no one could survive leukemia. But she still wanted her son’s dream to come true.

She shook her son’s hand and asked, “Bopsy, did you ever think about what you wanted to be when you grew up? Did you ever dream and wish about what you would do with your life?”

“Mommy, I always wanted to be a (ア) when I grew up.”

Mommy smiled back and said, “Let’s see if we can make your wish come true.” Later that day she went to her local fire department in Phoenix, Arizona, where she met Fireman Bob, who had a heart as big as Phoenix. She explained her son’s final wish and asked if it might be possible to give her six-year-old son a ride around the block on a fire engine.

Fireman Bob said, “Look, [A]. If you’ll have your son ready at seven o’clock Wednesday morning, we’ll make him an *honorary fireman for the whole day. He can come down to the fire station, eat with us, go out on all the fire calls, the *whole nine yards! And, if you’ll give us his sizes, we’ll get a real fire hat — not a toy one — with the emblem on the Phoenix Fire Department on it, a yellow slicker like we wear and rubber boots. They’re all made right here in Phoenix, so we can get them fast.”

Three days later Fireman Bob picked up Bopsy, dressed him in fire uniform and escorted him from his hospital bed to the waiting hook and ladder truck. Bopsy got to sit up on the back of the truck and help steer it back to the fire station. He was in heaven.

There were three fire calls in Phoenix that day and Bopsy got to go out on all three calls. He rode in the different fire engines, the *paramedics' van and even the fire chief's car. He was also videotaped for the local news program.

Having his dream come true, with all the love and attention that was given a lot to him, so deeply touched Bopsy that he lived three months longer than any doctor thought possible.

One night all of his *vital signs began to drop dramatically and the head nurse, who believed in the hospice concept that no one should die alone, began to call the family members to the hospital. Then she remembered the day Bopsy had spent as a fireman, so she called the fire chief and asked if it would be possible to send a fireman in uniform to the hospital to be with Bopsy as he was going to die. The chief replied, "Well, [A]. We'll be there in five minutes. Will you do me a favor? When you hear the sirens screaming and see the lights flashing, will you announce over the *PA system that there is not a fire? It's just the fire department coming to see one of its finest (イ) one more time. And will you open the window to his room? Thanks."

About five minutes later a hook and ladder truck arrived at the hospital, *extended its ladder up to Bopsy's third floor open window and fourteen firemen and two firewomen climbed up the ladder into Bopsy's room. With his mother's *permission, they hugged him and held him and told him how much they loved him.

With his dying breath, Bopsy looked up at the fire chief and said, "Chief, am I really a fireman now?"

"Bopsy, [B]" the chief said.

With those words, Bopsy smiled and closed his eyes for the last time.

注） terminal leukemia　末期の白血病　　determination　決意　　honorary　名誉
whole nine yards　一切合切　　paramedics' van　緊急医療車　　vital signs　脈拍や呼吸
PA system　構内放送　　extend　伸ばす　　permission　許可

(1) 本文中の(ア)と(イ)に入る最も適切な語を本文中からそれぞれ抜き出して，答えなさい。

(2) 本文中の[A]と[B]に入るセリフとして最も適切なものをそれぞれ 1 つ選び，番号で答えなさい。

[A]　1　you can do it by yourself　　2　you can do better than us
　　3　we can do better than that　　4　what we can do is very little

[B]　1　you are,　　2　no way,　　3　are you?　　4　will you?

(3) 次の英文のうち，本文の内容に合うものを2つ選び，番号で答えなさい。

1　Bopsy's mother believed that Bopsy would get over the illness in the future.
2　Fireman Bob was generous enough to give Bopsy a chance to work with them.
3　Bopsy became famous because he recorded some fires for the local news program.

4 Bopsy's mother asked the fire chief to send a fireman to the hospital when Bopsy was dying.

5 Bopsy lived longer than expected thanks to the wonderful experience.

リスニング問題

8 放送を聞き，説明されている語を答えなさい。放送はそれぞれ１回です。

(1)________ (2)________ (3)________ (4)________

9 放送を聞き，(1)～(5)に入る語を答えなさい。放送は１回です。

Mike was turning twenty-five next month. Maria wanted to throw a party for him in celebration, but Mike felt he was too old for those kinds of things. Maria insisted that he (1) her. After much resistance, Maria agreed not to. Mike believed her. Little did he know, Maria planned to surprise him by throwing a birthday party for him to (2) when he came back home from work.

Maria began to make phone calls. She called Mike's best friend Doug, along with other friends from work, to help make the event. Maria even invited the next door (3), Theodore. Everyone she invited said yes to attend the party. Maria planned it to take place on a Friday, one day before his birthday. She told everyone to arrive at 1:00 p.m. to help set up the banners and balloons.

Maria was really (4). She asked Doug if he could help buy the balloons and banners for the party, to which he said yes. All Maria had to buy was the birthday cake. She went to a local bakery to order the cake. She had to make sure not to make Mike suspect a thing.

When she went out to the bakery, Mike was in the apartment napping on the couch. She sneaked (5) the front door, hoping not to wake Mike up. As soon as Maria opened the door, Mike awoke from his sleep.

10 放送を聞き，質問の答えとして最も適切なものをそれぞれ１つ選び，番号で答えなさい。放送は２回流れます。

(1) What does the author say the benefits of exercise are?

1 You enjoy the feeling of movement at work.

2 You stand up and stretch several times a day.

3 You will have more energy.

4 You feel large muscles important.

(2) According to the passage, how can you be healthier in your daily life?

1 By making dramatic changes in your life style.

2 By having a pair of weights on your desk.

3 By spending your workday quickly.

4 By adding a small exercise to your everyday routine.

(3) How many times per week should you exercise when you go to work?
  1 Every day.
  2 A few times.
  3 Once.
  4 Not mentioned.

(4) Which can be added to your daily routine?
  1 Go to the gym.
  2 Do a short arm exercise.
  3 Enjoy a physically active life.
  4 Join a sports team.

(5) What is the best title for this passage?
  1 The benefits of exercise
  2 To live longer
  3 Joining a sports team
  4 To challenge yourself

11 放送を聞き，続けて流れる質問の答えとして最も適切なものをそれぞれ 1 つ選び，番号で答えなさい。放送は 2 回流れます。

(1) 1 To the city guide.
  2 To the art museum.
  3 To the zoo.

(2) 1 Near the art museum.
  2 At noon.
  3 Indian food.

(3) 1 Because there are unique animals.
  2 Because he doesn't like shopping.
  3 Because the woman wants to go there.

(4) 1 By subway.
  2 On foot.
  3 By bus.

(5) 1 They are at home.
  2 They are on a trip.
  3 They are at school.

うな処置のことであり、「湯加減は？」と、きかれて「たいへんいい加減です」などと答えるのは、湯の状態が自然のように程よく調節されている、ということなのだ。

だとすれば、この言葉こそ、世界で例外といえるほど優しい山河、おだやかな自然にめぐまれた島国に暮らす日本人独特の表現であり、日本人の心性をこの上なく雄弁に語っている興味深い日常語——といえるのではなかろうか。

（森本哲郎『日本語　表と裏』より・一部改変）

三　次の1～10の文中の（カタカナ）を漢字で書きなさい。

1　（ケントウ）を祈る。
2　（シュウチ）心を持つ。
3　（キョウダン）に立つ。
4　（ヒフ）科を受診する。
5　人格を（トウヤ）する。
6　注意力が（サンマン）になる。
7　これを（ケイキ）に習字を始めた。
8　その服は化学（センイ）でできている。
9　（ヒザ）を交えて議論する。
10　悪を（コ）らしめる。

は、いくら自然に甘え、自然を信じている日本人にとっても、けっして好ましいことではない。なすべきことを自然のままに放置する、すなわち成りゆきに任せるということは、最終的な解決ではあっても、そこに到達するためには人間である以上、人間的な努力をせねばならぬ。人事ヲ尽クシテ天命ヲ待ツとは中国の名言だが、自然を信仰する日本人もそう思っているのだ。そこで、日本人は人事を尽くさずして自然に任せてしまう安易な人間を「いい加減なヤツ」として糾弾するのである。

したがって、この言葉はこういうふうに解釈できる。すなわち、「いい加減」という言葉が第一に、程よく調節された、とか、適当な、というプラスの意味を持つのは、それが自然について抱いたイメージによるのであり、それが第二の、徹底せぬ、とか、でたらめ、といったマイナスの意味に転化するのは、やるべきことをやらず、すぐに自然に甘えるという安易な人間についての判定による、というわけである。とすれば、「いい加減」という言葉の第二の意味は、でたらめ、というよりは、むしろ投げやり、あるいは、ちゃらんぽらんという語義に近いとみるべきであろう。

この意味で、この言葉は「どうせ」と軌を一《いつ》にしている【同じ使い方をすること】。あるいは「よろしく」というあいまいな言葉とも気脈を通じている。「どうせ」も「よろしく」も、すべて自然にあるべき状態に任せてしまう態度だからである。そして、こうした日本語は、最終的には自然に任せておけばどうにかなるという日本人の楽天的な人生態度を正直に語っているといえよう。

日本人はあきらめがいいとよくいわれる。ふた言目には「どうせ」を連発するところをみると、たしかに日本人はあきらめがよく、いさぎよいように思える。しかし、じつはその根底に自然に頼り切った楽観主義がひそんでいるのである。自然に任せておけば悪いようにはなるまい、時が何とか解決してくれるだろう、下手な小細工をするよりも造化に随ったほうがよい、という自然主義、自然信頼である。こうして「いい加減」という言葉には「どうせ」とおなじように、その表と裏に、まったく反対の心情を塗りこめられることになったのである。

私は『広辞苑』にあげられている「いい加減」の三つの意味のあいだに何の関連も見いだせそうにないといった。だが、以上のように考えてくると、この三つの意味はやはり見えざる糸で結ばれていることに気づく。それはともに日本人の自然観の正直な告白なのである。自然は見方によれば神の摂理のように「程よく調節されて」いる。けれども、べつの観点に立てば、けっして人間の思わくどおりには動いてくれない。だから時として、自然はまさしく「条理を尽くさぬ」「でたらめ」のように思えるのだ。

むろん、自然が「不条理」のように思えるのは、人間の尺度と自然の尺度とがちがうからである。そして、その尺度のずれが「いい加減」の第三の意味を形づくる。この言葉が第三の意味、すなわち、「いい加減待たされた」というふうに「かなり」「だいぶ」の意味に使われるのは、人間の考えている尺度よりも自然の尺度のほうがひとまわり大きく、時間に関していうなら悠長であることを暗黙に表現しているのだ。つまり、「いい加減」という言葉の意味はすべてその根を「自然」に持っているのである。だから、この言葉を「自然」に置きかえてみれば納得がゆく。「いい加減待たされた」というのは、自然の運行のように待たされたということであり、「いい加減な処置」というのは、自然に放置されたよ一時的に災害をもたらしても、自然はすぐに優しく人間をいたわり、その打撃から立ち直らせてくれるのである。だから日本人は自然を愛したというより、自然を信じてきたというべきだろう。

　自然への信頼は、いつか自然への甘えとなる。自然に親しみつづけてきた日本人が、なぜかくも自然を破壊して顧みなかったのかというその理由は、日本人の自然に対する甘え以外の何ものでもない。人間の手でいくら自然の一部をこわしても、自然は怒らないし、そんなに傷つくこともあるまいという自然への信頼！　それが日本人をして平気で自然環境をそこなわしめたのである。私が日本的自然主義というのは、まるで幼児が母親に甘えるような日本人の自然に対する甘ったれた心情である。その心情は、すべては自然が解決してくれるという信仰にまで達する。日本的自然主義とは、そうした自然信頼にほかならない。

　したがって、日本人の最後の安心立命は自然に随順することである。「造化に随《したが》ひ造化に帰れ」ということであった。中国の老子も荘子も無為自然を説いた。しかし、老子、荘子の説く無為自然とは、あくまで人倫を強調した孔子、孟子に対抗して主張された哲学であって、自然に甘えた心情が生み出した自然信仰ではない。自然は老子、荘子にとっては、その懐に抱かれたいといった〝母なる自然〟のようなイメージではなく、厳然たる原理なのである。その原理に拠《よ》って老子、荘子は人為を冷笑し、拒絶したのだ。この意味で老・荘の思想は、日本人の無条件な自然信仰と本質的に異なるといってよい。

　とはいえ、日本人も、ただ自然に随順すればそれでよいと考えたわけではない。「造化に随ひ造化に帰れ」といっても、人間は造化＝自然そのものとはちがう。人は死ねば土に還《かえ》るには相違ないが、少なくとも人間は生きているかぎりは人間である。人間である以上、人間的な努力をせねばならぬ。その努力の果てに造化がこころよく待ち受けていてくれるのである。つまり、造化に帰ることはあくまで最終的な解決なのであって、最初から自然に随えばいいということではない。日本人にとって自然とは、いわば〝すべり止め〟的役割を果たしているのだ。〝すべり止め〟としての自然――それが日本的自然主義の正体といってもよかろう。

　では、そのような自然とは何なのか。じつはそれが「いい加減」の実体なのである。「いい加減」というのは、そもそも程よく調節されていることである。その場合の「加減」とは、おそらく中国哲学の根本要素ともいうべき陰陽二気の加減であろう。中国人は宇宙の根源に「太極」、あるいは「太一」という絶対的実在を想定し、その「太極」「太一」のなかに「気」がこもっていると考えた。「気」は動くとふたつに分かれ、陰と陽の二気が生じる。そして、この陰陽二気の増減で世界が形づくられているというわけである。陰が極まれば陽になり、陽がふえつづければ陰に転化する。その陽と陰の状態を「消息」というが、「消息」とは、陰陽二気の「加減」の様子をさしている。したがって、「いい加減」とは、陰と陽の加減が最もよくつり合っている状態ということを意味したにちがいない。自然はさまざまに変化するが、最終的には陰陽二気の調和をめざしている。すなわち、「いい加減」の状態に落ちつくものこそ自然なのだ。

　だとすれば、「いい加減」の状態とは、すなわち自然の状態ということになる。したがって、「いい加減な人間」とは、自然のままになっている人間、別言すれば、人為を放擲《ほうてき》【投げ出すこと】した人間ということになる。なすべきことをなさず、自然のままに任せておくということは語句の意味で、解答の字数に含めないものとします。

あなたはいい加減な人だ——そういわれたなら日本人のだれもが不快、どころか、腹をたてることだろう。わたしのどこがいい加減なんですか、と、ムキになって反論する人も多いにちがいない。ということは、「いい加減」という言葉がけっして好ましいことではないことを語っている。

しかし、考えてみると、これはまことに奇妙なことではあるまいか。「いい加減」というのは字義どおりに解すれば、よい加減という意味であり、つまり、適切な、ということだからである。したがって、いい加減な人というのは、ものごとに対してきわめて適切な処置のとれる人、感情の起伏が激しくなく、いつも平静を保っていることのできる人、過激な行動に走ることなく、つねに節度をわきまえている人、ということになる。にもかかわらず、いい加減な人間といわれると、十人のうち十人までが憤《いきどお》るというのは、この言葉がけっしてそうした字義どおりの意味で使われていないことを証明している。そこで私はあらためて辞書を引いてみる。すると、「好い加減」の項にはつぎの三つの意味が記されている。

一、よい程あい。適当。二、条理を尽くさぬこと。徹底せぬこと。でたらめ。いいくらい。三、(副詞的に用いて)相当。だいぶん。かなり。

そして、第三の意味の用例として、「いい加減待たされた」という用法があげられている。だが、どう考えてみても、この三つの意味のあいだには関連が見いだせそうにない。「適当」と「でたらめ」と「かなり」に、どんな共通項があるのだろう。まったくニュアンスを異にする意味を三つもふくんでいるとすれば、「いい加減」という言葉は文脈で判断するほかない。おそらく、日本語のなかで外国人に最も理解しがたいのは、こうした言葉であろう。時と場合によって、その意味が異なるどころか、正反対の意味にさえなってしまうのであるから。

たとえば、子供のいたずらが過ぎると、母親はきまって「いい加減にしなさい！」といって叱る。この場合の「いい加減」は、いうまでもなく第一の意味、すなわち「よい程あい」にせよ、ほどほどにしろ、ということである。ところが、そういわれて子供が「いい加減」なことをしたとすると、これまた叱責されることになる。「いい加減」とは「でたらめ」ということでもあるからだ。「いい加減にしなさい！」といって子供を叱った母親は、そういいながら子供が「いい加減な人間」になることを、けっして望んではいないのである。

ではなぜ、「いい加減」が好ましからざる意味を持つようになったのであろうか。それはおそらく、「よい加減」ということを日本人がいいことと思わなかったにちがいない。どうして、いいことと思わなかったのか。その心の底には、日本的自然主義があるように私は思う。

日本の国土は、世界でもまれな温和な気象と美しい自然にめぐまれている。むろん、狭い島国であっても、北と南とでは気候は異なり、生活の条件もかなりちがう。けれども概していうなら、これほど優しい山河に取り巻かれた風土は、地球上で例外といってもよい。このようなおだやかな自然のなかで暮らしつづけてきた日本人は、とうぜん自然に親しみ、自然に甘えてきた。日本人は自然に敵対したり、自然を克服しようなどとは、まったく考えもしなかった。

たしかに自然は災害ももたらした。台風、地震、洪水、旱魃《かんばつ》、豪雪、火山の噴火……こうした天災で人びとは苦しんできた。しかし、それにしても、この国では自然が徹底的に人間を痛めつけることはしなかった。

らわしている。期待はつねに大きくなりがちである。ともすれば肥大してゆく期待に対して、日本人は折りにふれてはそれを（ O ）する。そして期待を（ O ）することによって、あらためていちおうの満足を得るのである。したがって、「まあまあ」はアメリカふうにいうならば、**take it easy!**ということになろう。よくいわれる日本人の「まあまあ主義」とは、人生哲学だといってもよい。そして、その哲学をイメージであらわすならば、大海の一部を優しく抱いたあのささやかな入江の景色、「日本三景」になるのではなかろうか。

日本人に愛好される俳人（ P ）は、死を前にして、こんな句を遺《のこ》した。

是《これ》がまあつひの栖《すみか》か雪五尺

（森本哲郎『日本語　表と裏』より・一部改変）

問一　文中の（A）～（G）に入る最適な語句を、それぞれ五字以内で答えなさい。

問二　文中の［Ⅰ］・［Ⅱ］に最適な品詞名を漢字で答えなさい。

問三　文中の（H）・（J）に入る最適な漢字一字を答えなさい。

問四　――部①とあるが、「須磨・明石」という巻を含む、五十四巻からなる長編小説名及び作者名を漢字で答えなさい。

問五　――部②とあるが、「蛤《はまぐり》のふたみにわかれ行く秋ぞ」の句は、江戸時代の俳人による紀行文の最後の句である。作品名と作者名を答えなさい。ただし、作者名は漢字で答えること。

問六　本文から次の段落が抜けています。どの形式段落の前に入れるのが適当ですか。その段落の初めの三字を答えなさい。

> なぜなのであろうか。おそらく日本民族が体験した太古の記憶が無意識のうちにこのような景色をこのうえなく美しく、懐かしい想いに誘うにちがいない。日本人はその昔、南太平洋の島々、あるいは東南アジア、中国の江南地方、朝鮮半島などからさまざまなコースを経て日本列島にやってきた。原始的な小舟を操ってのその航海は、じつにおそろしい体験だったにちがいない。どれほど多くの犠牲者が出たことであろうか。大洋を漂流する彼らが、ただひたすら求めつづけたのは島影だった。そして波を避け島に上陸することのできる入江だったはずである。おそらく、そうした太古の記憶が懐かしいイメージとなってあの「日本三景」に結晶しているのではなかろうか。

問七　――部③・④・⑤の指示内容を簡潔に答えなさい。

問八　文中の（K）・（L）・（M）・（N）に入る最適な語句を、次のア～クより選び、記号で答えなさい。

ア　主観　イ　悲観　ウ　自然　エ　現実　オ　客観
カ　民主　キ　楽観　ク　理想

問九　――部⑥を二十五字～三十字で答えなさい。

問十　文中（O）に入る最適な語句を、本文より漢字二字で答えなさい。

問十一　文中（P）に、『おらが春』という句文集があり、弱者をテーマにした句作の多い、信濃出身の人物名を漢字で答えなさい。

［二］　次の文章を読んで、文中にある「［日本人の心性］」を解答欄の「日本人の」に続けて三十～三十五字で説明しなさい。ただし、【　】

を守るということは、それ以上を望まぬということである。おのれを抑制することである。

　そんなわけで日本人は、自分をやたらに主張してはいけない、そして、ものごとをあからさまにすべきではない、と考えるようになった。自分を主張すれば、とうぜん相手の主張とぶつかることになるし、ものごとをはっきりさせれば、いやおうなく相手との食いちがいが出てくるからである。そうなれば争わざるをえなくなる。日本人はそれを何よりもおそれたのだ。

　そう。日本人は本質的に争いを好まず、自然の運行のようにすべてがうまくいくのを期待し、確信しているきわめて（　Ｋ　）的な、そして同時に（　Ｌ　）的な民族なのである。（　Ｋ　）的であるとともに（　Ｌ　）的、というのは、その（　Ｋ　）が、じつは（　Ｌ　）のうえに成り立っているからである。つまり、この世の中はけっして自分の思っているようにはうまくはいかないものだ、という前提のもとに日本人の判断は構成されているのである。

　かつて私は将棋の大山名人にきいたことがある。将棋の対局で、しばしば二時間におよぶほどの「長考」がなされることがあるが、いったい、どういう局面でそのような「長考」をするんですか。

　すると大山名人は言下《げんか》【相手の言葉が終わった直後】に、「あまりにもうまくいきすぎているときです」と答えた。私は意表を衝《つ》かれ、思わず、「え、⑤それはまた、どういうわけです？」とたずねた。

　大山名人の返事はこうであった。

「だいたい、ものごとはそんなにうまくいくわけがないからですよ。それなのに妙にうまくいきすぎるというのは、どこかに落とし穴があるからです。それに欺かれないために、うんと考えこむんですね」

　私はえらく感心した。さすが一芸に秀《ひい》でた名人の言葉である。これは将棋にかぎらず人生全般についていえることではないか。と、そう思いつつ、私はこうした確信こそ、まぎれもなく⑥日本的な信条であることに気付いたのだった。

　どんな人間もつねに世界にある期待をもって対している。どれほど世界に期待するか、その期待の大きさで人びとの世界観はちがってくる。実際以上の期待を抱くか、実際に見合った期待を寄せるか、それとも実際以下に期待を抑制するか、それによって（　Ｍ　）主義、（　Ｎ　）主義、（　Ｌ　）主義が分かれるのである。だが、実際以上に期待すれば、とうぜんその期待は裏切られることが多い。逆に実際以下に期待をおさえれば、期待を裏切られる苦痛からはまぬがれることができよう。日本人は後者をえらぶのである。この意味で日本人はきわめて臆病であり、小心であるといってもよい。日本人は（　Ｋ　）的であるとともに（　Ｌ　）的であり、（　Ｋ　）が（　Ｌ　）の上に成り立っていると私がいったのはこのゆえである。期するところを少なくすれば、苦痛はそれだけ軽減される。すべてにいちおう満足していられる。これが日本人の基本的な精神の構えである。そして、これを見事にいい当てているのが、ほかならぬ「まあまあ」という日本語のあいまいな［Ⅱ］なのだ。

「まあまあ」という言葉は、前記のようにじつに多様に使われているが、その本質は（　Ｏ　）にある。「まあまあ、そう怒らずに」「まあまあ、いいじゃないか」「まあまあ、そんなもんだよ」「まあまあの出来だな」「まあまあ有り難《がた》いと思わなくちゃ」

　これらはいずれも、自分が実際以下に設定した期待をそのままいいあ

（　Ｈ　）にのぼるようになったものにちがいない。

　それはともかく、この「三景」を思い浮かべてみると、そこに共通した性格があることに気付く。第一に、いずれもが海辺の景色であるということだ。日本列島にはまるで背骨のように山脈が南から北まで走り、日本を日本海側と太平洋側のふたつに分けている。ほとんどが山といってもいいほどなのに、「三景」のなかにひとつも山の風景が入っていない。これはまことに奇妙なことではないか。

　第二に、その海岸の景色がみなおだやかな内海に臨むこぢんまりとした浜で、すぐ目の前に小さな島、あるいは洲《す》が見えるといった景観であることだ。逆巻く波が打ち寄せる雄大な海岸線はまったく見捨てられている。「三景」にかぎらない。日本人が名所や歌枕として愛《め》でる風景は、たとえば①「須磨《すま》・明石《あかし》」にしろ、高知県の「桂浜《かつらはま》」にしろ、伊《い》勢の②「二《ふた》見《み》ヶ浦《うら》」にしろ、秋田県の「象潟《きさがた》」にしろ、岩手県の「浄土《じょうど》ヶ浜《はま》」にしろ、そのすべてが同工異曲【ほぼ同じであること】のながめである。海といっても男性的な荒海ではなく、女性的な優しい入江に日本人は心惹《ひ》かれるのである。

　荒海を乗りきってこの列島にたどりついた日本人、そして海に取り巻かれながら生活を重ねてきた日本民族、とうぜん日本人は海洋民族になってしかるべきである。ところが、私たちは海洋民族にはならなかった。なぜなら、日本人は二度とふたたびおそろしい海へ乗りだそうとはしなかったからである。むろん、海洋への冒険を試みた日本人がいないではなかった。しかし、それはきわめてわずかな例にすぎず、ヴァイキングとして海をのし歩いた北欧人や、大航海時代を現出させたスペイン、ポルトガル、イタリアなどの民や、七つの海を征覇したイギリス人、さらには海洋貿易に活躍したインド人や中国人などと比べれば日本人はまったく海を相手にしなかったといってもいい。③そんなわけで山崎正和氏は日本人を海洋民族ならぬ海岸民族だと評している。まさしくそのとおりだと思う。

　では、なぜそうだったのか。日本という島があまりに住み心地よかったからではあるまいか。温暖で湿潤な気候、変化に富んだ山河、外敵侵入のおそれのない安全な島国、こんな快適な国土に住みついたのに、どうしていまさら海へ出て行くことがあろう。ここで仲よく暮らせばそれで充分ではないか。あのおそろしい航海体験を、なんであらためて試みることがあろうか。海の彼方には、もっとすばらしい未知の土地があるかもしれない。しかし、欲を出せばきりのない話だ。この島で結構。ここで安んじて暮らすにしくはない【及ばない】。こうして日本人は太古の記憶を甘美な思い出として胸に抱きながら、④それ以上を望まなかったのである。「日本三景」はこのような日本人の気質を何よりも正直に語っているのだ。

　とはいえ、この小さな島に住みついた人たちが何の争いもなく平穏に暮らせたというわけではけっしてない。この島国のなかで、日本人は幾多の戦乱を経験してきた。だが、いくら争ってみても、まわりが海なのであるから逃げ出すわけにはいかない。最終的には何らかの形で敵と妥協し、共存する道をさぐらねばならなかった。必要なことは「分に安んじる」ことであり、それによって「（　Ｊ　）」を保つことだった。「分に安んじる」とは、かならずしも「身分に安んじる」ことばかりではない。相手のいい分に安んじることでもあり、つねに一定の限度を守ることでもある。それが何よりも、「（　Ｊ　）」に必要なのだ。一定の限度

【国　語】（五〇分）〈満点：一〇〇点〉

【注意】字数制限のある問題については句読点を字数に含めること。

［一］　次の文章を読んで、あとの問いに答えなさい。ただし、【　】は語句の意味で、解答の字数に含めないものとします。

「そいつは、まあ、なんだな……」、「まあ、いいじゃないか」、「まあ、一杯」、「まあ、そんなに遠慮せずに」、「まあ、待ちなさい」、「まあ、ひどい！」……。

　日本語のなかで、いちばん便利な言葉は「まあ」という慣用語であろう。便利ということは、多義的ということである。つまり、どんな場合にも、いろいろな形で使うことができるということだ。「そいつは、まあ、なんだな……」というときの「まあ」は、いわば語句のあいだに挿入される間投詞とみてよかろうが、「まあ、いいじゃないか」という場合の「まあ」は、相手を（　A　）意味を持っている。つぎの「まあ、一杯」も同様だが、こちらの原義は「（　B　）」ということであろう。つぎの「まあ、遠慮せずに」「まあ、待ちなさい」というときの「まあ」は逆に相手を（　C　）する用法で、最後の「まあ、ひどい！」の場合は［Ⅰ］といってよかろう。

　こんなふうに「まあ」はさまざまな形で使われ、しかも、そのあいだに微妙な意味の濃淡がある。さらにその「まあ」をふたつ重ねて「まあまあ」となると、これはとうてい厳密に意味を分析できない日本語独特の表現となる。「お元気ですか?」ときかれて、「ええ、まあまあです」と答えれば、特別に（　D　）ことをあらわし、「あしたのお天気はまあまあでしょう」といえば、（　E　）というわけではないが、さりとて（　F　）ほど悪くもないという意味である。強《し》いて英語に訳せば **not bad**（悪くない）ということになろうか。

「まあ」と同様、「まあまあ」は相手を促したり、制止したりするときにもさかんに使われる。「まあ、ひどい！」と相手が怒ったとき、「まあまあ、そう怒らないで」となだめる。相手の「まあ」は［Ⅰ］だが、それを制止する「まあまあ」のほうは［Ⅱ］的用法となる。だが、その「まあまあ」も［Ⅰ］としても使われるのだから何ともややこしい。たとえば、「まあまあ、それはよかった！」、あるいは、「まあまあ、そいつはとんだ災難だったねえ」などというときの「まあまあ」はあきらかに［Ⅰ］といってよかろう。

　さらに、「まあまあ」には、（　G　）、という意味もある。「試験はどうだった？」ときかれて、「まあまあです」といえば、（　G　）できたということである。では、そのような場合の（　G　）とはどの程度なのだろうか。『広辞苑《えん》』によれば、「かなりの程度」ということだが、それなら、かなりとはどのくらいなのか、とさらに理詰めで追及されればけっして明確には答えられない。あとは感じに頼るだけである。したがって、日本人のあいだで暗黙のうちに了解されているその程度をつかまないかぎり、このような表現は正確な情報をつたえ得ないということになる。いったい、その「程度」とは、どのくらいの程度なのか。

　いつごろ、だれがきめたのかわからないが、わが国に「日本三景」というのがある。日本のなかで最も美しいと思われる三つの景勝地をえらんだもので、周知のように宮城県の「松島」、京都府の「天ノ橋立」、そして広島県の「宮島」である。おそらく中国の「瀟湘《しょうしょう》八景」とか「西《せい》湖《こ》十景」などに倣《なら》って、室町期か江戸時代にだれがいうともなく人の

2019年度

解　答　と　解　説

《2019年度の配点は解答欄に掲載してあります。》

＜数学解答＞

1　(1)　$(a+b)^2$　　(2)　-9　　(3)　$2\pi+2\sqrt{3}$　　(4)　$y=\frac{10}{3}x-3$　　(5)　$\frac{11}{36}$

2　(1)　$x=3$，$y=2$　　(2)　$a=4$，$b=-3$

3　(1)　50　　(2)　$y=-\frac{15}{4}x$

4　(1)　$4\sqrt{6}$　　(2)　$2\sqrt{3}$

5　(1)　$\frac{1}{2}$　　(2)　9：1　　(3)　1

○配点○

1　各7点×5　　2　各8点×2　　3　各8点×2　　4　各8点×2

5　(1)，(2)　各6点×2　　(3)　5点　　　計100点

＜数学解説＞

1　**(因数分解，2次方程式，面積，図形と関数・グラフの融合問題，確率)**

(1)　$(a+2b)^2+2a(a-3b)-(2a-b)^2+2(a+b)(a-b)=a^2+4ab+4b^2+2a^2-6ab-(4a^2-4ab+b^2)+2(a^2-b^2)=a^2+4ab+4b^2+2a^2-6ab-4a^2+4ab-b^2+2a^2-2b^2=a^2+2ab+b^2=(a+b)^2$

(2)　$x^2-2(a+6)x+a^2+8a=0$の解が$x=-3$のみであることから，$\{x-(-3)\}^2=0$　　$(x+3)^2=0$　$x^2+6x+9=0$　　よって，$-2(a+6)=6$…①　　$a^2+8a=9$…②　　①から，$a+6=-3$　　$a=-9$　　②から，$a^2+8a-9=0$　　$(a+9)(a-1)=0$　　$a=-9$，1　　よって，$a=-9$

(3)　△ABCは∠ACB＝60°の直角三角形だから，$\mathrm{AB}=\sqrt{3}\mathrm{BC}=4\sqrt{3}$　　$\mathrm{AO}=2\sqrt{3}$　　半円の面積は，$\frac{\pi\times(2\sqrt{3})^2}{2}=6\pi$　　$\triangle\mathrm{ABC}=\frac{1}{2}\times4\sqrt{3}\times4=8\sqrt{3}$　　補助線ODをひくと，円周角の定理から，∠BOD＝2∠BAD＝2×30°＝60°　　よって，おうぎ形OBD＝$12\pi\times\frac{60^\circ}{360^\circ}=2\pi$　　$\triangle\mathrm{DAO}=\frac{1}{2}\times2\sqrt{3}\times2\sqrt{3}\times\frac{\sqrt{3}}{2}=3\sqrt{3}$　　したがって，斜線部分の面積は，$6\pi-(2\pi+3\sqrt{3})+8\sqrt{3}-(2\pi+3\sqrt{3})=6\pi-2\pi-3\sqrt{3}+8\sqrt{3}-2\pi-3\sqrt{3}=2\pi+2\sqrt{3}$

(4)　点pからx軸へ垂線PHを引き，CBとの交点をIとすると，H(3，0)，I(3，4)　　(四角形OHIC)：(四角形HABI)＝1：1，(四角形OEDC)：(四角形EABD)＝1：3から，(四角形OEDC)：(四角形EHID)＝1：1　　点Eの座標を$(e, 0)$とすると，$\mathrm{DI}=\mathrm{OE}=e$，$\mathrm{EH}=3-e$　　三角形の比の定理から，DI：EH＝PI：PH　　$e:(3-e)=(7-4):7$　　$7e=9-3e$　　$10e=9$　　$e=\frac{9}{10}$　　$\mathrm{E}\left(\frac{9}{10}, 0\right)$　　直線PEの式を$y=px+q$として点P，Eの座標を代入すると，$7=3p+q$…①　　$0=\frac{9}{10}p+q$…②　　①－②から，$7=\frac{21}{10}p$　　$p=7\times\frac{10}{21}=\frac{10}{3}$　　これを②に代入して，$0=\frac{9}{10}\times\frac{10}{3}+q$　　$q=-3$　　よって，求める直線の式は，$y=\frac{10}{3}x-3$

(5)　$n=10a+b$から，$10a+b=ab+8a+2$　$2a-ab+b-2=0$　$a(2-b)-(2-b)=0$　$(a-1)(2-b)=0$　よって，$a=1$または$b=2$　大小2つのさいころの目の出方は全部で，$6\times6=36$(通り)　そのうち，$a=1$または$b=2$となる場合は，$(a,\ b)=(1,\ 1)$，$(1,\ 2)$，$(1,\ 3)$，$(1,\ 4)$，$(1,\ 5)$，$(1,\ 6)$，$(2,\ 2)$，$(3,\ 2)$，$(4,\ 2)$，$(5,\ 2)$，$(6,\ 2)$の11通り　よって，求める確率は，$\frac{11}{36}$

2 (連立方程式)

(1)　①の解を$x=p$，$y=q$とおくと，②の解は$x=p$，$y=2p+q$　これを①と②に代入して，$-bp+5q=4a+3$…③　$5p-6q=3$…④　$-3p+2(2p+q)=7$　$p+2q=7$…⑤　$ap+b(2p+q)=-12$…⑥　④+⑤×3から，$8p=24$　$p=3$　これを⑤に代入して，$3+2q=7$　$2q=4$　$q=2$　よって，①の解は，$x=3$，$y=2$

(2)　$p=3$，$q=2$を③と⑥に代入して，$-3b+10=4a+3$　$4a+3b=7$…⑦　$3a+8b=-12$…⑧　⑦×3−⑧×4から，$-23b=69$　$b=-3$　これを⑦に代入して，$4a+3\times(-3)=7$　$4a=16$　$a=4$

3 (図形と関数・グラフの融合問題)

(1)　$y=\frac{1}{4}x^2$と①の式からyを消去すると，$\frac{1}{4}x^2=-x+3$　$x^2=-4x+12$　$x^2+4x-12=0$　$(x+6)(x-2)=0$　$x=-6,\ 2$　これを①に代入して，$y=-(-6)+3=9$，$y=-2+3=1$　よって，A$(-6,\ 9)$，B$(2,\ 1)$　②の式は，$y=-x+8$　$y=\frac{1}{4}x^2$と②の式からyを消去すると，$\frac{1}{4}x^2=-x+8$　$x^2=-4x+32$　$x^2+4x-32=0$　$(x+8)(x-4)=0$　$x=-8,\ 4$　これを②に代入して，$y=-(-8)+8=16$，$y=-4+8=4$　よって，D$(-8,\ 16)$，C$(4,\ 4)$　②上に，E$(-6,\ 14)$，F$(2,\ 6)$をとると，四角形ABCDの面積は，△AEDと平行四辺形ABFEと△BCFの面積の和になる。よって，(四角形ABCD)$=\frac{1}{2}\times5\times2+5\times8+\frac{1}{2}\times5\times2=5+40+5=50$

重要　(2)　(1)から，△AED＝△BCF　平行四辺形の2本の対角線の交点を通る直線は平行四辺形の面積を2等分する。よって，平行四辺形ABFEの対角線の交点をMとすると，求める直線はOMとなる。$\frac{2-6}{2}=-2$，$\frac{6+9}{2}=\frac{15}{2}$から，M$\left(-2,\ \frac{15}{2}\right)$　求める直線を$y=ax$として点Mの座標を代入すると，$\frac{15}{2}=-2a$　$a=-\frac{15}{4}$　よって，$y=-\frac{15}{4}x$

4 (空間図形の計量問題－三平方の定理，面積，三角形の相似，体積)

(1)　OD＝OE$=6\times\frac{2}{3}=4$　点AからOBへ垂線AFを引くとFD$=4-3=1$　AF$=6\times\frac{\sqrt{3}}{2}=3\sqrt{3}$　△AFDにおいて三平方の定理を用いると，AD$=\sqrt{1^2+(3\sqrt{3})^2}=\sqrt{28}=2\sqrt{7}$　同様にAE$=2\sqrt{7}$　DE$=6\times\frac{2}{3}=4$　辺DEの中点をMとすると，DM$=2$　△ADMにおいて三平方の定理を用いると，AM$=\sqrt{(2\sqrt{7})^2-2^2}=\sqrt{24}=2\sqrt{6}$　よって，△ADE$=\frac{1}{2}\times4\times2\sqrt{6}=4\sqrt{6}$

重要　(2)　△ABC$=\frac{1}{2}\times6\times3\sqrt{3}=9\sqrt{3}$　頂点Oから△ABCへ垂線OIを引くと，OI$=2\sqrt{6}$　よって，正四面体OABCの体積は，$\frac{1}{3}\times9\sqrt{3}\times2\sqrt{6}=18\sqrt{2}$　△ODE∽△OBCで，相似比は2：3　よって，△ODE：△OBC$=2^2:3^2=4:9$　三角錐OADEの体積は，$18\sqrt{2}\times\frac{4}{9}=8\sqrt{2}$　したがっ

て，$\frac{1}{3}\times 4\sqrt{6}\times \mathrm{OH}=8\sqrt{2}$　　$\mathrm{OH}=8\sqrt{2}\times\frac{3}{4\sqrt{6}}=\frac{6}{\sqrt{3}}=\frac{6\sqrt{3}}{3}=2\sqrt{3}$

5　(平面図形の計量問題－角の二等分線，三角形の相似)

基本　(1)　角の二等分線の定理より，BP：PC＝AB：AC＝10：8＝5：4　　$\mathrm{BP}=9\times\frac{5}{9}=5$　　$\mathrm{BM}=\frac{9}{2}$　よって，$\mathrm{MP}=5-\frac{9}{2}=\frac{1}{2}$

(2)　点CからADへ垂線CHを引くと，2角がそれぞれ等しいことから，△BDP∽△CHP　　よって，DP：HP＝BP：CP＝5：4より，$\mathrm{DP}=\frac{5}{9}\mathrm{DH}$…①　　2角がそれぞれ等しいことから，△ABD∽△ACH　よって，AD：AH＝AB：AC＝5：4より，$\mathrm{DH}=\frac{1}{5}\mathrm{AD}$　　①と②より，$\mathrm{DP}=\frac{5}{9}\times\frac{1}{5}\mathrm{AD}=\frac{1}{9}\mathrm{AD}$　したがって，AD：PD＝9：1

重要　(3)　△ACPと△DMPにおいて，∠APC＝∠DPM，AP：DP＝8：1，$\mathrm{MP}:\mathrm{CP}=\frac{1}{2}:4=1:8$　よって，2組の辺の比とその間の角がそれぞれ等しいことから，△ACP∽△DMP　　したがって，AC：DM＝AP：DP＝8：1　　$\mathrm{DM}=\frac{1}{8}\mathrm{AC}=\frac{1}{8}\times 8=1$

★ワンポイントアドバイス★

4 (2)で，1辺の長さがaの正四面体の体積は，$\frac{\sqrt{2}}{12}a^3$で表せることを利用すると，正四面体OABCの体積は，$\frac{\sqrt{2}}{12}\times 6^3=18\sqrt{2}$　　公式として覚えておくと便利である。

＜英語解答＞

1　(1)　living　(2)　had　(3)　happen　(4)　saw　(5)　told　(6)　heard

2　(1)　③→that [which]　(2)　④→smaller　(3)　①→the schools　(4)　④→by　(5)　③→sent

3　(3番目，5番目の順)　①　5，1　②　4，5　③　5，3　④　7，5　⑤　1，7

4　ア　2　イ　1　ウ　3　エ　3　オ　4　カ　1

5　ア　4　イ　5　ウ　3　エ　7　オ　1　カ　2

6　(1)　ア　2　イ　5　ウ　6　エ　1　オ　4　(2)　B　(3)　2，3，6

7　(1)　ア　fireman　イ　members　(2)　A　3　B　1　(3)　2，5

8　(1)　mirror　(2)　freeze　(3)　strange　(4)　sound

9　(1)　allow　(2)　discover　(3)　neighbor　(4)　excited　(5)　towards

10　(1)　3　(2)　4　(3)　2　(4)　2　(5)　1

11　(1)　2　(2)　3　(3)　1　(4)　1　(5)　2

○配点○

8　各1点×4　他　各2点×58(3は各完答)　計120点

＜英語解説＞

基本 **1** **（長文読解問題・エッセイ：語形変化，動名詞，現在完了）**

（全訳） 日本に来て最初の1年間，私はよく具合が悪くなった。それはおそらく外国で(1)暮らすストレスのせいだった。医師の診察に行ったとき，私はいくつか驚くことに遭遇した。受付の人は私に，ここに来た理由について1つか2つの質問をした。質問の1つが，熱が(2)あるかどうかだった。私がわからないと言うと，彼女は私に体温計を渡した。私は少し驚いた。体温を測ることはそれほどプライベートなことではないが，私は待合室で測ったことはなかった。アメリカでは，患者が個室かカーテンを引いた場所にいるときに(3)行うだろう。しかし私はすべきことを理解した。いや，理解したと思った。私は体温計を舌の下に入れた，すると何人かの人が私を見ていることに気づいた。あら！ 私は医師が(4)診察するまで体温計をただ持っていればよかったの？ それともトイレに行って体温を測ることになっていたの？ ひょっとしたら特別な体温計測室があったのかも！ 受付の人は私を見て急いでやってきた。彼女は私に体温計を口から取り出してわきの下に入れるように(5)言った。わきの下ですって？ どういうこと？ もちろんこれは日本では普通の方法だが，ほとんどのアメリカ人が(6)聞いたことのないものだ。

(1) 前置詞 of の後ろなので動名詞 ~ing にする。 (2)・(4)・(5) 過去形にする。

(3) 助動詞 would の後ろなので原型にする。 (6) 現在完了の文なので過去分詞にする。

重要 **2** **（正誤問題：関係代名詞，冠詞，前置詞，受動態）**

(1) 「コンピュータの頭脳のおかげで，ロボットは，危険だったり汚かったり退屈だったりして人間がやりたくない仕事をすることができる」 ③を目的格の関係代名詞にする。humans don't want to do が work を後ろから修飾する。

(2) 「2階建てバスはロンドンでとても有名だが，2階建てバスの数は少なくなっている」 number「数」が「少ない」という場合は，small を用いる。ここでは比較級にする。〈be getting ＋比較級〉「だんだん～になっていく」

(3) 「日本の学校のほとんどがインターネットに載っている。テストはいつ受けるか，いくら支払うかなどを知りたければ，インターネット上でそのような情報をすぐに見つけることができる」〈most of the ＋複数名詞〉「～のほとんど」

(4) 「インフルエンザは風邪と異なる。flu という名前は星の影響(influence)に由来する。人々はインフルエンザが風邪によって運ばれてきたと考えた」 受動態の文で「～によって」は by ～で表す。

(5) 「今，インフルエンザはどのように世界中で流行するのか。世界は現在，小さくなっていて，ウイルスは飛行機で簡単に運ばれ，わずか数日で世界中の多くの場所に送られる」 過去分詞 sent にして受動態の文にする。The virus is easily carried ～ and sent となり，受動態が2つ続いている。

重要 **3** **（語句整序：進行形，熟語，不定詞，接続詞，助動詞，関係代名詞，動名詞）**

（全訳） カズキは中学生だ。7月の始め，彼は①夏休みにすることを探していた。ある日，彼は学校の新聞で「小さな先生プログラム」について読んだ。そのプログラムでは，中学生が幼い子供たちの宿題を手伝う。彼はボランティアとしてこのプログラムに参加することにした。

プログラムの初日，彼はある男の子に出会った。彼の名前はリョウだった。彼は5年生だった。②彼らが自分の好きなことについて話し合った後，リョウは算数の問題を解き始めた。10分後，リョウはカズキに手助けを求めた。カズキは答えがわかり，その求め方をリョウに説明した。しかしリョウは理解できなかった。カズキは③自分の教え方を変えたほうがよいと思った。

家でカズキはリョウに教える良い方法を見つけようとしたが，長い間見つからなかった。そのとき彼はある考えが浮かんだ。④自分が5年生のときに使った算数のノートを見ることだ。彼がノートを見ると，ノートにはたくさんの図があることがわかった。彼は「当時，このような図がとても役立った。だからリョウも答えを見つけるのにそれらが必要だろう」と思った。そしてカズキはリョウのために準備した。

翌日，カズキはその図を使ってリョウに教えた。リョウは「答えがわかった！　この図はすごい！」と言った。それからリョウは同じようにしてもっと多くの問題を解いた。カズキは⑤自信がつき，リョウに教えることを楽しいと感じ始めた。夜，カズキは再びノートを開いた。

① (he was) looking for something to do during summer vacation.　look for ～「～を探す」something to do「やること」

② After they talked about their favorite things　after ～「～した後に」 talk about ～「～について話す」

③ (Kazuki) thought he should change his way of (teaching.)　should ～「～すべき」 ～'s way of ～ing「(人)の～する方法」

④ (to look at his arithmetic notebook) he used when he was in the fifth grade.　notebook の後ろに目的格の関係代名詞が省略されており，he used が notebook を後ろから修飾する。

⑤ (Kazuki) felt confident and began to enjoy teaching (Ryo.)　feel confident「自信を感じる」〈begin to ＋動詞の原形〉「～し始める」 enjoy ～ing「～することを楽しむ」

4 (長文読解問題・紹介文：語句補充・選択)

(全訳) あなたの精神を，今この瞬間で満たしなさい。これは「マインドフルネス」と呼ばれるメンタルトレーニングの第一歩だ。ではマインドフルネスとは何か，そして人はどのようにそれを練習するのか。

マインドフルネスの考えは，仏教の修行の一種に由来する。この修行では，人は(ア)瞬間を感じようとする。そこには「今」だけがあり，過去も未来もない。そう感じることにより，人はそのときに見ていること，聞いていること，においをかいでいること，やっていることの(イ)重要性に気づく。これらのことが自分にとってとても大切だと思えば，そのことが満足感を与える。

心理学者は，その修行を少し簡単に(ウ)することによって，その修行を現在のマインドフルネスの練習へと発展させた。例えば，あなたはいつでもどこでもマインドフルネスの練習ができる。一方，仏教の修行では静かな部屋に長時間座っていなくてはならない。マインドフルネスを使って，あなたは集中して散歩などの行為をし，(エ)心いっぱいに朝日を感じる。

人々は今，とても(オ)忙しい。夕食中にテレビを見て，仕事や学校へ行くときに音楽を聴き，ほとんどの時間，手に携帯電話を持っている。彼らは食べている物の味を本当に(カ)味わい，頭上の美しい空に気づくのだろうか。もしそうではないなら，マインドフルネスのトレーニングをやってみるべきだ。

問　全訳下線部参照。(ウ) 〈make ＋目的語＋形容詞〉「～を…にする」 ここでは前置詞 by の後ろなので，動名詞 making にする。

5 (会話文問題：文補充・選択)

(全訳) テッド：ねえ，スーザン，今度の土曜日に予定はある？

スーザン：あー，ちょっと忙しいわ。(ア)どうして聞くの？

テッド　：会って何かをするのはどうかな，と思っていたんだ。映画を見たり，湖を散歩したり。

スーザン：そうしたいけど，土曜日は一日中本当に忙しくなるの。

テッド　：その日は何があるの？

スーザン：まず，ママが午前中は家の掃除を手伝うように言ったわ，そして12時30分に歯医者の予約があるの。(イ)前に2回キャンセルしたから，その予約は行かないといけないわ。

テッド　：ふーん，その後はどう？

スーザン：えーと，一日中忙しいよ。歯医者の予約の後は，学校で月曜日の朝に出さないといけない理科の課題を手伝うために，2時にジュリーと会うの。

テッド　：わかった，でも(ウ)その後はひま？

スーザン：じゃないわね。そのあと4時30分に弟のサッカー練習のお迎えに行かなくちゃいけないし，ママに5時30分に家族の夕食を作るよう頼まれているわ。(エ)ときどき，奴隷のような気分になるわ。その後，皿洗いをして歴史の課題を読み終えなくちゃ。どのくらい時間がかかるかわからないわ。

テッド　：わあ，ぎっしり詰まった日になるみたいだね。でも，聞いてよ，僕が夕方に行くのはどう？ (オ)ポップコーンを作り，映画を見られるよ。

スーザン：それはすごいけど，うちのテレビは壊れているのよ。

テッド　：へえ。じゃあ(カ)ゲームか何かをしようよ。

スーザン：いいよ，でも来る前に電話してね。ママが私に何か別のことをやらせようとするかもしれないから。

問　全訳下線部参照。

6 **（長文読解問題・エッセイ：語句補充・選択，内容吟味，内容一致）**

（全訳） 今日，私は作文について記す。私たちはみな，良い文章と悪い文章を経験しているが，その違いは一体何か，そしてなぜそれが問題になるのか。

悪い文章は私の人生の方向を変えた。私は良いフィクションが大好きだったので，文学の博士号を取得するために勉強していた。運の悪いことに，文学を学ぶ学生は(ア)多くの時間，他の教授たちが文学について書いたものを読んで過ごす。つまり，文学批評や批判理論だ。ときどき私は，本当に私に訴えかけてくる評論に出会ったが，課題読書のほとんどは読むに堪えないものだった。

私が書いた評論に対する，ある教授のコメントを私はきっと忘れないだろう。彼女は，私がはっきりと簡潔に書いたことに感謝し，自分の生徒の論文のほとんどは理解不能だと言った。私は彼女が意図することがはっきりわかった。多くの学者や専門家たちは専門用語を使い，(イ)重要または難解に聞こえるよう，言葉を高尚にする。彼らは自分が何について話しているのかわかっていないため，実は装飾的な言葉の後ろに隠れていることもあるのだ。結局，私は(ウ)ひどい英語を読むのを避けるため，大学院から進路を変えた。

良い文章は，誰が聞き手であっても，明確かつ簡潔だ。日本人の読者の中には，私が第2言語の学習者のために文章を簡単にしていると思う人もいるかもしれない。私はそういうことはしていない。日本人の聞き手のために書くことは，(エ)何が良い文章において大切かを思い出す，完璧な方法だ。

ウィリアム・ジンサーが彼の名作である実用書 On Writing Well(『うまく書くには』)で述べたように，「良い文章の秘訣は，すべての文をその最も純粋な構成要素までそぎ落とすことである」。言い換えれば，不必要な単語を切り落とし，難解で長い単語よりも短くて簡単な単語を使うということだ。

どちらの文のほうが良いか。あなたが決めよう。

[A]：ソーシャルメディアプラットフォームは，教室外のコミュニケーションの機会を増すために利用される。

[B]：生徒たちがクラスの外でもよりよくコミュニケーションできるようにするため，私たちはフェイスブックやツイッターを使う。

私は子供の頃，(オ)簡単な歌を複雑に歌って，難解な言葉をからかったものだった。あなたはこれがわかりますか。「3匹の視覚障害のげっ歯類の動物，3匹の視覚障害のげっ歯類の動物，彼らが巡回する様子を観察しよう」それはもちろん，この歌の出だしだ。「3匹の目の見えないネズミ，3匹の目の見えないネズミ，彼らが走る様子を見よう」

これら全てから得る1つの教訓は，上手に書くことは装飾的な英語をあまり必要としないということだ。あなたがこのエッセイを読んで理解しているなら，あなたはおそらく自分でも良い英語が書けるだろう。友人たちと英語だけのフェイスブックグループを作って練習したり，日記をつけたりするのも良い。それは新年をスタートする楽しい方法かもしれない！

やや難 (1)　全訳下線部参照。

(2)　筆者は，短く簡単な単語を使うべきだと主張しているので，難しい言葉を使っているAよりも簡単な言葉を使っているBを好ましいと考える。

(3)　1「筆者は簡単な英語で書いている，なぜならそれは日本人読者に向けたものだからだ」(×)　2「筆者は，自分の仲間の文学専攻の学生たちの論文の書き方を気に入らなかった」(○)　3「読者がそのエッセイを読んで理解することができれば，良い英語を書けるだろう」(○)　4「筆者は良いノンフィクションよりむしろ良いフィクションを読みたい」(×)　5「英語だけのフェイスブックグループを作ることは，あなたの文章を良くする唯一の方法だ」(×)　6「筆者は，ウィリアム・ジンサーが自書で書き方について述べていることに同意している」(○)

7 (長文読解問題・物語文：語句補充・選択，内容一致)

(全訳)　26歳の母親は末期の白血病で死にかけている息子を見つめた。彼女の心は悲しみでいっぱいだったが，彼女は強い決意も持っていた。どの親もそうであるように，彼女は息子が大人になって夢を全て実現させてほしいと思っていた。今はもうそれは不可能だった，というのも白血病を克服して生きることはできないからだ。しかし彼女はそれでも息子の夢が実現することを望んでいた。

彼女は息子の手を取って尋ねた。「ボプシー，大人になったら何になりたいか，考えたことある？将来どうしたいか，夢みたことがある？」

「ママ，僕は大人になったら(ア)消防士になりたいって，ずっと思っていたよ」

ママは微笑み返して「あなたの願いが実現するか，見てみましょう」と言った。その日のその後，彼女はアリゾナ州フェニックスの地元の消防署に行き，そこで消防士のボブに会った。彼はフェニックス(不死鳥)と同じくらい大きな心の持ち主だった。彼女は息子の最後の願いを説明し，6歳の息子を消防車に乗せて1区画走ることは可能かどうか尋ねた。

消防士のボブは言った。「[A]私たちはそれよりももっと良いことができます。水曜日の朝7時に息子さんの準備ができましたら，私たちは彼を1日名誉消防士にいたします。彼は消防署に来て，私たちと一緒に食事し，全ての火事の出動に同行します，一切合切すべてできますよ！　そして彼のサイズを教えてくれましたら，私たちは本物の消防士の帽子を用意します。おもちゃの帽子ではなく，フェニックス消防署のエンブレムが付いたものです。それと私たちが着ているような黄色のコートと長靴も。それらはみな，ここフェニックスで作られていますから，すぐにご用意できます」

3日後，消防士のボブがボプシーを迎えに来て，彼に消防士の制服を着せ，病院のベッドから待機していたはしご車へと案内した。ボプシーははしご車の後部座席に座ることができ，操縦の手伝いをして消防署へ戻った。彼は有頂天だった。

その日，フェニックスでは3回の火事の通報があり，ボプシーは3回全てに出動した。彼は様々な消防車，救急車，さらには消防署長の車にも乗った。彼はまた，地元のニュース番組のために撮影された。

愛と注目がたくさん注がれて夢がかなったことは，ボプシーを深く感動させたので，彼は医師が予想するよりも3か月長く生きた。

ある晩，彼の脈拍や呼吸数が急激に下がり始めた。看護師長は誰も一人で死ぬべきではないというホスピスの考えを信じていたので，家族を病院へ呼び寄せた。その後，彼女はボプシーが消防士として過ごした1日のことを思い出し，消防署長に電話して，制服を着た消防士1人に来てもらい，ボプシーが亡くなる時に一緒にいてもらうことは可能かどうか尋ねた。消防署長は返答した。「[A]私たちはそれよりももっと良いことができます。私たちは5分で到着します。お願いがあります。サイレンが鳴っているのが聞こえ，ライトが光っているのが見えたら，構内放送で火事ではないとアナウンスしてくれませんか。消防署が最高の(イ)仲間たちの1人にもう1度会いに来ただけだと。そして彼の部屋の窓を開けてくれませんか。よろしくお願いします」

およそ5分後，はしご車が病院に到着してはしごをボプシーの3階の開いた窓まで伸ばし，14人の消防士と2人の女性消防士がはしごを登ってボプシーの部屋に来た。彼の母親の許可を得て，彼らは彼を抱きしめたり，抱きかかえたり，どんなに彼を愛しているかを語った。

息も絶え絶えに，ボプシーは消防署長を見上げて言った。「署長，僕は今，本当に消防士なの？」

「ボプシー，[B]そうだよ」と署長は言った。

その言葉を聞いてボプシーは微笑み，目を閉じ，それが最期となった。

やや難 (1) (ア) 直前に a があるので，単数形の fireman を入れる。 (イ) 「最高の仲間たちのうちの1人」となるよう，複数形の members を入れる。〈one of the ＋複数名詞〉「～のうちの1つ」

(2) [A] 消防署は電話でお願いされた内容よりも「もっとできます」と言っている。

[B] この you are は you are a fireman ということ。

(3) 1「ボプシーの母親は，ボプシーが将来病気を克服することを信じていた」(×) 2「消防士のボブは寛大にもボプシーに彼らと一緒に働くチャンスをくれた」(○) 3「ボプシーは地元のニュース番組のためにいくつかの火事を撮影したので有名になった」(×) 4「ボプシーの母親はボプシーが死にそうなとき，消防士1人を病院へ寄こしてくれるよう消防署長に頼んだ」(×) 5「ボプシーは素晴らしい体験のおかげで予想よりも長く生きた」(○)

8 (リスニング問題：語彙)

(1) a piece of glass with a shiny, metal-covered back that reflects light, producing an image of whatever is in front of it

(2) to make food last a long time by storing it at a very low temperature so that it becomes hard

(3) unusual and unexpected, or difficult to understand

(4) something that you can hear or that can be heard

(1) 「後ろがキラキラした金属で覆われているガラスで，光を反射し，その前にある物の像を作る」

(2) 「食べ物が固くなるまで低温で保存し，その食べ物が長持ちするようにすること」

(3) 「普通でない，予想外の，理解するのが難しい」

(4) 「聞こえるもの，聞こえてくるもの」

9 (リスニング問題：内容吟味)

Mike was turning twenty-five next month. Maria wanted to throw a party for him in celebration, but Mike felt he was too old for those kinds of things. Maria insisted that he (1)allow her. After much resistance, Maria agreed not to. Mike believed her. Little did he know, Maria planned to surprise him by throwing a birthday party for him to (2)discover when he came back home from work.

Maria began to make phone calls. She called Mike's best friend Doug, along with other friends from work, to help make the event. Maria even invited the next door (3)neighbor, Theodore. Everyone she invited said yes to attend the party. Maria planned it to take place on a Friday, one day before his birthday. She told everyone to arrive at 1:00 p.m. to help set up the banners and balloons.

Maria was really (4)excited. She asked Doug if he could help buy the balloons and banners for the party, to which he said yes. All Maria had to buy was the birthday cake. She went to a local bakery to order the cake. She had to make sure not to make Mike suspect a thing.

When she went out to the bakery, Mike was in the apartment napping on the couch. She sneaked (5)towards the front door, hoping not to wake Mike up. As soon as Maria opened the door, Mike awoke from his sleep.

（全訳） マイクは来月25歳になるところだった。マリアは彼のためにお祝いのパーティーを開きたかったが，マイクはそのようなことをするにはもう年齢が高すぎると感じた。マリアは彼が(1)許可するべきだと主張した。相当抵抗したが，マリアはパーティーをしないことに同意した。マイクは彼女を信じた。マリアが誕生日パーティーを開いて，仕事から帰った彼が(2)気づき，彼をびっくりさせようと計画していることを，彼は全く知らなかった。

マリアは電話をかけ始めた。彼女はマイクの親友のダグや職場の友人に電話し，そのイベントを手伝ってくれるよう頼んだ。マリアは隣に住んでいる(3)隣人のセオドアも招待した。彼女が招待した人は全員，パーティーに出席すると言った。マリアは彼の誕生日の前日の金曜日に実行することにした。彼女はみんなに午後1時に来て垂れ幕や風船を飾るのを手伝ってくれるよう言った。

マリアは本当に(4)わくわくしていた。彼女はダグにパーティー用の風船や垂れ幕を買ってくれないかと頼み，彼はそれに了承した。マリアが買わなくてはいけないものはバースデーケーキだけだった。彼女は地元のベーカリーに行ってケーキを注文した。彼女はマイクが疑わないように注意しなくてはならなかった。

彼女がベーカリーに行くとき，マイクはアパートにいて長椅子でうたたねをしていた。彼女は足音を立てないよう玄関(5)に向かって行き，マイクを起こさないようにと願った。マリアがドアを開けるとすぐにマイクが目を覚ました。

10 （リスニング問題：内容吟味）

Why do people exercise? Some people like to feel strong. Other people find large muscles attractive. And others just enjoy the feeling of movement. Whatever the reason, the benefits of exercise are obvious. The more active you are, the better you will feel. You will have more energy, and you may even live longer.

You may be wondering how you can be healthier without making dramatic changes to your daily schedule. Maybe you don't have time to join a sport team. Luckily, you do not need to go to the gym every day in order to improve your health. It is possible to achieve a better level of fitness by adding small exercises to your daily routine. You can build up your strength even if you work in an office.

If your job is close to home, try to walk or bicycle to work a few times per week. Make sure to stand up and stretch several times throughout the day. You can even keep a pair of weights on your desk and do a short arm exercise every hour. These movements may not be very difficult, but try to challenge yourself. You always have the potential to be stronger and to live a more physically active life. Try to add small exercises to your routine. You might feel more powerful in a matter of weeks. And who knows? Your workday might go by more quickly.

（全訳） なぜ人は運動をするのか。強いと感じたい人もいる。立派な筋肉が魅力的だと思う人もいる。そしてただ動きの感覚を楽しむ人もいる。理由は何であれ，運動の利点は明らかだ。活動的であればあるほど，あなたは気分が良くなる。活力が増え，長生きするかもしれない。

あなたは，毎日の生活を劇的に変えることなく，どうしたらもっと健康になれるのかと悩んでいるかもしれない。もしかしたらあなたはスポーツチームに加わる時間がないかもしれない。幸運にも，あなたは健康を増進するために毎日ジムへ行く必要はない。あなたの毎日の習慣に少しの運動を加えることで，より良い健康レベルに達することが可能だ。あなたはオフィスで仕事していても力をつけることができる。

あなたの職場が家に近ければ，週に数回は職場まで徒歩または自転車で行くようにしてみなさい。必ず1日に数回は立ち上がってストレッチしなさい。机に重い物を用意して，毎時間ちょっとした腕の運動をすることもできる。これらの動きはあまり難しくないかもしれないが，自分自身に挑戦してみなさい。あなたにはいつでも，もっと強くなる可能性があり，もっと肉体的に活発な生活を送る可能性がある。ちょっとした運動をあなたの日課に加えなさい。あなたは数週間でより力強く感じるかもしれない。それにひょっとしたら，あなたの勤務日があっという間に終わるかもしれない。

(1) 「筆者は運動の利点は何だと言っているか。」 1 「仕事で動きの感覚を楽しむことができる。」 2 「1日に数回，立ち上がってストレッチする。」 3 「活力が増える。」 4 「立派な筋肉が大切だと感じる。」

(2) 「英文によれば，どうすれば毎日の生活でもっと健康的になれるか。」 1 「生活スタイルを劇的に変えることによって。」 2 「机の上に重い物を用意しておくことによって。」 3 「勤務日をあっという間に過ごすことによって。」 4 「ちょっとした運動を毎日の日課に加えることによって。」

(3) 「仕事に行くとき，週に何日運動すべきか。」 1 「毎日。」 2 「数回。」 3 「1回。」 4 「述べられていない。」

(4) 「どれをあなたの毎日の日課に加えることができるか。」 1 「ジムに行く。」 2 「ちょっとした腕の運動をする。」 3 「肉体的に活発な生活を楽しむ。」 4 「スポーツチームに参加する。」

(5) 「この文章に最も適する題名は何か。」 1 「運動の利点」 2 「長生きするために」 3 「スポーツチームに参加すること」 4 「自分自身に挑戦すること」

11 （リスニング）

Man : So, what do you want to do tomorrow?

Woman: Well, let's look at this city guide here. [Okay] Uh, here's something interesting. [Oh!] Why don't we first visit the art museum in the morning?

Man : Okay. I like that idea. And where do you want to eat lunch?

Woman: How about going to an Indian restaurant? [Humm] The guide recommends one downtown a few blocks from the museum.

Man : Now that sounds great. And after that, what do you think about visiting the zoo? [Oh .. umm .. well ...] Well, it says here that there are some very unique animals not found anywhere else.

Woman: Well, to tell you the truth, I'm not really interested in going there. [Really?] Yeah.

Why don't we go shopping instead? There are supposed to be some really nice places to pick up souvenirs.

Man　: Nah, I don't think that's a good idea. We only have a few traveler's checks left, and I only have fifty dollars left in cash.

Woman: No problem. We can use YOUR credit card to pay for MY new clothes.

Man　: Oh, no. I remember the last time you used MY credit card for YOUR purchases.

Woman: Oh well. Let's take the subway down to the seashore and walk along the beach.

Man　: Now that sounds like a wonderful plan.

(1) Where will they go tomorrow morning?

(2) What will they have for lunch?

(3) Why does the man want to go to the zoo?

(4) How will they go to the seashore?

(5) Where are the man and the woman now?

(全訳) 男性：じゃあ，明日は何をしたい？

女性：ここでこの町案内を見ましょう。 (わかった) あ，ここにおもしろそうなものがあるわ。(わあ！) まず午前中に美術館に行くのはどう？

男性：わかった。いい考えだね。どこでランチを食べたい？

女性：インド料理レストランに行くのはどう？ (ふーん) ガイドによると美術館から少し先にある，中心街の店がおすすめだって。

男性：それはいいね。その後，動物園に行くのはどう思う？ (え，うーん，あの…) 他では見ることのできない非常に珍しい動物がいると，ここに書いてあるよ。

女性：うーん，正直に言うと，そこに行くのはあまり興味ないわ。 (本当？) ええ。代わりに買い物へ行くのはどう？ お土産を選ぶのにとても良い場所らしいわ。

男性：いや，それはいい考えだと思わない。もうわずかしかトラベラーズチェックが残っていないし，現金で50ドルしか残っていないよ。

女性：問題ないわ。**私の**新しい服を買うのに**あなたの**クレジットカードを使えるよね。

男性：いや，だめだ。前回，**君の**買い物のために**僕の**クレジットカードを使ったときのことを覚えているよ。

女性：うーん，そうね。地下鉄で海岸まで行ってビーチを散歩しましょう。

男性：それは素晴らしい計画だね。

(1) 「彼らは明日の朝どこへ行くか。」 1 「町案内へ。」 2 「美術館へ。」 3 「動物園へ。」

(2) 「彼らは昼食に何を食べるか。」 1 「美術館の近く。」 2 「12時。」 3 「インド料理。」

(3) 「男性はなぜ動物園へ行きたいのか。」 1 「珍しい動物がいるから。」 2 「買い物が好きではないから。」 3 「女性がそこに行きたがっているから。」

(4) 「彼らは海岸までどうやって行くか。」 1 「地下鉄で。」 2 「徒歩で。」 3 「バスで。」

(5) 「男性と女性は今どこにいるか。」 1 「彼らは家にいる。」 2 「彼らは旅行中だ。」 3 「彼らは学校にいる。」

★ワンポイントアドバイス★

非常に問題数が多く，語句整序問題などの文法問題も長文読解の形式をとっているために，読むべき英文量がとても多い。速読し素早く解答することが求められている。

＜国語解答＞

一　問一　A（例）促す　B（例）先ず　C（例）制止　D（例）異状のない　E（例）快晴　F（例）雨が降る　G（例）だいたい　問二　I　感動詞[感嘆詞]　II　副詞　問三　H　口　J　和　問四（作品名）『源氏物語』（作者名）紫式部　問五（作品名）『おくのほそ道』（作者名）松尾芭蕉　問六　荒海を　問七　③（例）日本人が海を全く相手にしてこなかったということ。④（例）日本という島よりももっとすばらしい未知の土地。⑤（例）うまくいきすぎている局面で「長考」すること。　問八　K　キ　L　イ　M　ク　N　エ　問九（例）世の中は自分の思っているようにはいかないものだという判断。(29字)　問十　抑制　問十一　小林一茶

二　（例）（日本人の）最終的には，自然が全て解決してくれるだろうという楽観的な傾向。

三　1　健闘　2　羞恥　3　教壇　4　皮膚　5　陶冶　6　散漫　7　契機　8　繊維　9　膝　10　懲(らしめる)

○配点○

一　問一・問三J・問六・問八・問十　各3点×14　問七・問九　各4点×4　他　各2点×8

二　6点　三　各2点×10　計100点

＜国語解説＞

一　（論説文一文脈把握，段落・文章構成，指示語の問題，脱文・脱語補充，ことわざ・慣用句，品詞・用法，文学史）

問一　「まあ」と「まあまあ」のさまざまな意味について述べている部分である。「『まあ』と同様」で始まる段落「『まあ』と同様，『まあまあ』は相手を促したり，制止したりするときにもさかんに使われる」から，「まあ」には相手を促す意味と制止する意味があるとわかる。（ A ）の直前の「まあ」は，この相手を促す意味になる。（ C ）の直前に「逆に」とあり，「まあ，遠慮せずに」「まあ，待ちなさい」の「まあ」は，相手を制止する意味だとわかる。（ B ）の前の「まあ，一杯」の「まあ」の原義，つまり元の意味は，先ず，とりあえず，ということになる。（ D ）の前の会話「お元気ですか？」「ええ，まあまあです」の「まあまあ」は，特別な異状はないことを表している。（ E・F ）の前の「お天気はまあまあでしょう」は，快晴というほどいいわけではないが，雨が降るほど悪くはないことを表している。（ G ）の前の「試験はどうだった？」と聞かれて「まあまあです」と答えたときは，だいたいできたという意味になる。二つ目の（ G ）の直後の文の「かなりの程度」に通じる語句が入る。

基本　問二　I　一つ目のIの直前「まあ，ひどい！」の「まあ」は，自立語で活用がなく主語にも修飾語にもならず，話し手の感動を表しているので感動詞。　II　直前の文の「まあまあ，そう怒らないで」の「まあまあ」は，自立語で活用がなく「怒らないで」という用言を修飾しているので副詞。

問三　「人の（ H ）にのぼる」で，うわさになる，話題になるという意味になる。一つ目の（ J ）の後に「つねに一定の限度を守ること」とあり，これが何を保つために必要なのかを考える。直後の段落にあるように，日本人が「自分をやたら主張」せず「ものごとをはっきり」させないのは，互いに相手を尊重し仲よくするためである。相手を尊重し仲よくすることを意味する漢字一字が入る。

基本　問四　「須磨・明石」の巻が含まれるのは，平安時代中期の『源氏物語』。作者は日記も書いている。

問五　「蛤のふたみにわかれ行く秋ぞ」は，これから行く伊勢の二見ヶ浦は蛤の産地だが，ここで見送りの人と別れて行くのは蛤の身と殻が別れるようなつらい心持ちがする，秋も終わろうとしていていっそう寂しさがつのることだという意味。江戸時代の俳人，松尾芭蕉は，奥羽地方，北陸地方，最後は滋賀県の大垣に旅をし，その様子を俳句とともに描いた。

問六　挿入する形式段落の冒頭に「なぜなのだろうか」とあり，続いて「日本民族が体験した太古の記憶が無意識のうちにこのような景色をこのうえなく美しく，懐かしい想いに誘うにちがいない」とあるので，日本人が美しく，懐かしいと感じる景色を述べている後に入れる。また，挿入する形式段落の最後に「あの『日本三景』に結晶している」とあるので，「日本三景」について述べた少し後に入れることも確認する。「いつごろ」から始まる段落以降で「日本三景」について述べ，「第二に」で始まる段落の最後に「女性的な優しい入江に日本人は心惹かれるのである」と述べている。この「女性的な優しい入江」が，日本人が美しく，懐かしいと感じる景色に相当するので，「荒波を」で始まる形式段落の前に入れるのが適当である。

重要　問七　③　日本人が「海洋民族ならぬ海岸民族」である理由を指示している。直前の文の「日本人はまったく海を相手にしなかった」に注目する。　④　日本人が望まなかったものは何かを考える。同じ段落の「海の彼方には，もっとすばらしい未知の土地があるかもしれない。しかし，欲を出せばきりのない話だ」から，指示する内容を抜き出す。　⑤　前の大山名人の「あまりにもうまくいきすぎているときです」という答えの理由を聞いている。「うまくいきすぎているとき」に何をするのかを補って答える。

問八　（　K　）・（　L　）について，日本人はどのような民族なのか，二つの面を入れる。「そう。」で始まる段落の「日本人は……自然の運行のようにすべてがうまくいくのを期待し，確信している」にふさわしいのは，キの「楽観」である。さらに，同じ段落の最後「この世の中はけっして自分の思っているようにはうまくはいかないもの」からは，イの「悲観」が読み取れる。また，「どんな人間も」で始まる段落の「実際以上に期待を抱く」が（　M　）に，「実際に見合った期待を寄せる」が（　N　）に，「実際以下に期待を抑制する」が（　L　）の「悲観」に相当する。「実際以上に期待を抱く」という（　M　）は，（　K　）の「楽観」に通じる主義であると同時に，（　N　）の対義語となる。

やや難　問九　大山名人の「ものごとはそんなにうまくいくわけがないからですよ。それなのに妙にうまくいきすぎるというのは，どこかに落とし穴があるから」という言葉を，筆者は「日本的信条」ととらえている。「そう。」で始まる段落の「この世の中はけっして自分の思っているようにはうまくはいかないものだ，という前提のもとに日本人の判断は構成されている」などの表現をもとにまとめる。

重要　問十　「『まあまあ』という言葉」の本質とは何かを考える。「これらはいずれも」で始まる段落に「日本人の『まあまあ主義』」とあり，この「まあまあ主義」について，「どんな人間も」で始まる段落で「実際以上に期待すれば，とうぜんその期待は裏切られることが多い。実際以下に期待をおさえれば，期待を裏切られる苦痛からはまぬがれることができよう。日本人は後者を選ぶ」「期するところを少なくすれば，苦痛はそれだけ軽減される。すべてにいちおう満足していられる。これが日本人の基本的な精神の構えである」と説明している。この期待をおさえる，期するところを少なくする，を意味する漢字二字の語句を探す。

問十一　『おらが春』の作者は小林一茶。「是がまあつひの栖か雪五尺」は，五尺にもなる深い雪がつもったここが，自分の最後のすみかとなるのだなあ，という意味。

二　**（論説文―大意・要旨）**

「心性」は，心のあり方のこと。日本人の心のあり方を述べている部分を探し，簡潔に説明する。

本文で，筆者は日本人の「心の底には，日本的自然主義がある」と述べ，その「日本的自然主義」について，「自然への信頼」で始まる段落で「すべては自然が解決してくれるという信仰にまで達する。日本的自然主義とは，そうした自然信頼にほかならない」と説明している。さらに，「自然への信頼」をキーワードに読み進めていくと，「この意味で」で始まる段落の「最終的には自然に任せておけばどうにかなるという日本人の楽天的な人生態度」，「日本人はあきらめがいい」で始まる段落の「日本人はあきらめがよく，いさぎよいように思える。しかし，じつはその根底に自然に頼り切った楽観主義がひそんでいる」と補足している。「心性」を説明するので，末尾は「～心のあり方」や「傾向」「考え方」などの名詞でまとめる。

三 （漢字の書き取り）

1　困難に屈せず全力を尽くして戦うこと。「闘」の訓読みは「たたか(う)」。　2　恥ずかしいと思うこと。「恥」の訓読みは「は(じる)」。　3　「教壇に立つ」で，教職に就くという意味になる。「壇」を使った熟語には，他に「論壇」「土壇場」などがある。　4　「膚」を使った熟語には，他に「完膚」などがある。　5　人の性格などをきたえて育て上げること。陶器や鋳物を作ることからできた言葉。　6　集中力が欠けること。「散」の訓読みは「ち(る)」。「漫」を字形の似た「慢」と区別する。　7　きっかけ。「契」の訓読みは「ちぎ(る)」。　8　動物や植物などから得る細い糸状のもの。「繊」を使った熟語には，他に「繊細」などがある。　9　「膝を交える」は，打ち解けて話し合うこと。　10　音読みは「チョウ」で，「懲罰」「勧善懲悪」などの熟語がある。

★ワンポイントアドバイス★

毎年，論理的文章が採用されており，指示語の指示する内容が問われている。空欄補充とも合わせて文脈を正確におうことが要求されている。ふだんから指示語の内容を意識する読み取りを心がけることが大切だ。

平成30年度

★★★★★★★★★★★★★★★★★★★★★★★

入　試　問　題

平成30年度

明治大学付属明治高等学校入試問題

【数　学】（50分）〈満点：100点〉

【注意】　1. 解答は答えだけでなく，式や説明も解答用紙に書きなさい。（ただし，1は答えだけでよい。）

2. 無理数は分母に根号がない形に表し，根号内はできるだけ簡単にして表しなさい。

3. 円周率はπを使用しなさい。

4. 定規・分度器・コンパスは使用できません。

1　次の□にあてはまる数や式を求めよ。

(1)　$(x-2)(x-3)(x+5)(x+6)-240$ を因数分解すると，□である。

(2)　右の図のように，2 点 P(1, 5)，Q(3, 1)がある。y 軸上に点 A，x 軸上に点 B をとり，PA＋AB＋BQ の長さが最短になるようにしたときの直線 AB の式は□である。

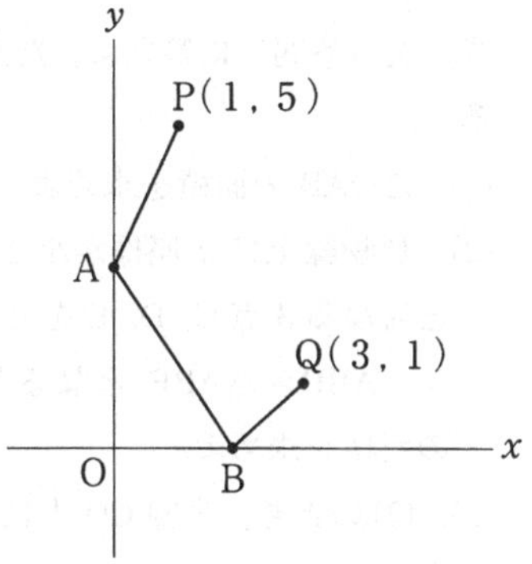

(3)　袋の中に，赤玉と白玉が合わせて 16 個入っており，赤玉の個数は白玉の個数より多い。この袋の中から続けて 2 個の玉を取り出すとき，赤玉，白玉の順に取り出す確率は $\frac{1}{5}$ である。このとき，この袋の中の赤玉は□個である。

(4)　$\frac{8}{5}<a<\frac{9}{5}$ とする。a^2 と a の小数部分が等しくなるとき，$a=$□である。

(5)　右の図のように，AB＝13，BC＝14，CA＝15 の△ABC がある。2 点 D，G はそれぞれ辺 AB，AC 上にあり，2 点 E，F は辺 BC 上にある。四角形 DEFG が正方形であるとき，正方形 DEFG の 1 辺の長さは□である。

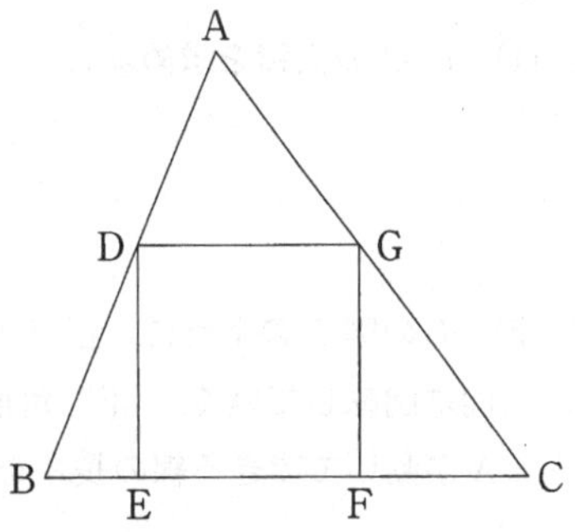

2　a，b を自然数とし，$a<b$ とする。下のように，数が規則的に並んでいるとき，次の各問いに答えよ。

$$1,\ a,\ b,\ a\times b,\ 1,\ a,\ b,\ a\times b,\ 1,\ a,\ b,\ a\times b,\ 1,\ a,\ \cdots\cdots$$

(1)　$a=4$，$b=6$ とする。最初の数から n 番目の数までの和が 1300 になるとき，n の値を求めよ。

(2)　最初の数から 200 番目の数までの和が 7150 であるとき，a，b の値を求めよ。

3 右の図のように，1 辺の長さが 8 の正四面体 ABCD の辺 AB，AC，AD 上にそれぞれ 3 点 P，Q，R がある。AP＝3，AQ＝5，AR＝4 であるとき，次の各問いに答えよ。

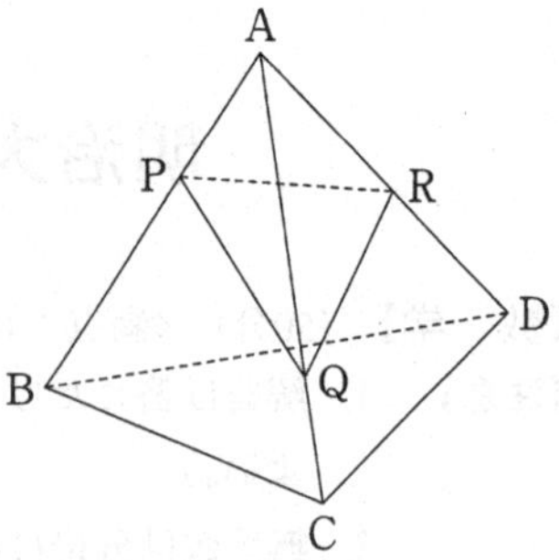

(1) △APQ と△ABC の面積の比を最も簡単な整数の比で表せ。

(2) 四面体 A-PQR と正四面体 ABCD の体積の比を最も簡単な整数の比で表せ。

(3) 四面体 A-PQR の体積を求めよ。

4 右の図のように，放物線 $y=\frac{1}{4}x^2$ と直線 $y=\frac{1}{2}x+3$ が 2 点 A，B で交わっている。このとき，次の各問いに答えよ。ただし，原点を O とする。

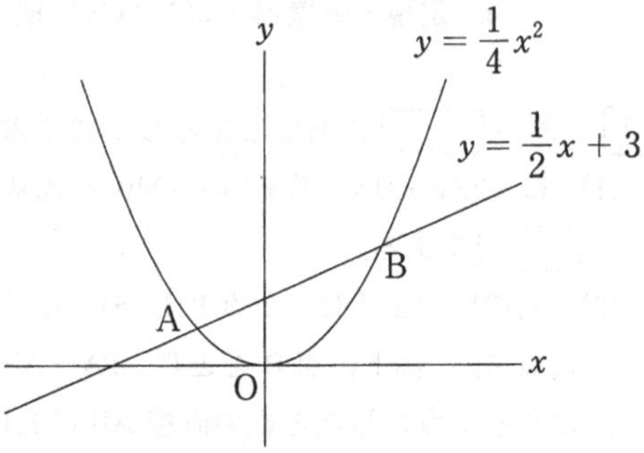

(1) △OAB の面積を求めよ。

(2) 放物線上に x 座標が小さいほうから順に，O と異なる 3 点 C，D，E をとる。△OAB＝△ABC＝△ABD＝△ABE となるとき，四角形 CODE の面積を求めよ。

(3) (2)のとき，直線 CO 上に点 F をとる。△CEF の面積と四角形 CODE の面積が等しくなるとき，点 F の x 座標を求めよ。

5 右の図 1 のように，円 O の内側に 1 辺の長さが 1 の正三角形 ABC がある。正三角形 ABC の 2 つの頂点 B，C は円 O の周上にあり，円の中心 O と頂点 A との距離は 1 である。このとき，次の各問いに答えよ。

(1) 円 O の面積を求めよ。

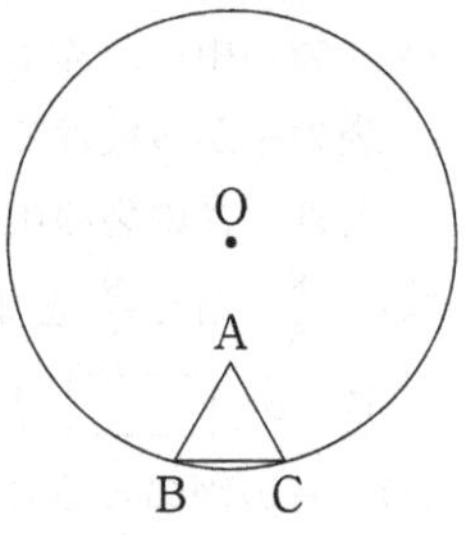

図 1

(2) 右の図 2 のように，正三角形 ABC がすべることなく，矢印の方向に回転していく。正三角形 ABC がもとの位置に戻るまでに頂点 A が動いてできる線の長さを求めよ。

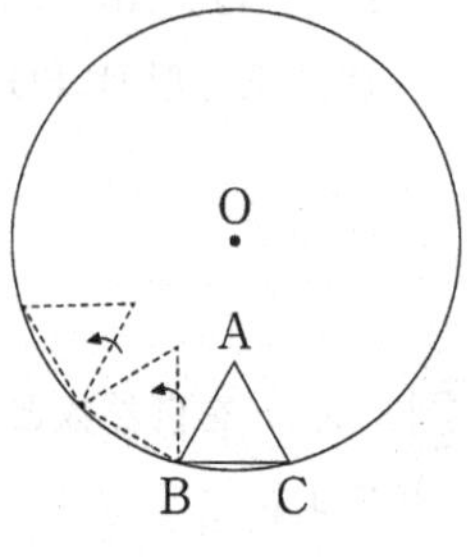

図 2

【英　語】（60分）〈満点：120点〉　※リスニングテストの音声は弊社HPにアクセスの上，音声データをダウンロードしてご利用ください。

【注意】リスニング問題は放送による問題で，試験終了 20 分前に開始する。

1　次の英文の内容に合うように，(1)～(8)に入る最も適切な語を語群の中からそれぞれ 1 つ選び，必要があれば適切な形に直して答えなさい。ただし，語群の語は 1 度ずつしか使えない。

I was in my second year of living in Tokyo. I thought I was a real expert in Japanese etiquette and culture.

I knew that I had to push gently onto the subway cars. I knew that I shouldn't（　1　）eye contact with people. I knew that blowing my nose loudly, "American style", was very rude. And I knew that I shouldn't talk to people on the subway. That wasn't a problem because my Japanese wasn't that good.

But one day, I was riding home from work on the subway, and I remembered that I（　2　）to call a friend about meeting for dinner.

I took out my cell phone and called her. Of course, if you know the Tokyo subway, you know that there are "no cell phone" signs everywhere. But I also（　3　）that many passengers used their phones on the subway. I thought that the no cell phones rule in Japan was like the no food rule on the New York City subway. It's a rule, but no one（　4　）it, and no one enforces it.

As I was talking, other passengers looked at me sideways like Japanese people do when they think you are being rude. One elderly woman（　5　）her head and looked straight at me.

I finished my conversation, and I got off the train. I was very（　6　）. Japanese people use their phones. Why can't I do the same? I asked myself.

Later that evening, I told my friend about the experience. She smiled. "The rule is no（　7　）on cell phones," she said. "The others are all text messaging or playing games on their phones. Occasionally they whisper a very short message to someone on a cell phone. But they never have whole conversations on their phones in the subway."

I was embarrassed. I still had a lot to（　8　）. Even though I knew a lot of Japanese habits, I was still American.

[confuse / follow / learn / make / need / notice / shake / take / talk]

2　次の各英文の下線部①～④のうち，文法的に誤りのある箇所を見つけ，例にならって答えなさい。

例）Mr. White ①are teaching English ②in ③this room ④now.

答え：[① → is teaching]

(1) I ①am sure that your new restaurant ②will succeed because the food is delicious, the prices are very ③low, and you are a very hard ④working.

(2) Thomas Edison ①has invented the phonograph in 1877. ②With this new tool, people could ③listen to ④recorded sound.

(3) Everyone who ①was invited to his ②welcome party ③to attend except for Martin, who ④wasn't feeling well.

(4) More than 80 ①percent of the Japanese people ②think the consumption tax ③will raise in the ④near future.

(5) ①There was a major blackout ②during we ③were making preparations ④for the convention.

3 次の各英文の内容に合うように，［　］内の語(句)を適切に並べかえ，3 番目と 6 番目にくるものを，それぞれ番号で答えなさい。

(1) The people in [①called / ②Egypt / ③a / ④had / ⑤system / ⑥ancient / ⑦writing] hieroglyphics, which was a type of picture writing. For a long time, no one was able to understand this language.

(2) One of the most common butterflies of the ten thousand species in North America is the monarch butterfly. It is one of the most beautiful. The adult [①on / ②green / ③lays / ④the leaves / ⑤tiny / ⑥of / ⑦eggs] the milkweed plant, which the young will eat when the eggs hatch.

(3) Bees [①divided / ②according / ③groups / ④be / ⑤two / ⑥into / ⑦can] to their living styles. Solitary bees live alone. On the other hand, social bees, like ants, live in groups. Only about six hundred species are in this category.

(4) We usually say that people have five senses. Senses [①is / ②what / ③the way / ④learn / ⑤are / ⑥that / ⑦we] happening around us. The five main senses are sight, hearing, touch, taste, and smell.

(5) Mosquitoes have an interesting life cycle. The female mosquito bites a person or animal in order to get some blood. It is [①mosquito / ②interesting / ③note / ④that only / ⑤female / ⑥to / ⑦the] will bite for blood. She has a special mouth which can go into an animal's skin or a person's skin.

4 次の会話文中の(ア)～(カ)に入る最も適切なものをそれぞれ 1 つ選び，番号で答えなさい。

Andrew: So, Vera, what movie would you like to see?
Vera: Anything's OK with me — except horror.
Andrew: (ア) I'm not into horror movies, either. We can decide later.
Vera: We can just go to the Multiplex on Broadway and see what's on.
Andrew: OK. (イ)
Vera: Hmm, let me see ... how about around five o'clock?
Andrew: Could we make it just a little later, say 5:30?
Vera: Sure. 5:30 is fine.
Andrew: Great. (ウ)

Vera: Well, how about meeting in front of the theater?

Andrew: Or, you know, there's a coffee shop just around the corner from the theater. (エ)

Vera: OK, good idea. (オ) Oh, can you tell me your cell phone number?

Andrew: Sure. It's 917-473-8214.

Vera: 917-473-8214. And here's mine.

Andrew: (カ)

Vera: Sure ... it's 917-376-0980.

Andrew: Great. Got it. See you on Sunday.

1. And where do you want to meet?
2. You must be kidding.
3. Then it's not a problem if one of us is late.
4. No problem.
5. OK ... can I borrow your pen?
6. Why don't we meet there and have some coffee before the movie?
7. When do you want to meet?

5 次の英文を読み，あとの問いに答えなさい。

Every year companies spend millions of dollars on advertising to create buzz about their products. Companies know that people like to talk about unusual, funny, and *remarkable things. Nowadays, companies are using many creative ways to (ア).

One idea that can *contribute to popularity is to do something very unusual. Red Bull™ is a company that makes energy drinks. They want people to feel energetic when they think about Red Bull. So they sponsored an unusual event: 43-year-old Felix Baumgartner jumped from 39 kilometers up in space to set a new world record for skydiving. He traveled more than 1,300 kilometers per hour in a space suit with Red Bull's name on it. This is part of a new trend in advertising, in which companies pay for unusual events, hoping that customers will talk more about their products.

Some other companies choose to (イ). A good example is a company called Blendtec™. Tom Dickson, Blendtec's owner, had an idea to make his *blenders look more interesting. He made videos showing his blenders mixing up unusual things. He put items like smartphones, *rakes, or sports equipment into one of the machines and asked, "Will it blend?" People were surprised to see a blender cut a smartphone into small pieces. Everyone talked about the videos and wanted to find out more about the blenders. Dickson was invited to demonstrate his products on TV shows. His blenders became much more popular, and he sold a lot more of them.

The company that makes Doritos™, a snack food, had a different idea about creating buzz. They decided to (ウ). So they began a competition. They asked customers to make their own TV advertisements. Then, they asked viewers to choose the advertisements that they liked the best. This created buzz because people like to participate and express their own opinions.

Another way to make a product popular is to (エ). To improve sales, the maker of Kit Kat™ chocolate bars used advertisements that connected Kit Kat bars with coffee. They hoped that every time people drank coffee, they would think of Kit Kat bars. They were right. Sales improved by more than 50 percent when people connected Kit Kat bars with coffee.

There are many ways that advertisers hope to make their products become popular. Whatever method is used, the result is clear: more buzz and more popularity.

(注) remarkable 目立った　contribute to ～ ～に貢献する　blender ミキサー　rake くま手

(1) 本文中の(ア)～(エ)に入る最も適切なものをそれぞれ1つ選び，番号で答えなさい。

1. do something surprising so that people will remember their product and spread their idea
2. connect it in people's minds with something that they see often
3. help products become more popular
4. hold an event where customers can experience their products
5. get their customers involved

(2) 本文中の "buzz" の意味を日本語で答えなさい。

(3) 次の英文のうち，本文の内容に合うものを2つ選び，番号で答えなさい。

1. Companies know how to make people feel like buying their products.
2. A company decided to use skydiving in their advertising because their products and skydiving were deeply connected.
3. A company showed how to mix up many different things with their product so that customers can do the same thing when they buy it.
4. A company asked customers to create their advertisements because they wanted to save their advertisement fee.
5. Every example shown in the text is successful and many other companies followed their ways.
6. There are four examples of companies shown in the text. They have tried different ways to advertise, but their purposes were the same.

6 次の英文を読み，あとの問いに答えなさい。

At some point following World War II, a phone box was placed in the Mojave Desert, 12 miles from the nearest *interstate. It seems like a strange location for a phone box, but there are two *mines in the area, and the phone was originally placed for use by the miners and their families.

Godfrey Daniels, a computer programmer from Arizona, heard about the phone from a friend. [ア] He didn't really expect a response, and sure enough, there was no answer when he called.

After dialing the number *periodically, he was shocked to hear a busy signal one day. [　イ　] After several tries, someone actually answered the phone. Daniels spoke with a woman who worked at one of the mines. She lived in a lonely area without phone service and used the phone for making calls.

Daniels loved the idea of a phone in the middle of nowhere. He was even more attracted by the idea that someone might actually be available to answer the phone in such a lonely place. Just as Daniels was ①intrigued by the idea of the phone box in the middle of the desert, so were the callers who had visited his website.

Daniels eventually traveled to Southern California to visit the box himself. Apparently, he wasn't the only person to have ②that idea. As more people heard about the Mojave Desert phone box, tourists decided to visit the location. [　ウ　] When someone answered the phone, he or she had the opportunity to speak with callers from all around the United States, as well as Germany, England, Italy, France, Australia, and South Africa.

What did strangers find to talk about during these unusual calls? They also discussed where they were calling from and how they had heard about the phone box. One thing people love about the Internet is how it seems to make the world feel smaller. Maybe in some small way, the Mojave Desert phone box achieved ③the same thing.

In May of 2000, the National Park Service and Pacific-Bell, the owner of the phone box, made the decision to remove the box. The National Park Service felt that the area was receiving too much traffic as a result of all the *publicity about the box. [　エ　] They also felt that it was their responsibility to protect the land of the Mojave Desert National Preserve.

Today, the place where the box once stood is marked by a simple *tombstone. People who don't know that it was removed still call the number. There is no disconnect message on the line. The number just rings and rings, as the caller waits patiently for someone to answer.

(注) interstate　州間高速自動車道　　mine　鉱山　　periodically　定期的に　　publicity　評判
tombstone　墓石

(1) 本文中の[ア]～[エ]に入る最も適切なものをそれぞれ1つ選び，番号で答えなさい。

1. They were worried that it might somehow damage the environment.
2. He assumed that there was a problem with the line, but he kept calling anyway.
3. He had some friends working near the box and wanted to talk with one of them immediately.
4. He had the number and decided to call it one day, just to see if anyone might answer.
5. People who called the phone began to frequently hear a busy signal.

(2) 下線部①の意味に最も近いものを1つ選び，番号で答えなさい。

1. tired of　　2. interested in　　3. afraid of　　4. disappointed in

(3) 下線部②を具体的に説明している部分を，本文中より4語で抜き出して，答えなさい。

(4) 下線部③を具体的に説明している部分を，本文中より6語で抜き出して，答えなさい。

(5)　本文中から下記の2つの文が抜けている。その2つの文が入る最も適切な箇所の直前の2語をそれぞれ抜き出して，答えなさい。

A: He posted the phone number on the Internet, and people began calling it.

B: They usually introduced themselves.

リスニング問題

7　放送を聞き，説明されている語を答えなさい。放送はそれぞれ1回です。

(1)_______　(2)_______　(3)_______　(4)_______

8　放送を聞き，続けて流れる質問の答えとして最も適切なものをそれぞれ1つ選び，番号で答えなさい。放送は1回です。

(1) 1. A book and an animal.
2. A person and an animal.
3. A book and a building.

(2) 1. Pencils, erasers and paper.
2. Paper, a ruler and scissors.
3. Crayons, paper and glue.

(3) 1. She went to the park.
2. She went home.
3. She went to the tennis court.

(4) 1. Her teacher.　2. Her cousins.　3. Her father.

(5) 1. At school.　2. At home.　3. At the tennis court.

9　放送を聞き，次の各英文を完成させるのに最も適切なものをそれぞれ1つ選び，番号で答えなさい。放送は2回流れます。

(1) The man _______ with friends to celebrate the New Year when he was younger.
1. played games　2. watched movies　3. watched fireworks

(2) The man and his friends ate _______ on New Year's Eve.
1. salad　2. fried chicken　3. pizza

(3) When the man's children were little, he _______ on that night.
1. put them to bed early　2. watched TV together
3. stayed up late

(4) Now, the man usually _______ on New Year's Eve.
1. goes for a drive　2. goes to bed early　3. makes a special dinner

(5) For the man, New Year's Day isn't a big celebration because _______.
1. every new day is a new beginning
2. he doesn't like change
3. he feels like he is getting older

10 放送を聞き，(1)～(4)に入る語を答えなさい。放送は1回です。

Bingo is a popular game played for money in the UK. Bingo nights are held in (1) halls, clubs and pubs all over the country.

To play the game you have to buy one or more cards with numbers printed on them. The game is run by a caller, whose job it is to call out the numbers and check winning tickets. The caller will usually say "Eyes down," to indicate that he or she is about to start. They then call the numbers as they are randomly (2), either by an electronic Random Number Generator (RNG), by drawing counters from a bag or by using balls in a mechanical draw machine. The numbers are called out (3), for example, "Both the fives, fifty-five," or "Two and three, twenty-three." Some numbers have been given nicknames, for example, "Two Fat Ladies," which is the number eighty-eight. Players cross out the numbers on their card as they are called out. The first player to mark off all their numbers (4) "Bingo!" and is the winner.

えなさい。

タ

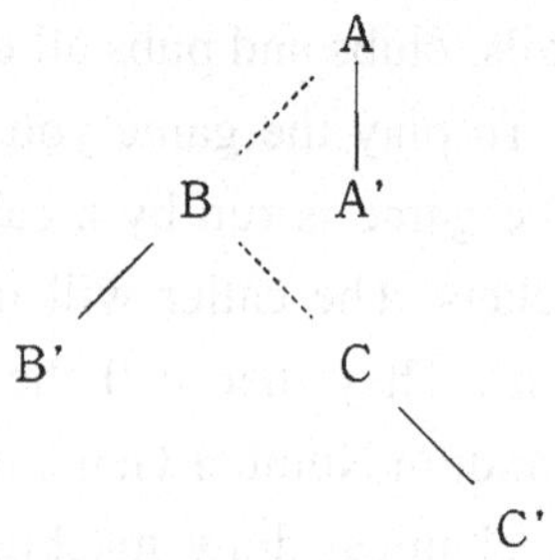

チ

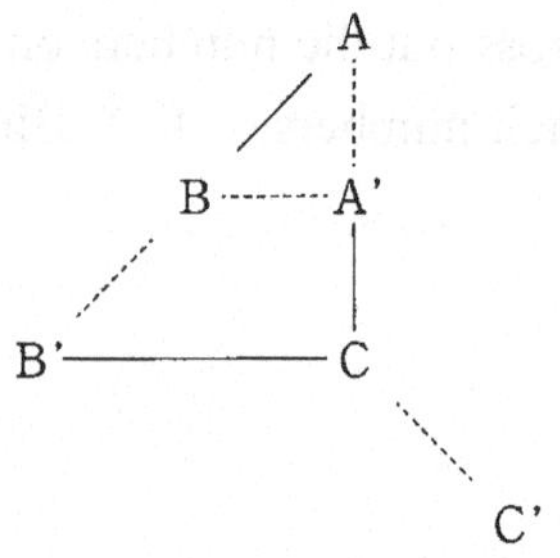

ツ

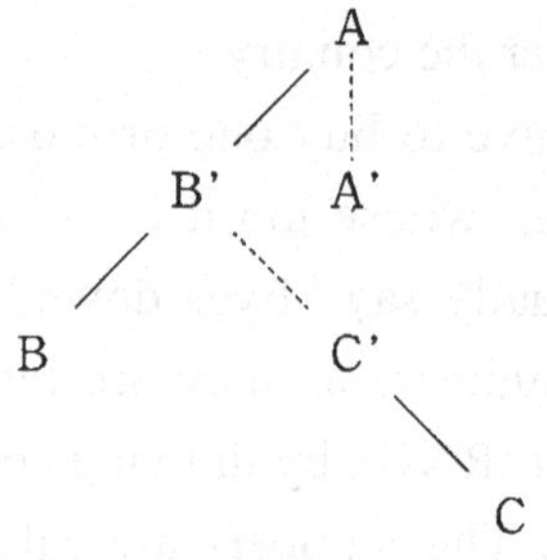

テ

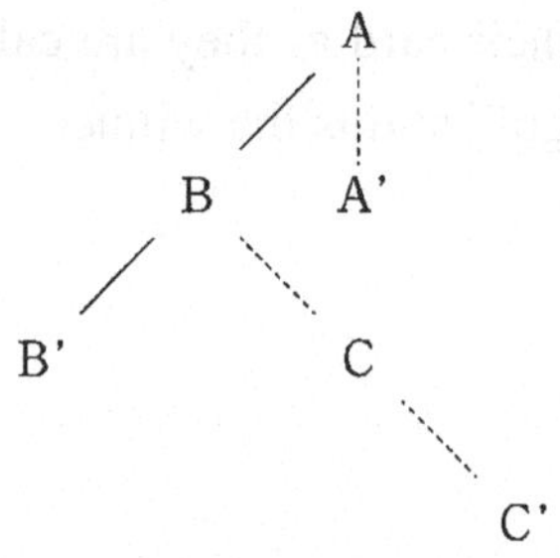

ト

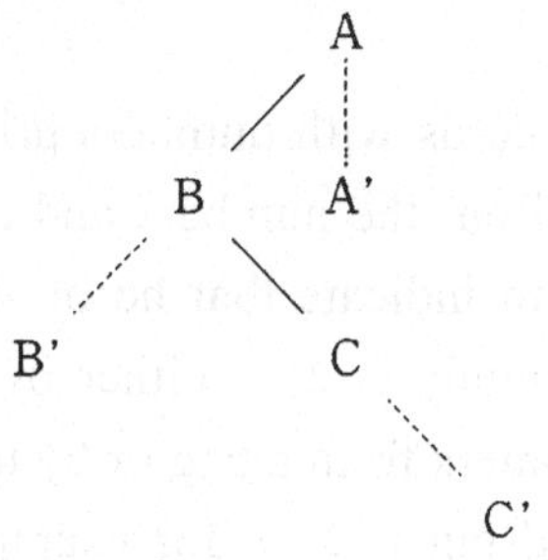

問十一　文中の［P］に入る最適な語句を考え、三字で答えなさい。

問十二　「行く春や鳥啼き魚の目は泪」の主題を文中の語句五字以内で答えなさい。

問十三　――部⑩はどういうことを言っているのか、解答欄の「こと」につながるように四十字以内で答えなさい。

問十四　［S］・［T］に入る最適な語句を、文中より五字以内で答えなさい。

［二］　次の1～10の文中の（カタカナ）を漢字で書きなさい。

1　（ケンキョ）な姿勢で臨む。
2　先生に（アイサツ）する。
3　彼はみんなの（ショウケイ）の的だ。
4　文豪に（シシュク）する。
5　新作を（ヒロウ）する。
6　（シュウカク）の時を迎える。
7　学級（コンダン）会。
8　血液が（ジュンカン）する。
9　（ネラ）いを定める。
10　（サワ）やかな風が吹く。

になること】になった」

などというのがある。「思っていた」というあたりまでは、そうしたのか、と思う。ところが、終わりへ来てどんでん返しになる。

学会で研究発表をする学者が、Aはこう言っている、Bはこうのべている、Cはこういう説を発表している、とえんえんと紹介する。よほど意味があるのだろうと思っていると、最後へ来て、「わたくしは、これらの諸説のいずれにも反対であります。わたくしの意見はもう時間もありませんし、別の機会にゆずらせていただきます」などと言う。終わりの方がさかのぼって全体を支配するのである。

修辞的残像に対してこれを修辞的遡《そ》像とよぶとすれば、さきの「行く春や……」の句などは、⑩この遡像のはたらきによって、重層的表現の妙味を出しているように思われる。

日本人は昔から、漢文で返り点読みということをしてきた。あとの方から前へひっくりかえしてことばを解することになれているのかもしれない。外国語を訳して読むときもやはり、返り点読みをしている。「……するところの○○」などと、関係代名詞のあとの部分の方から訳すのなどはその一例である。ほかの国の人に比べて、われわれは修辞的遡像のはたらきもつよいのではあるまいか。

ことばをまとめているのは、ここにのべてきた、SとTによって、前後から空白を埋めようとする作用によるものであろう。これらの作用は意識されることはまれであるが、表現を成立させるのに大きな役割を果たしているように思われる。

とくに、余韻、余情といった情緒的効果を説明するのに、S、Tは便利な考え方であるように思われる。日本の短詩型文学もこういう作用の力によってのみ可能なのではあるまいか。

（外山滋《しげ》比古『ことばのある暮し』より・一部改変）

問一　文中のA～Eに「点」または「線」を入れなさい。ただし、「点」の場合は「ア」、「線」の場合は「イ」を答えること。

問二　――部①・②はどういうことを言っているのか、それぞれ答えなさい。

問三　――部③「これ」・――部④「それ」の指示内容を正確に答えなさい。

問四　文中のF・Hに入る最適な接続詞を次のカ～コより選び、記号で答えなさい。

カ　では　キ　だから　ク　または　ケ　そのうえ

コ　ところが

問五　文中のG・I・O・Rに入る最適な語句を次のサ～ソより選び、記号で答えなさい。

サ　情緒　シ　直線　ス　直観　セ　必然　ソ　暗示

問六　――部⑤・⑥・⑦・⑧・⑨はどういうことを言っているのか、それぞれ答えなさい。

問七　文中のJ・Kに入る最適な語句を答えなさい。ただし、Jは漢字二字の故事成語、Kは最適な漢字一字を考えて答えなさい。

問八　文中のLに入る人物名、『Q』に入る作品名を答えなさい。

問九　M・Nに入る最適な文中の語句を答えなさい。

問十　文中の★に入る最適な図を次のタ～トより選び、記号で答

のようになる。字面の表現はA——B——Cであるけれども、その裏にA'——B'——C'という副旋律があって、主旋律と交響している。俳句の音楽はこれを見のがしては成立しないように思われる。それにつけても、俳句にとって切れ字がいかに大きな役割を果たしているかということを改めて知るのである。

A……A'に対して、A——B、B……B'に対して、B——Cというのは、ヴァリエーションである。

「古池や蛙飛びこむ水の音」の一句は、かくして、古池の静寂の中へ、蛙の動と滑稽とを点じ、さらに、水の音を配することによって、古池や[P]をいっそうつよく感じさせるというパラドキシカル【逆説的】な抒情に成功するのである。

漢詩における、起承転結が、すぐれた定型の作法となりうるのもまた、それぞれの部分において、折線表現を必然的なものにし、そこにおいて二重の意味をあらわすことができるからであろう。俳句の上五中七下五は、起承（上五）、転（中七）、結（下五）に対応すると考えることもできる。

ことばの残像、慣性が、生理学や物理学と性格をことにする点がひとつある。

残像も慣性も、前から後へという一方的であるのに、ことばには、残像のほかに、逆の方向に走るイメージもあるらしい。

やはり、[L]の句であるが、有名な『[Q]』の中の一句、

行く春や鳥啼《な》き魚の目は泪《なみだ》

というのがある。

はじめのところ「行く春や」は、春を惜しむ哀愁の情をつよく押し出したものである。行く春にまつわるさまざまな連想がわいてくるであろう。しかし、なお、明確な焦点は欠けている。そのあと、どういう展開をするか読者には見当がつかない。

つづけて、「鳥啼き」は嘱目【目に触れること】の自然を詠《うた》い上げたともとれないことはない。「啼き」はこれだけではかならずしも、悲しみの心をあらわすとはかぎらない。ただ、先行の「行く春や」と重なられると、「啼き」の中の悲しみのニュアンスはいくらか強化されるかもしれない。

さらに、最後の「魚の目は泪」というところへきて、焦点は一挙に定まる感じだ。これは「鳥啼き」ほどに常套《とう》的表現ではない。それだけに「悲しみ」との関係は不動のものになる。

「行く春や」は伝統的な措辞で高度の暗示をおこない、ついで「鳥啼き」で、かすかな哀愁の感情を志向し、さらに「魚の目は泪」で、悲しみの焦点を決定した。[R]的な表現を、すこしずつ限定の明確なもので絞って行く手法である。

一句を読み終わってはじめて、別離の情がはっきりする。そこで、もう一度、はじめに帰ってみる必要がある。和歌もそうであるが、俳句を読み上げるとき、二度ずつ読むのはなかなか意味のあることのように思われる。終わりまで行かないと、意味の完結しない表現が日本語にはすくなくない。

日常の会話においても、

「きのう、久しぶりだから、街へ出て、映画でもみて、古本屋をひやかし、そこいらでコーヒーでものんで、日曜らしい気分にひたろうと思っていたが、あいにく、出がけに、人がきたものだから、おじゃん【だめ

果たすことが知られている。

若手の落語家が話したときに、すこしもおもしろくなかった同じはなしを、名人上手と言われる人が演じると、何ともいわれない味わいとおもしろさが出る。どこがちがうのかというと、「K」のとりかたが違うのだ、と言われる。それほど全体を左右する力をもっている。

俳句は世界でももっとも短い詩であろう。どうしてそういう短詩型が生まれたのか、われわれは、それをあまり考えることをしない。

短ければ、少しのことしか表現できないのは当然であるのに、俳句はかなり複雑なことを言いうるし、何よりも、深みを感じさせられる。ふしぎである。

残像、そして、余韻という考えを援用して俳句の美学の一端をさぐってみることにしたい。いまかりに、L の、

　　古池や蛙飛びこむ水の音

を例にとると、まず、切れ字「M」がある。これは読んで字のごとく、表現を次へすぐつなげてはいけないというしるしのことばである。とすれば、そのあとには、

　古池や□□□□蛙飛びこむ水の音

と大きな空白があることになる。さらに、「飛びこむ」のあとにも、切れ字はないが、かすかに切れている。さらに「水の音」のあとにはもっと大きな空白部がある。いまこの空白を□で示すとすれば、

　古池や□□□□蛙飛びこむ□□水の音□□□□□□□……

というようになるだろう。

まず、「古池や」の上五だが、切れ字によって「古池」の感じをつよく前面に押し出す。あとは空白がつづくから、古池のもつもろもろの連想が、そこで存分に N としてひろがるようにされている。

俳句の妙味は、次の中七を思い切って、上五とは離れたところへ置くことができるところから生まれる。「古池や」をA、「蛙飛びこむ」をB、「水の音」をCとするならば、

　A□□□□B□□C□□□□□□□

のような空間構造になる。そして、AとBとの結合状態は、

　　A――B

のようではなくて、Aのあとに残像のA'が余韻をひびかせる中へ、Bというまったく異質の表現がつきつけられる。「古池や蛙飛びこむ」のところは、A……A'とA――Bという二重複元表現の効果になる。A……A'は余韻、余情の潜在的含蓄であり、A――Bは、具体的表現である。⑨両者が矛盾、葛藤するところに、ここのおもしろさ、複雑さ、深みが生まれる。

BとCとの結合もまた O 的でなく、折線になっている。Bもやはり、あとの空白部でB'という残像の意味、余韻を生じる。ところが、実際の表現は「水の音」というもので、やはり違った角度を示している。ここでも、二元的表現になっていて、A――Bのところと同じように、ややあいまいな、おもしろい含みのある表現効果をあげている。このように考えると、俳句は空白部において大きな抒情を行い、それによって、短小な形式でよく大きなものを暗示することができるようになっていることがわかる。A――B――Cの構造をまとめてみると、

★

残像が表面化すると、どうなるか。情緒的な効果を生ずるのである。「新潟へ行くには途中に山がある。山には雪が降っているだろう。新潟まで雪を見に行かなくても、道中の雪景色で堪《たん》能するに違いない」（内田百閒《けん》『第二阿《あ》房《ほう》列車』）という文章がある。これを、

新潟へ行くには途中に山がある。
山には雪が降っているだろう。
新潟まで雪を見に行かなくても、
道中の雪景色で堪能するに違いない。

とすると、印象がかなり変わってくる。この差はどこから生じるのであろうか。各行の終わりに空白があるのによると考えるほかない。

一行の意味が、その空白部でフェード・アウトする。情緒性が高まる。ひとつづきに書かれているときには意識されなかったものである。

いまは、どこの国でも定型詩がすくなくなった。自由詩である。自由詩は措《そ》辞【言葉の使い方や配置】において散文とほとんど違うところがない。しかし、ひとつだけ形式上で守っていることがある。それはさきの散文を改行したのと同じように毎句で改行しているのだ。どんな自由詩も、散文と同じように⑦追い込んで書いたり、印刷したりはしない。

やはり、改行によって生じる空白部が、詩的表現には不可欠なものであることを詩人たちが感じているからであろう。さきの百閒の文章でも改行した方がずっと I 的になっている。偶然ではない。

もともと散文として書かれたものを、行分けして「詩」に改装したら、りっぱに詩で通用したという例もある。残像は思いのほか大きなはたらきをするもののようである。

詩の各行の終わりにある空白は、まだ、小さいものである。もっとも大きな空間は、一篇《べん》の文学作品の最後に意識して準備されているものであろう。ことに日本の文学にはこの末尾の空白部が重要な役割を果たしているようにおもわれる。外国の小説、たとえば『ボヴァリー夫人』など、後ろの方の何分の一かはない方がよいように日本人には思われる。 J の感がある。だから、心に残る響きというものに乏しい。もっとも、作者は、詩を書いたのではない。散文小説である。すべてを記述するのが任務で余情で全体を包むのは邪道であると言うかもしれない。

日本の文学作品は、クライマックスの部分を迎えたら、そのあと、くだくだのべることをしない。あっさり、そこで終わってしまうのである。まだ、あとに続くことがたくさんありそうに思われるだけに、突如として、終わってしまえば、いやでも、余韻を生じないではいられない。『ボヴァリー夫人』がスピードを出したクルマがすこしずつ減速して、終わりになるといった書き方であるとするなら、日本的抒《じょ》情作品は、⑧全速力で走ってきた、あるいは、急にスピードを増したクルマが突然、急停車するようなものである。読者はいやでもつよい衝撃を覚える。前のめりになって、空白部の中へ放り出される。その状態から余韻が感じられる。

余韻をつくり出している力は修辞的残像であり、それを顕在化させるきっかけになっているのは末尾の空間だということになる。

抒情ということはことばの技巧によっても可能であるけれども、われわれ日本人は、ここにのべたような空間の抒情を好むのではないかと思われる。

空間はただの空間ではない。残像が顕現することによって独自の表現性を帯びた空間である。詩歌にあっては、抒情の主軸となるこの空間は、語りや話芸においては「 K 」とよばれて、これまた大きな役割を

われわれはよく、前後関係、コンテクスト【文脈】ということを言う。ひとつひとつのことばは独立してはいろいろな意味をもっている。たとえば「夜」とか「街」とかのことばはそれだけでは、夜に何があったのか。どこのどういう街であるか見当がつかないが、「彼は夜おそくひとり街を歩いた」というような文章の中へ入ると、単独にもつであろういくつかの意味の中から、前後関係に合ったもののみがすくい上げられて、あとはすてられる。⑥「夜」も「街」もいちじるしく限定されて、明確になる。

　この限定を行うのも残像である。残像があとに続くことばの意味に干渉して、その中から好都合なものを選び出す。それがさらにつぎの部分を限定して、前後関係を強化する。

　残像は視覚の作用である。聴覚についても同じようなことがおこっていると思われる。さきにふれた畑中の琴の音は前の音の残響によって連続音のように感じられたのである。音楽の理解は残響作用によるところがすくなくないように思われる。

　ことばとか音とかを離れても、この心理的残像は承認されるように思われる。

　われわれは、すみからすみまで知っていると信じている親しい人間を何人かもっているものだ。ところがよく考えてみると、その人について知っていることは、いくつかの断片でしかすぎない。三日に一度、あるいは、一週間に一度くらい会って話をする、食事をする。それでその人がすっかりわかったような気持ちになる。

　断片と断片との間に大きな空白部があるのに、われわれはいつしかその断片を結び合わせ連続のように思い込んでしまう。さきの断片の残像が次の断片までの空白を埋めるのである。

　親しい友人だけのことではない。きのうときょうが、おとといときのうが、そして、また、去年と今年とがひとつらなりに続いているように考えるのもまた、心理的残像によって、空白が消されているからにほかならない。一日と一日との間には夜という何も起こらない時間があるのに、われわれは日々が続いているように思っている。一日の残像が次の日への連続を保証し、次の日のコースを左右する。そこから、生活の継続性、保守性、惰性も生まれるのである。

　残像が作用するのは、その作用がはっきりするのは空間においてである。映画においても、フィルムのひとコマひとコマの間に白い部分がなければ、残像作用ははたらきようがない。

　ことばについても、同じことである。修辞的残像がはたらくには、空白部、空間がなくてはならない。

　語と語、句と句、節と節との間にはいずれも空白部がみとめられる。語と語、句と句、節と節をつなぐのに残像が役立つのはすでにのべたとおりである。

　この空白部でもっとも注目すべきは、はっきり用意された空間である。言いかえると、修辞的残像がいやでも姿を見せずにはいられないように配慮された空間である。

　残像は前のことばから、後のことばへ流れていて、通常、意識されない。正体をあらわさない。ところが、後に続くことばがないときには、残像は拍子抜けする。映画でいえばフェード・アウトに近い効果を出す。つづくことばがあれば、それにかぶさって行くところであるが、空白になっていれば、残像のはたらきが表面化せざるを得ない。

中学生のときに慣性の法則というのを教わった。運動している物体は、外からの力の作用を受けない限り、その運動を継続しようとする習性があるというのである。

走っている電車が、急停車すると、乗客は将棋倒しに前のめりになる。その前のめりがすなわち慣性のあらわれである。親しい友人が急にいなくなって、淋しく感じるのも、感情の示す慣性であると考えることができる。

ものごとは、自然な状態ではその状態を保持しようという性質をひろくもっているもののようである。生理学ではそれに残像という名をつけ、物理学は慣性の法則をこしらえた。心理学でははっきりした名を与えていないが、心理の保守性、惰性については知らぬものもない。

文章の理解において、③これがあらわれたものが、修辞的残像だと考えた。

わが教室にいた学生たちの読むような英語では、修辞的残像が働かない。なぜか。あまり、ごつごつ、つっかえつっかえ読むからである。

残像作用はほんの束《つか》の間しか続かない。一分も二分も続く残像などあるものではない。早く読まないと、残像に助けられてとらえられる意味は成立しない。しかし、外国語である。辞書首っぴき【絶えず参照すること】で、なめるようにして読んでも何のことかわからない。まして、早く読んだりしては、どうなるかしれない。それで、いつまでたっても残像のはたらくようにはならないのである。

シェイクスピアの戯曲を読む。それこそ辞書首っぴき、語釈首っぴきで、のろのろと読む。さっぱり進まない。それでかろうじて何とか意味が通じる程度。英語で演じられるシェイクスピアを見てもわかるわけがない、と頭から、おそれをなす。［F］、芝居を見ると、思ったよりずっとよくわかる。のろのろとテキストを読んでいたときより、ずっとよくわかるのである。演技に助けられるということもあるが、それ以上にここでいう修辞的残像がはたらくために、流れとして理解できるためであろう。

自転車に乗りはじめのとき、こわいから速く走れない。ゆっくり走るからフラフラして倒れやすい。すると、よけいこわくなって、いっそう速く走れなくなり、いっそうころびやすくなる。相当なスピードで走っていれば、自転車はめったなことでは倒れないものである。習いはじめのうちは、なかなか、④それがわからない。

外国語でも同じことが言える。速く読めないから、わかりにくい。それでいっそう臆病になってのろのろ読むから、ますますわかりにくくしてしまう、というわけである。おそいとかえってわかりにくいのは、残像の継続時間が短いことを考えると、納得できる。

文章を読んでいると、代名詞が出てくる。その代名詞が前のどの名前を指すか。そんなことを気にして読むことはほとんどない。［G］的に、名詞へ還元される。残像がそれを可能にするのである。［H］、あまりはなれたところへ代名詞を使うことは適切ではない。名詞にすぐ接したところへ同じ名詞をくりかえすのはわずらわしい。⑤代名詞が生きる。遠くはなれていると、名詞の残像が消えてしまうから、代名詞が何を指すのかはっきりしなくなってしまう。

大学入試の国語の問題などで、よく、代名詞が何を指すかをきくことがある。入学試験で緊張して、ことさらゆっくり読んでいると、残像が消えやすく、別のものを指しているように考えやすい。

そのころ、たまたま、こんなことがあった。いまは繁華な街になっているが、当時は麦の青々とした郊外であったN区に住んでいた。ある日、バスから降りると、風に乗った琴の音が青い麦畑をわたってきこえてきた。いかにものどかである。いい気分になって歩き出す。

しばらくして、その音が流れをもったメロディであることに興味をもった。琴の音は断音のはずである。点の音だ。それが、こうして遠くからきくと、流れをもった線のように感じられる。どうして、点が線のようになるのか。どうも、[A]と[B]を結ぶものがあるに違いない。近くでは[C]であることのはっきりしている音が遠くできくと[D]であることがぼんやりして、[E]のように感じられるのがおもしろかった。

英語の単語と単語がバラバラにならないで、まとまった意味を表現することができるのと、この麦畑越しにきいた琴の音がなだらかな流れをもった連続としてきこえたのとの間には何かしら関係があるように思われた。

そういうことがあってしばらくあとのこと、映画のフィルムのことを思いついた。

映画のフィルムはひとコマひとコマは静止している。となりとの間には空白部がある。これを一定の速度で映写すると、おもしろいことにフィルムのひとコマひとコマの間にある切れ目が消えてしまう。そして、動きがでる。運動の方は、フィルムをまわすからだということで説明できるが、切れ目が消えるのはなぜだろう。などと、改まるまでもなく、残像のためであることは、小学生でも知っている。前のコマの映像を見る。それが消えてもしばらくの間はその残像が見えている。スクリーンの上では何も写っていない瞬間があるのにもかかわらず、人間の目はそれを感じない。前の像の残曳《えい》がその空白をつぶしてしまうからである。こうして、次々像が重なると、切れたフィルムであることはまったくわからなくなってしまう。

ことばについても、①似たようなことが起こっているのではあるまいか。英語の単語のひとつひとつは、フィルムのひとコマひとコマに相当するものと考える。語と語の間にある空白はフィルムの切れ目と同じではないかと思った。

文章がまとまった意味をもつようになるのは、ことばの残像の作用によって、単語と単語の切れ目をふさいでしまうからではないか。ことばと映画のフィルム、映画との間に②類比が成立すると考えた。さきに麦畑できいた琴の音のことも思い合わされる。前の語の残像が次の語にかぶさって行って、意味の流れが生じる。映画に働いているのは生理学的残像であるが、ここに考えられるのはことばの残像である。そこで、語間を流れる、普通は意識されないでいるその作用に〝修辞的残像〟という名をつけた。心理的残曳の一種である。

残像に似た作用はあらゆる分野に見られるようである。生理学での現象には〝残像〟という名前がついている。心理学では名前がない。保守性への傾向は心理的残像として説明することができよう。

親しい友人が突然いなくなったとする。その友人のもつイメージの残像が〝淋《さび》しさ〟として感じられる。きのうまでしてきたことはきょうになって、何となくやめにくく、前例にしたがって続けたくなる保守性も、心理的残像の一種であろう。

物理学の世界で残像に相当するものを求めるとすれば、慣性であろう。

【国　語】（五〇分）〈満点：一〇〇点〉

【注意】字数制限のある問題については句読点を字数に含めること。

一　次の文章を読んで、あとの問いに答えなさい。ただし、【　】は語句の意味で、解答の字数に含めないものとします。

ことばがあるルールに従って並べられると、バラバラなものが、くっついて、まとまりをつくる。

「私は朝、七時に起きて、顔を洗い、食事をして学校へ行った。」

これはまとまった意味をもつ。ところが、

「私を朝へ七時の起きれば、顔を洗え、食事をとりながら学校へ行かない。」

などとすれば、ことばは並んでいるが、意味は通じない。〝まとまりのある〟意味、とかんたんに言っているけれども、〝まとまる〟ためにはかなり複雑な心理作用がはたらいているらしい。

ただ、生まれてからずっと使っていることばでは、その面倒な作用がほとんど反射的になされているために、どうして、ことばが〝まとまる〟のか、と言った問題に思いわずらうこともないままに、一生をすごしてしまう人が大多数である。

外国語では、そういう感覚ができていないから、いちいち、戸惑う。

もう、三十年ちかい昔のことになる。学校を出たての新米教師として大学生に英語を教えることになった。

かけ出し教師だから、どうして、こんなやさしい英語がわからないのだろうか。なぜ、こんな妙ちきりんな誤りをするのだろうか。ことごとに腹をたて、ひとりひとりに文句を言った。

そのうちに、みんな勝手に間違えているのではないらしいということがわかってきた。できない学生はできない学生なりに、〝文法〟にしたがって誤っているようだと見当がついてきて、急に、おもしろくなってきた。これらの学生の頭にあるメカニズムは英語の文章に出会うと、一定の反応を示す。それがことごとく誤りになるのは、英語が日本語でないからであって、メチャメチャに間違っているのではない。

こういう学生の反応に注意して、日本人が英語に対しておこしやすい、周期的にあらわれる誤りをひろいあげたら、「誤解の文法」にまとめられるのではないかと考えた。

学生がいちばんひっかかるのは、日本語で、

私はきのう本を買った。

とひとつらなりになっているのに、英語は、

I bought a book yesterday.

という五つの単語が区切れていることにあるらしい。もちろん、学生はそのことをはっきり意識していない。語と語が切れている。それをどう結びつけたらいいのか。ひとつひとつの語を訳すと、

わたくし　かった　ひとつ　ほん　きのう

のようになる。これを、

私はきのう本を買った。

とまとめるのができない。語の順序を入れかえるのが難しい。日本語と英語の構造上のちがいがわかっていないから、訳文にすることができない。

切れ切れになっている語と語がひとつらなりのものになり、動きのある意味を結ぶのはなぜだろうか。

平成30年度

解答と解説

《平成30年度の配点は解答用紙に掲載してあります。》

＜数学解答＞

1 (1) $(x+1)(x+2)(x^2+3x-30)$　(2) $y=-\frac{3}{2}x+\frac{7}{2}$　(3) 12　(4) $\frac{1+\sqrt{5}}{2}$

(5) $\frac{84}{13}$

2 (1) 150　(2) $a=10,\ b=12$

3 (1) 15：64　(2) 15：128　(3) $5\sqrt{2}$

4 (1) $3\sqrt{13}$　(2) 36　(3) $\frac{4}{5},\ -\frac{44}{5}$

5 (1) $(2+\sqrt{3})\pi$　(2) 4π

＜数学解説＞

1 (因数分解，一次関数，確率，数の性質，平面図形)

(1) $(x-2)(x-3)(x+5)(x+6)-240=(x-2)(x+5)(x-3)(x+6)-240=(x^2+3x-10)(x^2+3x-18)-240=(x^2+3x)^2-28(x^2+3x)+180-240=(x^2+3x)^2-28(x^2+3x)-60=(x^2+3x+2)(x^2+3x-30)=(x+1)(x+2)(x^2+3x-30)$

(2) 点Pのy軸に関して対称な点P′の座標は，$(-1,\ 5)$　点Qのx軸に関して対称な点Q′の座標は，$(3,\ -1)$　PA＋AB＋BQの長さが最短になるのは，点A，Bが直線P′Q′上にあるときである。よって，求める直線ABの式は，直線P′Q′の式になる。直線PP′Q′の式を$y=px+q$として点P′，Q′の座標を代入すると，$5=-p+q$…①　$-1=3p+q$…②　②－①から，$-6=4p$　$p=-\frac{6}{4}=-\frac{3}{2}$　これを①に代入して，$5=-\left(-\frac{3}{2}\right)+q$　$q=5-\frac{3}{2}=\frac{7}{2}$　よって，求める直線の式は，$y=-\frac{3}{2}x+\frac{7}{2}$

(3) 赤玉をx個とすると，白玉は$(16-x)$個　よって，$\frac{x(16-x)}{16\times15}=\frac{1}{5}$　$16x-x^2=48$　$x^2-16x+48=0$　$(x-12)(x-4)=0$　$x=12,\ 4$　赤玉の個数は白玉の個数より多い事から，求める赤玉の個数は，12個

(4) $\frac{8}{5}<a<\frac{9}{5}$から，$a$の整数部分は1だから，小数部分は，$a-1$　$\left(\frac{8}{5}\right)^2<a^2<\left(\frac{9}{5}\right)^2$　$\frac{64}{25}<a^2<\frac{81}{25}$から，$a^2$の整数部分は2か3　a^2の整数部分が2のとき，小数部分はa^2-2になるから，$a-1=a^2-2$　$a^2-a-1=0$　$a=\frac{1\pm\sqrt{1^2-4\times1\times(-1)}}{2\times1}=\frac{1\pm\sqrt{5}}{2}$　$a>1$から，$a=\frac{1+\sqrt{5}}{2}$　a^2の整数部分が3のとき，小数部分はa^2-3になるから，$a-1=a^2-3$　$a^2-a-2=0$　$(a+1)(a-2)=0$　$a=-1,\ 2$　これは成り立たない。よって，求めるaの値は，$a=\frac{1+\sqrt{5}}{2}$

(5) 点AからBCへ垂線AHをひき，$\text{BH}=x$とおくと，$\text{HC}=14-x$　△ABHと△ACHにおいて，三

平方の定理を用いると，AH^2の値から，$13^2-x^2=15^2-(14-x)^2$　$28x=140$　$x=5$　$AH^2=169-5^2=144$　$AH=12$　AHとDGの交点をI，正方形の1辺の長さをaとすると，AI：AH＝DG：BCから，$(12-a):12=a:14$　$12a=14(12-a)$　$26a=168$　$a=\frac{168}{26}=\frac{84}{13}$

2 （規則性）

基本 (1)　1，a，b，abを1組とする。$1+4+6+24=35$　$1300\div35=37$余り5　$5=1+4$より，$n=4\times37+2=150$

(2)　1組の数の和を求めると，$7150\div(200\div4)=7150\div50=143$　$1+a+b+ab=143$　$(a+1)(b+1)=143=11\times13$　$a<b$より，$a+1=11$，$b+1=13$　$a=10$，$b=12$

3 （立体図形の計量問題－面積比，体積比，体積）

基本 (1)　$\triangle APQ:\triangle ABC=3\times5:8\times8=15:64$

(2)　(四面体A－PQR)：(正四面体ABCD)$=3\times5\times4:8\times8\times8=15:128$

重要 (3)　点Aから△BCDへ垂線AHをひく。$\triangle BCD=\frac{1}{2}\times8\times8\times\frac{\sqrt{3}}{2}=16\sqrt{3}$　$DH=4\sqrt{3}\times\frac{2}{3}=\frac{8\sqrt{3}}{3}$　$AH=\sqrt{8^2-\left(\frac{8\sqrt{3}}{3}\right)^2}=\sqrt{\frac{128}{3}}=\frac{8\sqrt{6}}{3}$　(正四面体ABCD)$=\frac{1}{3}\times16\sqrt{3}\times\frac{8\sqrt{6}}{3}=\frac{128\sqrt{2}}{3}$　(2)より，(四面体A－PQR)$=\frac{128\sqrt{2}}{3}\times\frac{15}{128}=5\sqrt{2}$

4 （図形と関数・グラフの融合問題）

基本 (1)　$y=\frac{1}{4}x^2\cdots$①　$y=\frac{1}{2}x+3\cdots$②　①と②からyを消去すると，$\frac{1}{4}x^2=\frac{1}{2}x+3$　両辺を4倍して，$x^2=2x+12$　$x^2-2x-12=0$　$x=\frac{2\pm\sqrt{52}}{2}=\frac{2\pm2\sqrt{13}}{2}=1\pm\sqrt{13}$　よって，点A，Bのx座標は，$1-\sqrt{13}$，$1+\sqrt{13}$　したがって，$\triangle OAB=\frac{1}{2}\times\{1+\sqrt{13}-(1-\sqrt{13})\}\times3=3\sqrt{13}$

重要 (2)　直線CEの切片が$3\times2=6$で，傾きが直線ABの傾きと等しくなるとき，$\triangle OAB=\triangle ABC=\triangle ABE$となるから，直線CEの式は，$y=\frac{1}{2}x+6\cdots$③　直線ODと直線ABの傾きが等しくなるとき，$\triangle OAB=\triangle ABD$となるから，直線ODの式は，$y=\frac{1}{2}x\cdots$④　①と③の交点の座標を求めると，C$(-4,\ 4)$，E$(6,\ 9)$　①と④の交点の座標を求めると，$x\neq0$から，D$(2,\ 1)$　直線CEとy軸との交点をP，点Dからy軸に平行な線をひきCEとの交点をQとすると，(四角形CODE)$=\triangle COP+$(平行四辺形PODQ)$+\triangle EQD=\frac{1}{2}\times6\times4+6\times2+\frac{1}{2}\times6\times(6-2)=12+12+12=36$

やや難 (3)　$\triangle CEF=\triangle CEO+\triangle OEF$　(四角形CODE)$=\triangle CEO+\triangle OED$　よって，$\triangle OEF=\triangle OED$　したがって，OE//DFより，直線DFの傾きは，$\frac{9}{6}=\frac{3}{2}$　直線DFの式を$y=\frac{3}{2}x+b$として点Dの座標を代入すると，$1=\frac{3}{2}\times2+b$　$b=-2$　直線DFの式は，$y=\frac{3}{2}x-2\cdots$⑤　直線COの式は，$y=-x\cdots$⑥　⑤と⑥の交点がFとなるから，点Fのx座標は，$\frac{3}{2}x-2=-x$　$x=\frac{4}{5}$　また，CO上のCF＝CF′となるFと異なる点をF′とすると，点F′のx座標は，$-4-\left(\frac{4}{5}+4\right)=-\frac{44}{5}$

5 （平面図形の計量問題－円の性質，三平方の定理，図形の移動）

(1)　直線OAとBCとの交点をHとすると，$AH=\frac{\sqrt{3}}{2}$　$OH=\frac{\sqrt{3}}{2}+1$　$BH=\frac{1}{2}$　△OBHにおい

て三平方の定理を用いると，$OB^2=\left(\dfrac{\sqrt{3}}{2}+1\right)^2+\left(\dfrac{1}{2}\right)^2=\dfrac{3}{4}+\sqrt{3}+1+\dfrac{1}{4}=2+\sqrt{3}$　よって，円Oの面積は，$\pi\times OB^2=(2+\sqrt{3})\pi$

重要　(2)　△AOBは二等辺三角形だから，$\angle AOB=\dfrac{30^\circ}{2}=15^\circ$　よって，$\angle BOC=30^\circ$　$360^\circ\div30^\circ=12^\circ$より，△ABCを12回転がしてもとに戻る。$\angle ABC'=2\times\angle OBA=2\times15^\circ=30^\circ$　よって，$\angle ABA'=60^\circ+30^\circ=90^\circ$　3回転がすと，$AA'+A'A''=2\times AA'=2\times2\pi\times\dfrac{90^\circ}{360^\circ}=\pi$　したがって，$\pi\times(12\div3)=4\pi$

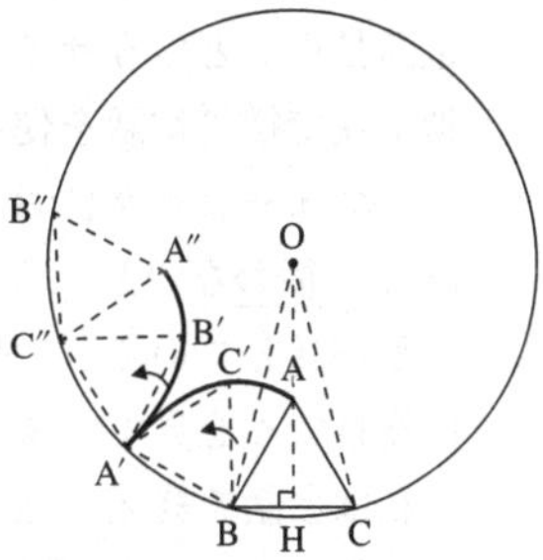

★ワンポイントアドバイス★

4 (1)で，△OABの左側の三角形の面積を求めるとき，高さは点Aの絶対値にすることを忘れないように気をつけて計算しよう。

＜英語解答＞

1　(1) make　(2) needed　(3) noticed　(4) follows　(5) shook
(6) confused　(7) talking　(8) learn

2　(1) ④→worker　(2) ①→invented　(3) ③→attended
(4) ③→will rise [will be raised]　(5) ②→while [when]

3　(3番目，6番目の順)　(1) ④，⑤　(2) ②，④　(3) ①，③　(4) ⑥，②
(5) ③，⑤

4　ア 4　イ 7　ウ 1　エ 6　オ 3　カ 5

5　(1) ア 3　イ 1　ウ 5　エ 2　(2) 口コミ　(3) 1，6

6　(1) ア 4　イ 2　ウ 5　エ 1　(2) 2　(3) to visit the box
(4) to make the world feel smaller　(5) A lonely place　B unusual calls

7　(1) castle　(2) festival　(3) cycling　(4) newspaper

8　(1) 1　(2) 3　(3) 2　(4) 2　(5) 2

9　(1) 1　(2) 3　(3) 3　(4) 2　(5) 1

10　(1) church　(2) selected　(3) clearly　(4) shouts

＜英語解説＞

1　(長文読解問題：語句補充)

(全訳)　東京に住み始めて2年目でした。私は自分が日本の作法や文化について実によく知っていると思っていました。

私は，地下鉄の車両に乗るときに優しく押さねばいけないことを知っていました。人々とアイ・コンタクトを(1)するのはいけないと知っていました。「アメリカのスタイル」で音を立てて鼻をかむのは失礼だと知っていました。また地下鉄で人に話しかけてはいけないと知っていました。それは私の日本語が上手でないことが理由ではありませんでした。

でもある日，私が地下鉄で仕事から家に向かっていると，夕食に落ち合うことについて友達に電話する(2)必要があることを思い出しました。

私は携帯電話を取り出し，電話しました。もしあなたが東京の地下鉄を知っているなら，「携帯電話禁止」というサインがそこらじゅうにあることを知っているでしょう。でも私は多くの乗客が地下鉄で携帯電話を使っていることに(3)気づいていました。私は，日本での携帯電話禁止のルールは，ニューヨークにおける飲食禁止のルールみたいなものだと思っていました。ルールはあっても誰も(4)従わないし，誰もそれを強いることをしません。

私が話していると，他の乗客たちは，あなたのことを失礼だと思うときに日本の人々がするように横目で私を見ていました。ある年上の女性は頭を(5)振りながら私をまっすぐ見ました。

私は会話を終え，地下鉄を降りました。私はとても(6)混乱しました。日本の人々は自分の携帯電話を使います。なぜ私が同じことをしてはいけないのでしょうか？私は自問しました。

その夜遅くに私は友達にその経験について話しました。彼女は微笑んで，「ルールは携帯電話で(7)話してはいけないということなのよ」と言いました。「他の人たちはみんな，メッセージを送っていたりゲームをしたりしているわけ。たまには携帯電話で誰かに短いメッセージをささやいたりすることもあるけどね。でも決して地下鉄の中で携帯電話を使って普通の会話をしないの」

私は恥ずかしくなりました。私にはまだ(8)学ぶべきことがたくさんあったようです。日本の習慣について多くを知っていても，私はまだアメリカ人だったのです。

2 （正誤問題：名詞，過去形，動詞，受動態，接続詞）

(1)　④　you are a とあるので名詞がふさわしい。

基本 (2)　①　歴史的事実を表しているので過去形にする。

(3)　③　主語が Everyone ～ party なので，次に来る語は動詞になる。

(4)　③　「税金」について「上がる」という時は rise を使い，「上げられる」という時は raise を使う。

(5)　②　後に続く部分が句ではなく節なので，接続詞でつなぐ。

3 （語句整序問題：分詞，形容詞，受動態，関係代名詞，不定詞）

(1)　(The people in) ancient Egypt had a writing system called (hieroglyphics)　writing system は「記述するためのシステム」という意味。

(2)　(The adult) lays tiny green eggs on the leaves of (the milkweed plant)　動詞の lay は「産む」という意味。

(3)　(Bees) can be divided into two groups according (to their living styles.)　受動態の文なので〈be動詞＋過去分詞〉という形にする。〈divide into ～〉で「…に分ける」という意味になる。

(4)　(Senses) are the way that we learn what is (happening around us.)　関係代名詞の what は〈the thing that ～〉の意味を一語で表す。

(5)　(It is) interesting to note that only the female mosquito (will bite for blood.)　〈it is ～ to …〉で「…することは～である」という意味になる。

4 （会話文問題：語句補充）

（全訳）

アンドリュー：それでベラ，どんな映画を見たい？

ベラ　　　　：ホラー以外なら私は何でもいいよ。

アンドリュー：(ア)問題ないよ。僕もホラーにははまってないよ。後で決めよう。

ベラ　　　　：とにかくブロードウェイのシネマコンプレックスに行ってみて，何があるか見てみましょう。

アンドリュー：わかった。(イ)いつ会いたいかな。
ベラ　　　　：ん～，えっと…5時頃はどうだろう。
アンドリュー：もう少し遅く，5：30とかにできないかな。
ベラ　　　　：もちろんよ。5：30でいいわ。
アンドリュー：よかった。(ウ)それでどこで会いたい？
ベラ　　　　：劇場の前ではどうかな。
アンドリュー：劇場の角のところにコーヒーショップがあるよね。(エ)そこで会って映画の前にコーヒーを飲もうよ。
ベラ　　　　：わかった。いい考えね。(オ)そうすればどちらかが遅れても問題ないね。ああ，あなたの携帯電話の番号を教えてくれない？
アンドリュー：もちろん。917-473-8214だよ。
ベラ　　　　：917-473-8214ね。これが私のよ。
アンドリュー：(カ)わかった…ペンを貸してもらえる？
ベラ　　　　：もちろん…917-376-0980だね。
アンドリュー：よかった。わかったわ。日曜日に会いましょう。

5 （長文読解問題：語句補充，語句解釈，内容吟味）

（全訳）　毎年企業は自分たちの製品に関する口コミを作り上げるために数百万ドルを広告に費やします。人々は変わっていて，面白くて，目立ったものについて話すのが好きであることを企業は知っています。今日では企業は製品の(ア)人気がより高くなるように，多くの創造的な方法を使います。

人気を得ることに貢献できるあるアイデアは，とても変わったことをすることです。レッドブルは栄養ドリンクをつくる企業です。その企業は，人々がレッドブルを飲んで活力を感じてほしいと思っています。それで彼らは特別なイベントのスポンサーになりました：43歳のフェリックス・バウムガルトナーは，スカイダイビングの世界記録を樹立するために，39キロ上空から飛び出しました。彼はレッドブルの名前をつけた宇宙服を着て，時速1,300キロ以上の速さで進みました。これは広告の新しい流行の一つであり，企業は変わったイベントに金を払い，客が自分たちの製品についてもっと話してくれることを期待するのです。

(イ)人々が自分たちの製品を覚えてくれて，その考えを広めてくれるようにするために，何か驚くべきことをするのを選ぶ企業もあります。ブレンドテックと呼ばれる企業はその良い例です。ブレンドテックのオーナーであるトム・ディクソンは，彼のミキサーをより興味深いものに見えるようにするアイデアを持っていました。彼は，彼のミキサーが普通ではないものをかきまぜている様子を見せる動画を作りました。彼はスマートフォンや，くま手や，スポーツの備品などの道具をその機械の一つに入れ，「かき混ぜてくれるかい？」とたずねました。人々はミキサーがスマートフォンを小さい破片に切っていくのを見て驚きました。誰もがその動画について話し，ミキサーについてもっと知りたいと思いました。ディクソンはテレビの番組で彼の製品を見せるように招待されました。彼のミキサーは大変人気になって，より多く売ることができました。

ドリトスというお菓子を作る企業は口コミを作ることに関して違った考えを持っていました。彼らは(ウ)消費者を巻き込むことに決めました。それで彼らはコンクールを始めました。彼らは消費者に自分でテレビ広告を作ることを頼みました。そして視聴者に一番好きな広告を選ぶように頼みました。人々は参加したり自分の意見を言ったりするのが好きなのでこのことによって口コミが始まりました。

製品を人気があるものにする別な方法は，(エ)それを人々がよく見る何かと心の中で関連付けることです。チョコレートバーのキットカットの製造会社は，売上を向上させるために，キットカットバーとコーヒーと関連づけるという広告を作りました。人々がコーヒーを飲むたびにキットカットバーを思い出すことを望んだのです。それは正解でした。人々がキットカットバーとコーヒーを関連付けて以来，売り上げは50％以上向上しました。

広告主が彼らの製品をより人気あるものにさせることを望むための方法は，たくさんあります。どのような方法が使われるにしろ結果となるべきことは明瞭です。より多くの口コミと，より多くの人気です。

(1)　全訳参照。

やや難 (2)　buzzとは「うわさ，むだ話」という意味を表す名詞。

(3)　1.「企業は人々が自分たちの製品を買いたくなるようにさせる方法を知っています。」 文章全体の内容に合うので，正解。　2.「ある企業は，自分たちの製品とスカイダイビングが深く関係しているので，広告でスカイダイビングを使うことに決めた。」「自分たちの製品とスカイダイビングが深く関係している」とは書かれていないので，不適切。　3.「ある企業は，消費者が自分たちの製品を買った時に同じことができるように，それで多くの異なったものを混ぜ合わせる方法を示した。」「費者が自分たちの製品を買った時に同じことができるように」とは書かれていないので，不適切。　4.「ある企業は，広告費を節約したかったので，消費者に自分で広告を作るように求めた。」「広告費を節約したかった」とは書かれていないので，不適切。　5.「この文章中のそれぞれの具体例はいずれも成功したものなので，他の多くの企業はそれらの方法に従った。」「他の多くの企業はそれらの方法に従った」とは書かれていないので，不適切。　6.「この文章中には4つの企業の具体例がある。彼らは広告をする上で異なった方法を試みたが，その目的は同じであった。」 文章全体の内容に合うので，正解。

6　**(長文読解問題：内容吟味，語句選択，指示語，語句補充)**

(全訳)　第2次世界大戦後のある時点で，モハーベ砂漠に一つの電話ボックスが置かれました。モハーベ砂漠は近くの鉱山から12マイルのところにありました。そこは電話ボックスを置くには奇妙な場所に思えますが，その地域には2つの鉱山があって，電話はそもそも炭鉱夫やその家族によって使われるために置かれました。

ゴッドフリー・ダニエルズはアリゾナ出身のコンピュータープログラムで，彼は友達からその電話について聞きました。〔ア〕彼はその電話番号を持っていたので，誰か応えてくれるかどうかを確かめるためだけに，いつか電話をかけてみようと決めていました。実際のところ彼は返事を期待していたわけではなく，そして当然のことながら彼が電話をかけた時に返事はありませんでした。

定期的にその番号に電話をかけた後，彼はある日せわしなく鳴る信号音を聞いて驚きました。〔イ〕彼はその電話のラインに何か障害があると思いましたが，とにかく電話をかけ続けました。何回も試みた後，誰かが本当にその電話に応えてくれました。ダニエルズは鉱山の一つで働く女性と話しました。彼女は電話サービスがない寂しい地域に住んでいたので，電話をかけるためにその電話ボックスを使っていたのでした。

ダニエルズはどことも知れぬ場所の真ん中にある電話という考えを愛しました。彼はまた，こんな寂しい場所で実際に誰かが電話に応えてくれるという考えにも引きつけられました。(5)A彼は電話番号をインターネットに掲げ，人々はそこに電話をかけ初めました。砂漠の真ん中にある電話ボックスという考えにダニエルズが①好奇心をそそられたのは，彼のウェブサイトを訪れた客たちも同様でした。

ダニエルズは自分自身でその電話ボックスを訪れるために時々南カリフォルニアへ旅行しました。②そのような考えを持っていたのは明らかに彼だけではありませんでした。モハーベ砂漠にある電話ボックスについて多くの人々が聞くにつれ，旅行者たちはその場所を訪れることにしました。〔ウ〕その電話にかけた人々はしばしばせわしなく鳴る信号を聞きました。誰かがその電話に出ると，その人は合衆国全域にとどまらず，ドイツ，イギリス，イタリア，フランス，オーストラリア，あるいは南アフリカからの通話者と話す機会を持つことができました。

見知らぬ客たちは，これらの普通ではない通話から何を得たのでしょうか。(5)B彼らは通常自分自身について紹介しました。彼らは自分がどこから電話をかけているかということや，どのようにしてその電話ボックスのことを聞いたかということについて語りました。人々がインターネットについて良いと思っていることの一つとして，世界がより小さく感じられるようになるということがあります。モハーベ砂漠にある電話は小さなスケールにおいて，③それと同じことを成し遂げたのです。

2000年の5月にアメリカ合衆国国立公園局と，その電話ボックスの所有者であるパシフィック・ベルは，その電話を撤去することを決めました。電話ボックスの評判の結果，その地域ではあまりに多くの交通量が生まれているとアメリカ合衆国国立公園局は感じていました。〔エ〕それによって環境にダメージが与えられることを彼らは心配していました。そしてモハーベ国立保護区の土地を保護することは自分たちの責任だとも感じていました。

今日では電話ボックスがかつて立っていた場所は，一つの簡素な墓石によって示されています。電話ボックスが撤去されてしまったことをまだ知らない人々は今でもその番号に電話をかけています。電話のラインからは切断されたことを教えるメッセージは流れません。その電話番号は，電話をかけている人が誰か応える人を待っているかのように，ただ鳴り続けます。

(1)　全訳参照。

重要 (2)　〈be intrigued by ～〉は「～に興味をそそられる」という意味。

(3)　直前の文からダニエルズが行った行動を読み取る。

(4)　直前の文からインターネットがもたらす「良い点」を読み取る。

(5)　全訳参照。

7　（リスニング問題：語彙）

(1)　a large, strong building that was built in the past to protect the people inside from being attacked

(2)　a special day or period when people celebrate something, especially a religious event

(3)　the activity of riding a bicycle

(4)　large, folded sheets of paper that are printed with the news and sold every day or every week

(1)「攻撃された時に中にいる人々を守るために昔つくられた，大きくて強い建物」

(2)「特に宗教的なイベントなど，人々が何かを祝福する，特別な日や期間」

(3)「自転車に乗って行う活動」

(4)「ニュースが印刷されて毎日あるいは毎週売られる，大きくて折り畳まれた紙のひとまとまり」

8　（リスニング問題：内容吟味）

Emily: Welcome home, Dad.

Dad　: Oh, Emily. How are you today?

Emily: Fine.

Dad　: Good. And how was school today?

Emily: Really fun.

Dad　: Good. And what did you do?

Emily: We made things.
Dad　: Like what types of things did you make?
Emily: We made books.
Dad　: You made books! Okay. And what else?
Emily: We… we made paper kangaroos.
Dad　: You made paper kangaroos? Okay, and what did you need to make your paper kangaroos? What kind of supplies did you need?
Emily: We used crayons, paper, glue, and we had to follow directions.
Dad　: Well good. And what did you do after school?
Emily: We went home, played games.
Dad　: And did… Mom said you went to the junior high school.
Emily: I rode my bike in the tennis court.
Dad　: Did you go by yourself?
Emily: I went with the whole family, and we went with Nathan, Sara, Rachel.
Dad　: You went with your cousins.
Emily: And my mom.
Dad　: Well, that's great. Well, let's get ready for dinner.
Emily: Okay.

(1)　What did Emily make at school?
(2)　What did Emily use to make things at school?
(3)　Where did Emily go first after school?
(4)　Who went to the junior high school with Emily?
(5)　Where are Emily and her father now?

エミリー：父さん，お帰りなさい。
父親　　：おや，エミリー。今日はどうだった？
エミリー：よかったわよ。
父親　　：よかった。今日は学校はどうだった？
エミリー：とても楽しかったわよ。
父親　　：よかった。何をしたのかな？
エミリー：あるものを作ったの。
父親　　：どんなものを作ったのかな？
エミリー：本を作ったの。
父親　　：本を作ったんだって！　わかった。それから？
エミリー：それから…紙のカンガルーを作ったの。
父親　　：紙のカンガルーを作ったの？　わかった，紙のカンガルーを作るのに何が必要だった？どんな材料が必要だった？
エミリー：クレヨンと紙とのりね，それから指示を守ることね。
父親　　：ああ，そうだね。放課後は何をしたのかな。
エミリー：家に帰ってゲームをしたの。
父親　　：それから…母さんはお前が中学校へ行ったと言ってたよ。
エミリー：テニスコートで自転車に乗ったのよ。
父親　　：一人で行ったの？

エミリー：家族みんなで行ったんだよ。ネイサンとサラとレイチェルね。
父親　　：いとこたちと行ったんだ。
エミリー：それから母さんもね。
父親　　：そうか，よかった。じゃあ夕食の準備をしよう。
エミリー：わかったわ。

(1)「エミリーは学校で何を作ったか。」1.「本と動物。」 2.「人と動物。」 3.「本と建物。」

(2)「エミリーは学校でものをつくるために何を使ったか。」1.「エンピツ，消しゴムと紙。」 2.「紙，定規とハサミ。」 3.「クレヨン，紙とのり。」

(3)「エミリーは放課後まずどこへ行ったか。」1.「公園へ行った。」 2.「家に帰った。」 3.「テニスコートに言った。」

(4)「エミリーといっしょに誰が中学校へ行ったか。」1.「彼女の先生。」 2.「彼女のいとこたち。」 3.「彼女の父親。」

(5)「エミリーと父親は今どこにいるか。」1.「学校。」 2.「家。」 3.「テニスコート。」

9 （リスニング問題：内容吟味）

Hi, everyone. I want to talk about what I do to celebrate the New Year. For most people, this will probably sound a little boring, but I prefer to live a simple, yet happy life.

Many years ago when I was much younger, I used to enjoy staying up late with my friends. We would have a party, play games, and eat lots of food. I don't remember exactly, but I'm sure we didn't eat a nice tasty salad with plenty of vegetables in it. Rather, we probably just ate greasy, unhealthy food like pizza, burgers, and drank lots of soda.

Now that I am older, things have changed. When our kids were little, we sometimes stayed up late with them to celebrate the New Year, but those times have changed. I find that every day is a new day, and we don't have to wait until the New Year to change our lives. Each day gives you a new opportunity to be better.

As a result, we don't do anything special on New Year's Eve. We generally stay home that evening because there are sometimes careless drivers on the road. We sometimes watch a movie or visit family, but I usually go to bed before midnight. I'm usually not a late night person, and I would much rather get in bed around 10:00 or so and watch a movie and fall asleep before it's over.

I just enjoy the simple things of life. Happy New Year.

やあ，みなさん。新年を祝うために私がすることについて話したいと思います。多くの人にとって少し退屈そうに聞こえるかもしれませんが，私はシンプルで幸福な生活を送りたいのです。

何年も前私がずっと若かった頃，私は友達とよく夜更かしをして楽しんでいました。私たちはパーティをしたりゲームをしたりしつつ，たくさんのものを食べていました。よくは覚えていませんが，たくさんの野菜が入ったとてもおいしいサラダなどは食べなかったです。それどころかピザやハンバーガーのような脂っこくて不健康なものを食べ，たくさんのソーダ類を飲みました。

今や私も年をとって，すべてが変わりました。私たちの子供が小さかった頃は，新年を祝うために時々夜遅くまで起きていましたが，そのような時は変わりました。私は，毎日が新しい日であって，生活を変えるのに新年を待つ必要はないと思うのです。それぞれの日が，よりよくなるための新しい機会を与えてくれます。

結局私たちは大晦日の日に何か特別なことをしないのです。時々不注意な運転手たちが路上にはいますので，私たちはその夜には普通家にいます。時には映画を見たり他の家族を訪問したりしますが，私は普通深夜12時になる前に寝ます。私はいつもは夜更かしをする人ではありませんし，10時頃にはベッドに入り，映画を見てそれが終わる前に眠ってしまいます。

私はただ生活の中のシンプルなことを楽しみます。よいお年を。

(1)「その男性は若かった頃には新年を祝うために友達と＿＿＿。」 1. ゲームをした 2. 映画を見た 3. 花火を見た

(2)「その男性と友達たちは大晦日の日に＿＿＿を食べた。」 1. サラダ 2. フライドチキン 3. ピザ

(3)「その男性の子供たちが小さかった頃，彼はその夜には＿＿＿。」 1. 早く寝かせた 2. 一緒にテレビを見た 3. 夜更かしした

(4)「今ではその男性は普通大晦日の日には＿＿＿。」 1. ドライブに行く 2. 早く寝る 3. 特別な料理をつくる

(5)「その男性にとっては，＿＿＿ので元旦は特別な祝福ではない。」 1. 毎日の新しい日が新しい始まりである 2. 彼は変化を好まない 3. しだいに年老いていっているように感じている

10 (リスニング問題：内容吟味)

Bingo is a popular game played for money in the UK. Bingo nights are held in (1 church) halls, clubs and pubs all over the country.

To play the game you have to buy one or more cards with numbers printed on them. The game is run by a caller, whose job it is to call out the numbers and check winning tickets. The caller will usually say "Eyes down," to indicate that he or she is about to start. They then call the numbers as they are randomly (2 selected), either by an electronic Random Number Generator (RNG), by drawing counters from a bag or by using balls in a mechanical draw machine. The numbers are called out (3 clearly), for example, "Both the fives, fifty-five," or "Two and three, twenty-three." Some numbers have been given nicknames, for example, "Two Fat Ladies," which is the number eighty-eight. Players cross out the numbers on their card as they are called out. The first player to mark off all their numbers (4 shouts) "Bingo!" and is the winner.

ビンゴはイギリスにおいてお金のために行われる人気のあるゲームです。ビンゴを行う夜は，国中の(1)教会のホール，クラブそしてパブで行われます。

ゲームをするために，数字が印刷されたカードを1枚以上買わねばなりません。ゲームは，数字を読み上げ，当たった切符をチェックする仕事をするコーラーによって成されます。このコーラーは普通，ゲームを始めようとすることを示すために「目を伏せて」と言います。そして彼らはランダムに(2)選ばれた数字を読み上げます。それは乱数発生プログラム(RNG)によるか，自動式の抽選機械によるものです。その番号は例えば「5と5，55」や「2と3，23」などと(3)明瞭に呼ばれます。例えば88という数字を示す「2人の太った女性」のように，ある数字にはニックネームが与えられています。数字が呼ばれるとプレイヤーたちはカードの数字を交差させます。すべての数字をマークすることができた最初のプレイヤーは「ビンゴ！」と(4)叫び，勝者になります。

★ワンポイントアドバイス★

3の(2)では動詞の lay が用いられているが，これは動詞の lie と似ているので，よく覚えておこう。lay は lay－laid－lain と活用し，lie は lie－lay－lain と変化するものと，lie－lied－lied と変化するものとがある。

＜国語解答＞

一　問一　A　ア　B　ア　C　ア　D　ア　E　イ　問二　①（例）残像のために映画のフィルムの切れ目が消えるのと同じようなこと。　②（例）ことばの場合にも残像作用が切れ目をふさぐことがおきること。　問三　③（例）その状態を保持しようとする性質(残像作用)。　④（例）自転車は速く走っていれば倒れないということ。

問四　F　コ　H　キ　問五　G　ス　I　サ　O　シ　R　ソ

問六　⑤（例）代名詞が何を指すかがはっきりすることで，代名詞を使う意味が出ること。　⑥（例）いろいろな意味の中から好都合なものを選び，前後関係を強化することでことばの意味が明確になること。　⑦（例）詩を毎句で改行して書かずに印刷するようなことはしないということ。(詩を毎句で改行して書き印刷すること。)

⑧（例）クライマックスを迎えすべてを記述するのではなく，あっさり終わらせるという書き方。　⑨（例）俳句中に連想が広がる表現と，具体的な表現が使われていること。

問七　J　蛇足　K　間　問八　L　(松尾)芭蕉　Q　奥の細道

問九　M　や　N　余韻　問十　ト　問十一　静けさ　問十二　別離の情

問十三（例）終わりで完結した意味が，さかのぼって句全体の主題や情緒に影響し深みや余韻を与える(こと)　問十四　S　修辞的残像　T　修辞的遡像

二　1　謙虚　2　挨拶　3　憧憬　4　私淑　5　披露　6　収穫　7　懇談
8　循環　9　狙(い)　10　爽(やか)

＜国語解説＞

一　**(論説文－主題・表題，内容吟味，文脈把握，指示語の問題，接続語の問題，脱文・脱語補充，熟語，ことわざ・慣用句，表現技法，文学史)**

基本　問一　筆者は，「風に乗った琴の音」を聞き「琴の音は断音のはずである。点の音だ。それが，こうして遠くからきくと，流れをもった線のように感じられ」たのである。近くでは「点」であるものが，遠くできくと「点」と「点」を結んだ「線」のように感じられるということから考える。

問二　①　直前の段落で「映画のフィルム」について「一定の速度で映写すると，おもしろいことにフィルムのひとコマひとコマの間にある切れ目が消えてしまう……残像のためである」とある。これが，傍線部①の直前の「ことば」も同じようなことだと言っている。　②「類比が成立する」は比較できること。「ことばと映画のフィルム，映画」のどのような点が比較できると述べているのかを考える。直前の文「ことばの残像の作用によって，単語と単語の切れ目をふさいでしまうこと」が，映画と同様におきることを言っている。

問三　③　後の「修辞的残像」のもととなっているものは何かを考える。直前の段落では，「ものごと」の「自然な状態ではその状態を保持しようという性質」について述べている。　④　直前の文の「相当なスピードで走っていれば，自転車はめったなことでは倒れない」が指示内容にあたる。

問四　F　前の「英語で演じられるシェイクスピアを見てもわかるわけがない，と頭からおそれをなす」に対して，後で「芝居を見ると，思ったよりずっとよくわかる」と相反する内容を述べているので，逆接の意味を表す接続詞が入る。　H　前の「その代名詞が前のどの名前を指すか。そんなことを気にして読むことはほとんどない……残像がそれを可能にする」から，当然予想される内容が後に「あまりはなれたところへ代名詞を使うことは適切ではない」と続いているので，順接の意味を表す接続詞が入る。

問五　G　前後の文脈から，「残像」によって代名詞が名詞へどのように還元されるのかを考える。考えなくても瞬時に感じ取れる，という意味の語句が入る。　I　直前の文で，改行すると空白部が生じると述べ，空白部について，一つ前の段落で「その空白部でフェード・アウトする。情緒性が高まる」と述べている。　O　後の「折線」と対照的な語句を選ぶ。　R　［R］を含む文は，直前の文の「行く春や」の歌が「高度の暗示をおこない……悲しみの焦点を決定した」ことを説明している。

問六　⑤　直前の文「名詞にすぐ接したところへ同じ名詞をくりかえすのはわずらわしい」から考える。名詞の近くに代名詞を使うことで代名詞が何を指すのかはっきりし，しかも文章がわずらわしくないので，代名詞を使う意味があると述べている。　⑥　直後の段落で「残像があとに続くことばの意味に干渉して，その中から好都合なものを選び出す。それがさらにつぎの部分を限定して，前後関係を強化する」と説明している。　⑦　直前に「散文と同じように」とある。「散文」は一般的に改行して書かずに印刷する。「詩」は，改行して書かずに印刷することをしない，とまとめる。　⑧　傍線部⑧は「日本の作品」について述べている。直前の段落の「日本の文学作品は，クライマックスの部分を迎えたら……あっさり，そこで終わってしまう」ことをたとえている。　⑨　同じ段落の「AのあとにA′が余韻をひびかせる中へ，Bというまったく異質の表現がつきつけられる」「A……A′は余韻，余情の潜在的含蓄であり，A — Bは，具体的表現である」ことを「矛盾，葛藤」としている。「残像」を「連想」に置き換えるとまとめやすい。

問七　J　前の「後ろの方……はない方がよい」から，付け加える必要がない，という意味の故事成語を考える。　K　演劇や落語などで，せりふや動作の間の時間的間隔のこと。「ま」と読む。

基本　問八　L　「古池や蛙飛びこむ水の音」の作者は，松尾芭蕉。　Q　「行く春や鳥啼き魚の目は泪」は，『奥の細道』の旅立ちの場面におさめられている。

問九　M　切れ字は，俳句などで句の切れ目や末尾において，詠嘆や言い切りを表す。「や」「かな」「けり」などがある。　N　「古池や」の後に「ひろがる」のは何かを考える。直後の段落に「A……A′は余韻，余情の潜在的含蓄」とある。「古池」という情景なので「余韻」を選ぶ。

問十　直後の文「字面の表現はA — B — Cであるけれども，その裏にA′ — B′ — C′という副旋律があって，主旋律と交響している」にふさわしいものを選ぶ。主旋律は直線で，副旋律は点線で表されている。それぞれ「A — B — C」「A′ — B′ — C′」とつながっているのはト。

問十一　同じ文に「さらに」とあるので，その前の「古池の静寂の中へ，蛙の動と滑稽とを点じ」をふまえている。「古池の静寂」を「さらに」「感じさせる」というのであるから，「静寂」を意味する三字の語句を考える。

問十二　「行く春や」の句の直後の段落に「はじめのところ『行く春や』は，春を惜しむ哀愁の情をつよく押し出したもの」とある。一方「一句を読み終わって」で始まる段落に「一句を読み終わってはじめて，別離の情がはっきりする」とあり，この「別離の情」の方が主題となる。

やや難　問十三　「遡像」は，直前の段落にあるように「終わりの方がさかのぼって，全体を支配する」ことを意味している。また，「重層的表現の妙味を出している」とは，句全体に，深みや余韻といった情緒的効果を与えること意味している。一文に簡潔にまとめる。

重要　問十四　後の「前後から空白を埋めようとする作用」をもたらすものを二つ考える。本文では，文章の前半で「修辞的残像」について，後半で「修辞的遡像」について述べている。

二　**（漢字の読み書き）**

1　控えめで素直な様子。「虚」の他の音読みに「コ」がある。　2　「挨」は押す，「拶」は迫るという意味。　3　あこがれること。「ドウケイ」と読むこともある。　4　直接に教えは受けないが，ひそかにその人を師として尊敬し手本として学ぶこと。　5　広く人に知らせること。「露」の他の音読みに「ロ」がある。 6 農作物をとりいれること。「穫」の訓読みは「え(る)」。 7 親しく話し合うこと。「懇」の訓読みは「ねんご(ろ)」。 8 体内を巡ること。「環」を「還」と区別する。 9 音読みは「ソ」で，「狙撃」などの熟語がある。 10 音読みは「ソウ」で，「爽快」「颯爽」などの熟語がある。

★ワンポイントアドバイス★

漢字の読み書きには，常用漢字以外のものも出題されている。ふだんから多くの文章を読み，知らない言葉は意味を調べると同時に漢字の練習もしておこう。

MEMO

大切なことはメモしておこうネ！

解答用紙集

○月×日　△曜日　天気（合格日和）

◆ご利用のみなさまへ

＊解答用紙の公表を行っていない学校につきましては、弊社の責任において、解答用紙を制作いたしました。

＊編集上の理由により一部縮小掲載した解答用紙がございます。

＊編集上の理由により一部実物と異なる形式の解答用紙がございます。

人間の最も偉大な力とは、その一番の弱点を克服したところから生まれてくるものである。　──カール・ヒルティ──

東京学参株式会社

明治大学付属明治高等学校　2024年度

◇数学◇

※ 141％に拡大していただくと，解答欄は実物大になります。

1

答	(1)		(2)		(3)		(4)		(5)	

2　(1)　式や説明　　(2)　式や説明

答	(1)		(2)	

3　(1)　式や説明　　(2)　式や説明　　(3)　式や説明

答	(1)		(2)	$a=$	(3)	

4　(1)　式や説明　　(2)　式や説明　　(3)　式や説明

答	(1)	点	(2)		(3)	

5　(1)　式や説明　　(2)　式や説明

答	(1)		(2)	

明治大学付属明治高等学校　2024年度　◇英語◇

※ 130％に拡大していただくと，解答欄は実物大になります。

1

(1)	(2)	(3)

(4)	(5)

2

(1)	→	(2)	→
(3)	→	(4)	→
(5)	→		

3

（3番目を左に、5番目を右に記入しなさい）

①	②	③	④	⑤
,	,	,	,	,

4

ア	イ	ウ	エ	オ

5

ア	イ	ウ	エ	オ

6

A	B	C	D	E	F	G	H

7

(1)

a	b	c

d	e

(2)

あ	い	う

(3)

A	B

8

(1) ______________　(2) ______________

(3)	(4)	(5)

9

(1)	(2)	(3)	(4)

10

(1)	(2)	(3)	(4)

(5)

11

(1)	(2)	(3)	(4)

12

(1)	(2)	(3)	(4)

◇国語◇

明治大学付属明治高等学校　２０２４年度

※１４５％に拡大していただくと、解答欄は実物大になります。

一

問一

問二

問三　1　2　3

問四　A　B　C　D

問五　②　③　⑤　⑥　⑪

問六　4　5

問七

問八

問九

問十

問十一　E　F

問十二　72　90

問十三　ア　イ　ウ　エ　オ　カ

二

1　2　3　4　5

6　7　8　9　む　10　り

明治大学付属明治高等学校　2023年度　◇数学◇

※ 141％に拡大していただくと，解答欄は実物大になります。

1

答	(1)		(2)		(3)		(4)	A（　　，　　）	(5)	

合　計

2　(1)　式や説明　　(2)　式や説明

答	(1)		(2)	

3　(1)　式や説明　　(2)　式や説明　　(3)　式や説明

答	(1)	D（　　，　　）	(2)	：	(3)	Q（　　，　　）

4　(1)　式や説明　　(2)　式や説明　　(3)　式や説明

答	(1)	$r=$	(2)		(3)	

5　(1)　式や説明　　(2)　式や説明　　(3)　式や説明

答	(1)		(2)		(3)	

明治大学付属明治高等学校　2023年度

◇英語◇

※ 130%に拡大していただくと，解答欄は実物大になります。

1

(1)	(2)	(3)	(4)

(5)	(6)	(7)	(8)

2

(1)	→	(2)	→
(3)	→	(4)	→
(5)	→		

3

（３番目を左に、５番目を右に記入しなさい）

①	②	③	④	⑤
,	,	,	,	,

4

ア	イ	ウ	エ	オ

5

ア	イ	ウ	エ	オ	カ

6

(1)

ア	イ	ウ	エ	オ	カ

(2) ＿＿＿＿

7

(1)

A	B	C	D	E

(2)

a	b

(3) ＿＿＿＿　(4) ＿＿＿＿　(5)

①	②	③

8

(1)	(2)	(3)	(4)

9

(1)	(2)	(3)	(4)

10

(1)	(2)	(3)	(4)

11

(1)	(2)	(3)	(4)

◇国語◇

明治大学付属明治高等学校　２０２３年度

※１４５％に拡大していただくと、解答欄は実物大になります。

得点	

一

問一

問二　たとえば　しかし　つまり

問三　B　記号　C　記号　D　記号

問四

問五　②　⑥　⑧

問六

問七

問八

問九

問十

問十一　記号　言葉

問十二

問十三

問十四　ア　イ　ウ　エ　オ　カ　キ

二

1　2　3　4　5

6　7　8　9　10　い

明治大学付属明治高等学校　　2022年度

◇数学◇

※ 145％に拡大していただくと，解答欄は実物大になります。

1

答

(1)		(2)		(3)	(ア)	(イ)	(ウ)	(4)		(5)	(ア)	(イ)

2 (1)　式や説明　　(2)　式や説明

答

(1)		(2)	

3 (1)　式や説明　　(2)　式や説明　　(3)　式や説明

答

(1)		(2)		(3)	

4 (1)　式や説明　　(2)　式や説明　　(3)　式や説明

答

(1)		(2)		(3)	

5 (1)　式や説明　　(2)　式や説明　　(3)　式や説明

答

(1)		(2)		(3)	

明治大学付属明治高等学校　2022年度

◇英語◇

※ 135％に拡大していただくと，解答欄は実物大になります。

1

1	2	3	4	5

6	7

2

(1)	→	(2)	→
(3)	→	(4)	→
(5)	→		

3

（3番目を左に、5番目を右に記入しなさい）

①	②	③	④	⑤
,	,	,	,	,

4

ア	イ	ウ	エ	オ	カ	キ

5

ア	イ	ウ	エ	オ	カ

6

A	B	C	D	E	F	G	H

7

(1)

A	B	C

(2) ＿＿＿＿, ＿＿＿＿

(3)

(4) ＿＿＿＿

8

(1)	(2)	(3)	(4)

9

(1)	(2)	(3)	(4)

10

(1)	(2)	(3)	(4)	(5)	(6)	(7)

◇国語◇

明治大学付属明治高等学校　２０２２年度

※147%に拡大していただくと、解答欄は実物大になります。

一

問一

問二

問三

問四

問五

問六

問七

問八　C　D

問十

問十一　作者　記号

問九

問十二

問十三

問十五　1　2　3　4　5

問十六

問十四　⑨　⑩　⑪

問十七　50　80　100

二

1　2　3　4　5

6　7　8　る　9　る　10　う

明治大学付属明治高等学校　2021年度　◇数学◇

※ 143%に拡大していただくと，解答欄は実物大になります。

1

答	(1)		(2)		(3)		(4)		(5)	

2 (1) 式や説明　(2) 式や説明

答	(1)		(2)	$x =$

3 (1) 式や説明　(2) 式や説明　(3) 式や説明

答	(1)	：	(2)	：	(3)	：

4 (1) 式や説明　(2) 式や説明

答	(1)		(2)	

5 (1) 式や説明　(2) 式や説明　(3) 式や説明

答	(1)		(2)		(3)	

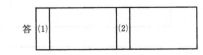

明治大学付属明治高等学校　2021年度

◇英語◇

※ 132％に拡大していただくと，解答欄は実物大になります。

1

①	②	③	④	⑤

⑥	⑦	⑧	⑨

2

(1)	→	(2)	→
(3)	→	(4)	→
(5)	→		

3

（3番目を左に、5番目を右に記入しなさい）

①	②	③	④
,	,	,	,

4

ア	イ	ウ	エ	オ	カ	キ

5

ア	イ	ウ	エ	オ	カ

6

ア	イ	ウ	エ	オ

7

ア	イ	ウ	エ	オ

8

(1)	(2)	(3)	(4)	(5)

9

(1)	(2)	(3)	(4)

10

(1)	(2)	(3)	(4)

11

(1)	(2)	(3)	(4)

12

(1)	(2)	(3)	(4)
			(　　　)'s

明治大学付属明治高等学校　２０２１年度

※１４５％に拡大していただくと、解答欄は実物大になります。

◇国語◇

一

問一　A　B

問二

問三

問四

問五

問六

問七

問八　E　G

問九　F　J

問十

問十一　1　2　3

問十二

問十三　I　K　L

問十四

問十五

問十六

問十七

二

1　2　3　4　5

6　7　8　9　う　10　う

明治大学付属明治高等学校　2020年度

◇数学◇

※141％に拡大していただくと，解答欄は実物大になります。

1

答

(1)		(2)		(3)		(4)		(5)	

2　(1)　式や説明　　(2)　式や説明

答

(1)	$a=$	(2)	$a=$

3　(1)　式や説明　　(2)　式や説明

答

(1)		(2)	

4　(1)　式や説明　　(2)　式や説明

答

(1)	C（　　　，　　　）	(2)	D（　　　，　　　）

5　(1)　式や説明　　(2)　式や説明　　(3)　式や説明

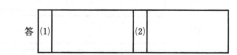

明治大学付属明治高等学校　2020年度

◇英語◇

※148％に拡大していただくと，解答欄は実物大になります。

1

(1)	(2)	(3)

(4)	(5)

2

(1)	→	(2)	→
(3)	→	(4)	→
(5)	→		

3

（3番目を左に、5番目を右に記入しなさい）

①	②	③	④	⑤
,	,	,	,	,

4

ア	イ	ウ	エ	オ

5

ア	イ	ウ	エ	オ

6

(1)

ア	イ	ウ	エ	オ	カ

(2) ＿＿＿＿ , ＿＿＿＿

7

(1)

A	B

(2)

ア	イ

(3) ＿＿＿＿ , ＿＿＿＿

8

(1)	(2)	(3)	(4)

9

(1)	(2)	(3)	(4)	(5)

10

(1)	(2)	(3)	(4)	(5)

11

(1)	(2)	(3)	(4)	(5)

◇国語◇

明治大学付属明治高等学校　２０２０年度

※１４８％に拡大していただくと、解答欄は実物大になります。

一

問一　1　2

問二　①　⑦　⑪

問三

問四

問五　3　4

問六

問七

問八

問九

問十

問十一

問十三　6　7　8　9

問十二

問十四

問十六　ア　イ　ウ　エ　オ

問十五

二

1　2　3　4　5

6　7　8　9　れる　10　わしい

明治大学付属明治高等学校　2019年度

◇数学◇

※この解答用紙は154%に拡大していただくと，実物大になります。

1

答	(1)		(2)		(3)		(4)		(5)	

2

(1)　式や説明

(2)　式や説明

答	(1)	$x=$　　　，$y=$	(2)	$a=$　　　，$b=$

3

(1)　式や説明

(2)　式や説明

答	(1)		(2)	

4

(1)　式や説明

(2)　式や説明

答	(1)		(2)	

5

(1)　式や説明

(2)　式や説明

(3)　式や説明

答	(1)		(2)	：	(3)	

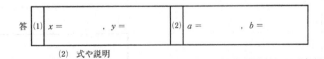

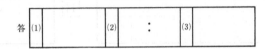

明治大学付属明治高等学校　2019年度　◇英語◇

※この解答用紙は149％に拡大していただくと，実物大になります。

1

(1)	(2)	(3)

(4)	(5)	(6)

2

(1)	→	(2)	→
(3)	→	(4)	→
(5)	→		

3

（3番目を左に、5番目を右に記入しなさい）

①	②	③	④	⑤
,	,	,	,	,

4

ア	イ	ウ	エ	オ	カ

5

ア	イ	ウ	エ	オ	カ

6

(1)

ア	イ	ウ	エ	オ

(2)

(3) ＿＿, ＿＿, ＿＿

7

(1)

ア	イ

(2)

A	B

(3) ＿＿, ＿＿

8

(1)	(2)	(3)	(4)

9

(1)	(2)	(3)	(4)	(5)

10

(1)	(2)	(3)	(4)	(5)

11

(1)	(2)	(3)	(4)	(5)

◇国語◇

明治大学付属明治高等学校　２０１９年度

※この解答用紙は１４７％に拡大していただくと、実物大になります。

一

問一　A　B　C　D　E　F　G

問二　Ⅰ　Ⅱ

問三　H　J

問四　作品名　作者名

問五　作品名　作者名

問六

問七　③　④　⑤

問八　K　L　M　N

問九　25

問十

問十一

二

日本人の　30

三

1　2　3　4　5

6　7　8　9　10　らしめる

明治大学付属明治高等学校　平成30年度　◇数学◇

※この解答用紙は154％に拡大していただくと，実物大になります。

1

答

(1)		(2)		(3)		(4)		(5)	

2　(1)　式や説明　　(2)　式や説明

答

(1)		(2)	$a=$　　，$b=$

3　(1)　式や説明　　(2)　式や説明　　(3)　式や説明

答

(1)	:	(2)	:	(3)	

4　(1)　式や説明　　(2)　式や説明　　(3)　式や説明

答

(1)		(2)		(3)	

5　(1)　式や説明　　(2)　式や説明

答

(1)		(2)	

○ 配 点 ○　1　各7点×5　2　各8点×2　3　(1)　6点　(2)，(3)　各5点×2
4　(1)，(2)　各6点×2　(3)　5点　5　各8点×2　計100点

/100

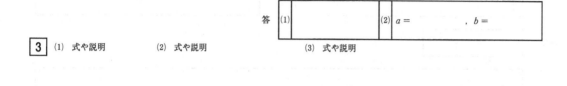

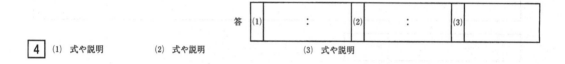

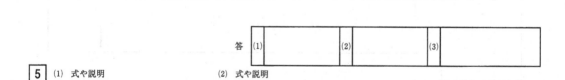

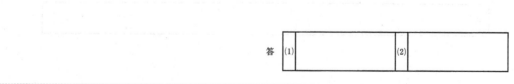

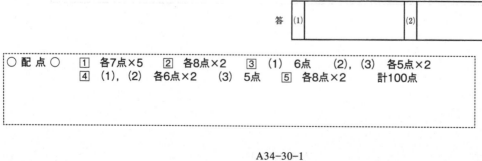

明治大学付属明治高等学校　平成30年度

◇英語◇

※この解答用紙は149％に拡大していただくと，実物大になります。

1

(1)	(2)	(3)	(4)

(5)	(6)	(7)	(8)

2

(1)	→	(2)	→
(3)	→	(4)	→
(5)	→		

3

（3番目を左に、6番目を右に記入しなさい）

(1)	(2)	(3)	(4)	(5)
,	,	,	,	,

4

ア	イ	ウ	エ	オ	カ

5

(1)

ア	イ	ウ	エ

(2)

(3) ＿＿＿＿，＿＿＿＿

6

(1)

ア	イ	ウ	エ

(2)

①

(3) ②：＿＿＿＿＿＿＿＿＿＿

(4) ③：＿＿＿＿＿＿＿＿＿＿

(5) A：＿＿＿＿＿＿＿＿　B：＿＿＿＿＿＿＿＿

7

(1)	(2)	(3)	(4)

8

(1)	(2)	(3)	(4)	(5)

9

(1)	(2)	(3)	(4)	(5)

10

(1)	(2)	(3)	(4)

○推定配点○　1　各2点×8　2　各2点×5(各完答)　3　各2点×5(各完答)
4　各2点×6　5　各2点×7((3)は完答)
6　(1)，(2)　各2点×5　(3)～(5)　各3点×4　7　各2点×4
8　各2点×5　9　各2点×5　10　各2点×4　計120点

／120

◇国語◇

明治大学付属明治高等学校　平成30年度

※この解答用紙は149％に拡大していただくと、実物大になります。

＊解答する順番に注意すること。

一

問一　A　B　C　D　E

問二　①　②

問三　③　④

問四　F　H

問五　G　I　O　R

問六　⑤　⑥　⑦　⑧　⑨

問七　J　K

問八　L　Q

問九　M　N

問十

問十一

問十二

問十四　S　T

問十三　こと

二

1　2　3　4　5

6　7　8　9　い　10　やか

○配点○　一　問一　各1点×5　問二・問六　各4点×7　問三・問十一・問十二　各3点×4　問十三　5点　他　各2点×15

二　各2点×10　計100点

/100

高校入試実戦シリーズ

実力判定テスト10

全11タイトル
定価：
各1,100円（税込）

志望校の過去問を解く前に 入試本番の直前対策にも

準難関校（偏差値58〜63）を目指す方

『偏差値60』

3教科
英語 / 国語 / 数学

難関校（偏差値63〜68）を目指す方

『偏差値65』

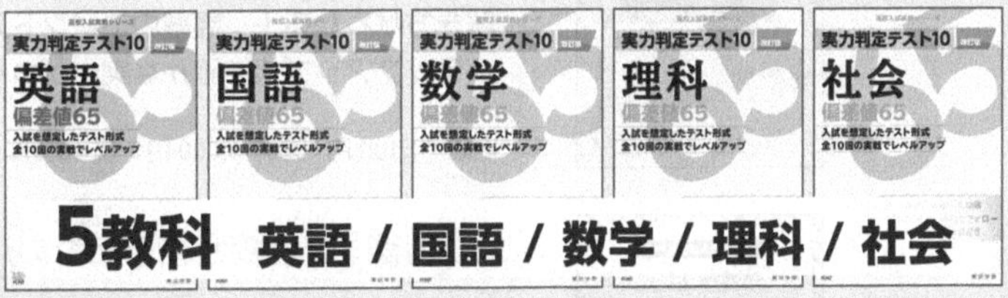

5教科　英語 / 国語 / 数学 / 理科 / 社会

最難関校（偏差値68以上）を目指す方

『偏差値70』

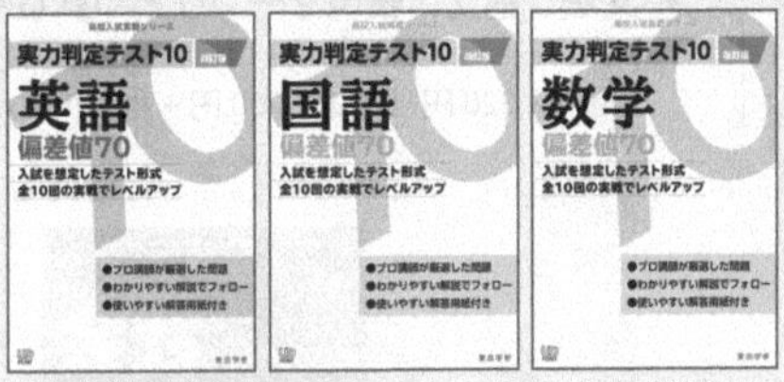

3教科
英語 / 国語 / 数学

POINT

◇入試を想定したテスト形式（全10回）
▶プロ講師が近年の入試問題から厳選
▶回を重ねるごとに難度が上がり着実にレベルアップ

◇良問演習で実力アップ
▶入試の出題形式に慣れる
▶苦手分野をあぶり出す

東京学参
gakusan.co.jp

全国の書店、またはECサイトでご購入ください。

書籍の詳細はこちらから

~公立高校志望の皆様に愛されるロングセラーシリーズ~

公立高校入試シリーズ

・全国の都道府県公立高校入試問題から良問を厳選
※実力錬成編には独自問題も!
・見やすい紙面、わかりやすい解説

数学

合格のために必要な点数をゲット

目標得点別・公立入試の数学 基礎編

- 効率的に対策できる! 30・50・70点の目標得点別の章立て
- web解説には豊富な例題167問!
- 実力確認用の総まとめテストつき

定価:1,210円(本体1,100円+税10%)/ISBN:978-4-8141-2558-6

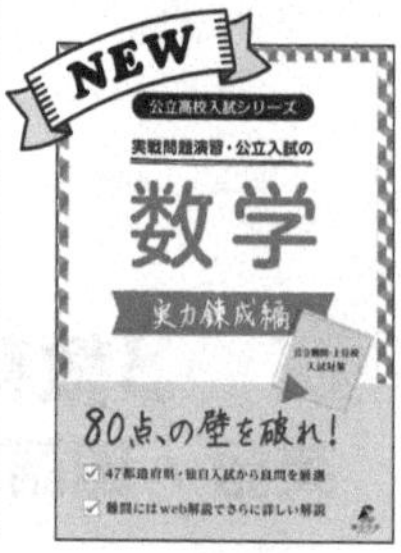

応用問題の頻出パターンをつかんで80点の壁を破る!

実戦問題演習・公立入試の数学 実力錬成編

- 応用問題の頻出パターンを網羅
- 難問にはweb解説で追加解説を掲載
- 実力確認用の総まとめテストつき

定価:1,540円(本体1,400円+税10%)/ISBN:978-4-8141-2560-9

英語

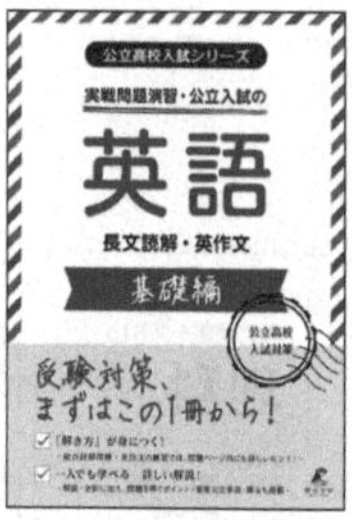

「なんとなく」ではなく確実に長文読解・英作文が解ける

実戦問題演習・公立入試の英語 基礎編

- 解き方がわかる! 問題内にヒント入り
- ステップアップ式で確かな実力がつく

定価:1,100円(本体1,000円+税10%)/ISBN:978-4-8141-2123-6

公立難関・上位校合格のためのゆるがぬ実戦力を身につける

実戦問題演習・公立入試の英語 実力錬成編

- 総合読解・英作文問題へのアプローチ手法がつかめる
- 文法、構文、表現を一つひとつ詳しく解説

定価:1,320円(本体1,200円+税10%)/ISBN:978-4-8141-2169-4

理科

短期間で弱点補強・総仕上げ

実戦問題演習・公立入試の理科

- 解き方のコツがつかめる! 豊富なヒント入り
- 基礎~思考・表現を問う問題まで
重要項目を網羅

定価:1,045円(本体950円+税10%)
ISBN:978-4-8141-0454-3

社会

弱点補強・総合力で社会が武器になる

実戦問題演習・公立入試の社会

- 基礎から学び弱点を克服! 豊富なヒント入り
- 分野別総合・分野複合の融合など
あらゆる問題形式を網羅
※時事用語集を弊社HPで無料配信

定価:1,045円(本体950円+税10%)
ISBN:978-4-8141-0455-0

国語

最後まで解ききれる力をつける

形式別演習・公立入試の国語

- 解き方がわかる! 問題内にヒント入り
- 基礎~標準レベルの問題で
確かな基礎力を築く
- 実力確認用の総合テストつき

定価:1,045円(本体950円+税10%)
ISBN:978-4-8141-0453-6

基礎から最難関レベルまで
入試問題から厳選した良問を徹底演習
得意単元をゆるがぬ得点源に!

高校入試 特訓シリーズ

数学

数学 思考力 —規則性とデータの分析と活用—

高校入試問題で受験生が苦労する分野「規則性」「資料の整理」「思考力」をテーマにした問題集。丁寧な解説で、基礎の基礎からしっかり身につく

[定価:1,980円]

【本書のレベル】基礎 標準 発展

【本書のレベル】基礎 標準 発展

数学難関徹底攻略700選

難関校受験生向けに最新入試問題を厳選。問題編の3倍に及ぶ充実した解説量

[定価:2,200円]

数学 図形と関数・グラフの融合問題完全攻略272選

最新入試頻出問題を厳選。基礎編→応用編→実践編のテーマ別ステップアップ方式。

この一冊で苦手な図形と関数・グラフの融合問題を完全克服

[定価:1,650円]

【本書のレベル】基礎 標準 発展

英語

英語長文難関攻略33選【改訂版】

「取り組みやすい長文」→「手ごたえのある長文」へステップアップ方式。本文読解のための詳しい構文・文法解説・全訳を掲載

[定価:1,980円]

【本書のレベル】基礎 標準 発展

【本書のレベル】基礎 標準 発展

英文法難関攻略20選

基礎の徹底から一歩先の文法事項まで難関校突破に必要な高度な文法力が確実に身につく

[定価:1,760円]

英語長文テーマ別難関攻略30選

全国最難関校の英語長文より、高度な内容の長文を厳選してテーマ別に分類

[定価:1,760円]

【本書のレベル】基礎 標準 発展

国語

古文 完全攻略63選【改訂版】

高校入試の古文に必要な力が身に付く一冊
基礎~難関レベルまでレベル別に攻略法を学ぶ

[定価:1,980円]

【本書のレベル】基礎 標準 発展

【本書のレベル】基礎 標準 発展

国語長文難関徹底攻略30選

国公私立難関校の入試問題から良問を厳選
解答へのアプローチ方法がわかる!
解けるようになる!

[定価:2,200円]

国語融合問題完全攻略30選

「現代文×古文」融合文対策
「読解のポイント」を読めば、深い速い読解力を手にできる

[定価:1,650円]

【本書のレベル】基礎 標準 発展

東京学参
gakusan.co.jp

https://www.gakusan.co.jp/

全国の書店、またはECサイトにてご購入ください。

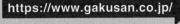

東京学参の
中学校別入試過去問題シリーズ

＊出版校は一部変更することがあります。一覧にない学校はお問い合わせください。

東京ラインナップ

あ　青山学院中等部(L04)
麻布中学(K01)
桜蔭中学(K02)
お茶の水女子大附属中学(K07)
か　海城中学(K09)
開成中学(M01)
学習院中等科(M03)
慶應義塾中等部(K04)
啓明学園中学(N29)
晃華学園中学(N13)
攻玉社中学(L11)
国学院大久我山中学
（一般・CC）(N22)
（ＳＴ）(N23)
駒場東邦中学(L01)
さ　芝中学(K16)
芝浦工業大附属中学(M06)
城北中学(M05)
女子学院中学(K03)
巣鴨中学(M02)
成蹊中学(N06)
成城中学(K28)
成城学園中学(L05)
青稜中学(K23)
創価中学(N14)★
た　玉川学園中学部(N17)
中央大附属中学(N08)
筑波大附属中学(K06)
筑波大附属駒場中学(L02)
帝京大中学(N16)
東海大菅生高中等部(N27)
東京学芸大附属竹早中学(K08)
東京都市大付属中学(L13)
桐朋中学(N03)
東洋英和女学院中学部(K15)
豊島岡女子学園中学(M12)
な　日本大第一中学(M14)
日本大第三中学(N19)
日本大第二中学(N10)
は　雙葉中学(K05)
法政大学中学(N11)
本郷中学(M08)
ま　武蔵中学(N01)
明治大付属中野中学(N05)
明治大付属八王子中学(N07)
明治大付属明治中学(K13)
ら　立教池袋中学(M04)
わ　和光中学(N21)
早稲田中学(K10)
早稲田実業学校中等部(K11)
早稲田大高等学院中学部(N12)

神奈川ラインナップ

あ　浅野中学(O04)
栄光学園中学(O06)
か　神奈川大附属中学(O08)
鎌倉女学院中学(O27)
関東学院六浦中学(O31)
慶應義塾湘南藤沢中等部(O07)
慶應義塾普通部(O01)
さ　相模女子大中学部(O32)
サレジオ学院中学(O17)
逗子開成中学(O22)
聖光学院中学(O11)
清泉女学院中学(O20)
洗足学園中学(O18)
捜真女学校中学部(O29)
た　桐蔭学園中等教育学校(O02)
東海大付属相模高中等部(O24)
桐光学園中学(O16)
な　日本大中学(O09)
は　フェリス女学院中学(O03)
法政大第二中学(O19)
や　山手学院中学(O15)
横浜隼人中学(O26)

千・埼・茨・他ラインナップ

あ　市川中学(P01)
浦和明の星女子中学(Q06)
か　海陽中等教育学校
（入試Ⅰ・Ⅱ）(T01)
（特別給費生選抜）(T02)
久留米大附設中学(Y04)
さ　栄東中学（東大・難関大）(Q09)
栄東中学（東大特待）(Q10)
狭山ヶ丘高校付属中学(Q01)
芝浦工業大柏中学(P14)
渋谷教育学園幕張中学(P09)
城北埼玉中学(Q07)
昭和学院秀英中学(P05)
清真学園中学(S01)
西南学院中学(Y02)
西武学園文理中学(Q03)
西武台新座中学(Q02)
専修大松戸中学(P13)
た　筑紫女学園中学(Y03)
千葉日本大第一中学(P07)
千葉明徳中学(P12)
東海大付属浦安高中等部(P06)
東邦大付属東邦中学(P08)
東洋大附属牛久中学(S02)
獨協埼玉中学(Q08)
な　長崎日本大中学(Y01)
成田高校付属中学(P15)
は　函館ラ・サール中学(X01)
日出学園中学(P03)
福岡大附属大濠中学(Y05)
北嶺中学(X03)
細田学園中学(Q04)
や　八千代松陰中学(P10)
ら　ラ・サール中学(Y07)
立命館慶祥中学(X02)
立教新座中学(Q05)
わ　早稲田佐賀中学(Y06)

公立中高一貫校ラインナップ

北海道　市立札幌開成中等教育学校(J22)
宮　城　宮城県仙台二華・古川黎明中学校(J17)
市立仙台青陵中等教育学校(J33)
山　形　県立東桜学館・致道館中学校(J27)
茨　城　茨城県立中学・中等教育学校(J09)
栃　木　県立宇都宮東・佐野・矢板東高校附属中学校(J11)
群　馬　県立中央・市立四ツ葉学園中等教育学校・
市立太田中学校(J10)
埼　玉　市立浦和中学校(J06)
県立伊奈学園中学校(J31)
さいたま市立大宮国際中等教育学校(J32)
川口市立高等学校附属中学校(J35)
千　葉　県立千葉・東葛飾中学校(J07)
市立稲毛国際中等教育学校(J25)
東　京　区立九段中等教育学校(J21)
都立大泉高等学校附属中学校(J28)
都立両国高等学校附属中学校(J01)
都立白鷗高等学校附属中学校(J02)
都立富士高等学校附属中学校(J03)
都立三鷹中等教育学校(J29)
都立南多摩中等教育学校(J30)
都立武蔵高等学校附属中学校(J04)
都立立川国際中等教育学校(J05)
都立小石川中等教育学校(J23)
都立桜修館中等教育学校(J24)
神奈川　川崎市立川崎高等学校附属中学校(J26)
県立平塚・相模原中等教育学校(J08)
横浜市立南高等学校附属中学校(J20)
横浜サイエンスフロンティア高校附属中学校(J34)
広　島　県立広島中学校(J16)
県立三次中学校(J37)
徳　島　県立城ノ内中等教育学校・富岡東・川島中学校(J18)
愛　媛　県立今治東・松山西中等教育学校(J19)
福　岡　福岡県立中学校・中等教育学校(J12)
佐　賀　県立香楠・致遠館・唐津東・武雄青陵中学校(J13)
宮　崎　県立五ヶ瀬中等教育学校・宮崎西・都城泉ヶ丘高校附属中学校(J15)
長　崎　県立長崎東・佐世保北・諫早高校附属中学校(J14)

公立中高一貫校「適性検査対策」問題集シリーズ
総合編　作文問題編　資料問題編　数と図形編　生活と科学編　実力確認テスト編

私立中・高スクールガイド
THE《ザ》 私立
私立中学&高校の学校生活がわかる！

東京学参の

高校別入試過去問題シリーズ

＊出版校は一部変更することがあります。一覧にない学校はお問い合わせください。

東京ラインナップ

- あ 愛国高校(A59)
- 青山学院高等部(A16)★
- 桜美林高校(A37)
- お茶の水女子大附属高校(A04)
- か 開成高校(A05)★
- 共立女子第二高校(A40)★
- 慶應義塾女子高校(A13)
- 啓明学園高校(A68)★
- 国学院高校(A30)
- 国学院大久我山高校(A31)
- 国際基督教大高校(A06)
- 小平錦城高校(A61)★
- 駒澤大高校(A32)
- さ 芝浦工業大附属高校(A35)
- 修徳高校(A52)
- 城北高校(A21)
- 専修大附属高校(A28)
- 創価高校(A66)★
- た 拓殖大第一高校(A53)
- 立川女子高校(A41)
- 玉川学園高等部(A56)
- 中央大高校(A19)
- 中央大杉並高校(A18)★
- 中央大附属高校(A17)
- 筑波大附属高校(A01)
- 筑波大附属駒場高校(A02)
- 帝京大高校(A60)
- 東海大菅生高校(A42)
- 東京学芸大附属高校(A03)
- 東京実業高校(A62)
- 東京農業大第一高校(A39)
- 桐朋高校(A15)
- 都立青山高校(A73)★
- 都立国立高校(A76)★
- 都立国際高校(A80)★
- 都立国分寺高校(A78)★
- 都立新宿高校(A77)★
- 都立墨田川高校(A81)★
- 都立立川高校(A75)★
- 都立戸山高校(A72)★
- 都立西高校(A71)★
- 都立八王子東高校(A74)★
- 都立日比谷高校(A70)★
- な 日本大櫻丘高校(A25)
- 日本大第一高校(A50)
- 日本大第三高校(A48)
- 日本大第二高校(A27)
- 日本大鶴ヶ丘高校(A26)
- 日本大豊山高校(A23)
- は 八王子学園八王子高校(A64)
- 法政大高校(A29)
- ま 明治学院高校(A38)
- 明治学院東村山高校(A49)
- 明治大付属中野高校(A33)
- 明治大付属八王子高校(A67)
- 明治大付属明治高校(A34)★
- 明法高校(A63)
- わ 早稲田実業学校高等部(A09)
- 早稲田大高等学院(A07)

神奈川ラインナップ

- あ 麻布大附属高校(B04)
- アレセイア湘南高校(B24)
- か 慶應義塾高校(A11)
- 神奈川県公立高校特色検査(B00)
- さ 相洋高校(B18)
- た 立花学園高校(B23)
- 桐蔭学園高校(B01)
- 東海大付属相模高校(B03)★
- 桐光学園高校(B11)
- な 日本大高校(B06)
- 日本大藤沢高校(B07)
- は 平塚学園高校(B22)
- 藤沢翔陵高校(B08)
- 法政大国際高校(B17)
- 法政大第二高校(B02)★
- や 山手学院高校(B09)
- 横須賀学院高校(B20)
- 横浜商科大高校(B05)
- 横浜市立横浜サイエンスフロンティア高校(B70)
- 横浜翠陵高校(B14)
- 横浜清風高校(B10)
- 横浜創英高校(B21)
- 横浜隼人高校(B16)
- 横浜富士見丘学園高校(B25)

千葉ラインナップ

- あ 愛国学園大附属四街道高校(C26)
- 我孫子二階堂高校(C17)
- 市川高校(C01)★
- か 敬愛学園高校(C15)
- さ 芝浦工業大柏高校(C09)
- 渋谷教育学園幕張高校(C16)★
- 翔凜高校(C34)
- 昭和学院秀英高校(C23)
- 専修大松戸高校(C02)
- た 千葉英和高校(C18)
- 千葉敬愛高校(C05)
- 千葉経済大附属高校(C27)
- 千葉日本大第一高校(C06)★
- 千葉明徳高校(C20)
- 千葉黎明高校(C24)
- 東海大付属浦安高校(C03)
- 東京学館高校(C14)
- 東京学館浦安高校(C31)
- な 日本体育大柏高校(C30)
- 日本大習志野高校(C07)
- は 日出学園高校(C08)
- や 八千代松陰高校(C12)
- ら 流通経済大付属柏高校(C19)★

埼玉ラインナップ

- あ 浦和学院高校(D21)
- 大妻嵐山高校(D04)★
- か 開智高校(D08)
- 開智未来高校(D13)★
- 春日部共栄高校(D07)
- 川越東高校(D12)
- 慶應義塾志木高校(A12)
- さ 埼玉栄高校(D09)
- 栄東高校(D14)
- 狭山ヶ丘高校(D24)
- 昌平高校(D23)
- 西武学園文理高校(D10)
- 西武台高校(D06)
- た 東京農業大第三高校(D18)
- は 武南高校(D05)
- 本庄東高校(D20)
- や 山村国際高校(D19)
- ら 立教新座高校(A14)
- わ 早稲田大本庄高等学院(A10)

北関東・甲信越ラインナップ

- あ 愛国学園大附属龍ヶ崎高校(E07)
- 宇都宮短大附属高校(E24)
- か 鹿島学園高校(E08)
- 霞ヶ浦高校(E03)
- 共愛学園高校(E31)
- 甲陵高校(E43)
- 国立高等専門学校(A00)
- さ 作新学院高校
  - (トップ英進・英進部)(E21)
  - (情報科学・総合進学部)(E22)
- 常総学院高校(E04)
- た 中越高校(R03)＊
- 土浦日本大高校(E01)
- 東洋大附属牛久高校(E02)
- な 新潟青陵高校(R02)
- 新潟明訓高校(R04)
- 日本文理高校(R01)
- は 白鷗大足利高校(E25)
- ま 前橋育英高校(E32)
- や 山梨学院高校(E41)

中京圏ラインナップ

- あ 愛知高校(F02)
- 愛知啓成高校(F09)
- 愛知工業大名電高校(F06)
- 愛知みずほ大瑞穂高校(F25)
- 暁高校(3年制)(F50)
- 鶯谷高校(F60)
- 栄徳高校(F29)
- 桜花学園高校(F14)
- 岡崎城西高校(F34)
- か 岐阜聖徳学園高校(F62)
- 岐阜東高校(F61)
- 享栄高校(F18)
- さ 桜丘高校(F36)
- 至学館高校(F19)
- 椙山女学園高校(F10)
- 鈴鹿高校(F53)
- 星城高校(F27)★
- 誠信高校(F33)
- 清林館高校(F16)★
- た 大成高校(F28)
- 大同大大同高校(F30)
- 高田高校(F51)
- 滝高校(F03)★
- 中京高校(F63)
- 中京大附属中京高校(F11)★
- 中部大春日丘高校(F26)★
- 中部大第一高校(F32)
- 津田学園高校(F54)
- 東海高校(F04)★
- 東海学園高校(F20)
- 東邦高校(F12)
- 同朋高校(F22)
- 豊田大谷高校(F35)
- な 名古屋高校(F13)
- 名古屋大谷高校(F23)
- 名古屋経済大市邨高校(F08)
- 名古屋経済大高蔵高校(F05)
- 名古屋女子大高校(F24)
- 名古屋たちばな高校(F21)
- 日本福祉大付属高校(F17)
- 人間環境大附属岡崎高校(F37)
- は 光ヶ丘女子高校(F38)
- 誉高校(F31)
- ま 三重高校(F52)
- 名城大附属高校(F15)

宮城ラインナップ

- さ 尚絅学院高校(G02)
- 聖ウルスラ学院英智高校(G01)★
- 聖和学園高校(G05)
- 仙台育英学園高校(G04)
- 仙台城南高校(G06)
- 仙台白百合学園高校(G12)
- た 東北学院高校(G03)★
- 東北学院榴ヶ岡高校(G08)
- 東北高校(G11)
- 東北生活文化大高校(G10)
- 常盤木学園高校(G07)
- は 古川学園高校(G13)
- ま 宮城学院高校(G09)★

北海道ラインナップ

- さ 札幌光星高校(H06)
- 札幌静修高校(H09)
- 札幌第一高校(H01)
- 札幌北斗高校(H04)
- 札幌龍谷学園高校(H08)
- は 北海高校(H03)
- 北海学園札幌高校(H07)
- 北海道科学大高校(H05)
- ら 立命館慶祥高校(H02)

★はリスニング音声データのダウンロード付き。

都道府県別 公立高校入試過去問 シリーズ

- 全国47都道府県別に出版
- 最近数年間の検査問題収録
- リスニングテスト音声対応

公立高校入試対策 問題集シリーズ

- 目標得点別・公立入試の数学(基礎編)
- 実戦問題演習・公立入試の数学(実力錬成編)
- 実戦問題演習・公立入試の英語(基礎編・実力錬成編)
- 形式別演習・公立入試の国語
- 実戦問題演習・公立入試の理科
- 実戦問題演習・公立入試の社会

高校入試特訓問題集 シリーズ

- 英語長文難関攻略33選(改訂版)
- 英語長文テーマ別難関攻略30選
- 英文法難関攻略20選
- 英語難関徹底攻略33選
- 古文完全攻略63選(改訂版)
- 国語融合問題完全攻略30選
- 国語長文難関徹底攻略30選
- 国語知識問題完全攻略13選
- 数学の図形と関数・グラフの融合問題完全攻略272選
- 数学難関徹底攻略700選
- 数学の難問80選
- 数学 思考力—規則性とデータの分析と活用—

2403A

〈ダウンロードコンテンツについて〉

本問題集のダウンロードコンテンツ、弊社ホームページで配信しております。現在ご利用いただけるのは「2025年度受験用」に対応したもので、**2025年3月末日**までダウンロード可能です。弊社ホームページにアクセスの上、ご利用ください。
※配信期間が終了いたしますと、ご利用いただけませんのでご了承ください。

高校別入試過去問題シリーズ
明治大学付属明治高等学校　2025年度
ISBN978-4-8141-2927-0

[発行所] 東京学参株式会社
〒153-0043　東京都目黒区東山2-6-4

書籍の内容についてのお問い合わせは右のQRコードから　⇒

※書籍の内容についてのお電話でのお問い合わせ、本書の内容を超えたご質問には対応できませんのでご了承ください。

※本書のコピー、スキャン、デジタル化等の無断複製は著作権法上での例外を除き禁じています。本書を代行業者等の第三者に依頼してスキャンやデジタル化することは、　たとえ個人や家庭内での利用であっても著作権法上認められておりません。

2024年4月11日　初版